江南忆事

（上册）

记录20世纪江南
传统农耕生活

昆山市千灯镇文学艺术界联合会 编

古吴轩出版社

图书在版编目（CIP）数据

江南忆事：记录20世纪江南传统农耕生活 / 昆山市千灯镇文学艺术界联合会编. -- 苏州：古吴轩出版社，2022.9

ISBN 978-7-5546-1988-9

Ⅰ.①江… Ⅱ.①昆… Ⅲ.①农业－传统文化－中国－通俗读物 Ⅳ.①F329-49

中国版本图书馆CIP数据核字（2022）第159317号

责任编辑：俞　都
见习编辑：窦志霞
装帧设计：韩桂丽　李　璇
责任校对：李爱华　张雨蕊
责任照排：刘　浩

书　　名：江南忆事——记录20世纪江南传统农耕生活
编　　者：昆山市千灯镇文学艺术界联合会
出版发行：古吴轩出版社
地址：苏州市八达街118号苏州新闻大厦30F
电话：0512-65233679　　邮编：215123
印　　刷：苏州市墨利印刷有限公司
开　　本：787×1092　1/16
印　　张：33.5
字　　数：464千字
版　　次：2022年9月第1版
印　　次：2022年9月第1次印刷
书　　号：ISBN 978-7-5546-1988-9
定　　价：78.00元（上下册）

编委会

主　　编：瞿震林

副 主 编：王谷静　史惠林

插图绘制：陆思前

桨声灯影里的江南旧事物

文/黄劲松

如果我们在时光的流逝中怀念江南的旧事物，我们会想到小桥流水、古塔寺钟，想到诗的隽永和词的纯粹。当然，也会想到那些古老的农事、悠久的民俗和稻花香里摇曳的杨柳。

时代已经把我们引入一个高科技的领地，电脑、手机，电子邮件、微信，这一切都让我们沉浸在现代化的感官生活和快节奏中。

为了获得不竭的力量，更好地前行，需要追寻前辈奋勇拼搏的精神源泉，需要回归古朴深厚又秀美的江南文化的品格根脉。它能带我们创造新的奇迹。回望来路时，我们也依稀听到了旧时童年的欢歌，感受到我们青春的激扬和脉搏的跳跃。

在千灯，我们现在的使命就是把记忆打开，在大地的怀抱中抓紧我们的根脉。

你看，这本集体回忆的图文记录呈现着多么丰富的生活往昔和生活质地。耘稻、积肥、修船、罱黑泥、挑草泥、种茭白、经布、箍锅盖、钉碗、孵小鸡等等，不一而足，涵盖了江南农事和农村生活的方方面面。

作家们通过丰富的意象传达和深情质朴的叙述笔调，给我们带来了一部珍贵的江南农作史、风俗史，并展现了在那个虽物资匮乏但精神高昂的时代江南农村人民火热的劳作初创史、奋斗史。字里行间，无不呈现着作家们深挚的江南情愫和对往昔岁月的留恋。他们将这份深情献给了家乡，献给了江南，献给了养育自己的高天厚土。

那么，千灯会从这些旧事物中崛起吗？答案是肯定的。尚书浦保留着多少世代的桨声灯影；石板街上脚步回响，印证了多少青春的风声雨绪；秦峰塔高耸挺立，留住了多少回乡者的目光。它们是浓缩了的江南风物史和文化史，浓缩了一个经典水乡的前尘旧影。这里还有高科技的产业园，有安居和谐的动迁新城，还有“幽兰”的开放之声和弦索的叮咚之声。这些令我们心仪的物像，终究会成为一个时代崛起的标志。

感谢作家们辛勤的耕耘，让我们从农事间再次感受到江南农作的历史及精神脉搏。在他们精彩的文笔下，一扇江南记忆之门轰然打开，激励着无数这片土地上的人继续向前。这些文章让我们感到安慰，获得力量，我们在奔赴前方不断创造辉煌的路上，永远不会忘记桨声灯影里的江南旧事，它们让我们成长、成熟。

新城市之光正在闪烁，我们应该创造更加美好的江南。

是为序。

作者系昆山市文联副主席

2021年11月26日于昆山市文联

目 录

农事 农活

小麦、油菜追肥

文/史惠林

立春后，随着气温慢慢回升，夏熟作物逐渐进入返青期。经过一个冬季的生长，小麦、油菜消耗了大量的养分。为了取得好收成，需要对小麦、油菜进行追肥管理。

在没有化肥的时代，对小麦、油菜的追肥只能是泼浇一些大粪水，垩一些猪窠、羊窠等。化肥问世后，尤其是提倡科学种田后，追肥就越来越讲究了。

对小麦的追肥，通常需要进行三次。第一次追肥，针对的是开春之后冬小麦返青期的苗，一般使用碳酸氢铵，每亩100斤，使用方法：将碳酸氢铵溶水后对小麦进行泼浇，大家将这一过程叫作“浇淀粉水”。第二次追肥，当小麦长到倒二叶时期，尿素每亩用量20～30斤，也是以“浇淀粉水”的形式进行追施。第三次追肥，常在5月初小麦抽穗扬花初期，追施尿素每亩10～20斤，目的是提高小麦产量及质量。

油菜追肥同样重要。为了发棵壮苗，五叶以下的油菜每亩需追施尿素6～10斤，促进油菜苗期生长。

油菜花芽分化时，要追开盘肥，这时以追氮肥为主，每亩追施尿素10～16斤，配施磷酸二铵5～10斤，或施复合肥30～40斤；油菜花期追肥可在叶面喷施，在开花结荚时每亩喷施0.1%～0.2%尿素或0.2%磷酸二氢钾溶液100斤，并要在开花前喷施硼肥1～2次。

当然，不管是小麦还是油菜，不同田块的土质、含水量等因素不同，追肥量、追肥时间及追肥次数应以苗的长势酌情调整。

阿七头借船挑粪

文/史惠林

二十世纪五十年代初，阳春三月，百花盛开。淞南地区的乡村一派忙碌的景象，家家户户都在忙着清沟理墒、罱泥积肥，田间的三麦油菜随着气温的上升，茁壮成长，一片葱绿，正是到了追肥的时节。

蔡家村的蔡阿七这几天嘴唇上的热疮起来了。这倒不是他干活辛苦，而是眼看人家的三麦油菜都追肥了，自己家除了把一亩田的油菜壅了些猪窠、羊窠，算是追好了肥，但二亩田的小麦还没法追肥，不是没有肥料，就是没船。这个时节，家家户户都在用船，他跑了三天也没借到一条船。急火攻心，嘴唇上的热疮便起来了。

这天一大早，阿七头又到有船人家去借船。刚出家门，转了个弯，就与一个头发花白的老头撞了个满怀，定睛一看："喔吆吆，是镜堂爷叔啊，对不起，对不起！"

蔡镜堂是蔡家村较有威望的长辈，家有良田三十多亩，耕牛一头，一大一小船两条。家境殷实，为人十分和气，乐善好施，村上不管男女老少，都尊称他为"镜堂爷叔"。镜堂爷叔年近六十，每天早上这个时候都要到镇上的茶馆去喝茶，听听百鸟声，聊聊山海经。今天刚出门不久便被人撞了一下，吓了一跳，仔细看看："呵呵，是阿七头啊，这么急匆匆的，嘴上热疮也起来了，阿有啥急事体呀？"

阿七头便将缘由一五一十说了，镜堂爷叔一听，便十分爽快地说："巧格，我家的生活昨天全部完工，船就在船舫里，你自己去摇。"

阿七头听镜堂爷叔这么一说，愁眉苦脸的神态一下子变成了喜笑颜开："谢谢镜堂爷叔，谢谢镜堂爷叔。"阿七头开心得忘了跟镜堂爷叔道别，转身就往家里跑，叫家主婆（妻子）准备好粪桶扁担，自己去镜堂爷叔的船舫里摇船。

不多一会儿，阿七头便将小船摇到了自己家的河滩头，夫妻俩便开始将大粪挑上船。为了加快速度，阿七头家主婆到隔壁邻居家借了粪桶，她将粪用粪摺舀到粪桶里，阿七头就挑着粪桶上船，一个多小时后，一坑缸的大粪挑得差不多了。但就在挑最后一担时，意外发生了。

阿七头挑着粪桶担走上跳板时，不知是吃力了，还是怎么的，一只脚扭了一下，便连人带粪桶担跌落到河里了。幸亏河道并不深，阿七头不顾粪水的脏臭，随手抓住靠近身边的粪桶，拎起来把粪桶里的粪水倒进船舱，接着赶紧去抓另外一只粪桶。这时，他家主婆拿着粪摺过来了，看到男人在河里么，性急地乱叫："啊呀，阿七头啊，你哪能到仔河浜里了呀，勿要管粪桶了，快点起来，水冷，要冻伤格。"一边叫喊一边扔下粪摺来拉阿七头上岸。

正在这个时候，镜堂爷叔吃罢早茶拎着一条鱼经过，看到这一幕，赶紧过来帮忙。

阿七头跌到河里时只顾抓粪桶，不觉得什么，到了岸上，才觉得脚出问题了，一脚踏下去钻心的痛。原来，脚扭伤了。

镜堂爷叔叫阿七头家主婆赶紧扶阿七头回家擦洗和换衣服，以防感冒。并说："阿七头啊，你脚扭伤了，挑担么看来是不行了，不要紧，你这点小生活我来安排，保你满意。"

阿七头看着自己这副狼狈相，苦笑了一下："唉，我这个人呀，就是这么不中用。谢谢镜堂爷叔。"在家主婆的搀扶下，阿七头一瘸一拐地回家去了。

回到家里，他擦洗干净，换好衣服，看看时间不早，便叫家主婆烧饭，自己就钻到被窝里暖和一下。饭后，夫妻俩商量了一下，阿七头试了试腿脚，觉得还可以，关键是阿七头惦记田里的麦苗，再不追肥，要脱辰光（季节）了啊。于是，阿七头又一瘸一拐地来到河滩头，令他想不到的是，船竟然不见了。他不禁大惊失色，喊叫起来："谁把我的船摇走了呀？"

原来，镜堂爷叔回到家后，就吩咐他的儿子小春到村上再叫上两个人，吃了早饭，不声不响地摇了船帮阿七头把大粪水浇到麦田里了。这真是：

一人有难大家帮，众人拾柴火更旺；与人为善精神佳，邻里和睦心舒畅。

种玉米

文/陆春芳

玉米属于粮食中仅次于稻谷、小麦两大口粮的品种，对土壤、气候、种植要求不是很高。玉米不仅口感好，营养价值高，用途也比较广，所以深受百姓的喜爱。

在我们淞南地区，每年的3月份左右，湿度和光照较为适宜种玉米。农民们早早地除草，把地收拾干净，然后深翻地，让泥土在阳光下晒上几天，杀菌、蓄肥力。几天后，用铁耙把土整细，整成地垄，垄距在40厘米左右，株距在30厘米左右，用铁铲挖个洞穴，里面放2～3颗饱满的玉米粒，然后用土覆盖住。如果土壤很贫瘠的话，在距离种子10厘米处，可以追点复合肥。如遇在播种的日子里一直不下雨，泥土太干，要及时浇水，确保泥土湿润，这样才有利于种子发芽，一般3~5天就可以发芽出苗了。

天气渐渐暖和，玉米苗长到三至五叶期，田地里的虫子也多了，这时候要及时打农药除虫。大概50天左右，玉米进入抽穗期了，这时候，如果玉米长势一般，要及时追施尿素和适量的磷肥、钾肥，并第二次喷洒农药，防止害虫的侵扰，随后就静等玉米的成熟。不过，第一茬玉米还没成熟的时候，也就是五六月份的时候，勤劳的农民们还可以在自家的空地上种植第二茬、第三茬玉米，最晚到11月份还可以吃到新鲜玉米。

玉米地里有门道

文/黄建霞

招娣念书念到初二就辍学了，任凭父母好说歹说就是不愿意再去学校。招娣坚持要到生产队干活种玉米，父母长期过度劳累身体不好，她要挣工分，让家里的弟妹上学。见招娣如此体贴，父母虽觉欣慰却也深感歉疚。

这玉米属于高产作物，但伺候起来不易，从播种开始就有很多门道，一旦哪个环节出了问题，就会耽误产量。刨坑、施肥、点种子必须三人一组：一个人在前面用镢头在由机械备好的垄背儿上，按每隔25厘米的距离刨坑，沿着上千米的地垄沟向前刨；第二个人在刨好的坑内撒上一把化肥；第三个人把三四粒玉米种子投入坑内，用脚把刨出的土盖在种子上，把土踩实。

三个人可以互相调换着干，可哪样活都不轻松。招娣还小，生产队长就安排她点种子，队长要求点籽的必须弯下腰，不允许直着腰往坑里撒。开始还好，时间一长腰就受不了，疼得要命。招娣忍不住哼了几声。

队长拉着脸来回巡视，见招娣这个样子，便没好气地说："你这女娃不上学，跑来干活，还能有出息吗？"边说边扒开招娣点的种子让她看："你这种子都没按进土里，一旦雨水少肯定出不来苗儿！"可能见招娣年纪小，队长又劝道："你看哪里有孩子来干活的？你这身板怎么吃的了农活的苦？明天赶紧上学去！"

招娣红着脸不吭声，等队长走远了，她一边把种子狠狠按进土里，一边自言自语：“不就把种子按进土里吗？谁不会咋地？”

第二天队长看见招娣，依旧没有好脸色。不过见招娣认真、不多话的样子，队长倒也没来说她。农谚说：“要想苞米长得好，夏锄管理最重要。”除草要和松土同时进行，除草必须除掉草根，因此锄头要铲入土中。招娣力气小，一下子根本铲不进去，队长见状直摇头，气呼呼地说：“你这女娃还行不行？干农活不是闹着玩的，影响了产量你能负责？”招娣依然不吭声，手上更加用力地把铲子铲入土中。

见有些地方没有土，招娣便没有去铲。队长四处巡视一番回来一看，见招娣没松土，连连摆手：“怎么不松土呢？小丫头还学会偷懒了？我看干脆跟你爸妈说，别让你过来干活了，一天也挣不了几个工分，何必呢？”

听见这话，招娣大哭了起来：“队长您怎么总是和我过不去啊？为什么总盯着我不放？”队长见她哭鼻子抹泪的，慢悠悠地说：“我对每个人都一视同仁，你干不好影响了产量，损失谁来赔？让全公社的人喝西北风？在学堂里读书多好，风吹不着雨淋不着的，何必来受罪？”

招娣再也忍不住了，丢下铲子跑回了家。一起干活的都是乡里乡亲的，大家纷纷为招娣说情，队长铁青着脸，一句话也不说。乡亲们也只好默默地干活。

就在大家以为招娣会乖乖回去上学时，招娣还是来到了农田里。她一反常态，带着笑容找到队长，说：“队长，上次我不该冲撞您，您就看在我年纪小不懂事的分上，别和我计较了。”队长见她态度如此，也心软了。他认真地说：“孩子，我不是针对你，咱们都知道，要想出人头地，还是要多读书。我本以为你吃不了农活的苦，就会乖乖去上学。谁知你这丫头还挺倔！”

招娣眼含热泪，哽咽地说：“我是家里的老大，理应帮父母分忧，照顾弟妹，我相信我能把农活干好！队长，如果我干得不好，请您多批评、指正！”

见她这样，队长无奈地叹了口气，对招娣说：“你知道什么叫‘锄头上有水，锄头上有火’吗？我为什么叫你没草的地方也要松土？那是因为松土能够破坏地表，旱天可以保墒（湿度），这是‘锄头上有水’的道理；涝天，地表松土可以增大通风面积，促使水分蒸发，这就是‘锄头上有火’的道理。要知道，玉米地里的门道多着呢！”接着队长又语重心长地说：“你这丫头命也苦，既然上不了学了，那就好好把农活干好，农活也不简单的！别看很多农民没文化，他们却在生产实践中总结出了很多种地的经验，这就是我严格要求你的原因！上不了学，要想吃饱饭，农活必须出色！”

招娣听了这席话，流着泪，点点头，原来一直以为队长针对自己，怕自己拖后腿，却没想到队长对自己用心良苦，她对着队长深深地鞠了一躬……

挖草泥潭

文/史惠林

俗话说："若要庄稼好，肥料不可少。"在化肥还没有问世的年代，用于农作物的肥料主要就是人畜粪便和草泥。

草泥，简单地说，就是草与泥的混合物，是水稻的最佳有机肥。但并不是将草与泥混合在一起就是草泥了，而需在特定时间、特定地点进行沤制，才能获得真正的草泥。

沤制草泥的时间通常在春天，地点就是田头的草泥潭。通常，在冬末春初开挖草泥潭，为春耕的凼草泥做准备。

开挖草泥潭，要根据圩口的田的面积来确定草泥潭的位置，其大小深浅决定着沤制肥料的多与少，管控着肥料肩挑担运送及的范围。草泥潭的布局，一般是两块田一个潭。如果田的面积大，可以一块田一个潭。

在河岸边或低洼处的草泥潭，草泥挑空了就随它去，待来年再用；如果在田角，挑空草泥后就要回填，种上水稻，否则这个草泥潭的几平方米面积就浪费了。

挖草泥潭的讲究

文/史惠林

二十世纪六十年代末，我年满十五周岁，可以参加生产队集体劳动了。那时，父亲是生产队队长，爷爷五十多岁了，对农事很精通，遇事不慌不忙，考虑问题相当周到，处理事情十分细致，做任何事情都是有板有眼的，人送雅号“细相人”。因此，父亲经常和爷爷讨论队里的农活和劳动力安排。

一个星期六的傍晚，一家人在吃晚饭时，父亲对爷爷说：“爸，明天你带三个年轻人到后浜那个茬口挖草泥潭。”并叮嘱说，年轻人不懂事，要他多指点，把把关。

我一听便不假思索地说：“挖个潭，也没有什么技术，把什么关，指点啥呀？”

爷爷哈哈一笑，抿了口酒，神秘地说：“你小孩子还不懂。挖草泥潭大有讲究呢，这是我们种田人祖上传下来的老规矩。”

听爷爷说得这么神秘，我的好奇心起来了，赶紧缠着爷爷：“爷爷，原来挖草泥潭也有大讲究呀，给我说说呗。”

爷爷端起酒杯，眯着眼：“要听呀，你要耐着性子，不能急哦。”说着，又呷了口酒，不紧不慢地打开了话匣子：

“俗话说呀，草泥是个宝，种田不可少。草泥是啥时候发明的？发明人是谁？现在没人知道。时代在发展，草泥的沤制技术、使用技巧及肥力质量等也在不断进步。特别是新中国成立以来，由单门独户的单干转为集体大生产后，草泥的沤制更讲究，使用更广泛，肥力也更好。田野里一只只草泥潭就是制作水稻有机肥的‘露天工厂’呀。

“开挖草泥潭，要根据田圩的面积来确定草泥潭的位置，是放在上水口？还是开在出水端？这是有讲究的。草泥潭的大小深浅决定着沤制肥料的多与少，管控着肥料肩挑担运送及的范围。草泥潭的布局，是根据生产队的肥力条件与地头需要合理摆布的。这些问题你爸爸会跟队委会商量决定的。”

听着爷爷滔滔不绝地说着，我似懂非懂，若有所思：“哦，看来挖草泥潭还真是件大事呢！”

“还没完呢，不过，不讲了，等你长大了，自然就懂了。”

“还有讲究？啥讲究？别卖关子了，爷爷，你快说呀！”

爷爷端起酒杯，喝干了酒，咂了咂嘴巴：“这样吧，明天反正是星期天，你跟我一起去挖潭，到时你看到了，就啥都知道了。”

我试探着问父亲：“爸，明天星期天，你就安排我跟爷爷一起挖草泥潭吧！”

父亲看了看我，笑了笑，点头同意了。

第二天，我早早起了床，在吃早饭时爷爷已经在准备工具了。他从存放农具的小屋里拿出一把阔齿铁搭、一把平肩大铁锹、一把木榔头。见我吃好了早饭，便招呼我拿上工具到公场上去跟另外三个小年轻会合。

来到公场，父亲正在给生产队的社员派活，那三个小年轻也到了，小强拿了一把尖齿铁搭、一把木榔头，阿林拿了一把直锹、一把大铁锹，峰峰就拿了把大铁锹。爷爷检查了一下大家所带的工具，说：“嗯，工具都拿齐了，出发吧。”

我们来到父亲所说的后浜茬口，爷爷站在一个土墩上看了看整个茬口的田块，然后来到一块种有花草的田角停了下来：“好，就这里了。”

接着，爷爷便吩咐大家把田角的花草铲掉，然后，他拿一把大铁锹当作圆规，在田角划了一个圆。嘿！真不愧是“细相人”，这个圆与我在练习本上用圆规画的圆不相上下，真是佩服。我想这就是草泥潭的样子了，于是，拿了把大铁锹就走上前去开挖。爷爷手一摆："不要急，不要急，稍微等一下。"

只见他不紧不慢地点了支香烟，拿起一把大铁锹，在圆中央使劲拍了三下，嘴巴里似乎还念念有词。由于他说得轻，没听清楚他说了啥。这一来，我的好奇心又被他勾了起来。我正要问，"细相人"爷爷给我和三个小年轻安排任务了。

接领了开挖任务，我们按照分工，挖的挖，铲的铲，筑埂修帮、用木榔头夯实坑沿、整理光边等，一会儿工夫，人人额头上冒出了汗。忙忙碌碌一个早上，到吃饭时分，我们将一只直径大约三米、深约一米的草泥潭挖好了。

大家收拾好工具，站在新筑成的潭沿上，看着草泥潭，相视而笑，成就感十足。这时，"细相人"爷爷拿起大铁锹，很虔诚地在旁边的田埂上铲了两三块草皮，一边煞有介事地嘟哝着，一边将草皮抛进草泥潭的底面。我们面面相觑，问这是为啥，"细相人"爷爷含糊其词地回答，其大意似乎是"土地公公""田头菩萨"的规约，是"上代传下世"的一条不成文规矩。我没弄明白，就缠着爷爷让他说清楚点，三个小年轻也恳请"细相人"爷爷说得详细一点，好让大家长点见识。爷爷想了想，便细细叙说起来："土，是万物之基。土能滋养万物，也具覆盖掩埋万物之能。正所谓'土生万物，土埋万物'。草泥潭是坑，掘土挖坑，是动土的一桩大事情，所以在田间地头不宜随便挖坑掘塘。潭底放进草皮，表示是沤肥料的草泥潭；潭底不放草皮，那可是葬埋之用的寓意了！开挖之前在圆中央拍三下，嘴里念着'开春了，挖个草泥潭准备㘝草泥了'，这是告诉'土地公公'春耕开始了。"

朴实的农民是如此可爱，对一方土地满怀深情，带着虔诚和敬畏。原来这就是挖草泥潭的讲究呀！

去上海罱黑泥

文/陈阿根

二十世纪六十年代初，生产队经常开船去上海装窨沟泥。事先由上海环卫部门安排工人将窨沟泥掏挖出来。环卫部门在小安桥、虹口等设立黑泥码头，农民的船只需靠上去，就可以直接挑运装船了。

后来发现潮水河（苏州河）里也有黑泥，就发展成自己罱黑泥，不过罱黑泥的罱网不同于我们乡下的普通罱网。它的两根罱杆粗细基本相同，就是短一些，罱网下口用长40厘米左右的硬质木条做成，木条呈竹刀口式，厚的一面凿榫眼，用以连接罱杆。罱衣用麻布缝成圆筒形，直径35厘米、高45厘米左右，下口用麻绳绞在木条上，上口缆几根张绳，系在罱杆上吊住，成了一口罱黑泥的罱网。

在潮水河里罱黑泥需要一人罱，两个人稳住船只，船不能受潮水影响而晃动。罱黑泥与普通罱河泥不同。罱河泥只需将罱网丢下去用力一夹，就是满满的一网，足有一粪桶。黑泥往往发黑发臭，但肥力也足。当时，生产队规定去上海罱泥一趟给80分工分，一次出行一般需要3天时间。

进厂罱黑泥

文/陈阿根

说来也巧，我们邻队的社员陈阿进的舅舅叫刘冬林，在上海中山桥北堍边的木材厂里工作，是厂部的一个领导。刘冬林小时候经常到乡下姐姐家里玩耍，所以他与我熟识。有一次他来乡下，我们谈天说地地聊开了，说着说着他就聊起了村里经常去上海罱黑泥的事：“你们可以到我们木材厂来，我们厂边上的河里黑泥多，大热天的时候老能看见水面上冒泡泡呢。”我听了，眼睛发亮，马上拍板：“好呀！下次轮到我去上海罱黑泥时，我一定去木材厂找你。”他说：“你们随时可以来。我们浸木材的河浜都发臭了，也早该好好清理一下淤泥了。”

没过几天，按照排班就轮到我去上海罱黑泥了。我特地邀队里一个外号“老苏北”的同去，他爽快地答应了。记得出行那天天气不错，我们清早出发，一路上我们几个人交替着摇船，到上海时已是下午两点半左右。不等船停好，我一步跨上岸去，直奔木材厂去找刘冬林。跟他打了照面，相互寒暄了几句后，他就给苏州河边看闸门的老头打了个电话，关照了一声。我们的船开进了闸门，见三百米处有一个大约三十多亩水面的大池塘，于是靠船过去，“老苏北”守在那边正等着消息呢。只见河浜里面浸满了各式做夹板的木材，撑木排的工人全是苏北人，“老苏北”碰上了老乡，乡音无改，彼此间聊得很投缘，气氛也好。因河里浸泡的木材影响我们罱泥，他们还帮忙用竹篙撑开木材。

等我到了之后，“老苏北”已经准备好了罱网，河面上的木材也被提前支开了。我们两个人操作起罱网，开始罱黑泥。一网子下去，只觉得河底软乎乎的，看来确实有料。由于天长日久，烂在河底的尽是些树皮、木屑等东西，罱网拉出水面时，一股腐烂的臭味顿时扑面而来，我只好憋足一口气，使足了力气往船舱里倒去。黑泥在船舱里散开来，臭气更加熏人。罱了一会儿，实在受不了这股臭味，我就跑上岸去透气，趁机也稍做休息。差不多罱了两个小时，也没怎么挪地方，一船黑泥就装满了。我又一路小跑，去厂部找刘冬林打个招呼，准备出闸门返程回家。事有凑巧，刘冬林笑眯眯地对我说：“今天有越南来的参观团到我厂参观学习，晚上还有长宁区沪剧团慰问演出。你们要不就在里面过夜，晚上还可以开开眼界，听听戏，怎么样？”我不好直接拍板答应，跟他说：“我得和其他人说一下，等会再说。”于是回到船上跟大家一说，他们都很乐意，心想在厂内过夜总要比在苏州河里安全得多。

就这样，他们几个在河心抛锚烧夜饭，我见时间还早，就去厂里的车间转转，看看夹板是怎么被加工出来的。我看到轨道车上大夹子抓起直径一米多的大树，放进卷板机，很快卷出像麻粉纸一样的薄板，加热上胶后合成板材，再到成品车间，变成各式箱柜。我心想，大城市的工厂就是不一样，加工木材都是机械化的，比起我们农村干什么活都得靠两只手，真是轻松多了。

吃过晚饭后，我们早早地来到大礼堂。哪里知道来的人已经不少了，都是妇女、小孩，估计都是厂里职工的家属。我们在最后几排坐下，约半小时后，参观团和参加会议的人陆续走进礼堂。我们几个跟着其他观众热烈鼓掌，表示欢迎。厂部领导向客人介绍了工厂基本情况，双方代表又先后登台互致慰问词。其间，翻译起了大作用，否则我们根本不知道越南代表说了些啥。慰问结束，我们津津有味地看起沪剧《星星之火》。我一边看戏，一边想：什么时候在我们农村也能看到这样的一出大戏呢？那该多好啊！

后来，队里凡是安排去上海罱黑泥，挑选的目的地非木材厂莫属。一来二去，时间长了，人也都熟了，更重要的是，我们队罱到的黑泥比其他生产队的质量都好，往返时间又短。如今回想起这件事情，已将近一个甲子过去了。

罱网

文/陈阿根

罱网是在罱河泥时用的农具。它是由竹行里的老师傅用两根毛筋竹竹竿制成的，一根直径约6.5厘米，另一根略细一点。竹竿粗的一头约80厘米，用火将其加热弯成弧形，两根竹竿底端各装上铁脚，称为上爿、下爿两片。铁脚两端各有两只扁形的铁箍，用以穿连罱网牌。罱网牌用韧性好的青毛竹做成，长45厘米左右，宽4厘米，厚0.5厘米左右。将两根毛筋竹竹竿的弧形位置对合，用绳子在“颈”部扎紧，就组成了一副罱杆。然后，在两根毛筋竹弧形中间配上罱衣，罱衣是用纯棉纱绳结成的，纱绳粗细0.3厘米左右，网目约一指粗见方。罱衣顶部系一根长30厘米的小竹片，两端有眼穿小绳拉住罱衣顶端，罱衣下口穿上纲绳，将纲绳每间隔7~8厘米扎在罱网牌上，罱网牌两头各钻一个眼，用牢固的长11~12厘米的麻绳做吊角绳，罱泥时手握罱杆撑开，罱网就会张开，这样就成一副完整的罱网了。

叠栈头

文/陈阿根

几天前，我去走访了一位李姓老农，他今年八十六岁，说起了叠栈头这个农活。他说，他们这一带当年去镇上叠栈头有三种情况：一是近段河里泥不多，罱勿牢泥；二是拥有载重上万斤的农船的人家讲求河泥质量，就开船去别的镇叠栈头，一船能抵普通农船四五舱泥的量；三是有事要上街，顺便就带一栈泥回来。有些地方因为河小、河少没有泥罱，要行很远的水路去青阳港、太仓塘等大江、大河里罱叠栈头泥。但是这种农活到二十世纪六十年代就基本见不到了。

记得那是1952年，我在读小学二年级，那天正好是一个星期天，我跟随父亲去角直罱叠栈头河泥。父亲提前一天问大姨夫家借了一只大木船，出发前在船上装了一些稻柴，准备去角直后顺便卖掉，赚点零用钱补贴家用。

出行当天，天还没有亮，我母亲老早就把饭烧好了。等大姨夫到我家后，一起草草地吃了早饭，就开船向角直方向摇去。我们那条大木船是带帆的，等船摇出大市塘，正遇东南风紧吹，看来这趟出行正好赶上顺风。当即竖起桅杆驶篷帆，船速很快，我体会到了一种“省力得高产”的感觉。船驶入商鞅潭时，水面宽阔，风浪也大，船头两侧发出“哗哗”的声响。我们一路劈风斩浪，途径大直江、东塘江，很快就到了角直东大桥北堍。只见桥西米厂里工人正在吃早饭，时间还很早。借着这段时间，父亲上岸去找稻柴买卖中介人，这些人有个专门的称呼，叫

“柴主人”，经由柴主人叫来了好几个买稻柴的居民。父亲向柴主人咨询稻柴买卖价，得到的回复是“一万元一担”。现在听来感觉稻柴好值钱，其实不是那么回事，那个年代用的是新中国成立后的第一套人民币，都是百、千、万的票面。到1955年发行新币，经兑换后，那一万元只折合为一元新人民币。那天，除了留两三担柴拌河泥用之外，其他的都卖完了，总共十多万元，扣去柴主人的中介费，最终到手也就十万元，相当于现在的十元。

等时间差不多了，我们就把船向西摇进市河江。市河江既窄又长，两条船只能勉强交会通过。一路摇到中段孙家河滩，将桅子、篷帆寄存在那里，就开始罱泥。我父亲与大姨夫每人一口罱网，一边罱一边将切断的稻草、牛粪往船舱里丢，市河的泥多而肥质好，罱网未撑多远就一网，十多分钟已填满一平舱。这时，父亲和大姨夫把罱网搁在船沿上，拿来一副竹帘子沿着舱口插好，这样等于把船舱深度增加了将近三四十厘米。竹帘有个好处，既留住了河泥，又可以排干水分。接着他们两人继续罱泥，但是因为加了竹帘增加了高度，一网泥要吐进舱中就费力多了。手托罱杆出泥时，父亲的罱杆不小心碰到了河边的一栋木楼房的屋檐口，只听得“咣当”一声，好几片小瓦落进市河里。主人听到响声，骂骂咧咧地蹿出门来，跳到我们船上索赔。父亲知道是自己不小心造成了对方的损失，只好认赔。屋子主人说，一个瓦头、五张瓦，加上修理人工费总共要赔七万元。这数额在父亲听来可不小啊！出门装来的十几担稻柴也就换了十万元，扣去买了一包角直萝卜、一条咸鱼的钱，已经所存无几了。父亲就跟对方讨价还价，耗了好长时间，最后以赔偿四万元了事。为了避免再次发生这类事故，我们把船撑到胡峰桥边继续罱泥。一边罱泥，一边用塘耙向舱的前后叠高，以减轻舱中心位置的受力，不致压坏农船。罱泥继续进行着，我坐在船艄上，两手扶着橹，一边看着父亲和大姨夫，只见他们脸上和臂膀上的汗水不住地淌。差不多等船沿离水面只有二十厘米左右，一船泥也装满了，他们也终于可以踏踏实实地休息一下了。我估计前前后后耗时大约两个小时。

不到中午时分，我们就准备起程回家了。泥船摇出东大桥，正好吹起橹前的头角风，又能驶篷帆了，这样人也省力不少，而且据说驶头角风重船要比空船来得轻松。等到了大直江，风向又变成橹后头角风，船的走速也相当快，只听得“呼呼”的声响。午饭也在船上解决，父亲与大姨夫轮替吃饭、掌舵，他们吃的菜是炖蛋和炒青菜，我更简单，就着刚买的角直萝卜干吃饭。这样也不会耽搁时间，我们直接把船摇到自家田头。利用这一段时间，父亲他们也休息得差不多了，于是两人换上了塘耙，继续上柴泥潭。随着时间的流逝，柴泥潭里的柴泥也不断往上涨，又是两个小时光景，一船柴泥上完了，这时日头已经西斜。

凼花草

文/酥言

凼花草也称凼草泥，是一种农活，也是一项季节性的农事。“花草”也许是我们昆南乡村农民的俗称，植物学名叫“紫云英”。它是一种农作物，本地农村不是用来喂养家畜的，而是堆沤成肥料垩田，以增加土壤肥力、提高粮油产量。二十世纪六十年代到八十年代初，本地农村的各生产队在秋季布种规划时，都要安排一定比例的农田面积种植花草；翌年春耕时，在农田中有选择性地开好泥潭，再将盛长的花草割掉，与积淀的干河泥一起混合堆沤发酵，待腐烂变质后再挑到大田里施作基肥。草泥屎味道很浓，丢过草泥的手三天也洗不掉这种味道。

花草田里有花招

文/酥言

那年四月中旬，正是紫云英（红花草）的盛花期，在望江大队第九队的张鸣泾河畔，一片片紫云英蓬勃绽放，风中摇曳的玫紫与浓绿，仿佛给田野披上了一条彩绘巨毯。傍晚时分，夕阳西下，走在狭窄的田埂上，花草芬芳馥郁，小蜜蜂群鸣飞舞，让人心醉神怡，谷雨时节的乡野真是迷人！

此刻，一个绰号叫“老木头”的饲养员正在放牛水（牵牛到水滩喝水）。他抬头仰望，发现远处隐约有一个人在走动，一会儿又不见了。他怀疑是有人偷花草（农家孩子乘夜晚到田里斫草喂猪羊），故把牛牵回牛棚后就再认真地观察一番。也许是年纪大眼睛花，也许是晚霞太炫目了，老木头左看右看也没见啥动静……

五六天后，凼花草开始了。生产队队长早已安排劳力将泥潭开好（直径3~4米，深度1.5~1.8米），并且将外河塘里休干的河泥挑进来了。凼花草是突击性的农事，必须集中劳力在几天内完成，而且每天的劳动量也是有定额的。队长派工是男女搭配好的，一组6个人，2个女人割草、1个男人挑草，3个女人凼草，一天完成一个潭。俗话说：“男女搭配，干活不累。”这句话用在此当口是贴切的。

凼花草是简单的粗生活，劳动工具是镰刀、尖齿铁搭、大粪勺。由于任务明确，分工合理，大家都很卖力，铺一层花草盖一层烂泥，妇女们赤脚用力踩踏，如垒叠咸菜似的。上午各组进展速度都蛮快，其中一个叫阿梅生的中年男人最起劲，他对小组里的妇女说：“你们假如想早点歇工，吃了中饭就出工，我们再加快点！”妇女们表示同意。

午饭后，想不到多数社员都提前出工，其目的不言而喻。阿梅生更是快速，像个生产队队长似的一组一组去查看了一番。他干活好，做人也实在，大家以为他是在暗自比较进度，就不当一回事。一会儿，隔边组里有个割花草的叫阿三的妇女说，发现一窝甲鱼蛋，引得大家围着喧嚷起哄。“这老甲鱼真有办法，也爬到紫云英里来享福！”有人风趣地说。稍后大家也就散了，因为当年这种情况是常有的。紫云英与蔷薇花的盛花期差不多，长在河岸上的蔷薇花开了，河浜里的甲鱼就要上岸产卵，靠近河岸边的田间草丛里，母甲鱼也会做窠。阿梅生听到了，反而认真起来，他乘挑担时特地走过去悄悄对那个叫阿三的妇女讲：“你今天也许会有好运！”阿三知道他是随便戏说一句，并不在意，继续干活。

半个时辰过去了，那个发现甲鱼蛋的妇女又笑嘻嘻地说：“阿梅生！你说中了，我在花草里拾到了5块钱。”这下大家都惊异了，花草田里怎么会有钱？肯定是谁掉的！5块钱在当年是蛮稀奇的，周边的妇女们都跑过来看个究竟。“真的！是张‘黄五头’！”“已经有点日脚了，钞票上有点脏！”大家你一言我一言语聊着。突然，那个与阿三一起割花草的妇女喊：“阿梅生！你怎么知道阿三今朝会有好运气？”阿梅生心里一阵忐忑，搪塞着说：“阿三今朝戴只新箬帽，运气好！”大家感觉阿梅生话中有话，就把话题打住了，都各自忙着劳动。

到下午吃点心的辰光，各组先后完成了定额，妇女们都用大粪勺将渠道沟里的水舀到泥潭里，企盼着草塘早点腐烂，变成蟹沫、绿泡、黑水的草泥屎。

这件事本来也就结束了，谁知道几天后消息传到了饲养员老木头的耳朵里。老木头姓马，其实不木头，因为他个子高、脸黑黑的，别人给他起了这么个外号。他听闻后，就想起那天看到的花草田里的人影，像是阿梅生。阿梅生是光棍，有个相好是隔壁大队的李寡妇，那片花草田离李寡妇住宅不远。老木头猜想，阿梅生那天一定是在花草田里与李寡妇做好事，慌乱中把钱落下了。于是，老木头就捕风捉影地与阿梅生讲："你那天在花草田里'发火跳'，我在牛场上望着了！看你老大不小，做事像个孩子，一点不懂规矩！"阿梅生听了这番话也不回避，红着脸说："你误会了。"

原来，李寡妇家里困难，口粮又紧张，那天收工后她悄悄到隔壁田里割些红花草，准备氽熟晒干，让孩子拌饭吃。阿梅生正好去找李寡妇，在花草田里见面。于是他就给了李寡妇5块钱，并叫她不要割了，直接回家去。李寡妇感到难为情，推手不接钱，此时远远望见老木头向这边瞧，他俩就慌慌张张地爬着离开了，不料李寡妇把钱弄丢了。第二天，阿梅生又去那里寻找，但隔日夜里落了场雷阵雨，花草长得一样平了，哪能认得出。毕竟5块钱在当时要劳动七八天才能挣到，所以阿梅生也是有点舍不得。他记牢了那块田，在凼草泥那天有意再要碰碰运气，但寻觅了一阵子仍然没有收获，倒是被阿三拾到了。讲到这里，阿梅生恳求："老木头，你不要说出去，否则会弄得像草泥屎一样臭！坏我名声不要紧，她们娘仨可难过了！我给你买包大前门，包涵一下吧！""我冤枉你了！放心！"老木头同情地笑着说……

俗话说："人嘴扎不拢。"后来，在张鸣泾自然村，大家都会默契地说"花草田里有花招"。这句话就是当年老木头传下的。

翻山芋藤

文/史惠林

山芋，也叫红薯，于十六世纪末叶从南洋引入中国福建、广东，而后向长江、黄河流域等地传播。

种植山芋，每年要选几个好的留种，到第二年开三春后育秧。山芋育秧要选松软、朝阳的地，先把地垦松，用铁搭套出勒头（沟），再铺上有机肥，最好是猪窠、鸡窠等，然后晒一两天，之后把山芋横着排在勒头（沟）里，盖上泥土，铺上稻柴笼，浇上水。

育秧苗期间，如果遇到干旱天气，要两天浇一次水；如果碰到冷空气，要加盖稻柴笼保暖。

一般一只山芋出4~5根秧苗，等长到有5~6片叶子的时候，就可以剪苗栽插了。

在剪苗之前，先要把种山芋的地确定下来，松土，打好垄，然后把山芋苗栽插在垄上，插好后马上浇水，待所有的苗都成活了，就要施肥。

山芋苗完全成活后，就长成山芋藤，长到7~8片叶子时，要把山芋藤全部翻一下，因为山芋藤是一节一节长的，着地的那一节就会长出根来，那么这棵山芋的营养就会分散，以后长的山芋就不大，或者不长山芋。通常，一茬山芋需要翻藤2~3次。

甜糯的山芋

文/史惠林

二十世纪六十年代初，人人都在为吃而奔忙。

淞南榆树村不到十岁的小阿本和许多同龄的小朋友一样，每天放学后，背着书包到田野里去寻找可以吃的东西。

那天是星期三，与往常一样，下午三点不到学校就放学了。妈妈在吃午饭时告诉小阿本，队里今天在花宁台的高地上垦山芋，放学后可以去那里捡山芋卵子（很小的山芋）。所以，一放学小阿本就直奔花宁台高地而去。

小阿本到高地时，已经有几个年纪比他小的小孩在捡了。小阿本顾不得跟他们打招呼，随手在地边拿了根树枝，扒拉着土块，瞪大眼睛专心捡山芋卵子。不多一会儿，他头上就冒出了汗，但效果不错，捡到了三颗蚕豆般大小的山芋卵子。小阿本很开心，用衣角擦掉点泥土，将其放进了书包。

正当他继续寻找下一个目标时，他听到有人在叫他："阿本哥，你早来啦！"

小阿本抬起头一看，见是隔壁强强叔的儿子小庆和他的妹妹英英。小庆比小阿本小两岁，家境比小阿本更惨，他爷爷身体一直不好，加上缺吃少穿，上个星期驾鹤西去了。因家境实在寒酸，老人家入土时只盖了一块草席，连最简单的葬礼都没有。

见是小庆兄妹，小阿本就站起身来："小庆，到这边来，英英妹，你也过来。”说着，把手里的树枝递给了小庆，自己又到地边去拣了一根。“来，我们一起捡吧。”

这时候，陆陆续续又来了几个小朋友，高地上热闹起来了。大家相互打过招呼后，就各归各专心致志地去翻寻山芋卵子。有几个男孩捡到筷子样粗细的山芋，用衣角擦了擦，就塞进嘴里吃了，吃得是津津有味。

小庆的妹妹英英看到几个小男孩在有滋有味地吃东西，呆呆地看了一会儿，咽了咽口水，来到小庆跟前：“哥哥，我饿。”嘴巴瘪了瘪，似乎要哭的样子。

小庆赶紧从篮子里挑了一个最大的山芋卵子，其实比蚕豆略大一点而已，用衣角擦了又擦，然后递给英英：“妹妹，吃吧。”接着，又埋头去寻捡山芋卵子。

忙碌时感觉时间过得很快。不知不觉，太阳快要下山了，几个男孩早已经回家去了。小阿本和小庆也停止了翻捡，两个小家伙满脸通红，额头上汗水涔涔，各自看着自己的书包和篮子里的“战利品”，使劲咽了咽口水，相视笑笑。正在这时，高地的另一头传来了一个男孩的吼声：“你这个小姑娘，怎么偷吃我的山芋？”接着，传来了英英的哭声。

小阿本和小庆赶紧跑过去，那个男孩看到小庆，就用手指着小庆说：“小庆，你妹妹把我的山芋吃光了，你赔我。”说着，就跑到小庆跟前要拿小庆的篮子。小庆当然紧紧护住篮子，争抢中，小庆一个趔趄，跌倒在地，篮子里的山芋卵子撒了一地，于是，看热闹的小孩一哄而上，把地上的山芋卵子抢了个精光，随后一哄而散，各自回家去了。

小庆看着空空的篮子，号啕大哭起来。小阿本看着这突然的变故，一时也不知所措。英英这时一边哭着一边爬向小庆身边：“哥哥，都是我不好，都是我不好呀。可是我饿啊！我还嘴巴干啊！”小英英满脸泪水，哭声凄惨，带着泥土的小手擦着脸上的泪水，泥土遇到泪水，便是满脸的泥浆。小庆看到妹妹的样子，哭得更伤心了。

小阿本看到小庆兄妹俩哭得那么伤心，赶紧上前安慰：“小庆，英英妹，不要哭，天快黑了，我们赶紧回家吧。不然，爸爸妈妈会担心的。”

“我空着篮子回家，我怎么跟爸爸妈妈说呀，我们已经喝了三天麦片汤了呀！”小庆边哭边说。

小阿本想了想，毅然说：“我捡到的分点给你。”说罢，就将书包里的山芋卵子倒到小庆的篮子里。

小阿本回到家，爸爸妈妈正打算出门去找他。见儿子回来了，赶紧问：“阿本，你回来啦，捡到山芋卵子了吗？快拿出来洗洗，我们今晚烧山芋粥吃。”

小阿本眼望地面慢吞吞、很尴尬地说：“只捡到了三个。”说着从书包里拿出三个黄豆般大小的山芋卵子。

知子莫如父。小阿本爸爸看到小阿本这副尴尬的样子，心里猜想肯定是发生了什么事，便耐着性子问：“阿本，是不是发生了什么事？”

小阿本便一五一十地把高地上发生的事告诉了父母，妈妈摸着小阿本的头说：“唉，难怪呀，大家都一样，都是被饿急了啊！”

“阿本，你做得对，”爸爸接着说，“小庆家比我们更苦。你不要难过，今天队里垦了山芋，中午就分到了各家各户，我们家分到了五斤，叫你妈马上洗几个，晚上烧山芋粥吃。我去自留地给昨天种的菜浇浇水，你在家给妈妈搭把手。”

小阿本妈妈赶紧挑了一只比拳头大的山芋，洗干净切开，拿了一小块给小阿本：“来，阿本，忙了半天你也饿了，先吃点吧。”

小阿本拿着白嫩嫩的山芋块，轻轻地咬了一小口。嘿，又爽又脆，又甜又嫩，他真想一口把整块山芋全吃了。但他没有，他把山芋举到妈妈面前：

“妈，你也尝一口。”

“妈不吃，没工夫吃，妈要烧山芋粥，天色暗下来了，吃了晚饭你还有作业要做呢。”

小阿本盯着手里的山芋，若有所思地说：“要是所有的田都种上山芋就好了，大家就不会没东西吃了。”

“小孩子不懂事，大田要种水稻的，不种水稻，就没有了大米，我们吃的饭、粥都是用大米烧的。再有，种了水稻可以交公粮。不种水稻，拿什么交公粮？山芋只能种在一些杂边地上。”

小阿本似懂非懂：“哦，原来是这样啊。对了，妈，这山芋是怎么种的啊？”

这时，妈妈已将一切准备就绪，就去灶头后面点火烧山芋粥了。她一边烧火，一边给小阿本讲怎么种山芋。

母子俩一个问，一个答，说得正带劲，屋外传来了摆放粪桶扁担的声音：“你们娘俩是怎么回事？黑灯瞎火的连灯都不点呀。”小阿本爸爸浇水回来见屋内一片漆黑，便嚷嚷开了。

小阿本妈妈赶紧把煤油灯点起来，拿出碗筷，盛上山芋粥。说是粥，还不如说是汤更确切，但一家三口还是吃得有滋有味。这小阿本更是像大人一样感慨起来：“这山芋啊，生吃是又爽又脆，又甜又嫩，烧熟了吃是又甜又糯，真好吃！”

“不仅山芋好吃，用山芋藤来做菜味道也是呱呱叫的。”小阿本的爸爸补充说。

“山芋呀，全身是宝。”小阿本妈妈笑着附和道。

“将来条件好了，我还是要种山芋吃。”小阿本一本正经地说。

种茭白

文/史惠林

茭白，又名“高瓜”“菰笋”等。古人称茭白为“菰”。在唐代以前，茭白被当作粮食作物栽培，它的种子叫“菰米”或“雕胡”，是“六谷”之一。后来人们发现，有些菰因感染上黑粉菌而不抽穗，且植株毫无病象，茎部不断膨大，逐渐形成纺锤形的肉质茎，这就是现在食用的茭白。把茭白作为蔬菜栽培的国家，只有中国和越南。茭白是一种淡水作物，主要分布在江南水乡地区。

李白曾有“跪进雕胡饭，月光明素盘”之诗句。所谓“雕胡”，即菰米或茭白。在唐代，雕胡饭是招待上客的食品，据说用菰米煮饭，香味扑鼻且又软又糯。

我们淞南地区的茭白，大多是在低洼地、河岸边、塘潭、废弃的水沟等地方种植，尤其是千灯地区，利用大田进行规模种植的几乎没有。

由于茭白是无性繁殖，所以不存在常规的播种育苗方法，只需将老茭墩分墩种植。在整理好的种植茭白的地方，施足基肥，稍过几天，选取生长强健、无病害、无雄株的茭墩，切割分墩栽种，成活返青后及时追肥，茭白就能正常生长。

萍萍的种茭白打算

文/史惠林

二十世纪八十年代初，瞿家库的阿荣源婚后与他的父母分家了。这一年农村实行家庭联产承包责任制，即分田到户，阿荣源夫妻俩分到了四亩八分责任田。

阿荣源在公社农机厂上班，是个机修工，上班时间相对稍微宽松一点。由于他为人和善，勤奋好学，进厂不久，领导就安排他去上海一家机械修理厂进修学习了三个月。回厂后，他崭露头角，机修技术得到大家的一致好评。那时候没啥娱乐消遣活动，他也学会了搓麻将，但他坚持一条原则，就是只打小的，超过一元的坚决不打。尤其是结婚后，只在休息天的下午打，晚上坚决不打，用他牌友的话说就是要陪好老婆。阿荣源的老婆萍萍是一家队办厂的出纳，受工作影响，渐渐学会了精打细算，家里所有的事情她都安排得妥妥当当。阿荣源觉得讨了这样的老婆真是前世修来的福，但有一点让他觉得有点别扭，就是每到他休息，萍萍总要安排他做这做那。他倒不是怕做活，而是觉得没时间搓麻将了，感觉生活少了点趣味。

春光明媚的一天，日上三竿，阿荣源还没起床。这天赶上休息日，阿荣源本想睡个懒觉，哪知萍萍冲着卧室喊话了："阿荣源呀，我想种一塘茭白。今天你正好休息，去责任田的河滩边挖好种茭白的塘，下一次休息就可以种茭白了。"

阿荣源听到老婆的吩咐，似醒非醒地回答说："嗯，我晓得了。"

“差不多可以起床了，吃过饭别光顾着搓麻将，把挖塘的事情忘干净喔。”萍萍又叮嘱了一句。

阿荣源困势懵懂，听到“搓麻将”三个字，一激灵睁开眼睛，看到老婆叉着手站在门口正看着自己，便问：“萍萍，刚才你说啥了？”

萍萍耐着性子把刚才的话重复了一遍，完了再追问了一句：“这回听清楚了吗？”

“清楚了，清楚了。”阿荣源边说边赶紧穿衣起床。

阿荣源起床后看看时间，已经是八点多了，他算了算时间，觉得有点紧张，便早饭也不吃，换了双长筒靴，拿了铁搭、铁锹就去挖茭白塘了。好在阿荣源在进社办厂前和社员一起干过这个活，所谓茭白塘，其实就是在河岸边开一条比较宽的沟，开好沟还要垩一些有机肥，如猪窠、大粪等，但是时间有限，阿荣源先要把茭白沟挖好，垩肥的事情另作打算。

临近中饭时分，塘沟终于挖好，阿荣源急匆匆地赶回家，到家开门进屋看到桌子上有张纸条：“阿荣源，今天厂里有事，我中饭不回家吃了。萍。”原来是老婆的留言。阿荣源赶紧下了碗面条，胡乱吃过后就去找麻将搭子了。

半天时间一晃就过，萍萍下班回到家时，阿荣源已经在烧晚饭了。晚饭后，小夫妻俩一边听收音机一边聊天。

“阿荣源啊，茭白沟挖好了，猪窠有没有垩好呀？”

“猪窠我打算明天下班后去垩。”

“那你今天下午在搓麻将咯。”

“嗯。”

“阿荣源呀，我俩成家一年也不到，你父母就跟我们分开了，你阿有啥打算呀？”

“打算？什么打算？”阿荣源挠了挠头。

“我知道你没想过，一天到晚想着搓麻将。你看，我们村大多数人家都造起了楼房，我们家啥时候造呢？”

阿荣源又挠了挠头，眨着眼睛嬉皮笑脸地说：“萍萍啊，你兜这么老远，就是让我不要搓麻将，抓紧时间种好茭白，是不是？你放心，萍萍，今天我已经把茭白沟挖好了，下次轮到休息，我一定把茭白种好。”接着他神秘兮兮地凑近萍萍的耳朵：“种好了茭白，是不是就可以造楼房了？”

萍萍用粉拳在阿荣源胸前打了一下：“是的，你种好了茭白，我们就做好造楼房的打算。阿荣源啊，你不仅要抓紧种好茭白，最好还要再多加加班。”

阿荣源一愣：“多加加班？”

“是啊，要造楼房，开销大了，负担重了，你多加班，就可以有更多收入呀。”

阿荣源无可奈何地低着头：“哦，好吧。”

萍萍又凑到阿荣源的耳朵边，轻轻说：“傻气，我们家很快要增加一张吃饭的嘴巴了，这负担不是更大了吗？”

阿荣源先是一呆，然后是一惊，接着是眼睛一亮：“萍萍，你有啦？”

萍萍幸福地点点头。

“萍萍，你以后啥都不要做，全部由我来做。对，我轮到休息先把茭白种好，再多加加班，增加收入……”

“嗯，等我们的宝宝会叫‘爸爸妈妈’时，我们应该也住进新楼房了。”

阿荣源搂着老婆，沉浸在幸福的遐想之中。

做秧田

文/陈祥英

俗话说："立夏秧田光。"育秧前先要做秧田。

做秧田，要先将田中泥土翻耕，俗称"耖田"。板田翻耕后需经阳光晒上几天或几十天。待泥土晒白后上水（灌水），将碳酸氢铵（每亩100斤）洒入水田中，用拖拉机旋耕，将泥土搅细、搅烂，再把土块耙细、耙平，俗称"耙田"。约过3天，待泥土稍干后，按照一定的尺寸（通常为1.2~1.3米）用铁搭进行套沟、将整块田做成一个个秧垅头，这个秧垅头俗称"秧板"。再用牵蒲将秧沟中的碎泥拷到秧板上，将泥土均匀抹平，俗称"出秧沟"。然后，两人站在秧板的左右两边沟中，俯身用力均匀且步伐一致地将木板或平几（船舱板）平行向前推移，将秧板推平后播下谷种，俗称"下秧"，再用小木板把播的种子全部夹没在垅面的泥土中。最后，在秧板上撒上柴草灰。

做秧田惹的祸

文/陈祥英

1976年，是段难忘的岁月。江南的小乡村申家庄里，村民们可谓命运多舛。

“五一”劳动节过后，申家庄的农民们又开始忙碌起来，进入夏种的准备阶段。申根元夫妇俩在申家庄称得上是种田的行家里手，生产队里只要有技术性的农活，生产队长少不了会安排他们俩。

申根元夫妇生有一子一女，儿子名叫申永材，对于这个儿子夫妻俩是非常宠爱的。家中没有老人带孩子，他们想办法把孩子寄托到邻居申三叔家，这孩子由申三娘一手抱大。俗话说：“金乡邻，银亲眷。”他们两家的关系，比亲眷还要亲热，不分彼此。申永材就像申三娘的亲孙子，申三娘对他溺爱无比，由着他的性子。申永材虽然只有六七岁大，玩得却是拆天拆地，不仅会爬树、叉铁圈、滚弹子、打铜板等，还会去人家旱地里采熟瓜、拔芦粟，是村里出了名的皮大王。

劳动节后开工的第二天，队长派申根元夫妇到申家角做秧田，申根元干活仔细，每次队里做秧田推秧板，总是少不了申根元。这次也不例外，按照惯例，队长派申根元与申富根搭档，两人推秧板。申根元比申富根年纪轻，手脚快，无论做什么，申根元总是自告奋勇，比同伴抢先一步。这次，申根元与往常一样，到木船上去拿“平儿”，然后与申富根一起推秧板。他们刚推了一坨秧板，只听得有个老太太声嘶力竭地喊：“根元，永材跌到河里啦！”河岸边申三娘正面朝着他们大声叫喊。

申根元听到申三娘的叫喊声,飞也似的向申三娘的方向跑去。到了出事地点,申根元想这不是刚才自己去拿“平儿”的地方嘛。只见申三叔全身湿透,正倒背着永材往回走。申根元见状,马上从申三叔身上接过孩子,对申三叔说:“三叔,您老快回去换衣服。”自己屈膝将永材放在大腿上,头部向下,随即按压背部。不久,就见一股水从小永材口中喷出,这时人群中有人高喊:“把头摆正进行人工呼吸!”申根元一看是村里的赤脚医生赶来了。进行一阵急救后,小永材的嘴角动了下,眼睛睁开了,估计没事了,就直送医院。当时,小永材母亲也紧随在丈夫身后,来到了出事地点,哭哭啼啼的,一把鼻涕一把泪地说:“永材,我的小祖宗啊,你怎么就不能让娘省点心,上次在河中冰面上走,没有出事,那是额骨头高(运气好)啊,你这样玩,总会出事的呀……”此时,看到小永材身体动了,有知觉了,便停止了哭泣。

小永材苏醒后,申根元夫妇急切地问:“永材,你当时是怎么跌到河里的?”永材胆战心惊地回答:“我看到爸爸到船上拿木板,觉得好玩,学着爸爸的样子走到船上,脚踩在船舱边沿上,结果脚一滑,人一晃,就‘扑通’掉下河里去了,呛了很多水,后来就什么都不知道了。”申根元懊悔地说:“我真是缺心眼,当时怎么就没注意到你呢?”小永材说:“我在爸爸身后蛮远的地方,爸爸是看不到我的。”说完后,不敢看父母一眼。

小永材得救了,但申三叔却因着凉而引发肺炎,病得不轻。申根元从医院一回到家,便买了食品去看望申三叔。看到三叔嘴唇干裂,面无血色,还不停地咳嗽,申根元眼睛红红的,哽咽地说:“三叔,都是我那小兔崽子惹的祸,把您给害苦了。”三叔听后忙说:“根元啊,孩子懂啥!要怪也只能怪拿‘平儿’时,自己没有多留个心眼,不被孩子看到就好了。”他们俩说话间,生产队长及大队书记也闻讯来到了申三叔家,还派来了挂机船手,将申三叔送到镇上的医院治疗。

半个月后,申三叔康复出院了。申根元与申三叔两家人聚在一起,申根元夫妇俩的眼眶里闪烁着晶莹的泪花。

凼草泥

文/陈祥英

凼草泥，是一项季节性的农事。凼草泥之前，在河岸边或田横头开挖一个泥潭，泥潭的形状有圆形和正方形两种，开口大小根据实际而定，深度一般为1.5米左右。开潭时要注意，潭不能有漏洞，以防漏水。冬季，生产队长会先安排两三个男劳力罱水河泥，两个女劳力挡泥船。然后，用牵蒲从船舱内将罱好的水河泥拷（拽）到河岸边上的泥塘里，等河泥干涸，这种河泥俗称“白河泥”。另一种是用一个女劳力把准备好的柴草用“铰刀”（铡刀）铰断成草料（长15厘米左右）。一边拷河泥，一边将铰好的草料放入泥潭中搅拌均匀，这种泥被称为“柴泥”。等柴泥水分蒸发干裂，再安排劳力把白河泥或柴泥运到田头，与猪窠（猪粪）相拌，放入开挖好的泥潭内。开春后，割掉长出的花草或青草，与柴泥一起混合堆沤。堆沤时将一层柴泥隔一层草填入潭中，然后加水搅拌成河泥状，再用双脚踏结实，重复工序，直至将潭填平为止，泥潭面上最后一层为水泥浆。约半个月后，待潭中之物腐烂变质后发酵，泥浆水变成蟹沫、黑水、绿泡状为达标。到农田翻耕时，将其挑到大田里当作基肥使用，增加土壤肥力、提高粮油作物产量。

体验

文/蓝鸿

吃过早饭，林小谷猫着腰蹑手蹑脚地走出堂屋，还没走到场院的篱笆门口，身后传来父亲林根生的声音：“又想上哪儿玩去？你给我在家好好看书。”

林小谷噘嘴瞪眼，停住脚步。十六岁的林小谷“老牛拉破车”般费力地读到高三，全家人希望他能考上大学，但是林小谷知道自己几斤几两。林小谷有个梦想，却一直得不到家人的支持。

这时，王冬生扛着锄头挑着木桶从林小谷家的篱笆墙前走过。林小谷上前打声招呼：“冬生哥，你这是干啥去？”

“凼草泥。”

“哟，你爸舍得让你一个大学生干这活？”林根生扛着锄头从里屋出来。

“林叔，我上了大学还是农家子弟，不会干农活岂不让人笑话？”

“爸，我想跟冬生哥一起凼草泥。”王冬生是村里第一个大学生，哪家孩子跟他在一起做事都能得到家人的支持。

“行，你跟冬生好好学学，看看人家，书念得好，农活也干得好。”

林小谷赶紧跑出院门，把父亲的后半句话扔在了身后。

王冬生家的地在村西边，林小谷跟着王冬生来到一块庄稼地，地角上有个两米见方的坑，坑里有少量积水。

“冬生哥，凼草泥这活咋干？你告诉我，我跟着学。”林小谷从小就被父亲逼着学习，连洗碗扫地都很少干，更别说到庄稼地里干农活了。

“凼草泥这活看似简单，其实是个技术活。我之前也是跟我爸干了好几次才学会的。”王冬生说着，把木桶里的猪粪倒进坑里，再去田边的小河里挑水倒入坑里。

王冬生让林小谷用锄头把水坑边上的杂草划拉进水坑里。杂草大部分是水葫芦、浮萍和水葱等水生植物。王冬生说这是他昨天刚从河里捞上来的。

王冬生告诉林小谷，庄稼一枝花，全靠肥当家。凼草泥其实就是农民自制的有机肥料。凼草泥一般都选在田角边上挖个深坑，最好靠近河滩，这样方便取水。

林小谷在王冬生的指导下，把杂草、稻莼等扔进水坑。王冬生倒完粪尿，挑完水后，拿起一根竹竿在水坑里慢慢地搅拌。王冬生说：“凼草泥是一门技术活，一般以秸秆、杂草、落叶、绿肥、稻草和生活垃圾为原材料，混入一定量的粪尿、厩肥、河塘泥等，在坑中淹水沤制。这些东西在嫌气条件下会慢慢腐解。”

“冬生哥，啥是嫌气条件？”

“嫌气条件就是无氧条件，你高中时没有学到？”王冬生的话使林小谷脸上暗暗发烫。

王冬生说，别看这些杂草粪尿既脏又臭，一般人都嫌弃，可它们在农民眼里就是宝贝。它们在嫌气条件下慢慢腐解，在天气好的条件下腐殖化系数较高，养分损失就较少，经过一段时间沤制就可以腐熟成富含有机质与多种营养元素的有机肥料。这种有机肥料最受农民喜欢，一般被作为庄稼基肥，具有改善土质的作用。

粪尿的浓臭味、杂草的青涩味、污水的腥气味，混合在一起的味道真的非常难闻。林小谷皱着鼻子看到王冬生用力地在水坑里慢慢地搅拌，做起农活来有板有眼，心里不禁非常佩服他。

“冬生哥，凼草泥这活又累又脏，我看你倒一点也不嫌弃。”

“没有脏和累，哪来米和粮？”王冬生熟练地把坑里的杂草和粪尿等搅拌均匀，“我这样用竹竿翻搅已经是图省事了，我爷爷以前还跳进坑里用脚踩，用手拌呢！”

“真的啊？那得多脏！”

“你知道雷锋吧，他有一次帮农业社挖凼肥，因为工具少，就卷起裤腿直接跳进田边的凼肥池里用手挖了。”

林小谷用锄头使劲地搅拌坑里的肥料，说：“冬生哥，我不是考大学的料，我想去学一门手艺，去修拖拉机，将来还想修汽车。”

“你这个想法很好呀。”王冬生说，“现在都八十年代了，十一届三中全会提出要解放思想，要改革开放，我们年轻人更要有接受新事物的勇气和精神。”

“冬生哥，听说你上的是农业大学，将来还要回到农村？”

“你看，我们现在给庄稼施肥用的还是凼草泥这种传统方法，我上了大学后才知道，像美国那些发达的西方国家，早已实现了农业现代化，无论是耕种、施肥还是收割，都是机械化操作。”

林小谷看了看自己因为凼草泥而弄脏了的衣裤，心想不管自己能不能考上大学，多学些科学文化知识，对自己的将来总是有帮助的。

三年后的春天，林小谷开着拖拉机奔驰在希望的田野上……

种杂边

文/管耀明

种杂边从何时开始无从查考。所谓种杂边，就是农民在大田的田岸边，或者河岸边、渠道边、住宅边等空闲的土地上，种上青菜、蚕豆、毛豆、豌豆、豇豆、黄瓜、韭菜、山芋、茄子、向日葵等。

种杂边是农民的传统，在农村是普遍现象，这样使闲散地块得到了充分的利用，农民的餐桌变得丰富盈实。实行集体化生产后，偏重大田种粮，种杂边被大大限制。老百姓只能在自留地或在自家场地的边边角角种上一点。1983年，农村实行家庭联产承包责任制，种杂边回归正常，并逐渐兴旺起来。

种杂边的历史断断续续，时兴时断。种杂边极大地丰富了农民的生活。

父亲种杂边

文/管耀明

父亲是个地地道道的农民。新中国成立初期，我家有十多亩水田，他不仅带领全家种好大田，还带头种杂边，并反反复复地要求全家人一起种好杂边。他常说：“手中有粮，心中不慌；家中无菜，营养不良。”他把种杂边看得十分重要，总反反复复地讲，并带领全家认认真真地种。因此，全家不仅有蔬菜吃，猪、羊、鸡等牲畜的口粮也充足有余，日子过得蛮舒适。

后来，农村实行集体化生产，农田都归集体耕种，田眼边、河岸边等都不准种杂边。于是，父亲就在自家宅基边、场地上种杂边。

那时，天还没有全亮，父亲就在自家的宅基边翻垦起来，等到天亮，他就上街去买菜秧。回来时，他兴冲冲地对我和大姐说：“快吃早饭，吃好后跟我一起去种菜。”于是我们俩三口并作二口，一下子就吃好了早饭，跟着爸爸高高兴兴地到宅基边去种菜。

“啊呀呀！管老虎，你怎么把菜种到我家的宅基上来了？”隔壁瞿大嫂边吃边走，边叫喊着。“这是我家的宅基，跟你有何干？”爸爸毫不退让，理直气壮地说。瞿大嫂立刻大发脾气：“你这个不要脸的老东西，你看看，你量量看，你种到我这边来了。”可老爸理都不理她，只管种。

瞿大嫂有点不放心，立即回到自家屋里拿来皮带尺，毫不客气地当着我们的面量起来。父亲也叫我到家里去拿皮尺来量。我说：“爸爸，我们不错，大家都是3.5米。”父亲说：“不对，我们应该后退0.4米，这样大家都留出0.4米，才能开一条沟，或者筑一堵墙。”我觉得爸爸的说法很对。站在边上看热闹的一些人，也觉得爸爸说得有道理。这时，瞿大嫂也已量好了自己那边，再听听我爸爸所说的，觉得我爸说得对，于是站在一边也就不吭声了。不一会儿生产队队长也来了，了解情况之后，他说：“你们两家建房时，给你们的宅基地多了一点，因为当时多出来一点也不能派用场，所以就由你们决定怎么用。管大伯说得对，大家主动留出一点，不筑墙，开一条沟也是好的。”就这样，我们开始了在宅基边上种杂边的工作。

等房屋北面杂边的蔬菜种好后，爸爸觉得还不够，掰掰手指头，一算全家人一年蔬菜还不够吃，于是他带领我们在自家屋前场地的东面墙边，再垦出一块地来，并搭起竹头架，种上豇豆、扁豆等。又在屋檐的椽子头上，用多根绳子，从场地上面一下拉到围墙上扎牢。我有点摸不着头脑。爸爸看到我的傻样子，就告诉我说这样可以种丝瓜。这还不够，爸爸又在自家围墙南边、河滩东面开垦了一块荒地，种上了大白菜和山芋苗等。

这样一来，我家的房屋前后、左右两边，凡是能种杂边的地方都种上了。不仅如此，爸爸还经常带领我和姐姐锄草、浇水。

那年月，由于爸爸带领我们大种杂边，不仅种得多，而且种得好，所以，我们家的蔬菜种类丰富，数量也十分充足。

养殖“三水一绿”

文/计苏敏

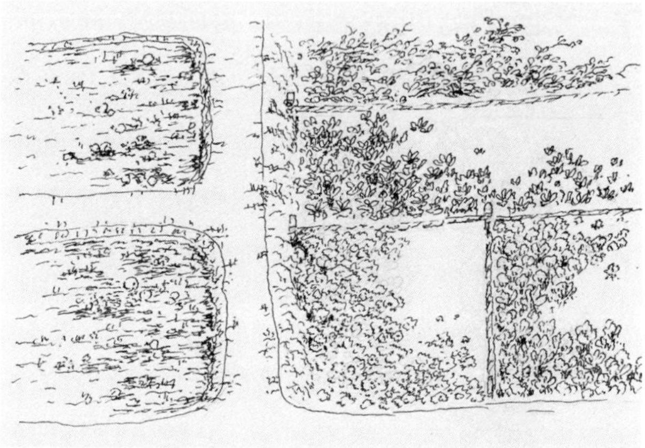

“三水一绿”指水花生、水浮莲、水葫芦及绿萍，都是水生的绿色植物。二十世纪六十年代后期起，淞南农业为了广积有机肥，在农村各生产队的水面上大力推广种植“三水”。水花生主要用于凼肥，早春沿河流滩岸种植，盛夏期疯长，打捞后与河泥一起堆沤，作秋熟基肥。水浮莲、水葫芦养殖在浜、潭、溇的水面上，繁殖率很高，大部分与罱泥堆沤作基肥，少部分打成草浆，做成饲料喂猪。二十世纪七十年代，昆山农业生产引进绿萍肥田。绿萍是含氮量较高的水生植物，晚秋时收集种源，进温床（在收割后的稻田里挖土搭水床并用薄膜覆盖）养殖，开春后扩床、放养到一定数量，待夏熟作物收割后翻入大田、扩散（作水垄，网格化），再逐渐形成全覆盖，待莳秧前翻耕倒萍（用人工铁搭倒萍或手扶拖拉机旋耕）。放养绿萍只需要肥水，省工省本，改良土壤，遏制杂草生长，使水稻增产，本地农民都十分赞成。

学费

文/杨春艳

秀秀发现村里跟她一样大的玩伴都上学堂去了，便回家对她父母说：“我也想上学。”

母亲病恹恹地斜倚在床上，秀秀的话引得她一阵哮喘发作，一张青白的脸咳嗽到发紫。父亲坐在床前的一张矮凳上，低着头一声不吭。

秀秀又说了几遍，父母还是毫无回应。秀秀嘴一撇，委屈得号啕大哭。

母亲把秀秀搂过来，拍着她的背，轻轻安慰道：“别急，别急，让我们想想办法。”

第二天，母亲把秀秀叫到跟前，对她说：“我和你爸商量过了，这个学费得你自己挣，你要是同意，你爸就抱一个小猪仔回来，你负责打猪草、喂猪，养一年，明年的学费就挣出来了，明年的今天，你也读书去。”

秀秀顿时喜出望外：“好呀，好呀，快叫爸爸去抱一个。”

“别慌，养猪得先有饲料，你爸已经去弄了。”

父亲背了一小袋绿莹莹的植物回来，接着就在屋后的池塘忙开了，秀秀跟着去看，原来父亲在池塘里种上了水花生、水葫芦、水浮莲，还有绿萍。

弄完，父亲对秀秀说道：“瞧好吧，这些东西贱得很，种上后不用管它，个把月就能连成片，喂猪就靠它了。”

过了一段时间，父亲把猪仔抱回来了。父亲把一个小篮子递给秀秀，对她说：“走，打猪草去。”

秀秀懵懂地跟着父亲，到了池塘边，她大吃一惊，曾经缩在各个角落的水花生、水葫芦、水浮莲、绿萍，现在真的手拉着手、肩挨着肩，把整个池塘盖满了薄薄一层。

父亲示范了一遍，告诉秀秀如何捞猪草、切猪草。他用热水把猪草烫软和，再和糠混在一起做成猪食。看着小猪贪吃的样，父亲对秀秀说：“秀啊，以后这活都是你的。”

秀秀对这一套程序越来越熟练了。她动作麻利，一日三次，准时准点，没有一次因为贪玩误过事。十个月之后，猪出栏。父亲卖猪回来，对秀秀说：“秀啊，你养得好，这猪卖了五十元钱，你的学费有着落了，还能补贴点家用呢！”

从此秀秀便盼望着开学的日子。

开学前一天，父亲忽然去走亲戚，天黑了还没回来。母亲拍打着秀秀，哄她睡觉。秀秀心情激动，好半天才迷迷糊糊地睡着。不知过了过久，秀秀被说话声吵醒了。

父亲说：“要不，让秀再推迟一年？”

“……就没有别的办法了吗？”

“……小舅子这次骨折，人命关天，这种手术哪里等得起？”

“都怪我，拖累了你，我拖累你不说，我娘家人还拖累你……”

“说什么见外的话？我敬佩你小舅子是条汉子，那几年抗美援朝，咱们这一片，他第一个报名上前线，就算他不是我小舅子，这个朋友我也交定了。”

“……不能这么委屈秀，这孩子太可怜了。”

一阵长时间的沉默。

“明天……你和她说吧。”父亲忽然冒出一句。

“唉！”母亲叹了口气。

秀秀躺在最里面，睁着一双黑葡萄似的眼睛。秀秀很喜欢舅舅，舅舅头脑里有很多故事，她最喜欢听他讲打仗的事，秀秀虽然还小，但她也不由得佩服这个舅舅。听爸爸的口气，舅舅这次受了重伤，如果我的学费能救他……黑暗中，秀秀的眼泪流了下来。

第二天早上，秀秀赖床了，母亲唤了她半天，才把她唤醒。看到秀秀睁开的眼睛，母亲惊呆了。

“哎呀，秀秀，怎么搞的，你的眼睛肿成这个样子？”

“妈，我不上学了，学费为舅舅治病。”

秀秀说完，又闭上了酸疼酸疼的眼睛。

母亲愣在那里，眼里涌出了泪水。

过了两天，秀秀父亲又捉了一头猪仔回来。秀秀又开始捞猪草、切猪草、烫猪草、加糠搅拌。两个星期后，一位陌生的中年女人来到秀秀家，说要找秀秀，秀秀怯生生地盯着她看，不知道她想干吗，秀秀的父母也一头雾水。中年女人自报家门，说她是小学的校长。她说：“李保国同志（也就是秀秀的舅舅）写信给咱们村干部了，反映了秀秀的情况，希望咱们能解决秀秀上学困难的问题。村干部又把信转到了学校，责成学校解决。”她说，秀秀这孩子小小年纪，自立自强，深明大义，学校决定减免她的学费，录取她入学。

秀秀一家喜出望外，秀秀父母不住地感谢校长。只听秀秀脆生生说道：“老师，等我把猪仔养大，我就把学费补上。”

斫麦

文/史惠林

斫麦，就是用镰刀把麦子割下，即割麦。

大集体时期，斫麦通常是两个人一个垅头，你追我赶，一派热火朝天的景象。斫麦斫得快不快，关键是镰刀快不快（锋利不锋利）。镰刀快不快，取决于磨刀的功夫行不行。年轻人贪快，镰刀一般磨的是削口，刀口快是快，但斫一会儿就钝了，而且容易卷口。有经验的人磨的镰刀既稳又快，镰刀磨的是坡口——坡口比削口角度大，刀口虽然说比削口的锋利度稍逊一些，但不易钝，也不会卷口，斫一二垅麦是不用磨刀的。

斫麦与斫稻不同。稻是一行一行斫的，而麦是散播的，没有行头。所以，在斫麦时，要靠大腿帮忙，即在镰刀割下去时，割下的麦秆就顺势靠在大腿上，随着第二刀、第三刀，左手一直将割下的麦秆护在左腿上，直到半垅斫完，就顺势将麦秆铺放在麦垅头上。

磨镰刀风波

文/陆惠明

五月底，田野里一片金黄，微风吹过，金色的麦子波浪滚滚。

清早，小村安静，鸡鸣声与狗吠声格外清晰，村妇女队长兰花端着一粥碗，在弄堂里派工，她不高不低地喊了起来：“阿良家的，今天割麦；吴家阿嫂，今天割麦；小玉，今天割麦……”听到兰花的喊声，大家都“哦”一声，表示答应。

小玉答应过后就犯难起来，割麦她不怕，她在娘家也是割麦子好手，但今天是今年第一次割麦，她的镰刀还生着锈。镰刀是她爹给她挑的，就怕到了男人家没有好镰刀。小玉犯难的是没人给她磨镰刀。磨镰刀看似不难，其实大有讲究，磨好磨坏割起麦子来就大不相同，快慢、省力还是吃力全在镰刀上。

村里的男人大都会磨，也有个别妇女会磨的。小玉不会磨镰刀，她男人会，但她男人病了，躺床上几天了，去医疗站看后，赤脚医生让他好好休息。小玉把镰刀找了出来，拿在手里不知如何是好，男人听到动静，就在屋里喊：“叫隔壁大海帮忙磨一下吧！”

小玉迟疑不决，走了几步又回来，她开不了这个口。这时，大海老婆白雪走了过来：“小玉，镰刀磨了没，我寻思你男人不能下地不能给你磨，来，给我，我让大海给你磨。”

小玉脸上挂着笑：“白雪姐，太谢谢你了！我正开不了口呢！”“有啥开不了口的，你我就隔一堵墙，有事喊我就行了，谁家没有个难事啊！”小玉听了心里暖暖的。

吃过早饭，小玉腋下夹着镰刀出了门，走过弄堂来到村口。太阳露出了头，照得田野一片温暖，大片的麦子晃着眼睛。大家在田头听妇女队长安排分工。

大家有说有笑地下田开始割麦。小玉不太爱说话，手里却使着劲，生怕落下。白雪边割麦子，边与大伙插科打诨，引得大家一阵一阵哈哈大笑，田野里一派生机勃勃的景象。

小玉年轻，手法又娴熟，在前面割麦，突然她“哦呦”叫了一下，大家停下来看她，以为她割破了手，没想到她却盯着前面的麦田看。小玉身前的麦田里有一个草窝，草窝里有几个绿色的蛋。

小明家的惊叫着冲了过来说：“这是野鸡蛋。”说着就伸手过去拿。这时，一把镰刀的刀背挡在前面，是白雪。她说：“这是小玉看到的，又在小玉的麦田垄上，你看看可以，但不能拿，不能欺侮小玉老实。”

小明家的听了急了：“这野鸡蛋田里生得，我们就捡得，又没写好名字，凭啥我捡不得？”

白雪把面孔一板：“你的垄里就是有牛蛋也没人抢你的，别人的垄里你也好意思拿？让队长来评评理。”

大家把兰花推到前面，兰花看着野鸡蛋，又看着几人，说：“小玉男人身体不好，肯定营养不良，这几个蛋让小玉拿回去让她男人调养身体，你们看行不行？大家快点割麦子吧！”

大家听了没有一个反对的，小明家的听了也默默地去割麦子。

收工回家后，小玉把几个野鸡蛋拿到白雪家。白雪见了责备她说：“你不给你男人煮了吃，拿我家来干吗？”小玉说：“你儿子正在长身体需要营养。”白雪说：“胡闹，你家男人更需要营养，快拿回去给他吃，让他身体早点康复，可以下地干活。我儿子小孩子没事，吃饱了就长个，快回去吧！”

小玉推不过白雪，拿着野鸡蛋回去了，男人说：“白雪不肯要？你煮好了分几个给她吧！”小玉点点头，把野鸡蛋煮熟了，说啥也要分几个给白雪，白雪实在没办法就收了下来。

第二天还是割麦子，小玉的镰刀还是大海磨的，小玉拿着镰刀去田头，就有人跟白雪调侃：“白雪，你家大海老是帮人家磨镰刀，你当心别被人家花了大海的心。”白雪仰着头，一脸大方地说：“这感情好啊！这说明我家大海有人缘。谁想好事？只要大海愿意，我拦得住吗？”

小玉低着头一声不吭，割完麦子收工回家。小玉一到家就从墙壁根翻出了磨刀石，在河滩边上磨镰刀，一下两下……白雪看到了，一把夺了过来：“你还真怕他们嚼舌根，磨个镰刀有啥？我都不计较，你较啥真？”说着，她提着镰刀往家走。

晚风吹来，小玉看着白雪的背影，又朝房里的男人看看，眼泪汪汪。

当生产队里的麦子割完的那天，小玉男人终于能下地了，小玉的脸上漾起笑容，心里松了口气。

捆麦

文/史惠林

麦子割好后，如果天气晴好，晒上两三天便可以捆麦了。捆麦，就是将平躺在麦垅头上的麦子用稻草捆扎成一个一个麦把，便于装运和脱粒。

捆麦与捆稻不一样。捆稻直接用稻秆捆，但麦不能用麦秆捆，因为麦秆是空心的，很脆，易断。所以，捆麦之前一定要准备好稻草。捆麦用的稻草不需要特殊处理，只要是未受过潮、不霉烂的就可以。

捆麦通常在吃过早饭大约十点多开始，清晨因露水未干不捆麦。

捆麦时，左手从一个稻柴的头部抽一小把稻柴出来，右手在稻柴的中间偏向梢部一点的地方握住这把稻柴，双手平行前伸，弯腰将一把麦秆用稻柴兜住，马上移向下一把麦秆，将手中稻柴兜住的麦秆与地上的麦秆合在一起，双手同时用力将麦秆兜住，拎起来，同时左脚脚跟踮起，双手顺势将麦穗部分朝右侧一甩，麦秆头部朝左侧一按，这时一个麦把就斜躺在左大腿上。用右手将握着的稻柴绕左手手里的稻柴头一圈，然后大拇指顺势将手里的稻柴塞进左手里的稻柴下，抽出大拇指抓住左手里的稻柴头，用力一收。好了，一个麦把捆好了。

带着宝宝捆麦

文/史惠林

淞南蔡家库的蔡乔生五十多岁，家有一女一子。他女儿五年前就出嫁了；儿子三年前也成了家，第二年就添了个女儿。一个五口之家，在旁人眼里，是一个幸福的家庭。但蔡乔生的老婆嫌儿媳妇嘴巴不“热闹”，表面上看看蛮好，而心里一直有点疙瘩。

二十世纪八十年代初，农村实行家庭联产承包责任制。蔡乔生的老婆觉得分田到户，儿子在社办厂上班，儿媳妇的农活不是十分拿手，一家人在一起种田担心老夫妻俩要吃亏，她想为难一下儿媳妇，所以缠着老公蔡乔生分家，责任田各归各种。蔡乔生缠不过家主婆，只得答应分家。儿子、媳妇心里不愿意，但也没有理由不答应。

分好家，队里根据上级要求开始划分责任田，两家各分到了四亩三分责任田。

大集体时期，儿媳妇参加生产队集体劳动，家务事大多是老阿婆、老阿公做，小宝宝也是自己和老阿婆轮流在家照看。实行责任制后，情况大变，既要做家务，又要照看小宝宝，还要做田里的生活，儿媳妇有点力不从心，常常在老公面前叹苦经。老公也无奈，只得起早贪黑尽量多做家务，尽量把田里的生活做掉。

一转眼，夏收夏种的大忙到了。田里的生活多了，夏熟作物必须赶晴天抢收，儿媳妇只得带着两岁多的宝宝去田里做活。她找了一只结实的羊篰，里面放一只小凳子，让宝宝坐在小凳子上，带好水壶和饼干等零食，背着宝宝下田。

到了田头，她清理出一块清爽的地皮，把坐着宝宝的羊篰放在地上，羊篰边插一根竹竿，把阳伞绑在竹竿上，为宝宝遮阳挡风，自己就去做活了。一次，她正在捆麦，听到“嗡嗡”的飞机声，一会儿，飞机就来到了头顶上。随着飞机的轰鸣声越来越响，坐在羊篰里的宝宝吓得“哇哇”大哭。儿媳妇扔掉手里的活，以百米冲刺的速度跑到羊篰边，抱起宝宝哄着。看着宝宝通红的小脸上满是泪水，还有那惊恐的双眼，儿媳妇忍不住掉下了眼泪。怀里的宝宝看到妈妈流泪了，奶声奶气地说：“妈妈不哭，宝宝乖的。”儿媳妇紧紧地抱着宝宝，眼泪像断了线一样往下掉。

一会儿，宝宝在妈妈怀里睡着了，儿媳妇再也不忍心放下宝宝去干活了。她抱着宝宝，坐在田埂上等老公下班后来地里，再一起把余下的麦子捆完。夫妻俩带着宝宝回到家天已经黑了。蔡乔生说，带着宝宝，要早点收工回家。儿子便将在田里发生的事告诉了父母，说：“爸、妈，宝宝还小，我们吃点苦倒是无所谓的，但对宝宝的成长不利。”

蔡乔生：“我早对你妈说过，宝宝要有人照看的，带着宝宝去田里干活肯定不好的。”

儿媳妇红着眼对婆婆说：“妈，为了宝宝，我们合起来过吧，您在家看宝宝，我和爸下田干活。”

蔡乔生的老婆看了看小宝宝，说：“这么小的宝宝是需要有人照看的。啧啧，小宝宝，你受苦啦！”

蔡乔生不耐烦地说：“老太婆，说好了，明天起，你在家看宝宝，别再想这想那了。”

儿媳妇说：“妈，好妈妈，就这么定了，好吗？”她又对小宝宝说：“宝宝，明天起，阿婆带你，好不好？”

宝宝笑着说：“好的，阿婆带宝宝，宝宝就不会再害怕了。”

蔡乔生老婆亲了亲小宝宝：“宝宝真乖。”

斫菜籽

文/史惠林

斫菜籽是在油菜籽成熟后进行收割的一项农活。

立夏之后，田里的油菜荚已由淡青色转为淡黄色，鼓起圆溜溜的肚子，宛如即将分娩的孕妇。这时，正是油菜籽收割的最佳时期。何时收割很有讲究。收早了，籽粒还未完全成熟，水分大，影响菜籽质量；收晚了，菜荚爆开，菜籽全掉地上，影响产量。所以掌握收割时间是一个至关重要的环节。

我们淞南地区通常在5月20日前后收割，具体时间要根据当时的天气情况确定。天气晴好，气温高，15日前后就可以收割；连续阴雨，气温低，就得延迟几天。

传统的油菜籽收割是将油菜籽连根拔起，这有利于籽粒完全成熟，但摊晒期长，需要5～6天的时间，遇到雨天就麻烦了。

二十世纪七十年代推广种植双季稻，为了缩短油菜籽收割后的摊晒期，采用镰刀割。由于没有了根部，割下的油菜籽很快就干枯，3～4天就可以踩拍了，便于早日收入仓库，为及时移栽早稻赢得了时间。

收割菜籽常选择在清晨露水未干或傍晚已有露水的时间段。白天一般不收割，以防菜荚爆裂，菜籽掉落，影响收成。

后来回归种植单季稻，但油菜籽的收割仍然用镰刀斫，拔菜籽的劳作方式不再使用。

阿九头斫菜籽

文/史惠林

1972年，阿九头已年满16岁，根据生产队规定，可以参加集体劳动，换句话说，阿九头可以为家里赚工分了。

5月中旬的一天傍晚，大家正准备收工时，田野里的高音喇叭播放了大队领导的通知："各位社员干部同志，接上级通知，接下来的7~8天时间连续晴好，所以，请各生产队集中力量抓夏收，尤其是三麦、油菜的收割，不能拖延。我们决不能让丰收的夏熟作物受到损失，一定要做到颗粒归仓。"

听到广播通知，正、副队长当即商量了一下，并立即做出决定，要求大家明天一早集中力量斫菜籽，还提醒大家今天吃好晚饭把镰子（镰刀）磨好，明早四点半准时出工。

阿九头是第一次参加斫菜籽劳动。吃罢晚饭，他父亲负责磨镰子，他母亲忙着给他找套袖，还找出一双崭新的塑胶套鞋，叮嘱阿九头一定要穿上套鞋，因为第一次斫菜籽，不熟练，一来可以防止镰子头带到脚，二来可以防止蛇咬。

阿九头其他都不怕，就是听到蛇心里紧张，所以赶紧答应说："好的，妈妈。"

第二天凌晨四点钟光景，阿九头的父母就起来烧好了粥，并叫醒了熟睡中的阿九头。

四点半不到，阿九头便和父母一起出工了。初夏的凌晨，天上还有星星，微风阵阵，空气格外清新。阿九头深吸一口气，觉得浑身有使不完的劲。

来到菜籽田，按惯例，两个人斫一垄。阿九头理所当然和父亲斫一垄。在阿九头隔壁的一垄，也是父子档，是和阿九头一起参加劳动的小狗和他父亲。

开镰了。两位父亲首先为儿子做了示范，并讲了一些要领：左手握住菜萁秆，右手拿镰子在菜萁秆离根部10厘米处把菜萁秆割断，再割下一根，连续割了7~8根后，双手将这些菜萁抱起来放到身后的垄头上，然后继续割。并叮嘱说，在将菜萁抱起来时不要太用力，要轻轻拉，用力太猛，大片菜荚就会被拉爆裂，菜籽就会掉落到地上，这样就影响收成了。

阿九头和小狗虽然是第一次斫菜籽，但毕竟是农家子弟，平时也见过斫菜籽的场景，这会儿父亲既示范，又讲解要领，所以，两个小伙子很快就掌握了要领，动作慢慢协调熟练起来，速度也快起来了。

本来两个小伙子几乎是并排的，动作熟练后，阿九头不知不觉稍微快了一点点。小狗抬头一看，见阿九头比自己快了，于是，暗中使劲，想超过阿九头。他心里想着，握镰子的手便暗暗使上了劲，动作的幅度也大起来了。正当他一镰子伸出去想往回拉时，发觉自己的镰子勾住了阿九头的脚，这吓得他不知所措。就在小狗发呆时，阿九头的脚朝前移动了，牵动了小狗握镰子的手。小狗反应还算蛮快，赶紧松手扔下了镰子，但就在小狗松手的那一刻，只听得阿九头"啊"的一声大叫。

阿九头父亲低头一看："哎，你的脚边怎么会有把镰子？"他赶紧把儿子的脚从套鞋里拔出来，发现套鞋的鞋筒已被割破，阿九头的脚正在流血。他立马脱下外套，把里面的衬衫脱下来裹住阿九头的脚。

这时，所有人都围了过来，阿九头的母亲也来了，看到儿子脚上裹着衬衫，就急切地问："伤口大不大，深不深？"

队长也过来了："婶婶，先不要问这些，让叔抓紧时间把阿九头送医院看急诊。”接着，他指定两个青年和阿九头父母一起把阿九头送到医院去。

后来才弄清楚，尽管小狗当时松了手，但阿九头移动脚在前，小狗松手在后，而且斫菜籽的镢子相当锋利，稍用力就能将东西割破。所幸的是阿九头穿着套鞋，镢子割破了套鞋，皮肉伤得不严重，伤口也不大。医生对伤口进行了消毒，并用医用纱布进行了包扎，配了三天消炎药，就叫他们回家了。

当天晚上，小狗一家子捉了一只鸡，拿了20个鸡蛋去看望阿九头。临走，小狗父亲说要给阿九头买一双新的套鞋，还要给阿九头5元钱，让他买点零食吃。

阿九头父亲说：“套鞋不要买了，修补一下还能用。钱不要，鸡和蛋我们收下了。我们希望小狗和阿九头能好好相处，互相学习、互相帮助，早点赚满十折头工分（成年人的工分）。”

阿九头母亲加了一句：“早点找到对象，早点结婚。”

两家人哈哈大笑起来……

拍菜籽

文/沈建康

拍菜籽也叫揉菜籽，是淞南农村的一种传统农活。

在集体生产年代，每年的5月下旬至6月上旬，种在田里的油菜籽成熟了，农民就要将尚未枯萎的油菜萁斫倒或拔掉，在田地里晒上两三天，待菜萁枯萎了才可以收获菜籽。首先，在田里铺上一块结实的塑料布，或者大盘匾，再将油菜萁抱到上面揉压、踩踏，用一头剖开的竹棒拍打，让荚角里的菜籽完全脱落，打完了一面还要打另一面，菜荚“哗哗”地分开。然后，两个人合力用一个大竹筛子对拍打下来的堆积的菜荚壳进行筛选，把菜荚壳过虑掉，最后用细密的小筛子筛出干净的菜籽，装入袋中运回家，第二天就摊在场地上翻晒，如果天气晴好，连晒三天便可装袋入仓。

拍菜籽遇到暴风雨

文/沈建康

拍菜籽就是要抢晴天突击，男女老少齐上阵。二十世纪七十年代是集体种田，那时我还在读书，放假时要参加生产队劳动。记得有一天十点钟左右，我吃好中饭跟着大人们一起出工。当我走到田里时，看到有好多间隔十米左右的空地方已经腾出来了，我好奇地问大人，怎么会腾出这么多空地。他们说，这是队长早早就安排人去做的，为的是让大家到了田里就可以抢收菜籽，否则会浪费工时、影响效率。

拍菜籽开始啦！先在田地里铺上一层结实的塑料布，然后将油菜萁抱到塑料布上分两排均匀铺好。抱菜籽秆时千万要小心，因为太阳晒透的菜籽非常容易“爆出”，如果动作幅度过大，菜籽就会掉落在地里，这样损失多。所以，一定要轻拿轻放，少量多跑。我曾经一下子抱了好多油菜萁，大人们看到就提醒我说少拿点，油菜株晒得蓬松酥脆，菜籽是会脱落下来的。

铺好油菜萁后，我也用力在上面揉压、踩踏，完成我要做的事。大人们用一头剖开的竹竿拍打，让荚角里的菜籽脱落，打完了一面还要打另一面。菜荚“哗哗”地分开，里面的小黑籽迫不及待地蹦出来，滚落在塑料布上，有的还调皮地蹦到塑料布外的田里，让我们好心疼呀。

拍打下来的菜荚堆成了一座小土包，这时需要告一段落，整理一下再继续。大人们拿起叉子，把积在塑料布上的厚厚的菜荚壳叉到一角空地堆放着，两个人用一个大竹筛子进行筛选，倒掉菜荚壳，这是第一遍过滤。然后，一个人端起细密的小筛子，一个人用畚箕将菜籽倒在小筛子上，筛出干净的菜籽。残余的菜荚屑随风飘走，菜籽像雨点一样落在铺好的塑料布上。我忍不住去抓那些小黑籽，它们摊在掌心里看着像一粒粒黑珍珠，我真的太高兴了，这就是劳动成果啊！

俗话说："六月的天，孩儿的脸。"有一回，天气突变，阵阵乌云出现在天空，天空暗了，暴风雨快要来了。这时，田地里的人一片忙乱，队长沉着指挥，他要求男人们将已装袋的菜籽快速运到船上去，用尼龙膜盖住，女人们将塑料布上的菜籽装入塑料袋内，如果来不及的话，就干脆连同铺在地上的塑料布一起卷起来背到不远处的车棚里。一声令下，大家个个手脚利索，装的装，扛的扛，在船上岸上奔跑起来。因为菜籽一沾上水很快就会发芽，会损失很多，所以，在拍菜籽的那些日子里，收工时间是不固定的，有时会干到晚上七八点钟，真是披星戴月，十分辛苦。

眼看菊英婶一组在装最后一袋菜籽时，雨点由小到大，随着阵阵大风劈面而来，刚到车棚的队长二话不说，带着两个年轻人朝菊英婶一组跑去，三个人三下五除二就把铺在地上的塑料布卷起来拖到了车棚里。尽管三个人动作迅速，但由于雨大，他们还是淋湿了，还好，菜籽没有受到损失。队长擦着脸上的水（不知是雨水还是汗水），嘿嘿地笑了。

拾麦穗

文/陆春芳

“拾麦穗”，又叫作“捡麦穗”。“拾”“捡”，是指到处翻找、搜寻、搜集。“拾（捡）麦穗”，就是将撒落在地上的麦穗拾（捡）起来。粮食是用来维系人的生命的，人多粮少，自然宝贵异常。

新中国成立后，由于农业技术不发达，小麦每亩产量并不高。漫长的生长期、艰辛的田间劳作，使农人把成熟的麦子看得尤为珍贵。麦收季节，力争颗粒归仓，一个麦穗都不允许落下。为了保证辛勤劳动收获的宝贵果实不致浪费，在整块地里将遗漏下来的麦穗再捡拾一遍，这就是所谓“拾（捡）麦穗”。

拾麦穗是有规矩的，只有全村各生产队全部完成了麦收，才可以将捡拾的麦穗拿回自己家。此时，便见麦茬地里，零零星星散落着妇女、儿童，低头仔细搜寻着被遗漏下来的麦穗。捡拾麦穗，虽然极其艰辛，收获很小，但心安理得，颗粒归己。有的生产队则安排专人负责，到指定的地块拾（捡）麦穗。收工后，统一回到生产队的打麦场，由生产队专门安排人过秤，登记记账。交给生产队的麦穗，最后会按总重量折合成工分，记入各家的工分本。此项活动往往会延续好多天，之后，地里很难再看到遗漏的麦穗。

实行家庭联产承包责任制后，各家都有田地，只能拾（捡）自家地里的麦穗，如果拾（捡）别人家的，就叫偷，侵犯了别人的利益。

拾麦穗的小伙伴

文/陆春芳

“放学了，拾麦穗了！拾麦穗了！”这是一个天气格外晴朗的下午，学生午后上完一节课就放学了。当时我还在肖市村小学读书，每到夏收季节，我们学生也有小小的福利——放忙假。孩子们到了要拾麦穗的地头，就散开来往收割完的麦地里跑，就像一群活蹦乱跳的小精灵一样，在一片片麦田里四散开了，有的一手提篮子，有的提着个事先缝补好的布袋子，一手拾麦穗，腰一弓一直，步子一进一停，眼睛一步一瞅，争抢着，两眼直盯着麦地，心中只有一个念头——拾麦穗。

拾麦穗的小伙伴中，有个叫梅的女孩，长得很敦实，和我年龄相仿，是个干活的好手，人也机灵。不要小看拾麦穗这样机械式的小农活，其实，要多拾麦穗，也是有技巧的。她可是我的拾麦穗师傅，她说要想麦穗拾得多，首先要充当“急先锋”——就是跑在拾麦穗大部队的前面。走得快的小伙伴，肯定“有肉吃”——能拾到又大又肥的麦穗头；其次要挑选麦地里靠近田埂的麦垄，那里因为收割的时候位置不是太方便，容易遗漏，运气好的话，还能看到依然昂首挺胸傲立在麦地里的麦穗。有一次，我们几个伙伴可是撞上了这样的好事，当看到几根麦穗在夏风中摇头晃脑，“呼啦”几声，我和几个伙伴以百米赛跑的速度一起奔向那麦穗头。殊不知，脚下的割过的麦茬基本上都是斜的，很锋利，麦茬直接毫不留情地刺破了我穿着镂空凉鞋的小脚丫，鲜血直流，但是看着抢先一步夺得的肥嘟嘟的麦穗头，我的心里还是乐开了花。

“快，这里多，这里多！”不知哪个小伙伴招呼了一声。当大家一窝蜂飞奔过去，“哈哈哈”，他仰天大笑，大家才知道上当受骗了。“你个狗蛋！”大家又骂骂咧咧地作鸟散状，各自回到自己选定的地盘，猫着腰，如鸡儿觅食般地在麦地里“巡逻”开了。麦穗多的地方很快便能拾一大把，少的地方我们只能转悠着慢慢寻找。由于太阳曝晒，麦秆特别干燥，有的麦子一经接触，就掉了穗头，它们常常隐藏在麦茬中，仔细一点才能发现；有些麦穗就连着秆，手一探它就被抓了回来。遇到雨水好的年份，每一个麦穗都沉甸甸的；如果赶上干旱，麦穗就轻飘飘的没有分量。每拾到一大把，我们就把它们用麦秆扎起来，放进竹篮子里。

忙碌的时候，时间往往过得飞快，一下午很快就结束了。夕阳西下时分，小伙伴们提着自己的战果往家里赶去。当我拎着满满一篮子肥硕的麦穗头回到家的时候，母亲夸我干得好，父亲却笑着不作声，爷爷奶奶则喜笑颜开，说等农忙结束了，用这麦子打成麦粉做面筋塞肉吃。

拾麦穗，是麦浪滚滚、磨刀霍霍大场景后的小场景，也是人们大都经历过或见过的一种特殊的、有意义的田间劳动，还是那个时代独特的风景。拾麦穗于我，有欢乐，有收获，远远超出了拾麦穗本身，所以我始终记得。

种西瓜

文/陈阿根

二十世纪八十年代前，种西瓜首先要培育好西瓜秧苗，在每年立夏前的两三天就要落种，也叫作“芽瓜秧”。到芽瓜秧时，用河泥浆拌上拍细的鸡粪搅匀，变成营养泥浆。一般会在砖场上将泥浆匀平，五六厘米厚。等第二天蒸干水分后，用菜刀划出七八厘米的方块，就可把西瓜种子嵌在小方块的泥上，每块嵌两粒，再用油纸覆盖在上面。半个月左右（小满前）要移栽到大田里。移栽前先要做好瓜塘，把泥块捣细，垩上鸡粪或猪窠灰作基肥。一亩田西瓜一般能种五百到六百塘。瓜秧落塘后追施“断奶肥”，中间看苗施好追肥，均以淡水粪为主，还要在瓜田横头搭好看瓜棚，防止夜间猪獾、狗獾来偷吃。7月中旬，西瓜开始上市，当时较好的西瓜品种有“麦柴黄”“大红袍”“雪莲铁皮马棱”等。

瓜棚小夜曲

文/陈阿根

那一年，小林十岁，他是家里孙子辈里的老大，最受爷爷的喜爱。爷爷做什么事都喜欢带着大孙子，下棋、打麻将，连干农活都会带上小林。回想起来，小林对下棋、打麻将都不感兴趣，他最喜欢的是陪着爷爷住西瓜棚。

记得一天傍晚，天气太热，小林的父亲提前给屋前的砖地上浇了井水来降温。吃晚饭时，爷爷搬了小桌椅到场角上，把小林拉在身边坐下，对小林说："今天晚上陪我住西瓜棚，陪爷爷看瓜吧！"这话说得没有一点征求意见的意思，小林听了倒很兴奋，新鲜感十足，便使劲地点了点头。"那就快点吃吧！"平时不苟言笑的爷爷乐呵呵地呷了一口酒。小林一边吃饭，一边扭头去看家里的那口井。爷爷知道他惦记着井里吊着的那个西瓜，跟他说："井里的西瓜不稀罕，等到了瓜棚上，爷爷给你挑一个大西瓜，让你吃个饱！"小林听了心里乐开了花。

吃过晚饭，小林找来两把蒲扇，爷爷带上自己的宝贝水烟筒，爷孙俩一前一后往村东头走去。一路上，爷爷跟村里人打着招呼，小林也遇见了他的玩伴阿强、大明和阿荣，他们正在赛铁箍。阿强问小林："天都快黑了，你跟你爷爷上哪儿去？"小林知道其他伙伴家都没种西瓜，便十分得意地说："去西瓜棚，吃大西瓜！"他神气地跟在爷爷身后，小伙伴们投来羡慕的眼光。

爷爷果然信守承诺，一到西瓜地就去摘西瓜，顺带着还摘了几个香瓜。趁爷爷摘瓜的当口，小林也依爷爷的交代，把简易床上的蚊帐放下来，点上桌上的洋油灯，又钻进蚊帐里拍蚊子。爷爷抱着个大西瓜走进棚里，小林看了两眼放光，这个西瓜足有十斤重。爷爷麻利地用桶里的水洗去瓜上的泥，把西瓜放在破桌子上，一刀从中间切开，是只黄瓤的瓜。“‘麦柴黄’，这种瓜不多，让你吃着了！”小林以为爷爷神机妙算，一挑就挑中了个稀罕品种，更加乐不可支了。爷爷把半个西瓜放进蚊帐里，瓜瓤上插着一把断了一截柄的瓷勺。看着小林两腿夹着西瓜，吃得满腮汁水的样子，爷爷抽着水烟笑了起来，想起小林两三岁时吃瓜的情形，说：“你呀，是吃西瓜长大的，从小就是这个吃相，一点也没改。”小林听了爷爷的话，嘴里“嘿嘿”两声，挖西瓜的勺子可没有停下。

忽然，小林听到身后棚外有人走动的声音，而且不是一个人，心想不会是有人来偷瓜吧？他轻手轻脚地下了床，走出瓜棚去侦察情况。爷爷上了年纪耳朵有点背没听到，见小林蹑手蹑脚的样子很好笑。“爷爷，有贼！有贼！”听到有贼，爷爷顺手拿了根竹棒跟了过去。这时听到几个孩子的声音，他们慌忙地解释：“不是贼，不是贼！是我们！”原来是出村时碰上的几个小林的玩伴。带头的阿强在村里是出了名的“皮大王”，但这会儿就他声音最响，因为小林爷爷在村里名望高，平时都是板着脸的，在村里孩子们眼里是个“凶相”的人，大家都怕他。

“你们来干什么？想偷西瓜？”小林质问。这时阿荣挠着头忙解释道：“不是。我们怎么敢偷阿大爷爷的西瓜啊？我们知道你在瓜棚，是来找你玩的。”其他两个赔着笑，其实真有心来偷几个小瓜吃，没想到才到瓜田就被机警的小林发现了。这时，一向严肃的爷爷倒显得有点反常，没有说话，而是让三个孩子进了瓜棚，指了指桌上的半个西瓜说：“还有半个，你们自己分着吃吧。”说完径自继续抽水烟。阿强他们看着西瓜，眼睛睁得大大的，七手八脚地上前就分着吃，连说声“谢谢”都忘了。吃完瓜，四个小伙伴开始了白天玩不了的花样，到田里比赛逮蛐蛐去了。

第二天晚上，阿强他们三个又到西瓜棚去，然而这次没有吃到免费的西瓜，因为小林跟奶奶去了大姨家，没在西瓜棚。

铲田埂与垦横头

文/史惠林

“铲田埂”是江南水乡农村夏种前的一项准备工作，属于除草的农活。这个活不太累，技术含量不高，只需拿一把锹铲将田埂边的杂草铲掉就可以了。

锹铲是铁制的平板铲，形状跟炒菜用的铲刀相似，只是铲刀有弧度，而锹铲是平直的，宽约20厘米，高约25厘米，装一个长1~1.2米的木柄便可使用了。

铲田埂时，人站在田埂上，一手握住铲柄的中部，另一手握住铲柄的顶部，一只脚略带一点弓箭步，上身稍微前倾，沿着田埂边的草根处往下铲，用力铲到底，草就落到田里去了。一铲结束，人稍微后移一点，紧接着再铲，循环往复，直到一块田四周的田埂全部被铲干净。

落铲时不能“吃泥”（铲住泥土）太多，“吃泥”太多，田埂就会越铲越窄，人就难以在上面行走了。

“垦横头”是个重体力活。凡是牛犁的田，两头都会有3~4米的地没有翻耕到，这就需要人工翻垦，这个活，我们这里就俗称“垦横头”。

“垦横头”其实就是平时所说的垦地，只是特殊时间、特殊环境下的一种说法而已。

集体的力量真是大呀!

文/史惠林

1954年,全国掀起大办合作社的热潮。蔡河村的朱伟生在新中国成立前,家无一分田,靠给人家当长工过日子;新中国成立后分得了五亩六分田。作为农民,家里有了田,才能稳稳当当、定定心心地过日子,所以,前年乡里号召搞互助组,朱伟生想,他家世世代代没有田,现在总算分到田了,要搞互助组,他又变得没有田了,慢点,看看再说。

朱伟生还没有看够,上面又号召搞合作社了。朱伟生生性谨慎,还是抱着"看看再说"的心态。乡长上门来找过他两次。乡长第一次来,他坚持说:"看看再说。"乡长第二次来,他有点不好意思,但心里还是不愿意加入合作社,便说:"乡长,你说的道理我都懂,这样吧,待收了这茬夏熟我就入社。"乡长见他终于松了口,便不再多说什么。

天有不测风云,人有旦夕祸福。今年开春以来,朱伟生家里接连遇到不幸,先是十九岁的儿子在罱泥时摔了一跤,跌断了两根肋骨。俗话说:"伤筋动骨一百天。"儿子这一跤,不仅医药费搭进去不少,而且田里的农活也要受耽搁,朱伟生心里有点着急。但想不到的是,屋漏偏逢连夜雨,朱伟生的妻子秀英自五月一日以来,高烧不断,吃啥吐啥,去镇上卫生院看过,也查不出是啥病,配了点药就回家了。吃了三四天药,病情稍有好转,但只过了两三天,病情又反复了,这回病情更重,发烧烧得说胡话了,只得赶紧送医院。

到了医院,医生检查了一通,说是要住院。住院期间,从妻子断断续续的胡话中，朱伟生知道了妻子的病因。原来，儿子跌断了肋骨后，妻子既心痛又担心医药费，还惦记着田里的农活，这一惊一急便病倒了。正应了那句俗话：“病是急出来的。”

眼看夏收就要到了，而妻子的病情又不见有多大起色，朱伟生急得像热锅上的蚂蚁，嘴角上起满了水泡。

正在朱伟生急得一筹莫展的时候，乡长来医院看望朱伟生夫妇了。乡长说：“伟生啊，你家的事呀我们都知道了。你不要急，我跟乡党支部书记商量过了，你家的夏收夏种，我们合作社安排几个劳动力去帮你做，你安心陪老婆养病。”

朱伟生听着乡长说的话，激动得握住乡长的手不知道说什么好，最后流着泪连声说谢谢。

乡长走后，朱伟生如释重负地舒了口气，他妻子也哽咽着说：“哎，还是共产党好呀，真的要好好谢谢领导，谢谢共产党。”

心情好了，朱伟生妻子的病也好得快。出院后没几天，夏收大忙就开始了，乡长安排了几个强劳力来朱伟生家帮忙，三四天工夫，夏熟作物颗粒归仓，夏收结束。接着，乡长来找朱伟生说：“接下来我会安排人来给你把田犁好，你就一门心思照顾好妻子和儿子。”朱伟生赶紧说：“乡长啊，一些重活你都安排人帮我做了，一些轻活，像铲田埂、垦横头等，就让我自己来做吧，不然，我心里实在过意不去啊。”

乡长想了想，说：“好，这些小生活你就自己做吧。”

过了两天，朱伟生吃过中饭后带上锋铲、铁搭下田去了，他打算先把田埂铲了。到了田头，令他想不到的是，所有的田埂都被铲干净了。他转身就去找乡长。

“乡长啊，说好铲田埂、垦横头的活我自己做，你怎么说话不算数呢？”

朱伟生一见到乡长就抱怨起来。

乡长笑笑，把事情告诉了朱伟生。原来，乡团支部书记知道了朱伟生家里的事情后，跟党支部书记、乡长表示，在帮助贫困户方面，团支部也要出点力做点贡献，书记和乡长当即赞同。于是，团支部书记昨天就组织了七八个青年团员在傍晚收工时去把田埂铲了，还表示，垦横头的活他们也包了。

朱伟生知道了事情的原委，一时竟说不出话了，眼里泛着泪光，说：“哎，世道真是变了，要是在旧社会，我碰到这些倒霉事啊，肯定是家破人亡。现在新社会，真是一家有难，人人来帮助啊！”接着又坚决地说：“乡长，我想通了，集体的力量就是大，我明天就加入合作社。”

乡长拍了拍朱伟生的肩膀：“伟生啊，有共产党领导，我们什么困难都能对付。至于入社嘛，就照你说的，这一熟收了，下秋头入吧，我们热烈欢迎。”

朱伟生激动地点点头：“好，到那时呀，我也是大集体中的一员了。”

挑草泥

文/史惠林

挑草泥，是一种农活。何时起源，已难以考证，土地私有时已存在。那时候没有化肥，水稻的基肥就是草泥。

草泥，就是草与泥的混合物，是真正的有机肥。

人们常在冬天罱河泥，把罱起的泥存放在河边的泥潭里。每年的3月中下旬起，人们开始斫塘草，4月下旬起开始凼草泥，5月底可以将草泥挑到田里作底肥。

挑草泥是体力活，既要体力，也需巧力，更需技术。

技术体现在坌草泥上，挑草泥一般有4~5人。用篦或土埭挑草泥，一篦或一土埭，老农只需坌四铁搭，如果坌的技术不过关，就会带慢挑泥速度。坌泥还要装得好，装得不好，走到半路草泥就会从篦或土埭里落出来，没到目的地，草泥就全撒掉了。

挑着草泥担走路要有节奏，不然担子就会左右晃荡，走不快。到田里只走三大步就倒掉草泥，不会超过四步，好像篮球运动员三大步上篮。

到了田里倒泥需要巧力。不会的，到了田里就会先把篦或土埭停在田里，再一只一只倒掉，这叫“憨大做法”，效率很低；会的，三步从田埂上来到田里，双手拿着篦或土埭绳，肩稍一耸，中指、无名指、小指一起在篦或土埭的中绳上用力一提，两只篦或土埭里的泥就很乖巧地滑到了田里，这叫“双出担”，效率高。这种技巧不是生来就会的，是在劳动中历练出来的。

田野里的笑声

文/史惠林

后浜村三队的小阿狗最怕和阿土林一起挑草泥。尽管小阿狗长得人高马大、体格健硕，而阿土林身高一米六冒过点，手臂上不见肌肉，胸前肋骨根根现。在生产队里，人人都知道小阿狗什么都不怕，就怕和阿土林一起挑草泥。

挑草泥，是一项体力消耗很大的农活。

草泥，是真材实料的有机肥。看这两字便知这有机肥就是草与泥的混合物。这草泥一般在三春天气在泥潭里凼好，夏收后，将田地翻转，让太阳将泥土晒白，然后灌上水，这坚硬发白的泥土经水一泡，便“嗦噜嗦噜”成了泥浆，接着便将草泥挑到田里，并均匀撒开。这就是底肥，底肥施得恰当合适，肥力便好，有利于水稻生长。

挑草泥时，阿土林最喜欢跟在小阿狗后面，每次挑草泥，小阿狗总像只落汤鸡一样浑身湿透，这是不是五大三粗的小阿狗的体力、巧力和技术不如矮小瘦弱的阿土林呢?

小阿狗和阿土林体格上相差较大，但要说挑草泥的体力、巧力和技术，两个人不相上下。问题出在倒草泥上。大家都知道，倒草泥使用巧力的话，就用“双出担”，既快捷又轻松，但容易将田间的水溅到前面人的身上。小阿狗知道自己人高马大，所以，他使用的篚，绳子放得略长，他利用下田时的惯性，轻轻将篚的绳子一提，篚里的草泥便轻轻地滑落到田里，几乎没有水花溅起来。而阿土林的做法与小阿狗的正好相反，于是，倒草泥时溅起的水花直冲小阿狗而去，小阿狗怒目圆睁地盯着阿土林：“阿土林，你能不能轻一点？”

阿土林赶紧满脸堆笑：“对不起、对不起，小阿狗，我人小力气小，怕追不上你们，所以性急了点。”

接下来两三担相安无事，到第四担或第五担，阿土林又这么来一下，又态度诚恳地赶紧道歉：“小阿狗，真的对不起，刚才下田时急了点，手指头上多用了点力……对不起、对不起。”阿土林连声道歉，小阿狗无可奈何，边上人哈哈大笑，待一潭草泥挑完，小阿狗的衣服已经没有干的地方了。

小阿狗心里明白，阿土林是在恶作剧，但他道歉的态度倒也诚恳，小阿狗不好意思拉下脸跟他较真，但就是不甘心受作弄。后来，他终于想到了一个回敬阿土林的办法。

这天，队长又派他们一起挑草泥。

到了草泥潭，小阿狗选了“通田埂”的位置，也就是装好草泥第一个起担的人，阿土林则有意无意地紧跟在小阿狗身后。第一担，小阿狗的后背、裤子上就已经是水花点点了，阿土林一个劲地道歉，小阿狗不怒反笑：“阿土林，你要当心呀，弄得我浑身湿透，我感冒了就找你。”

回到草泥潭，小阿狗手脚麻利地装好担，也不等其他人装好，起担就走，阿土林想不到他会来这一手，稍微迟疑了一下，后面的人便都在催他，他不得不匆匆忙忙地起担跟上，待他到田里时，小阿狗已倒掉草泥回到田埂上了。阿土林心里想，原来这小阿狗用这种方法来逃避我倒草泥时用水冲他。于是，阿土林回到草泥潭抓紧时间装担，他不想让小阿狗再有这个机会。想不到就在阿土林装好担子，准备弯身去拿扁担时，小阿狗突然将一铁搭草泥装到阿土林的簏里，然后铁搭一竖，拿起扁担搁上肩就走。

阿土林正弯腰去拿扁担，小阿狗的这一连串动作实在太快、太突然，阿土林稍一发愣，后面的人便催起来：“起担起担，快起担。”阿土林顾不得多想，挑起担子就走，但多出一块草泥的一只簏明显重得多，田埂又窄，这一担草泥弄得阿土林十分狼狈。到了田间，他只得用“憨大办法”倒草泥，腰酸得用不出“双出担”了。回到田埂上，阿土林想发作，转念一想平时自己一直作弄他，他今天这样做是在报复，于是，他板着脸一本正经地说：“小阿狗，你这‘憨大狗’，不许再这样弄了，身体要弄伤的。”

小阿狗憨憨地笑着：“对不起、对不起，阿土林。我这是不是办法的办法，要不是这样，我这身衣服早就全湿透了。”

阿土林无奈地说：“哈哈，你这‘憨大狗’，想不到你用这种办法来回敬我。好啦，我们俩也算扯平了。但是，以后我们谁都不许作弄人，专心干活。哈哈哈……”

小阿狗笑着点点头，算是达成协议了。在场的人见状，忍不住哈哈大笑起来，笑声将田间觅食的鸟儿惊飞起来……

拉莳田

文/计苏敏

“莳田”就是为莳秧（俗称“插秧”）准备的农田，“拉莳田”也叫整田，是淞南农民干的一种农活。二十世纪八十年代之前，农村还没有机械化耕种，水稻的播种与收割主要靠人工劳力。每年六月，当小麦和油菜收割之后，生产队会安排耕牛将农田全部翻耕、晒垡，10~15天后放水浸透土壤，然后再人工整田。整田活比较累，大都是男人干，他们用铁搭（四个齿耙，装有竹柄）将水田垡垄拉平，使整块田地高低均匀。后来有了手扶拖拉机打田，但拉莳田的活也是要干的，只不过省力许多。拉莳田后再由耕牛耙田，既将田块匀平，又将泥块捣烂，莳秧人轻松不少。

男人的活女人做

文/陆惠明

收割完小麦和油菜后，开始翻耕土地，然后放水，打田。莳秧前的最后一道工序是整田，也叫“拉莳田”。

村里有个叫王来福的，因为人长得矮小，干起农活来就差点劲，常有人拿他寻开心。如遇跟人不和，吵个架啥的，人家就拿比干活来压他，王来福就没了声音，他总觉得矮人半截。但让人想不到的是，王来福娶了一个高大的老婆——阿乡。

俗话说：“人大无脑。”可偏偏这阿乡人大且有脑，最让人服气的是，她干起活来一个顶俩。有人就问阿乡：“你怎么会看上王来福呢？”阿乡回答得很干脆：“别看来福人矮小，但脑子聪明，力气活吃亏点，其他活不比别人差。”人家就叹口气，说她的话是没错，但干农活要的就是力气，小聪明没啥用。阿乡就朝人家呵呵地笑。

这天队里安排王来福去整田，阿乡莳秧。可到了田里，大家都吃了一惊，远远见阿乡赶着牛，扛着耙风风火火地下了田。她熟练地为牛套上耙，稳稳地站在耙上，一手扬鞭，一手拉绳，嘴里不停地喊着“驾驾驾……”老牛听话地在水田里慢慢行走。

这边田里在整田，旁边耙好的田里就来人莳秧了。莳秧的清一色是女的，可谁也没想到，一堆女人的边上来了个男的，这个男的就是王来福。女人们下地莳秧就调侃他：“来福，你让阿乡整田，你来莳秧，你可真行，在家里是不是你烧饭、洗衣服，她抽烟、喝酒啊？”大家听了哈哈大笑。

王来福也不闹，乐着说：“你们不要嘴上能说，手上的活才是真本领，等一下不要被我做了夹弄，看你们还这样嘴硬。”还别说，王来福莳起秧来有模有样，手和脚配合得非常默契，边上的女人渐渐被他拉开了距离。女人急了，加快了速度，嘴上还不让人：“王来福，你还真有两下子，真要让我钻夹弄啊！”王来福俏皮地说：“没办法，我慢不下来，我慢了就被边上的做夹弄了。”还真别说，王来福做起女人的活来一点不落下风，那真叫一个字“快”，两个字“利索”，三个字“没话说”，四个字“没人不服”。

队长经过这里，见阿乡在耙田，愣了一下，再一看这田耙得没话说，平整。再看阿乡的架势娴熟得很，脱口而出：“阿乡，没想到你这田整得这么平啊，比来福整得好。对了，来福呢？”阿乡咯咯地笑：“来福在那边莳秧呢！”

队长快走两步，看到来福正埋头莳秧，手法熟练，速度快，而且秧苗正。于是提高嗓门说：“你们这几个女同志怎么回事啊，连来福都不如啊，让他给你们钻夹弄，这可丢脸啊！来福，你这秧莳得可以，我看这样，以后干脆把你的活派给阿乡，阿乡的活派给你得了，这叫什么来着——互补。”

一群妇女跟着起哄：“这样好，这样好，以后我们就叫他王阿乡好了。”大家的笑声传到了整田的阿乡耳朵里，阿乡扯着嗓子喊道：“你们几个别光知道欺侮我家来福，有本事谁来整会田，看看这老牛听不听你的话，弄不好啊被它弄个四脚朝天信不信。”

几个尖刻的女人就开始与阿乡斗起了嘴：“喔唷，阿乡，你好好耙你的田，是你家来福一个大男人在这里欺侮我们呢，你看她们被他挤得转不了身了……”田野里一片笑声。

村里的男男女女都服阿乡，男女的活她都能干，但村里的男人没几个看得起王来福，谁要是跟他搭档都喊苦。

改革开放后，王来福家分到了十来亩地，阿乡就挑起了所有的重活、累活。

王来福脑子灵活，他进城打起了工，没几年他在外面混得好了，就回来办起了鞋帽加工厂，生意慢慢地红火起来。随着小厂的扩大，前来他厂子里做工人的人多了起来，原先村里瞧不起他的男人不好意思来找他，就让他们的老婆去找阿乡，阿乡听了爽快地回答："放心吧！我去跟来福说，他肯定会答应的。"

果然，来福满口说好，只要是村里人，他就不拒绝。有人就问他："他们以前这样不待见你，你现在为何还要收他们进厂？"王来福嘿嘿地乐了："乡里乡亲的，大家好才是真的好。"

现在村里人说起王来福，除了说他是村里的致富带头人外，还会说起他老婆阿乡替他拉莳田的旧事。

经绳

文/沈建康

经绳，是插秧前的一道农活。

农田耙好后，在平坦如镜的田里，用绳子按规定尺寸一行一行经好，使插秧者插秧时不至于插歪。经绳时通常两个人合作，一个人拿着一圈绳，另一个人拿着绳头走向对面，两头量好行距尺寸，然后将绳子拉直插在田埂上（事先绳的两头都拴好了长30～40厘米的竹竿或木杆），确保竹竿或木杆插牢。

二十世纪六十年代初提倡科学种田，对水稻的种植密度做了科学实验后，确定插秧时用绳子经绳。在没有经绳时每行种6棵，密度大，不利于水稻生长，又容易发生各种病虫害，严重影响水稻的收成。经绳后，调整行距为4棵，株距为9~10厘米，这样，整个田块均匀美观。秧种得直不直、行间距准不准，关键看经绳经得好不好，所以说经绳也是个带有技巧的细活。

我跟阿毛哥学经绳

文/沈建康

二十世纪七十年代初，农村大力推广种植双季稻。那时，我还是个初中生，每年的暑假正好是“双抢”大忙，所以，我的每个暑假都是在“双抢”大忙中度过的。

那年，我十五岁，刚到可以参加劳动的年龄。第一次学干农活，队长安排我与比我大四五岁的阿毛哥搭档经绳。我啥也不懂，听凭阿毛哥使唤。一开始他教我用一根三尺六寸的标准尺杆量行距，然后再拿着一根绳子沿着田岸奔向对面横头，也同样量好行距尺寸，二人拉直将绳头插住。我不停地来回奔跑，不一会儿将二十根绳子全部经好，而我身上却没有一处是干净的，不是水就是烂泥浆，脸还变成虾糊脸，搞得狼狈不堪。大人们见了，忙对我说：“大弟弟（我小名），你快回家换换衣服吧！”我笑着说：“不用啦！第一次学干农活，这点脏算不了什么。”因为我感觉还是蛮开心的。

经绳是个细活，不得有半点马虎，要会用标准尺杆“种田棒”。记得有一次我是量准确的，但两个姐姐插秧时说尺寸不对，大喊：“大弟弟，你再来量一下！我们这行小了。”我把行头尺往田埂上一放，说：“看到没有，没错呀。”但细细看看两根绳的距离是小了点，我马上喊：“阿毛哥！你快过来看看这行头怎么小了呀？”这时阿毛哥奔过来，只一看，就说我错了：“这田块不规则，田埂是斜的，你的行头尺随田埂量，行距当然就小了。行头尺与绳子垂直量，就不会错了。”我拿起尺杆，让它与绳子垂直，果然行距变大了，两个姐姐笑着对我说："大弟弟，好好学学。"其实我上初中时已经学到了垂直与平行的关系了，但在经绳时没有活学活用，感到非常惭愧，从此经绳再也没有出现类似的问题了。

当有人一行插完了，我们负责经绳的就得把绳子移到隔壁的田里。这时，只听阿毛哥喊了一声："来！把绳子抬起来，往前移！""拉紧，插下！"这么容易的事有时也会出洋相。一次，我只管举绳子，没顾及脚下，一滑摔了个四仰八叉，那又脏又湿的绳子也碰到了插秧人的头或背，招来一句责怪："没长眼，拉渔网啊？"我只得摇摇头又不敢吱声，那时用的是稻柴搓的绳子，有时拉得过紧，中间往往会突然断掉，导致我摔倒在水沟里，绳子掉在插秧人背上。后来尼龙绳子进市场了，生产队也都购买了，不再出现断绳掉水沟的情况了。

接下来要收绳子，我问阿毛哥收绳子是不是拉回来就可以了，他说："收绳子也是要当心的，不能盲目使劲收。"有一次在收绳子时，我突然觉得越收越重了。这时，阿毛哥在对面正巧看到绳子尾巴带秧了，老远就喊我："快停下！尾巴有秧跟着呢！"我抬起头往前看，果然一棵棵已插好的秧就此遭劫，随着绳尾过来了。我就赶紧下田把绳子尾部清理干净，并将拖出的秧苗一棵棵补上。所以，在后来收绳子时感觉到重的时候，我就停下来，检查绳子尾端，以免再次出现收绳拖秧的情况。

第一次学干农活歇工了，我对阿毛哥说："下次还带我这个徒弟哦。"他笑着对我说："好啊，我会教你的。"当时，我真的很开心。回忆那个年代经绳的情景，我记忆犹新！

拔秧

文/史惠林

拔秧，虽然不是水稻栽培过程中的第一个环节，却是争取丰收的关键。

二十世纪六七十年代，也就是大集体时期，拔秧的基本上是妇女。她们一边拔秧，一边说着家长里短，还唱唱戏，讲讲故事、笑话等，场面十分热闹，很是有趣。

拔秧，说着简单，其实也有一定的讲究。拔秧前要准备好扎秧把的稻草，先用刀将又硬又粗的头砍去5～6厘米，然后洒一点水，用木榔头敲打稻草，不能太用力，把稻草打烂了就不能用了，只要打软便于扎秧把就行。

拔秧时，左手抓住3～5株秧苗中部偏下部分的苗秆，顺势往身边拉，右手同时抓住这些秧苗的根部，轻轻往上一提，秧苗就被拔起来了，重复这个动作，直到手里有了一小把。把这小把秧苗根部的泥土洗掉，然后，将秧苗根部朝上放置于还没被拔掉的秧苗上，再拔一小把，洗掉泥土，将两小把秧苗合在一起，用左手握住整把秧苗的下半部分，右手拿一根稻草，将稻草头置于左手的大拇指下，顺势用稻草将秧苗绕上两圈，右手大拇指顺势将稻草打个弯，在左手大拇指处将稻草塞进绕着秧苗的稻草里。至此，一把秧拔好了。将手中的秧把扔在身后的秧板田里，继续拔下一把秧。

拔秧时，左手抓住秧苗往身边拉，让秧苗倾斜，右手往上用力，秧苗便连根带泥一起被拔起。如果双手直接往上用力，秧苗容易断根，成为无根秧，就种不活水稻了。

支农拔秧记

文/史惠林

二十世纪七十年代后期，江南水乡地区全面扩种双季稻。原来一年一度的夏收夏种变成了“双抢”大忙。“双抢”就是既要抢收，又要抢种。传统的一年一季水稻种植，要种两季，七月早稻成熟，收割后，得马上耕田种后季稻，必须在立秋前将后季稻秧苗移栽完工。如果延误了季节，就会影响收成。因此，夏种成了“双抢”，好像是一场战役，夜以继日，争分夺秒。

当年，我在镇属农机厂工作，担任妇女主任。那时候为了多打粮，到了“双抢”大忙季节，镇属各企事业单位都要搞支农。那一年，我报名参加了为期三天的支农小分队，并担任了队长。

7月底的一天，我带着小分队的5名成员来到了红星三队参加“双抢”大忙。因为是大忙，又是大热天，我们早晨6点多就到了三队队部，队长已经在等我们了。我们一到，队长就给我们分配任务。我和李颖被安排去拔秧。另外4个男同胞被安排去挑秧和经绳。

队长把我和李颖带到秧田边，站在田埂上朝秧田里喊：“阿珍婶娘、巧英嫂，镇农机厂给我们派来了支农小分队，这是小分队的高队长，这是小李。她们俩当你们的徒弟学拔秧。”

队长安排好我和李颖后就走了。阿珍婶娘、巧英嫂热情地招呼我俩过去，当我们脱了鞋挽起裤管下田来到她们的秧板�头上时，她们立即耐心地给我们讲解拔秧的要领，并用慢动作给我们作示范。

我和李颖认真地听，仔细地看着她们的示范。当阿珍婶娘和巧英嫂拔了三把秧后，我们便跃跃欲试。阿珍婶娘看透了我们的心思，笑眯眯地说：“高队长，你和小李试试看吧，这拔秧没啥技巧。”

还没等阿珍婶娘说完，我便弯下腰去开始拔了起来。刚开始时，两只手不协调，一把秧拔了好长时间。左手抓秧时不是多抓，就是只抓了1~2株秧苗，右手不能及时跟进，往往等左手把秧苗抓牢了，右手才跟上去把秧苗拔起来。最闹心的是，很多秧苗都被我拔断了，就是根没有被拔起来。正在我准备再仔细观察一下阿珍婶娘拔秧的姿势时，阿珍婶娘已经抓着我的左手说：“高队长，在抓秧时，顺势往身边拉，让秧苗倾斜，右手要同时去抓这几根秧苗，而且一定要贴着地面抓，抓牢了，两手稍一用力，秧苗就起来了。”在阿珍婶娘的指导下，我很快进入了状态，自我感觉蛮不错的。

我在站起身扎秧时乘机看了一下李颖，她年轻，反应快，她身后的秧把明显比我多。我高兴地说：“李颖，你真行！你已经是一个老农民啦。哈哈哈……”

李颖：“队长表扬我啦，我一定要再加把劲。”

正在这时，只听见秧田的另一边传来几声“啪啪”的手掌拍打的声音，同时还有怒骂声：“死蚂蟥，你吃我的血，我要你的命！”接着又是几声“啪啪”的拍打声。原来，有人的小腿被蚂蟥叮上了。

一听到蚂蟥，我也不由得低头朝自己的小腿上查看，还没看完，就听到李颖叫起来了：“妈呀！我也被蚂蟥叮上啦！呜呜……”李颖年轻，胆子小，竟被吓哭了。

巧英嫂一听，赶紧俯下身子去查看李颖的小腿，左看右看，前看后看，就是没看到蚂蟥。后来，巧英嫂在李颖的裤管处发现一片树叶贴在小腿上，她把树叶拿在手里给李颖看：“小李，别哭别哭，你腿上没有蚂蟥，是一片树叶。”

“真的没有蚂蟥？我要吓煞脱（吓死）了。”李颖带着哭腔说，“我最怕蚂蟥了，也不敢细看，粗粗一看，发现小腿上有东西，以为是蚂蟥了。”她说着再仔细看了看巧英嫂手里的树叶，然后破涕为笑：“巧英嫂，谢谢你。”

秧田里的人看着这一出，都哈哈大笑起来……

插秧

文/计苏敏

插秧也称“莳秧”。“莳秧”是南方方言里的农业用词，“插秧”是淞南农民常用口语，两者表示的是同一种农事，通常指将秧苗栽插于水田中，或把水稻秧苗从秧田移植到稻田里。因为水稻栽培需要播谷育种，秧田面积很小而秧苗密集，不利于生长，一般秧苗长到3～5寸长时就要经过人工移植或机器移植，即把水稻从小秧田移栽到大田里，让水稻生长有更大的空间。二十世纪七十年代人民公社生产队种田时，本地人工插秧行头宽65厘米、四穴档，间距1米10棵，每棵3～5株（根）。这种方法本地农民亦称“种秧”。

阿苟大与小根生比种秧

文/计苏敏

二十世纪八十年代中期，六月芒种到，江南水乡的农民就要投入紧张而辛劳的插秧之中了。在吴淞江畔的徐公泾小村落里，有两个男人也开始较着劲儿干活。

这两个男人一个叫阿苟大，一个叫小根生，是一个村的邻居，碰巧责任田也连在一起。他们虽然是同龄人，但个子差别明显。在集体种田时，阿苟大凭着人高力大要在小根生面前显威风。今年是分田到户的第一年，阿苟大挑战小根生说："待种秧黄梅到了，我们比试一下，看谁家的速度快！""可以！"小根生立马应战。

很快，拖拉机手将阿苟大、小根生的田都打好了。一大清早，这两家就出工下田劳动了，男人整田，女人拔秧，夫妻搭档，干活利落。

阿苟大挥动铁搭，很快将一块田水垡拉平，接下来就要将水田耙平整。因没有牛耙田，也不可能用拖拉机耙田，这些活都靠人工。阿苟大早已将家里的一块长跳板掮出来，两头揽着绳索。耙田时，他摞了些烂泥放在木跳板上，增加点重量，好将水田压得平整些。一切都准备好了，他将绳索跨套在胸肩上，像老牛似的拉着木跳板来来去去。不一会，一块平平整整的水田在阳光下泛起了银光。

再说小根生，他将水垡拉平后没有用木跳扳耙田，而是用一根长柄的趟耙，在水田里用手推推拉拉，几个来回，一块水田也平整好了。其实，他与阿苟大所干的活没啥差别，只是方法不同，两块田的面积也基本相同，都在2亩多一点，上午比赛整地，他们半斤八两。

中饭都由老人送到田横头，两家人都简简单单就地用了餐。下午就开始比赛插秧，男人用草筐将秧把挑到大田、抛好，女人将秧绳拉好、定行头。接下来，阿苟大与小根生就各自与老婆一起，每人种一行秧……

插秧是一项辛苦的劳作，但也像艺术家在创造一项作品——修绿洲。生产队集体劳动时，一般都是妇女插秧的，几十个妇女按照次序，在烈日下戴着草帽，弯着腰，卷着裤腿站在刚能淹没小腿肚的水田里，水田里的水大概高出烂泥5～6厘米。她们拿起抛入水田的小秧苗把，左手握住秧把，右手解开捆扎秧把的柴禾，接着用右手的拇指、中指、食指迅速地从左手中分出一小撮秧，然后插入水田；在右手插秧的同时，左手的拇指和中指同时迅速地分秧，动作反复连续，一行四穴、档距一拳宽，一边插一边往后退，眼、手、脚协调一致。妇女们一把秧禾插完又拾一把，连续插掉4～5把才直腰少息；也有腰功好、气态顺的插秧能手，70～80米可以一口气插完。待芒种结束了，远看，一片片种上秧的稻田碧波万顷，如一块块盖在大地上的绿毡；近看，一行行笔直的秧苗青翠葱郁，似乎在水田里绣了一条条的绿线。

半个时辰过去了，回头再看两家插秧情况。阿苟大的一行秧只种了三分之一，而且株数也不均匀，他妻子已经转了行头，又要跟上他了；小根生夫妇也转入第二行，一前后劲敌不落。一比较，就明显看出阿苟大插秧活不行。“你跟女人一起种秧不是钻夹弄，就是闻屁吃。古人讲：‘担饭无人请。’”他老婆变着口气咒骂。

阿苟大好不容易插完一行秧，而他老婆与小根生夫妇基本上都插完了三行。他立在田埂上，仔细地观察小根生的插秧动作：左手分秧，右手插秧，用右手的拇指、中指和食指夹住秧苗根部插进泥里，动作熟练老道，只听见“嗒、嗒、嗒、嗒”的手指插到泥里的入水声，一小片秧苗在面前均匀地、齐刷刷地排列起来。

太阳过正午了，知了在树梢上一个劲地鸣叫，劳作辛苦的乡亲们一屁股坐在河岸边的大树下凉快一会儿，再抽上一支烟，拉上几句家常，也算得上惬意了。阿苟大这时悄然地坐到小根生边，轻声地问："我晓得侬以前也没插过秧，怎么手脚那么快，跟谁学的？"

"插秧是笨生活，用不着拜师，靠自己体会，熟能生巧。身体姿势要适应，腰腿要有张力，左手靠大拇指分秧，右手三根手指要并紧伸直，大拇指必须戴上秧竹管，分、插、扶一气呵成。插秧先要匀、直、稳，再提高速度。最要紧的是不能太深，也不能太浅，深了影响发棵，浅了浮起来，等于没种。行距与株距的均衡，在于两脚移动适宜，手腕动作协调，眼睛观察把握，不要刻意。这些都是我在生产队学农活时听老队长讲的，在经绳干活时也跨行头练习过，现在都用上了。"小根生的一席话，说得大家都赞同，也让阿苟大受益匪浅……

补棵

文/周建芬

每年的夏天是插秧季节。随着插秧面积的不断扩大，除了要及时做好水浆管理，还需要及时补棵。

种田人都知道，水稻移栽后，多少会出现一些死棵或氽棵的现象。造成死棵的主要因素是插了断根秧。所谓“氽棵”就是秧插下去之后，没过多久就浮到水面上。而造成氽棵的原因是多方面的：插秧时，插秧者是倒着往后退的，尤其是初学者，在后退时踩出的“脚窟潭”（陷进水田泥里的脚印）往往不是两条直线，所以，他们往往会把秧苗插到“脚窟潭”里；再者，有的人插秧时，不是用两根手指头钳夹住秧苗根往水下的泥里戳，而是以整只手的五根手指头捏住秧苗往泥里砸，这样，一旦下雨，随着水位上升，水田里水波翻涌，水中的浮力也会越来越大，而那些原本就没有插牢或插实的秧苗自然也就漂浮起来，成了氽棵。

有了氽棵之后，稻田就会出现荒白现象，急需补种上稻秧，这就是补棵，否则会影响水稻的收成。

一定要补好这一课

文/施敖泉

刚学会插秧不久，就得到了父母及生产队其他成员的夸赞，张凤良心里美滋滋的。以后每到插秧季节，他就迫不及待地参加生产队的插秧劳动。

有次插秧结束，忽然下起雨来，这可是捕捉抢水鱼的好时机，因为一下雨，秧田里的水就得通过沟渠往河里灌，而鱼儿最喜欢自上而下流动的水，一则富含氧气，二则带有大量食物，所以它们会拼了命地沿着沟渠流下来的水往上蹿。

在沟渠口争着拦网捕捉抢水鱼的时候，张凤良与本队的一名叫黄兴明的小伙伴发生了争执，两个人你不让我，我不让你，越吵越激烈，就只差到动手这一步了。

吵着吵着，黄兴明突然嘲讽道："你以为你有多了不起，别人都夸你插秧又快又好。啊呸！那是别人抬举你，就因为你爸是生产队队长，所以冲你说好话，实际是他们在拍你爸的马屁！其实，你啊，就是一摊烂泥，扶不起的阿斗，每次你插完秧后，过后准氽棵，但总有人偷偷地给你补棵。你还不知道吧，真可怜！"

由于氽棵而进行补棵，这对于干农活的人来说，是一件丢脸的事。一向心高气傲的张凤良哪里受得了别人拿这样的事来嘲笑他？只见他突然"嗖"地一下跳过去，揪住黄兴明，说了声"你放屁"，举起拳头就要打。黄兴明把头一昂，冷笑道："怎么，戳到你的痛处了，想要横封我的嘴？来呀，有本事你就打！”

张凤良扬起的拳头慢慢垂了下来，他放开黄兴明，转身朝着他之前插过秧的水田走去，这时，远远地传来了山歌声——

手把青秧么种野田，

低头只见水中天，

三方六棵么两条拖膀格路，

弓背缩步么就是朝向前。

张凤良仔细一听，原来是隔壁李伯母在唱《种秧山歌》。他赶紧顺着山歌传来的方向跑去，越跑越近，渐渐地，他终于看清楚了，在自己种过秧的水田里，李伯母和自己的母亲正在补棵，张凤良不由得惊呆了……

李伯母和母亲正低着头在补种稻秧，补着补着，猛然一抬头，看到站在水田边发呆的张凤良，立即明白了一切。母亲解释说：“凤良，考虑到你还在读书，主要精力是学习，所以对于农活，我们对你也不作要求，当然，你能参加集体劳动，我们非常欢迎……”

“妈，您什么也不用说了，我知道，你们是为我着想。”张凤良终于回过神来，他激动地打断了母亲的话，“但是，我不想被蒙在鼓里，不想被人嘲笑，不想被人看不起，更不想被人侮辱！我想重新学习插秧，现在就从这补棵开始！”说完，张凤良挽起裤管，大步走入水田……

走草头

文/史惠林

“种秧黄梅”收尾之时，便是夏种大忙结束之时，接着就进入田间管理。

水稻栽插之后的田间管理，首要的是水浆管理。栽插稻苗的田块不能缺水，稻苗处于活棵时期，一旦缺水，稻苗就会枯死，因为气温高，水分蒸发快。所以，需要每天放水。

正是因为气温高，每天给田里放水，水分充足，所以，田埂边的杂草疯长，这些杂草还会抢走水和土壤中的养分，田埂边的两行稻苗就会受影响。因此，人们在这个阶段就需要沿着田埂将杂草清除掉。这个活就叫“走草头”。

走草头时，有些人不用工具，就用两只手进行除草，有些人带把镰刀。除下来的草堆在田埂上，待走草头完工后用羊箭或秧箭再一起收走。有的带回家喂牲口，有的倒进空着的草泥潭待以后沤肥用。

走草头走出了一位画家

文/陆惠明

那年，生产队里来了位知青，叫李国良，住在生产队建的知青屋里。知青屋边上是秦安新的家，秦安新有个女儿叫秦小凤。没有事的时候，秦小凤就经常去李国良那里串门。李国良从城里来，啥农活都不会干，村里人嘴上不说，心里都有数，平时很少有人跟他接触。秦小凤也知道他不会干农活，但吸引她的是李国良会画画。

李国良说他在学校学的是画画，他画什么像什么。秦小凤就让李国良给她画个像，她坐在凳子上，眼睛看着窗外，非常淑静。李国良架着画架，用铅笔“唰唰唰”地画了起来，没一会工夫画好了。秦小凤迫不及待地去看，她对着镜子看看自己，又看看画，脸上的笑容像花一样开着，回过头夸赞说：“你真神了啊！画得这样像！”李国良傻傻地笑，一眼不眨地看着她。从这以后，秦小凤不管别人如何说李国良不会做农活，她还是觉得他很厉害，说画画，方圆几百里也没有人能比过他。

这天，生产队长来派工，让李国良去走草头，就是把田埂上的草除掉。割草在农活里是最轻松的，没有太多的技术含量，大家知道这是队长在照顾他。

李国良来到田埂上。田埂上的草很茂密，也很新鲜。他把田埂两边的草都割得很清爽，然后把草堆到田埂一头，等几条田埂割完后，他额头的汗已经出来了。他把草装在草筐里，准备挑到养猪场喂猪，或是挑到牛棚里喂牛。他挑着担子经过秦小凤家门口时，听到她家的猪在嗷嗷地叫，他知道这是猪饿得不行了。那年月，人都没啥吃的，不要说猪了。也不知出于什么目的，也许是听到猪叫得可怜，也许是出于对秦小凤的好感，他就莫名其妙地走了进去，偷偷地把一担草倒在了秦小凤家的猪圈里，看着她家的猪欢快地吃草，随后他心满意足地离开了。

然而，这一切被养猪的阿三看得真切，他向队长汇报了这个情况。队长一听就恼了，这公家的草怎么能给私家的猪吃呢！队长找到了李国良，跟他讲公私分明的道理。李国良听后，马上承认了错误，态度很诚恳。但现在，草已被秦小凤家的猪吃掉了，没法追回，队长就扣了李国良的工分。

原来这事是李国良割草的时候犯的一个小错误，只能说当时生产队队长做事太认真，但这小小的错误却影响了他的后半生。

那年，知青们都陆续返城，而李国良却迟迟没有收到消息。他就去大队部问情况。大队部反馈的消息称，大队部通知各生产队推荐上调知青，生产队队长因为李国良犯过错误而一直没有推荐他，说他不符合返城条件。李国良为此找过生产队队长，两人还红过脸。

这期间，秦小凤经常去安慰李国良，觉得是自己连累了他。两个人走得近了，村里人就有了闲话，说李国良不愿意回城是因为看上秦小凤了，他舍不得走。话传到两个人的耳朵里，两个人起先还辩解一番，后来就顺其自然，再到后来两人真的谈起了恋爱。

这下，秦安新不答应了，说农村人干农活是根本，是吃饭的本钱。李国良虽然在农村这么多年了，但农活还是不行。秦小凤却不同意她爹的话，说李国良有才，总有一天会发光的。父女俩争吵起来，最终秦安新没有说服女儿，秦小凤与李国良结了婚。婚后，李国良就彻底回不了城了。

有一天，村小学有人来找李国良，让他去学校教学生画画。在学校教了几年书后，他又被乡文化站招聘去做宣传工作，再后来又去了市文化馆工作。

改革开放后，李国良成了市里有名的画家，参加了省级、国家级的画展，并多次获奖。

有媒体采访他，让他谈谈他的绘画经历。李国良就谈起在农村割草的那件事。因为割草犯了错，回不了城，让他死心塌地地去创作。假如那时回了城，城里的繁华和诱惑或许会让他荒废自己的爱好，也就不会有今天。当然，他的一切离不开秦小凤，是她的支持和鼓励激励着他。在所有人只看到他的缺点的时候，只有她看到的是他的优点，这是让他感动的地方。

后来，李国良画了一幅田间割草的画，在全国大赛中获了大奖。有人想买这幅画，但他说这幅画他要留作纪念，是非卖品。

耘稻

文/陈阿根

耘稻这活在水稻生产中称不上是强劳力的农活，但是最苦、最脏的活儿。

耘稻，每年一般在种秧后的20～25天。耥稻过后3～5天就要开始耘第一通稻。时隔8～10天，耘第二通。耘稻必须在立秋前后结束，耘得过晚会伤稻苗。耘稻一般应备有：竹马（将小竹片、小竹管、木梳形的木菱片用麻绳穿成）；水草裤（用草编织成的短裤）；指头袋（用水金竹篾穿成，耘稻时套在手指上，易于捏牢水草，耘得干净）；再子（用到8根小竹片，每根两头有眼子，用小竹管和绳子穿成）；挡面具（用一根长35厘米左右和一根长25厘米左右的竹片做成“丁”字形，上面钻上小眼子，削好竹筷粗细的条子穿在眼子里成弧形）。竹马、草裤都是耘稻时在田里用的，为防止稻叶刮腿脚。再子和挡面具在耘第二通时才用得着，主要用途是防止稻叶刮到脸和手腕。

耘稻时正处在大暑最热的阶段，为了防止中暑，农民一般都起早赶晚，中午休息一个时辰。但是也有出于农事紧张，只能顶着火热耘稻的情况。耘稻时，农民往往以唱山歌、对山歌、猜谜语等形式来消解疲劳。

游戏消暑

文/陈阿根

我们淞南地区的耘稻时节正是炎热的三伏天。1965年的一天，那天天气十分炎热，人走在田埂上仿佛走进了沸腾的热水里，脸上、后背汗水直淌，更别提下田，猫着腰耘稻了，而且这天开始耘第二通稻了，还要穿上草裤，戴上再子和面具，可想而知有多难熬。这种苦，现在的年轻人是想也想不到的。不过，生活总是有苦也有乐，有些苦只出现在那个年代，有些乐也是现在的人无法体会的。

那天，参加耘稻的一共有20多人。凌晨时分，天还一片漆黑，一队人马浩浩荡荡地出了村，赶到河西岸的稻田边的车棚里集中，生产队队长阿国给大家分派了位置，让大家趁着天气还算凉爽，抓紧干活。他自己也叫上老婆惠英，向最远的一块田走去。只见他左手拎着再子和面具，右手提着竹马，至于草裤早就提前穿在了身上。20多号人分散在一大片稻田里摸黑劳作，开始了一天的辛劳。渐渐地，天开始蒙蒙亮，稻田里的身影有节奏地慢慢移动着。等太阳出来露了脸，稻田里一下子亮了起来，随之而来的则是热浪滚滚。

“耘稻要唱耘稻歌，耘稻田里真是苦，十指尖尖捧六棵，两腿弯弯泥里拖。”忽然，从田间传来了山歌声，这就是淞南地区流传的《耘稻歌》。惠英听到了歌声，直起身子顺着歌声方向看，原来是东村头的阿二嫂子，于是清了清嗓子接着唱：“起早摸黑露水重，日出两边朦瞎子多，水鳅咬来蚂蟥叮，荒坟边上还有毒蛇窠。”马上又有人把歌接上："日高三丈晒的背心焦，背心浪向烫兮兮，好像镬里摊面衣，身上汗水是侪出涸。"20多人借着《耘稻歌》来鼓劲，一个上午就这么熬了过去。

约上午十一点光景，阿国艰难地直起腰，一手摘下凉帽扇着风，一手揩着汗水，抬头看了看天，大声喊道："大家停一下，都收拾收拾，回家吃饭。休息好了，下午两点到车棚集中。"说完，他收拾工具回到田埂上，往车棚走去。其他人见队长发了话，也都陆陆续续离开了稻田，各自回家。

夏天最热的时候就是中午十二点到下午两点这个时段。忙了一上午，村民们回到家匆匆吃完饭，赶紧休息，准备下午的硬仗。

不到下午两点，20多号人陆陆续续集中到大车棚内，队长阿国见天气太热，让大家继续午休。这时，村里的种瓜老农荀大挑着担子正好路过。队长把荀大叫住，说："荀大，这么热的天，耘稻这苦差事真是热死人。你不是说瓜地上老留着4只西瓜种吗？你快去拿过来分给大家吃吧！"当时有条不成文的规矩，队里的西瓜种是可以白吃的。荀大接了指示，很听话地转过身去，挑起担子一路飞奔。不一会儿见他挑来4只瓜种，足有80多斤重。阿国往担子里看看，又看看荀大，瞪着眼说："做事这么不上心，拿了西瓜忘了刀？怎么分？""怎么不能分？我来！"原来是村民火荣，他大高个，长得又壮。他推开了其他人，两手捧起一个大西瓜，放到一片还算干净的草地上，一手稳住西瓜，一手捏起拳头往西瓜上砸去，只听"啪"的一声，西瓜被一分为二。可惜人多瓜少，4个西瓜不解渴，大家就七嘴八舌地嚷着"不过瘾"，还想再来几个。队会计东生站起身来："再吃就要过秤，要记账的！"一时，大伙鸦雀无声。忽然社员朱阿荣说："我们学小孩子做游戏，赌输赢，谁要是输了就请客吃瓜，账就记在他的账上。怎么样？"大家觉得蛮好，吃瓜"积极分子"阿庆主动请缨，陪荀大去挑瓜，他一心想着到瓜棚那里还可吃一只"外快"瓜，越想心里越美。不一会儿，两人一前一后挑来了共约百斤的黄金瓜等香瓜。

瓜一到，游戏也开始了。自愿报名的一共18个人，17人坐在地上围成一圈，用包袱折成一个布团当作传递用的道具；另外一人充当“传令官”，为防止他与其他人串通作弊，让他到车棚边背对众人站着。“传令官”用拖把柄敲打簸箕为号，连续敲击，直到喊“停”为止。其间，布团在围成一圈的队伍中快速传递，停在谁手里谁就负责请客吃瓜。真是“人算不如天算”，阿庆在瓜棚那里吃了个青皮绿肉的瓜，原以为捡了便宜，结果第一轮游戏下来，请客吃瓜正巧记在了他账上。按照事先的约定，请客的西瓜起码15斤以上，小瓜10斤以上，阿庆只能自认倒霉，喃喃道：“记账就记账呗，谁让自己这双手不争气！”就这样游戏进行了四个回合，大车棚里欢笑声不断。

时间已到午后三点多，气温也下降了不少，队长招呼大家准备上工，继续耘稻作业。这时，好几个人肚子都吃得鼓鼓的，特别是几个妇女打趣说：“肚子吃太饱，耘稻都弯不下腰了。”大家听了哄堂大笑。

拔稗草

文/史惠林

稗草，是一种一年生草本植物，幼苗和水稻秧苗外形极为相似。稗草长在稻田里，沼泽、沟渠旁，低洼荒地里。形状似稻子，但叶片毛涩，颜色较浅。稗草的生命力很强，与水稻争夺水土里的养分，是水稻田里的恶性杂草。

为了取得好收成，农民需将稗草拔除。除稗通常分为两种：秧田除稗和大田除稗。

秧田除稗就是在秧苗移栽到大田之前，将混杂在秧苗里的稗草拔除。这项工作一般在移栽前一周进行，这时候的稗草根系还不发达，容易拔除。麻烦的是，那稗草虽然长得比秧苗要高，但样子还是蛮像稻苗的，必须仔细辨认。特别是那些刚长出来的稗草，细如丝线，夹在成片成片、密密麻麻的稻苗里，令人头昏眼花，一下子难以除尽。

大田除稗就是在稻苗移栽到大田待其成活后进行拔稗草。大田拔稗草较为费力，一是因为天气炎热；二是稻苗被移栽到大田后，经过活棵发棵的过程，稗草的根系已深深地扎入泥土，要将其拔除，就得费些力气了。但这时候的稗草更容易被发现，因为它生命力强，长得比稻苗快，往往高出稻苗一头。

初初学拔稗草

文/史惠林

二十世纪六十年代末，蔡河村的初初辍学了。他爸爸说家里穷，供不起初初上学读书，今年初初年满十五周岁，可以参加生产队集体劳动，可以挣工分，为家里增加收入了。

七月下旬的一天早上，队长跟往常一样，在生产队公场上派工。他安排了几个年老体弱的社员斫田埂草，其他人全部去拔稗草。他清了清嗓子："社员同志们，俗话说：'秋前拔稗，胜过放债；秋后拔稗，等于卖柴。'这是今年我们最后一轮拔稗草了，所以，请大家睁大眼睛，认真一点，一定要把稗草拔干净。"

队长派好工，大家就各自回家准备出工。初初有点局促不安，对于一个刚刚参加集体生产劳动的小男孩来说，这拔稗草就是"大姑娘坐花轿——头一回"呀。初初觉得，这拔稗草是大人干的活，像他这样刚开始学做农活的就干这样的活，不知道能不能干好。临出门，初初的妈妈给初初拿了一副套袖、一只草帽，关照初初："初初啊，稻苗已经发棵长粗了，稻叶子像刀一样锋利，要戴好套袖，不然手臂上的皮肤都要被刮伤的。喏，草帽戴好，大伏天，太热了。"接着，妈妈又拿了一根一米多长的竹竿叫初初带着，叮嘱初初："在稻田里朝前走时，要用这根竹竿在稻勒头里掏掏，防止蛇虫等。用竹竿一掏，蛇虫就逃走了。"

今天要拔稗草的水稻田在东高头，离家有差不多10分钟的路程，娘儿俩边走边说，不知不觉就到了。娘俩正准备下田，村东头的娟娟来到了初初跟前:“初初,你第一次拔稗草,认得稗草吗?”

初初望了望绿油油的水稻田,摇了摇头:“不认识呀,我看着都是绿油油的稻苗,没有稗草啊。稗草长啥样子?”

“哈哈,我知道你不认得,所以就过来帮你呀。”娟娟得意地说。“我先拔一棵稗草给你看看。”话没说完,她人已到了田里,转眼就拔了一棵稗草回来,“初初,你看,稗草的样子很像水稻,但稗草的茎是白色的,而稻苗的茎是绿色的;用手摸一摸,稻苗的茎是毛乎乎的,而稗草的茎是光滑的。喏,你摸摸看。”

初初拿着稗草又是看又是摸,好像有点明白了,信心十足地说:“嗯,我明白了,我们快下田拔吧。”说着就要下田。

“慢点,”娟娟转身对初初妈妈说,“阿姨,你在初初的左边,我在初初的右边。这样,我们随时可以帮助初初。”

待初初他们下田,其他社员已经朝前拔了一段距离了。初初妈妈和娟娟一边用竹竿在稻勒头里来回拨掏,一边往前移动,时不时弯腰拔起一棵稗草。初初下了田,眼前一片绿油油的稻苗,走了四五米,一棵稗草也没发现。这时,初初妈妈转身看了看初初的身后:“初初,你身后有一棵稗草。”

初初回头左看、右看,就是找不到那棵稗草。娟娟提醒道:“稗草的茎是白色的,就是那一棵。”一边指了指初初右后方的位置。初初扭头顺着娟娟手指的方向,很快就找到了那棵稗草,用手一摸,那茎还果真是顺滑的,忙把它拔了起来。初初拿着稗草开心地说:“哈,有生以来,我第一次亲手拔掉了一棵稗草。”他们三人很快赶上了其他社员。

尽管天气炎热,初初的脸蛋通红,汗水直流,但他干劲十足。在接下来的过程中,初初很少出现漏拔的现象。一会儿,就到回家吃午饭的时候了。

回家路上,初初和娟娟热烈地谈论着拔稗草的体会。突然,初初话锋一转,问了一个问题:“娟娟,我有个问题想不明白,为什么像秧苗、瓜果蔬菜等，我们总是精心培育、小心侍弄，但一不留意，它们就黄了枯了，甚至是死了。而那些杂草，无论你割、拔、锄、晒，什么手段都用了，都制止不了它们的‘春风吹又生’呢？甚至，很多时候根本就不用待到‘春风’，只是一场细雨，或几天的夜露晨风，那些杂草就一派‘春意盎然’了。”

娟娟被初初问得“丈二和尚摸不着头脑”，摇摇头说：“这个，我不知道。”她又想了想，说：“不过，你要是继续读书的话，这个问题你肯定能弄得明白的。”

初初妈妈赶紧接过话头：“娟娟啊，我们家穷呀，初初还有一个弟弟和一个妹妹。他要是再上学读书，我们全家人吃什么呀？”

初初妈妈的一席话令娟娟很尴尬，当年她也是因为家里穷，供不起她上学读书才辍学的。初初虽然嘴里不说，但他心里已有打算，就等9月1日开学了。

打药水

文/计苏敏

打药水，是淞南农村的一种农活，也叫“喷农药”，目的是消灭水稻、三麦、油菜等农作物上的病虫害。自二十世纪六十年代后期，本地农业生产推广科学种田，农科研究所的专家们及生产企业陆续研制出了许多涉农产品、农业机械，为农民种田提供服务，改善劳动强度，提高生产率。打药水用的是一种2匹马力的汽油机，带动一只吸水泵，两个男人可以抬着走，使用很方便。这种农活在夏季是经常有的，为了防治水稻病虫害，把握好最佳时间，各生产队都请师傅、借机器进行大田喷药。没有机械设备的，则动用劳力大水泼浇。

马得快打药水

文/计苏敏

马得快是淞南生产大队12队的一个社员，因为他做事干脆、反应快，又有一个好身体，所以别人给他起了“马得快”这个绰号。这里讲一段曾经发生的故事。

二十世纪七十年代后期的一个大暑之节，淞南生产大队第7生产队的80亩水稻要防治三代三化螟、稻飞虱及纹枯病，须喷大量农药。为了达到“一炮三响”的效果，7队的张队长提前一天与12队的队长商量好，借用12队的药水机及机手帮助喷药。马得快是负责开药水机的，他要求张队长安排劳力4男12女，其中1个男人撑水龙头，2个男人抬机器，1个男人配农药，12个妇女托皮管（皮管全长110多米）。

次日午饭后，马得快随同7队派去抬机器的两个社员一起摇只小农船来到作业田头。张队长已经将男女劳力安排到位，一个男壮年撑水龙头，农技员负责配药，托皮管的12个多是灵巧的青年妇人。因为他明白，打药水的效果关键在于配药与撑龙头的两人，拉皮管的人要有力气。他告诉马得快，这80多亩水稻田都在一个茬口，一条渠道由东向西贯串300多米长，渠沟里水深过半，南北两近田各伸展80~100米，完全在喷射器的覆盖范围内，而且进退方便。马得快观察了现场，情况与队长讲的一样，就对撑龙头的社员说，移动速度要均匀，水枪管尽量保持上风口，确保每块田的角落都喷到，正常作业3个小时可以完成。一切准备就绪，他点燃了一支烟，深吸了一口，对农技员说：“开机了！”只见他拿起一根绳子，在发动机的转盘上缠绕几下，然后猛力一抽，“哒、哒、哒”，马达转了。接着，他将吸收农药的小水阀与吸收清水的大水阀调节好，从出水阀流出的是已经配好的农药水，通过皮管子传送到水龙头中喷出。

随着撑握水龙头的人一步一步地往前走，水枪管在他手中不停地左右移动，农药水在水龙头枪管的压力下“吱吱”地喷射到水稻叶面上，再流落到田间，达到消杀病虫的效果。就这样不停地移动，一条田埂一条田埂地步入、喷射，托皮管的妇女们头戴草帽，顶着烈日，汗流浃背。

一个多时辰过去，作业面积只剩下一小部分。这时，突然有人喊：“阿二姐不行了！”只见有个妇女在田埂扶着一个人。马得快立即把机器关掉，叫她们到公场凉棚里休息。他知道，烈日下喷农药，人的皮肤吸收了雾滴会中毒，加上出汗多又没有茶水补充，就会中暑，之前在其他生产队打药水时也碰到过类似情况。于是，他拿出随身带的人丹、清凉油，让她们用上。

到吃点心、休息的光景，80多亩水稻农药已全部打好了。阿二姐服了些人丹，补充了凉开水，休息了半个多小时也好转了。她感谢马得快的关心。马得快笑着说：“我们农民劳苦点不要紧，但自己要清楚，大热天要小心中暑。我在抽烟时放一粒人丹含在嘴里，能提神、醒脑，打药水从没出过差错。”

耕作制

文/计苏敏

耕作制度亦称“农作制度”，是种植农作物的土地利用方式以及有关的技术措施的总称，主要包括作物种植制度和与种植制度相适应的技术措施。在我国农业发展史上，其演变过程大致由撩荒农作制、休闲农作制、连作农作制、轮作农作制向复种农作制发展。旧时，淞南地区的传统农业多地以粳稻、小麦为主，即一年两熟单种；低洼地区单熟制，即一年只种一熟水稻。二十世纪六十年代后期，本地农业引进籼稻品种，种植双季节，即一年三熟制。到七十年代中期，因双季稻产量、品质及经济效益均低，劳动强度大，又恢复两熟制，由此水稻品种向杂交、优质方向发展。九十年代后期，昆山农业趋向规模种植（经营），在种植制度上逐渐出现休耕、套作、轮作、复种、混种等方式。耕作制度是在一定的自然经济条件下形成，并随生产力发展和科技进步而发展变化的。因地制宜采用科学的耕作制度，可有效地利用土地资源，保持良好的农业生态环境，并获得较高的经济效益，亦是种植业发展的重要途径。

憨队长

文/杨春艳

傍晚，队长张仁海结束了一天的劳作，正在吃晚饭。有邻居喊："仁海，你未婚妻来了。"

张仁海的未婚妻和他是一个队里的，但自从说了亲事，两人都不好意思。未婚妻上门还是头一遭。

姑娘一进门，羞得一直低着头。张仁海忙不迭地让座。张仁海父母也知趣，借故串门去了。

张仁海问姑娘："今天怎么想起来到我这坐坐？"

姑娘忸怩半天，道出原委："我爸说，我们家稻子晒好了，想明天晚上用一下脱粒机。"

张仁海一笑："哦，这事啊，好说，明天我去帮忙。"

正说着，只听见门外喊："队长在家吗？"是村里的老实人张大伯，张仁海连忙请张大伯进来坐。

张大伯一见张仁海的未婚妻，就想退出去："呦，雪梅也在啊，那我……我晚点再来吧。"

"没事，您有什么事，尽管直说。"张仁海赶紧拉住张大伯。

"怪不好意思的，打搅你们了。那我就长话短说吧，明天我们家干活的人手多，想趁这个机会，用一下脱粒机。"

张仁海皱起了眉头："真不巧，雪梅家也想明天用……"

张大伯赶紧申明："那让她家先用，我的再说。"张大伯一抬腿，又要往外走。

“且慢。”张仁海再次叫住张大伯，“明天你家先用吧，我随时能给雪梅家帮忙，晚一天也没啥。雪梅，你看呢？”

姑娘不好说什么，只得点了点头。

本来吧，晚一天脱粒也没啥。不巧的是，那天忽然电闪雷鸣，下了一阵暴雨，正值“双抢”期间，大伙都忙着在稻田里插秧，来不及抢收，雪梅家的稻谷一大半受潮发了芽。张仁海的准丈人一气之下退了婚事，并把雪梅嫁给了一个外乡人。村里人都笑话张仁海，这么好的机会没有用来讨好未婚妻，结果把事情搞砸了。

不久，张仁海又一次成了村人茶余饭后的谈资。人们说，咱们队长大姑娘追不上，打起寡妇的主意了。

刘丽芳是村里数一数二的美貌媳妇，婚后夫妻俩情投意合，把小家操持得不错。可惜刘丽芳的男人命短，结婚两年后就暴病而亡。寡妇门前是非多，有觉悟的男人们都绕道走，张仁海却不时地出入刘丽芳家以及她家的田间地头，帮着给稻田打药、施肥、扯稗草。

银杏叶黄了，枫叶红了，刘丽芳家黄澄澄的稻谷满满当当收进了仓库。这一日，刘丽芳说：“队长，晚饭来我家吃吧。这一阵多亏了你帮忙。”张仁海憨憨地笑：“不用，不用，应该的。”

“请队长务必来，不然说不过去。”

“真不用。”

“你瞧不起我做的饭还是咋地？”

“这个……行吧，我来。”

晚上，张仁海来了，大喇喇地坐下，忽然感觉不大自在，他发现桌上有酒。

“我不喝酒，随便吃点就行。”

“那哪行？我想喝点，你就当陪我。”

张仁海无话，默默地看着刘丽芳斟酒。

几杯酒下肚，刘丽芳打开了话匣子："我知道外面在传我什么，我能怎么办？那个死鬼生前宠我，他说，男主外，女主内，下田都是他，他这一走，害得我两眼一抹黑。仁海哥，多亏了你。"

"妹子，千万别客气。我是队长，我不出面谁出面？有些活，家里没个男人还真干不成。"

"仁海哥，你说得对，家里没个男人还真不行。"刘丽芳忽然两眼热辣辣地盯着张仁海。

张仁海猛地一惊："妹子，别喝了，你醉了。"

"醉了才好呢，醉了我才有勇气说说心里话。有时候我看着你干活，忍不住痴心妄想，要是你不嫌弃，我会疼人……"

"哎呀，你真醉了！说到哪里去了，天地良心，我……我帮忙没有别的意思。"

刘丽芳凄然一笑："知道你仁海是个正人君子，我就是和你开个玩笑。仁海哥，那个，我有点头晕……"

张仁海赶紧站起来："妹子，那你赶紧休息，我该走了。"张仁海慌慌张张地出了门，刚走到屋外，几个黑影在黑暗中四散开来。

第二天，刘丽芳就回了娘家。过了几个月，传来消息，刘丽芳改嫁了。村里人都在暗传，刘丽芳漂亮又贤惠，队长也混成老光棍了，娶了她多好，偏要错失良机。

张仁海还是那副样子，该干什么干什么。

那一年，双季稻改种单季稻，张仁海特意奔赴海南考察杂交稻，运回杂交母体种子后，率先在自己的水稻田里试种。一天，张仁海正在田里忙着育秧，忽然听到一个姑娘叫他："张仁海，你是张仁海吗？"

张仁海回头一瞧，一位俏丽的姑娘正立在田头。张仁海的心没来由地一跳，眯缝起眼睛："你是……"

"认识一下吧，我是刘圆圆。刘丽芳认识吗？是我堂姐。"姑娘轻快地朝张仁海走过来。

“哦，是你，找我什么事？你堂姐……她挺好的吧？”

“憨样。”姑娘扑哧一笑，继续道，“她过得挺幸福，生了一个大胖小子。”

“哦，那好，那好。”

“我在镇上的纺织厂上班。听堂姐说起你，觉得你这人有点意思。”

张仁海不知说什么，摸摸后脑勺，嘿嘿傻笑。

“憨样。”姑娘又扑哧一笑。

……

几个月后，杂交水稻试种成功，张仁海家喜获丰收，趁着农闲，张仁海迎娶了刘圆圆。

翻船

文/鲍云飞

翻船是修船过程中一个必不可少的环节。翻船有水中翻船和岸上翻船两种方式。木船在修理之前必须在水中翻个底朝天，派人手握大筅帚，将船底洗刷一遍。特别是船底两侧的绿苔比较难刷，须在船底上撒些草木灰或生石灰，增加碱性和摩擦力，船底才能被刷干净。船底刷干净后，在水中再把船翻过来，然后将船头、船尾、船舱、船隔节、平基等全部洗刷一遍，等待拔船上岸。上岸的木船先侧着曝晒几天，然后把船底朝天平放，待船底外侧修理抹油结束后，再将船翻成船面朝上等待修理，这就是岸上翻船。

三伏天修船

文/鲍云飞

传统农耕年代离不开船，修船一般安排在三伏天里。一是人们在三伏天里的水中翻船洗刷船体不会冻伤身体；二是船体上岸以后干得快，抹了油后防水效果好。

有一天早上，阿荣队长安排全村男劳力在上工之前去村东头翻船。他事先把要翻的船移到了与河岸平行的位置，并派四个水性好又比较机灵的人站到船上，把两根较粗的绳索的一头系于离岸远的前梁头和后梁头的船沿口，将绳索的另一头穿过船底传回岸上，让站在岸上的人拉住绳索，像拔河一样向上拉。船上四人，两人一组，一组人站在前梁头，一组人站在后梁头，各自将手中绳索的一头拴在靠近河岸一侧的船沿上，一头握在手中，只待阿荣队长一声令下。

阿荣队长环顾了一下翻船四周，生产队里的男劳力都来了，四根绳索也都系好了。他举起右手高喊："大家准备了……"然后一声令下，"拉！"听到队长的命令，大家"哼唷、哼唷……"地用力拉着。队长"再拉""再拉一把"地指挥着大家，直到船体侧身竖起。这时，有人找来竹篙抵住船沿往外撑，直到船身向外扑去。只听"噗"的一声响，船身彻底翻了个儿，溅起的水飞出好几米。阿荣队长像刚指挥了一场胜仗一样，咧开嘴高兴地喊着："好！"这时候，原本在船上的四个人都已掉入水中。他们都是游泳好手，三伏天掉到水里等于在河里洗个澡。这四个人按着队长的分工，开始就着河水清洗船身。其他人各自到田里忙活去了。按照事先约定的时间，船差不多洗好了，大家又重新回到翻船的地方，由阿荣队长指挥着大家继续“作战”，将船翻身，拴船，垫滚木。大伙齐心协力地把船拉上了岸，再把船身翻起，用木桩撑起固定好，就算告一段落了。

拉上岸的木船侧着身在太阳底下曝晒三天后，阿荣队长再派人来翻船，将木船合着放平，船底朝天。

等到第四天，阿荣队长在上工之前将生产队里所有的男劳力集中到公场，合力把原来的木撑撤掉，把木船的一边慢慢放下，然后将船沿口搁在事先准备好的木凳上。在阿荣队长的指挥下，大家把船的另一边抬起，搁到另外两只木凳上。这四只木凳叫“搁船凳”，从对凳的称呼就可以知道，它是专门在修船的时候派用场的木凳。普通的木凳承受不了船的重量，搁船凳比普通长凳约短二十厘米，坐两个人有些挤。它比普通长凳约高二十厘米，凳面也比普通长凳厚一倍，四条凳脚也比普通长凳粗壮，一般是由柏树或榉树等硬质树材做成的，所以这种凳子很重。我家有两只搁船凳，据说是新中国成立以后分到的地主家的财产，一般农户不会有这种特殊的凳子。平时邻里乡亲造房子，生产队盖仓库，都会到我家来借用这两只搁船凳。这次翻船，我们家那两只搁船凳又有了用武之地。

那个年代还很少有水泥船，大多是木船。木船在水里用久了多少会有些损伤，所以需要定期修复保养。自从翻船那天已经十来天过去了，木船的外侧已经修理好，最后一遍桐油也抹好了。因桐油干得慢，为了防止有人靠近，木匠师傅在船的周围用草绳围了一圈。

在这之前的几天，孩子们三五成群地玩起了捉迷藏。村上有个孩子特别调皮，是名副其实的“皮大王”。孩子们傍晚玩起捉迷藏，“皮大王”突发奇想，偷偷钻到那条还在修理中的船上。他在船艄等了有半个多小时，其他孩子都找不到他，他在里面自鸣得意，等久了就睡着了。公社广播喇叭里的《国际歌》播放完了，也就是晚上八点半的样子，他还没醒。孩子们找不到他，都没趣地回家了。至于最后“皮大王”究竟什么时候醒的，是被热醒的还是被蚊虫叮醒的，什么时候回的家，大家都不知道，“皮大王”的藏身处成了一个谜。由于躲藏的地方还没有暴露，这次“皮大王”想要故技重施。他把围着的绳子用手一抬，人就钻了过去，两手往船沿口上一搭，想弯腰往船里面钻，可马上感到不对劲。他的手被桐油粘住了。他赶紧放手往后退，在直腰的时候，腰间也粘着了未干的桐油。他很懊恼，并利索地用泥土擦了一下双手，抹了一下腰，没敢声张就偷偷地回家了。

三天后，抹了油的木船干透了，阿荣队长组织男劳力把搁船的木凳撤去，将木船翻过来搁在稻柴枕上，船面朝上，也就完成了修船的最后一次翻船。不过与往常不同的是，靠近船艄的沿口处，隐隐地多了一双小手印。

拔船

文/鲍云飞

修船之前，先要将洗干净的木船从河里拔起来。载重量一两吨的木船船身重量轻，拔到岸上稍微容易些；载重量四五吨的木船船身重，如要从河里拔到岸上，除了要花大力气外，还要利用地形寻找一个好的坡度。

“牛爬滩”上的号子声

文/鲍云飞

晚饭以后，阿荣队长用大嗓门从村西头一路喊到村东头：“大家把手头的活儿放一放，都去拔船。”我们生产队不大，总人口还不到百人，劳动力也不过五十来个，像拔船这样的大事需要全村的人有力出力。因为今天要拔的是五吨载重的大船，所以社员们听到队长的招呼以后，都把手中的活儿放下，陆陆续续地朝集体的打谷场走去。我们生产队最适合拔船的地方是村东头南桥堍边的牛爬滩——其实就是牛从河里爬到岸上比较平坦的斜坡。

只见阿荣队长和几个先到的社员将洗干净的船只撑过来，又将船头对准牛爬滩，在船艄左右两侧各拴上长且粗的绳索。

拔船的地方就像看戏场，孩子们在河岸上穿来穿去、追追打打，好不热闹。在等待的过程中，社员们东拉西扯，讲着俏皮话。

阿荣队长和力气大一点的阿元一左一右赤着脚下到河里。阿荣队长清了清嗓子说：“大家静一静，等我喊‘开始’时，男的都要用力抬，女的拉绳，不要把船艄拉偏了。船拔上岸后，把船抬到公场的南面，那里已经放好了四捆稻柴枕。”他清了一下嗓子，把声音提高了不少：“大家准备好了——一、二、三！”

拔船是力气活，用手抬着船沿，将船抬起往前走。大家听着队长的口令，妇女们站在岸上手握绳索往岸上拉。一开始，由于船身还在水里，男人们有力无处使。等到半条船离开了水面“爬”上了岸，男人们就蜂拥而上，把船身往上抬。社员们咬牙使劲，在阿荣队长的号令下，步调一致，抬的抬、拉的拉，终于将船全部拔上了岸。这是三伏天气，晚上在外面乘凉都会出汗，不要说干拔船这样的体力活，大家已经个个满头大汗。

接下来的任务也不轻松，还要将船抬几十米远，而且都得靠手来抬。阿荣队长招呼大家休息一下，稍做休整，还不时给大家鼓劲。他扯高了喉咙，大声说："大家汗出了不少，但还是要坚持一下。阿炳、阿全你们两个大男人站开一点，阿四嫂嫂，你站到他们中间。"如此这般，阿荣将全体人员的站位做了调整，并嘱咐道："抬的时候，大家不能将船底搁着地面拖着走，船底会坏。我们先走一半，休息一下再继续。大家听到没有？""知道了！"大家齐声应道。"一、二、三，起！"阿荣队长一声令下，大家奋力将船抬起，每人的脚底板都擦着地面小步向前挪着。不一会儿，人群里传出几个女人的声音，说手指酸得用不出劲了。队长说，一半路程还不到，再坚持一下。船仍然在大家的合力之下向前缓慢地移动着。阿荣队长明显感到船移动的速度慢了下来，便大声地喊了声："停！轻轻放下。大家休息一下。"

刚停下来，还没顾得上擦汗，就有几个人满地地找自己的拖鞋。因为是夏天，有人赤着脚走来，也有人是穿着拖鞋过来的。抬船的时候，人挨得比较紧，踩着脚的、踩掉鞋的，再正常不过。即使脚被踩痛了，鞋被踩掉了，两手抬着船仍得不停地朝前走。现在休息了，阿桂嫂招呼来看热闹的小儿子为她找拖鞋；阿福哥的拖鞋找了好一会儿没找到，有人分析，船是斜着移动的，可能被带到船底下了，还是等完工了再回来找吧。这时，有些人开始催阿荣队长，抓紧把船抬到位，家里还有没干完的活儿。阿荣队长咳了一声，招呼大家："动手啦！船早点到位，大家早点回家。"队长指着事先安放好的稻草柴枕说："那边的柴枕，大家看到了没有？船就放在那个位置。现在听我指挥，一、二、三，起！"稍做休息后，大家恢复了力气，听到队长的口令就抬起木船朝着阿荣队长所指的方向挪动着。阿荣队长一边抬船，一边指挥大家："船头朝西！船头朝西！"大家的脚步在阿荣队长的指挥下齐刷刷地挪动着，在队长"好"的一声吼中，大木船终于被安放到了指定位置。

这时，人人都气喘吁吁，汗流浃背。阿荣队长用手抹了一把淌着大汗的脸，高声地说："女的可以回去了，男的一个都不能走。我在这里再给大家提醒一下，船侧着撑起来后，这里是很危险的，回家告诉孩子们，不要到这里来玩。如果把撑着的木桩碰掉，船倒下来是会出人命的，希望大家管好自己的孩子。"顿了一下，阿荣队长看了看阿林嫂提醒道："你们家那个'皮大王'要给他多讲几遍。"

在阿荣队长提醒大家的时候，阿桂、阿二、阿全三位已经把撑船的三根木桩准备好了，队长又让两个较有经验的人留在船的北侧准备给船垫柴枕。（柴枕基本是前梁头的位置垫一个，后梁头的位置也垫一个。目的是让船软着陆，保护船体。）在大家的齐心协力下，侧着的船体重心都偏向三根木桩上。这时，阿荣队长绕着船的四周转了一圈，将每根木桩都检查了一遍，感觉放心了，他才大声宣布："任务完成！大家辛苦，可以回家了！"

大家分散回家了，看热闹的孩子也被家长们各自带走了，剩下的是静静的木船，船底朝南等待着第二天的太阳。

修船

文/鲍云飞

木船是农业时代重要的交通运输工具，特别是在江河密布的江南水乡，大小船只更是与生活在这里的人们息息相关，但木船用了两三年就需要进行维修保养。修船一般都在三伏天进行，从河里翻船洗船、拔船上岸、岸上翻船、修船抹油到完工下水都会花去很多的劳力和资金。

修船要用到的船板、油灰（也称“油膏”）、白苎麻丝等都买不到成品。船板只能买来木头自己锯，油灰只能买来生石灰自己打，白苎麻丝只能生产队自己种。那个年代，修船打眼没有电钻，只有人工拉的牵钻。牵钻由钻头、钻杆、轴头、牵绳四部分组成，必须由两人操作，一人掌钻，一人牵绳。

阿桂师傅

文/鲍云飞

生产队已经将要修的木船拔上岸，曝晒在打谷场上。

一天早上，队长派阿二跟着土木匠阿桂摇船到镇上的供销社去购买生石灰、桐油、白油、木材、橄榄钉等修船物资。兵马未动，粮草先行，队长关照，出发前先到大队部开好购买物资的介绍信。有了介绍信，事情就好办，不然的话，再有钱也买不来东西。阿桂看了一下开具的介绍信："兹介绍我大队第一生产队朱阿桂前来贵单位购买修船物资，希给予接洽。"介绍信上盖了个红印章。

阿桂是我们生产队的土木匠，大家都尊称他"阿桂师傅"。他不会造房子，也不会做家具，修船却是一把好手。阿二是阿桂的得力帮手，彼此配合了十几年。

第二天一早，阿桂带着阿二先在船的上方支起棚架，铺上车荐，以便修船时好遮阳。阿桂拿着锤子将船底和船帮敲了一遍，然后根据敲击时发出的不同声音，凭经验判断要换哪几块船板，修哪几条船缝。这时，阿二正忙着打油灰（即把生石灰配上白油放到石臼里反复捶打）。等确定好修理位置后，阿桂招呼阿二，将前几天买回来的长梢木架到大号的三脚马（一种工具）上，一头着地，一头翘高，犹如架了一门朝天炮。他们在木头上方适当的高度用平基搭成一个操作平台。阿桂站在平台上掌锯，阿二坐在地上双手向下拉锯，锯子沿着事先打好的墨线走。拉大锯是项体力活，没多久，他俩都已满身是汗。

累得实在招架不住了，阿桂招呼阿二到草屋仓库里喝茶休息。俗话说：“生活调戗，胜过白相。”活要换着干，疲劳感就会减轻一些。趁着休息时间，他俩商量决定暂停拉大锯，转去拆船板。

阿桂和阿二走出草屋仓库，先将车荐移到合适的位置用于遮阳，然后各自用一把平口二分凿和一把铁锤，将待修的船板一小块一小块地凿下来，活像老鼠啃砚台，铁锤敲击凿柄发出沉闷的“咚咚”声，在公场回响。就这样连着两天，阿桂和阿二轮番重复着拉大锯、拆船板。

这一天，阿桂一上工就将锯好的毛坯长木板放到作凳（木匠作业用的大凳子）上，用长刨把木板的四个面刨平。另一边，阿二举着木榔头捶打白苎麻，等捶软后将白苎麻撕成麻丝，然后拌上油灰放到石臼里，用半球形的石锤继续捶打。二十世纪七十年代后期有成品麻丝可买，但生产队为了节约开支，每年都会在旱地里种一些白苎麻，收获后剥皮、洗净、晒干，留作备用。

等修船的材料都准备好后，阿桂和阿二把刨好的新船板抬到船那里，爬上船将船板贴合要替换的地方，并用墨斗和竹笔在新木板上划上一道黑杠，作为打钉眼的标记。画标记也有讲究，黑线与板缝垂直，相隔约二十厘米，还要避免黑线的位置与旧板上的钉眼重合。等所有待修位置都一一比对标记后就进入了下一道工序。

阿桂和他的助手用凿子在每条黑杠上凿出一个三角形凹槽。阿桂拿来牵钻，双膝跪在船板上，将钻头对准三角形凹槽，双手撑住轴头。阿二则叉腿站在船板上，弓着腰，双臂张开，两手握紧牵绳的两端，一左一右轮换着使劲拉扯。钻头随着牵绳“哗哗”地转动，横着往木板里钻。不一会儿，钻孔里就冒出了缕缕青烟，略带木香味。阿桂双手撑钻使劲往前顶，只觉得跪在船板上的双膝发痛，满脸的汗水集到下巴处，又滴到船板上。再看阿二，他光着膀子，浑身是汗，肌肉块块凸显，活脱脱一尊雕像。过了一阵，阿桂看孔也钻得差不多了，忙招呼阿二休息一下。两人精疲力尽，下船朝草屋仓库走去，心里琢磨：“哪一天修船才可以不用这么费劲？”

顶着烈日辛苦了好几天，终于进入修缮船尾的最后阶段。阿桂一手握甲凿（平口且钝，口宽不到三厘米，厚不过三毫米，是木匠修船的专用工具），一手抡起锤子，将拌有油灰的白苎麻丝层层叠叠地嵌进船缝，然后用油灰盖缝，再用甲凿当刮刀将船缝刮平。待到下午，等新船板上的白油全部被吸收后，阿桂带着阿二用刷子蘸上桐油，把整条船的外壳面刷了个遍。船板遇到了桐油，就像久旱的大地遇上了甘霖，桐油被“嗞嗞”地往里吸收，这对船的防水性极为有利。

船体是修理最关键的部分，过不了几天桐油就干了，阿桂和他的助手阿二又要开始修理船面，不过修理船面相比修理船底就轻松得多了。

拷油

文/陆春芳

二十世纪七八十年代，由于物资匮乏，粮油是严格按照各家各户中大人和小孩的年龄定量供应的。而且每个小队的人均供油量也是不一样的，根据每个小队人均土地面积的多少来分配吃油的量，成人一个月在6两左右，也就是300克左右，一年也就是7斤到8斤。每年夏收结束，粜完麦子和油菜籽后，一般在炎热的三伏天期间，小队会组织社员们带上装油的坛坛罐罐，队长安排两个摇船技术好的壮劳力，摇上一条或者两条五吨位的水泥船去镇上粮库拷油——把一年所用的菜油拷回家。几个会纠缠的孩子，家长也会带上他们一同搭船前往镇上，饱饱口福，解解馋。到了粮库，还要排上几个小时的队，然后将坛坛罐罐都装满。下午时分，再摇上2小时左右的水路，满载而归。社员们各自卸货，把油罐带回家，慢慢享用这来之不易的菜油。

油罐打碎后

文/陆春芳

这是暑假的第一天，刚上初二的小勇受母亲委托去镇上的粮库拷油。他爸爸早年生了大病，在他六岁那年就走了。两个哥哥都已成家分开过，就他和年迈的母亲相依为命。他妈妈几天前在田里干活时被玻璃片刺破了脚底，受伤不轻，正在家里养伤。这不，小队里要求每户人家出一个人坐船去粮库拷油，母亲就让他去了。

一大早，公鸡刚叫过头遍，小勇母亲就催促他起床刷牙，吃早饭，带上一个油罐头，和村民们一起早早地守在村头的河埠头。五点半时分，负责摇船的阿根和阿康招呼大家把油罐头放在船头、船舱比较平稳的地方，并让大家坐上了船。带了孩子的，都被安排坐在船舱里。经过两个小时左右的水程，这条满载着欢声笑语的五吨位水泥船终于到达了镇上粮库的油埠头。八点左右的油埠头早已停满了来自四面八方等待拷油的大木船、水泥船。

取号排队，下午两点时分，终于轮到小勇他们村子的人拷油了。“快快快！”漫长的等待终于有了结果，大家兴奋地赶忙把油罐搬到了拷油的地方，看着金黄金黄的散发着诱人香味的菜油被灌进油罐子里。午后的阳光让村民们的脸也变得油晃晃的，寻思着回家后可以豪奢地炸一锅鳌鲦鱼了，队长阿康脸上的皱纹也舒展开来了。经过一阵忙活，20户左右人家的菜油终于拷好了，大家又小心翼翼地把各自的油罐搬到了水泥船上。有的大户人家要六七十斤油，他们就直接分成了两个油罐头，用担子挑到了船上。一年人均只有8斤油，小勇家只有母子二人，也就是说，只有16斤油。他十二分小心地捧着油罐子坐到了水泥船的后面，一边津津有味地吃着刚才花5分钱买的杨梅干。说说笑笑间，船晃悠晃悠晃了两个半小时后，终于又平稳地停到了村里的河埠头。

小勇母亲不放心，早早地从家里赶了来，等在河埠头有半个多小时了。“妈——我家的油拷好了！”小勇看到自己的母亲，兴奋地打着招呼，便起身拎着油罐的绳子准备下船。兴许是见到母亲太开心了，小勇走得有点急，油罐晃动的幅度有点大，绳子禁不住晃悠，还没等小勇走到岸上，便听“砰”的一声，犹如平地一声惊雷——油罐上的麻绳断了，罐子瞬间失去了平衡，直接从跳板上一个跟斗栽到了河滩边的石头上。小勇当场傻了眼，呆愣愣地站在原处。“哎呀，你个死孩子，你……”小勇妈妈气不打一处来，顾不得脚疼，在岸上直跺脚，双眼盯着油罐子，只见金黄金黄的油汩汩地冒了出来，浮在水面上，油星子蔓延开来。罐子上半截已经“分家”了。一个好心的妇女眼疾手快，捧起了油罐子。可是油罐子只剩下半罐子油了。“你个小畜生，怎么生了你这么个不争气的东西，以后叫我们娘俩吃啥呀！”小勇妈妈心疼得禁不住号啕大哭。“来来来，大家稍微匀一点给她娘俩。”这个时候，村长阿康不知从哪里弄来了一个大钢精锅，大家就你一勺我一勺地凑满了一大锅的油，少说也有五六斤。

捉黄墩

文/计苏敏

捉黄墩也称“施肥”或“追肥”，是淞南农业生产的一种农活。二十世纪七十年代起，工厂开始生产化肥用于农作物，本地推广的主要有尿素、氯化氨、碳酸氢铵及后来的复合肥。在小麦和水稻的生长过程中，追施的化肥通常有发棵肥、长粗肥和孕穗肥。在施过长粗肥和孕穗肥后。会有少量茬口或部分田块的苗因长势不足而落黄，影响整个苗情与产量，这时就得适当补肥，也叫“捉黄墩”。一般，追施尿素或含氮量较高的复合肥由生产队队长或技术员带领有经验的老农进行施肥。

精准施肥

文/朱闻麟

当老顾还是个小年青时，是大队响当当的农技员，经他指导后的庄稼地，庄稼总能茁壮成长，产量稳稳占据最高位。小顾来到田头，不是来显摆自己的，而是来完成一项十分重要的工作：给大家做示范，展示自己的施肥技巧。

田间施肥不是什么新鲜活，可这次却不同。村里为了响应上级号召，特地到镇上买来几袋名叫“过磷酸钙”的化肥。

第一次听到田里要施化肥，大伙都围上来看稀奇。当他们看到已开了封的化肥袋，里面是泥巴样的东西，纷纷摇起了头，这东西算是哪根葱啊！该不会是上面拿这东西来忽悠种田人的吧？

小顾忙解释道，你们别瞧不起它，人家早就做过试验了，只要一点点，比以前几十担猪粪的增肥效果还要好。大伙连连称奇：“化肥真是太神奇了！”

小顾跟队长说，镇农技站在给他们培训时讲过，过磷酸钙的用量是每亩二十斤。一亩地就施一点点，要均匀撒遍，好让每棵庄稼都吸收到，还真是件技术性极强的活儿。

分量靠着一杆秤就能完成，如何精确施肥就看小顾了。趁着队长和会计称重的当口，小顾脱了鞋子，挽起裤腿，左手接过队长递上来的装了二十斤化肥的木桶，右手伸到桶中，抓起一把过磷酸钙，挥舞着抛撒起来。跟随着右手在空中画着弧线，过磷酸钙被高高抛起，分散开来均匀地撒落到田里。

今天选的这几块田，是以前做试验田时整出来的，每块都是整一亩的。看着小顾自信地挥舞着手臂施肥，队长却在心里默默祈祷，生怕小顾有个闪失，用过了量伤了苗。看到小顾跑到田头，转身施第二行时，队长小跑着赶到他的前面，俯身盯着桶里不放心地问道：“小顾，这样撒不会过量吧？”

小顾也没停顿，自信满满地说道：“队长，我这技术你还信不过啊？你就放一百个心吧，保证绝对准确。”“信得过！信得过！”队长嘴里说着，眼睛依然紧盯着木桶，人也跟着小顾来回跑。

奇不奇，巧不巧，小顾撒出最后一把化肥，剩下的那个田角落就正好被空中落下的过磷酸钙均匀地填满了。

看到这，队长松了一口气，对着小顾竖起了大拇指：“你小子还真有两下子！服了服了！”

随后的几块田，小顾又丝毫不差地把肥给施了下来，直把众人给看呆了。大家纷纷问小顾：“到底有什么技巧，才能拿捏得如此到位？”小顾腼腆地说了句“熟能生巧呗”。

这肥是第一次施，哪来的熟能生巧。直到有一天，队长像往常一样挨家挨户去派工，走进小顾家的院子后，发现院场上晒满了泥巴，问小顾这些泥巴做什么用的。

小顾说是用来育种的。队长说：“不对啊，育种的泥巴公场上不是帮你准备好了，你小子是不是在玩什么把戏？”小顾知道瞒不过了，只得如实说，这些泥巴是用来练手的。

原来，自镇里培训回来后，小顾就意识到，接下来得指导施肥了。但这二十斤过磷酸钙要怎样均匀地撒到一亩田里呢？小顾请教了擅长播种的父亲。父亲给了他一个建议：把种子分成两批播种，先大面积播撒好，再在漏手处进行补缺。

这个办法好，自己就这么办，来个先撒后补。然而，很快他就发现一个棘手的问题：种子到田间后是能看出来的，过磷酸钙与泥土的颜色很相像，眼睛根本无法看清楚，补漏自然无从着手。

思前想后了好多天，他终于想出了一个笨办法：过磷酸钙的颜色不是和泥土差不多嘛，何不用泥土来热热身？于是借着工余时间，他便在自家院子里晒起了泥土，又用榔头敲细，制成化肥的模样。每天晚上，趁着田间没人时，他便扛上称好重的泥土，到试验田反复练手，把这门绝活给练了出来。

听了小顾的经验之谈，队长召集了几个年轻小伙，让他们也用泥土去练手。不知是灵性不够，还是练得不够刻苦，几个人都欠些火候，不是撒多了就是撒少了，没有一次能做到完满。自然没人敢揽这个精准活，只得由小顾一个人承包了。

后来，小顾当上了队长，才道出绝活的底细。每次撒肥时，自己心里默记一组数据：来回走五趟，每趟四十五步施十五把，每把分三次撒，确保每步都在撒，这样桶见底时，肥也施遍田里。

摘稗头

文/陆春芳

稗——看这个字的结构,“禾卑”,即禾旁卑者!稗是一年生草本植物,幼苗像稻,但叶鞘无毛,没有叶舌和叶耳,是稻田里的主要杂草。稗草生长比谷子快得多,若不除掉,它必抢庄稼的营养、光照和水分,导致庄稼减产、农民受损,是人见人恨人薅的害草。每年七八月份的时候,农民们都会去田野里拔除这些“害人精”,但由于这些狡猾的稗草披着和庄稼同样的“外衣”,没有火眼金睛很难区分究竟是秧苗还是稗草,难免会有不少“漏网之鱼”混迹在禾苗之中。到了九月底十月初,稻田里的这些稗草逐渐长大了,还结了籽。这时候区分很容易了,而且这些籽如果熟透了落在稻田里,那就后患无穷了。所以,此刻村上的农民们就要抓住这个时间段,带上一个大布袋或者大篮子,走进稻田,把这些结满了稗草籽的“害人精”——稗头,一棵一棵地用镰刀割除或者手工拔除,以绝后患。

九斤姑爷

文/高伟

二十世纪六十年代，淞南有个裁缝叫九斤，他的老丈人是生产队队长，名叫汪诚。一天，汪诚对他说：“九斤，你会裁缝‘一手落’绝技，量身、选布、画线、裁剪、锁边、缝纫、钉扣、熨烫等各项工序你都能独自完成，下个月我要过50岁生日，你替我做一身新衣服吧。”

九斤听了心里在笑，思忖：做衣服，这是小活啊！九斤爽快地答应了。他拿出随身带的软尺，为老丈人量起了尺寸。量好尺寸后，他便上集市去买布。走过田头的时候，九斤看到生产队李会计和社员们正在田里摘稗头，他笑着和李会计打招呼：“李会计，您也下田干活啊？今年这稗头为何如此多啊？”

李会计笑着答道：“九斤啊，你是裁缝，田里活做得少，不太清楚。我告诉你，稗草是一年生草本植物，幼苗像稻，但叶鞘无毛，没有叶舌和叶耳，是稻田里的主要杂草。稗草的生长速度比水稻快得多，若不除掉，它就会抢夺水稻的营养、阳光和水分，导致水稻减产，是人见人恨的害草。每年七八月份的时候，农民们都会去田野里拔除这些‘害人精’，但由于这些狡猾的稗草披着和庄稼同样的‘外衣’，没有火眼金睛很难区分究竟是秧苗还是稗草，难免会有不少‘漏网之鱼’混迹在禾苗之中。到了九月底十月初，稻田里的这些稗草逐渐长大了，还结了籽。这时候区分很容易了，而且这些籽如果熟透了落在稻田里，那就后患无穷了。所以，此刻村上的农民们就要抓住这个时间段，带上一个大布袋或者大篮子，走进稻田，把这些结满了稗草籽的‘害人精’——稗头，一棵一棵地用镰刀割除或者手工拔除，以绝后患。”

“李会计，我明白了，等我到镇上买好布做好衣服后，我也要参加摘稗头。”九斤边说边和李会计挥手告别。

第二天傍晚，九斤就把衣服做好了。他拿着新衣服去给汪诚看，汪诚试穿后很满意，笑着说：“九斤，你的手艺不错，你这个姑爷我没白疼。”

看到老丈人高兴，九斤笑着说：“爸，我准备暂时关闭裁缝店，回生产队去参加劳动。这几天大家都在忙着摘稗头，我还待在裁缝铺，社员们会说我思想落后的，小莲已经同意我回去参加劳动了。”

听罢九斤的话，汪诚点头说道：“嗯！我原本就想要让你参加摘稗头，看小莲快要生小囡了，大着肚子不方便，就没叫你，想让你多照顾她。现在你既然有回去参加劳动的想法，我当然一百个同意。九斤，稻田中的稗草生命力极强，不仅正常生长的植株大量结籽，就是前期、中期地上部分被割去之后，还可萌发新蘖，即使长得很小也能抽穗结实，所以我们要快速把它们除去。”

听到老丈人同意他去参加劳动，九斤十分兴奋，他连夜缝制了二十多个结实的布袋子。第二天，他把布袋子分给社员们，叮嘱他们摘好稗头后，可以把打下来的稗草籽晒干，放入布袋中，把袋口缝好后当枕头用，稗草籽的清香也有助于睡眠。

九斤的这个想法大家都喜欢，一举两得，摘了稗头保护庄稼，又可以做枕芯，对身体有益，何乐而不为呢？

不久，九斤的布袋子越做越多，他还教社员们缝制枕套，一传十，十传百，九斤姑爷缝制的稗草籽枕芯枕头很受欢迎。后来，当地农村的百姓都喜欢自己采摘稗草籽做枕芯了，一直流传至今。

花菜秧

文/计苏敏

花菜秧是昆山农民传统的农事俗称，也叫“育菜秧苗”。本地油菜栽培分育秧与移栽两个阶段。二十世纪六十年代以后，淞南农业提倡培育油菜壮秧，标准是“矮脚六叶齐”，使用旱地和零星隙地作苗地，秋分后至寒露前播种育苗（大凡在九月下旬至十月上旬），菜秧地与大田的比例为1:10。进入七十年代中期，推广新品种与新经验，油菜育秧面积扩大，开始施用复合肥，生产队旱地不够的借用社员自留地育苗。

花菜秧的程序：先用劳力将地垦翻、倒细；再由老农将油菜籽拌上细泥，靠手势均匀地撒播于地；然后用硬脚竹扫帚拍菜籽入土或用尖齿铁搭耙地盖籽；最后人工压坨面，几个人一起挨序排齐，两脚并拢密步轻移，渐渐地将菜秧地踩踏一遍，有条件的上面再垩盖籽粪，至此才完成。

情定花菜秧

文/陆惠明

晚上，老胡一家围在一起吃晚饭，突然院子里的小黄狗叫了起来，外面传来张阿姨的声音："去，叫啥叫，连我都不认得了。"

老胡听到声音，端着饭碗就出来了，朝小黄狗吼了几声，然后转向张阿姨："你可是稀客，来来来，里面坐。"张阿姨跟着老胡进了屋。

张阿姨在村里出了名的人缘好，她最拿手的是给人牵线搭桥做红娘，谁家的姑娘、小伙经她的嘴准能成好事。村里人都很尊敬她。

老胡见张阿姨来心里就有了数，八成是要给女儿小英说媒呢。果然，寒暄一番后，张阿姨看了看小英说："小英年纪不小了，长得标致动人，是村里数一数二的好姑娘，要是哪家娶了她，真是有福气啊！要不要我给她说个媒？"

老胡乐了："当然好啊！但不知道是哪家的孩子？"张阿姨压低了声音说："老林家的小虎怎么样？"小英听了，脸上露出了笑容。

小虎不但英俊，而且性格也十分温和，是人见人爱的小伙子。没想到老胡听了却直摇头："不行，不行。"

大家听了都惊呆了，张阿姨也问："为啥不行？"老胡叹了口气："小虎啥都好，但有一样我看不上，就是干庄稼活不行。我们是靠种田吃饭的，没有一手好生活将来怎么行呢？"

这确实是小虎最大的弱项，张阿姨嘴上却不肯承认："小青年干活都差不多。"老胡苦笑一下："老林干活不行，他儿子小虎更不行。你还记得有一年花菜秧的时候我病了，本来这是我这个技术员的活，但老林一直不服气，我就给他机会，但没想到他花的菜秧全是癞痢头，害得我忙了好几天去补花秧。”

张阿姨不再说话，走了。本来林小虎在等好消息呢，可听张阿姨这么一说，心里不是滋味，独自在房间里生暗气。

一夜过后，第二天林小虎像变了个人似的，跟着大家下田去，一招一式认真地学，每一个动作和要领都记在心里，晚上回去又反复琢磨，反复演练。花菜秧的关键是要均匀。如何做到均匀？这需要把握手腕摆动的幅度与力度，然后控制手指间松放菜籽的量。把握好了，这样出来的油菜苗才会疏密有致、匀称整齐。

林小虎一遍又一遍地练习，直到油菜籽像雨点一样均匀地撒落下来，他才松了口气。

这天，老胡闪了腰，不能花菜秧了，他想让老王去花。林小虎来找他说：“叔，能不能让我去试试？”老胡明白，小伙子想证明自己。林小虎最近的表现老胡也看在眼里，觉得他很上进，考虑片刻，说：“行，你试试！”

林小虎到了菜秧田里，认真地抓起菜籽，丝毫不敢马虎，有模有样地挥撒起来。几天后，大家都在留意菜秧田，小苗终于出来了，只见秧苗稀密调匀，十分旺盛。林小虎心里暗暗高兴，老胡见了也喜在心里。

过了一段时间，张阿姨又来到了老胡家里，还没开口，老胡就说：“没想到小虎这孩子还挺上心，最近他干活非常认真，而且有板有眼，你看今年的菜秧就花得非常好。”

张阿姨笑得合不拢嘴：“可不是，小虎聪明，只要认真了就难不倒他。哎！我说老胡啊！你这样表扬小虎是不是已经认可他，同意他跟小英的事情了？”老胡“嘿嘿”一乐：“他这样上进，我还能说啥呢？就是不知小英是啥心思？”

张阿姨偷偷告诉老胡：“上次我来了以后，小英就开始与小虎打得火热了，两个年轻人就等你的态度呢！”

老胡听了哈哈地笑了，他对张阿姨说：“现在都啥年代了，其实年轻人的事情我们不能过分干涉，他们的事情让他们自己做主。我不是想间接地敲打敲打现在的年轻人嘛，其实我挺喜欢小虎这孩子。”

张阿姨说：“有你这句话就行了，我这就去给小虎回信。”

一年后，小虎与小英结婚了，村里人要让两人说说恋爱经过。小英涨红了脸。小虎说他们是自由恋爱，就怕她爹老胡不同意，于是他就让张阿姨去说媒，没想他爹果然不同意。大家追问：“老胡为啥不同意？”

这时，张阿姨走了过来，打起圆场说：“老胡是要让年轻人好好学生活，将来才能有自己的心上人！”大家听了哈哈大笑。

割稻

文/陆春芳

每年的金秋10月，当空气中弥漫着成熟稻子的香味的时候，农人们就要开始打听哪里的镰刀刀锋好，开始着手买镰刀，磨镰刀，用手指在刀锋上刮来刮去，试试刀口是否锋利。因为那个时候农业技术比较落后，还没有收割机，镰刀是农民收割水稻的唯一工具。

10月中下旬的时候，大片的稻子成熟了。晴朗的天气，农民们带上镰刀、磨刀石、茶缸等，讲究的妇女们则戴上头巾或者凉帽，男女老少在田野里一字排开，弯下身子，弓着腰，左手一把揽过稻子的秆部，大概是稻苗秆部一半的位置，右手拿着镰刀，将镰刀放在稻苗的根部，距离地面大概15厘米的距离，将刀口对准稻苗根部，右手用力一拉，一镰刀下去，四五棵稻子秆应声倒落。然后重复着相同的动作，从左到右，从前到后，一推一拉，这样连续四次，就是所谓的“一行”，然后继续前行。田野里到处是“唰唰唰”的镰刀割断稻子秆的声音以及农人们的谈笑声。“一行”长约百米的稻垄，一个熟练工大概花半小时割完。

第一次学割稻

文/陆春芳

时光回到四十年前的二十世纪八十年代秋。一个星期日的午后，我做完作业，看到爷爷在磨镰刀。我走到他跟前，问："爷爷，你磨镰刀做什么？"爷爷看了我一眼，说："稻子熟了，去割稻。你在家好好写作业，待会儿去地上割点青菜做晚饭。"我抬起头看着爷爷："爷爷，我作业写完了，我想帮你一起割稻子。"爷爷看了我一眼，又看了下天色，对我说："好吧，孩子，你也十二岁了，今天就跟我学割稻吧！"爷爷爽快地答应了，我开心极了。

戴上奶奶的凉帽，套上母亲为我准备的袖套，我全副武装跟着爷爷上路了。到了地里，发现我的父亲和母亲早已割了许多稻子，稻子一行行、齐刷刷地躺在田垄上。我猫着腰，来到一行稻子前，迫不及待地挥起镰刀就割。谁知我手一抖，镰刀就割到了我的脚上。我"哎呀"一声，吓出了一身冷汗，只见我的花布鞋子上出现了一道刀痕。我心里害怕了，如果没有这布鞋，我的脚板估计要出现一个"大嘴巴"了。满腔热情一扫而光，我呆呆地站在田里，不敢再割了。就在我身旁的爷爷发现了，走到我面前，看了看，说："孩子，你握镰刀的方法不对，要把刀口放平。这样，就不会割到脚上了，而且割下的稻茬还会又平又短。"边说还边示范给我看。奇怪，那密密麻麻的稻子在爷爷的镰刀下那么听话，齐刷刷地倒在他的身边。

于是，我学着爷爷教我的法子，弯下腰，小心翼翼地割起来。嘿，还真灵，一连割了几把也没碰到脚。可是，割了很长时间，锋利的稻叶从手臂上划过、从脸上划过，又辣又痒又疼，长长的稻行总也割不到头。额头上的汗水滴答滴答掉下来，擦也来不及。最要命的是腰酸腿疼，简直直不起腰来。在我前面的爷爷，虽然已经六十岁开外了，但割稻像卷席子一样快，他汗流浃背，仍然一刻不停地割。

我割了将近半行稻，就累得喘不过气来，镰刀似乎越来越不听话，四肢也开始发软。看看身旁镰刀翻飞的大人，瞬间明白：不是自己割不快，而是镰刀太钝了，不趁手。“爷爷，我和你换一把镰刀。”“怎么了，你的镰刀可是家里最好使的啊！今年刚买的。”“不，我要你的镰刀。”耍了一阵赖皮，我如愿以偿和爷爷换了镰刀，接着又和不远处的母亲换了镰刀，如此换了几次，终觉镰刀不称手。于是，我坐在田坎上，望着这一大片的稻子，年年都是爷爷、奶奶、父亲、母亲四个人割下来的，还要一把把捆好，一车车拖回家，一个一个地脱粒……他们洒下了多少汗水呀！于是，我重新鼓足干劲，弯下腰，继续割起稻来。

夕阳西下的时候，我直起腰杆来，已经觉得自己眼冒金星，觉得我的腿走路像螃蟹，不能直行了，尤其是走台阶，腿都抬不动了，右手的手心里居然还有一个“水晶泡泡”，爷爷笑话我皮太薄了。那一夜，我晚饭后就睡觉了，四仰八叉，睡得特别香。

捆稻

文/陆春芳

每年的十月中下旬，农人们猫腰割了三天左右稻子，田野里的稻梗便基本割完了。半黄半绿的稻梗在阳光下晒上两天左右，便晒到七八成干了。然后马上要把这些平铺在田垄上的稻梗捆扎好，这就是所谓的“捆稻”。捆扎好，这样便于运输，便于脱粒，这个农活不是重体力活，所以一般都是由妇女或者年纪稍大的男子承担的。不过，捆稻子可是个技术活。捆稻子时，稻梗在前，人在后，弯腰拱背，双手抓起田里的稻子朝前跨一步，一般两束捆一个稻把。

就地取材，捆稻把的材料其实就是稻梗本身，两束稻梗滚成一个圆筒状，用左手按实，右手从左手的虎口处抽出十来根稻梗，一分为二，将其中一部分按顺时针方向顺势一扭，用稻梗根部的稻草扭成螺旋形绳索，右手抓起稻梗再往上稍稍提起，顺势将螺旋的草绳索从稻把下穿过来，再跟留在原处的那几根稻草同样按顺时针方向一扭，再往左手的虎口处一塞，一个稻把子就算完成了。太阳公公赏脸的日子，家家户户都在上演“捆稻把大戏”，放眼望去，这场景蔚为壮观。这个动作说说慢，其实捆的时候是极快的，从抓稻梗到捆扎都是一气呵成的。捆扎完成后，农人顺势把稻把往身后一扔，动作很是潇洒。

李奶奶的心事

文/陆春芳

今天已经是割稻子的第三天了，二十天前李家奶奶刚刚做完青光眼左眼球摘除手术，虽然最近没有去田里忙农活，但她的心一刻也没有离开过这些农活。她已经习惯了日出而作、日落而息，突然让她在家养病，她还适应不了。一大早，天刚蒙蒙亮，她就起来了，跑到门外用仅有的右眼看东边的太阳，因为昨晚家人们就商量好，今天全家总动员，要去河西面的那块二亩三分的大田里捆稻子，还要装担子，用水泥船运回自家门前的水泥地上脱粒，所以对天气尤其关心。如果天公不作美，这捆稻子的农活就要耽误了，况且这脱粒机还是弟兄几个合买的，今晚轮到自己家里用。想到这，李奶奶马上打开了广播，每天早上六点三十分喇叭里都会播报天气预报。“今天晴到多云，后半夜阴有小雨”，当李奶奶听到这个消息时，不安的心稍微放松了点。她盘算着，这些活在下雨前依靠全家人的力量是可以完成的。

闲不住的她忙着淘米、洗锅，烧了一大锅白米粥，怕家人不耐饥，又去西屋坛子里拿了两个鸡蛋，调了面糊，敲了鸡蛋在面糊里，又去院子里的地上剪了点香葱，起锅热油给家人做了一大锅鸡蛋饼，家人们吃得饱饱的。“妈，你为何不好好休息，起来这么早干吗啊？”儿子起床了，看着眼疾还没痊愈的母亲，就是一顿充满心疼的埋怨，“妈，不着急啊，太阳还没有升起，稻梗上的露水还没收干，捆稻这活又不能起早干啊！”“嗯，儿啊，这个娘知道，可就是心里头有东西压着，着急啊。”

娘儿俩你一言我一语地聊着。

上午十点钟不到，全家人就吃完了饭，在李奶奶的催促下，家人们拎上茶罐，向自家那块播满了全家人希望的稻田出发。老头子、儿子、儿媳妇三人一字排开，弯腰、起身，一个个稻把旋转、落下，在空中划下一个个漂亮的大圆弧。一会儿工夫，身后就出现了不少摆放整齐的稻把，金黄的稻穗儿静静地躺在地上，沐浴着阳光。

下午一点的时候，田埂上远远地走来了一个拄着拐杖的老太太。“阿宝娘，你怎么不在家休息啊，身体怎么样了啊？”远远地就听到了有人和她打招呼，这个人不是别人，正是李奶奶。说话间，李奶奶已经走到了自家的田地前。“妈，你真是的，又跑出来了，河边的那座小竹桥你怎么过来的？”“哦，我过桥的时候正好隔壁阿元路过，我让他搀扶我过来的。”李奶奶笑盈盈地说，边说便已经下到了田里。她把拐杖扔在一边，弯下腰，两只手已经忙活起来了。“妈，你身子向下会导致眼压升高的，你不要命了！”这时候，家人、邻居们也走过来了，纷纷劝说，这下李奶奶才不情愿地放下了手中的稻把，恋恋不舍地走上了田埂，在儿子的“威逼”下，走在儿子的前头，儿子要送护她过竹桥。她忍不住又回头深情地看了看金黄的稻田。

上稻船

文/计苏敏

上稻船是昆南农村的一种农活，也叫“装稻船”，指用人力将稻担从农田里挑到船上堆叠起来，然后再运到脱粒地点卸载。二十世纪九十年代之前，本地农村无论是集体生产还是联产承包，在夏收或秋收之季，这种农活随处可见。对圩堤、茬口远的农田，耕作收割都要动用船只运渡。农民们会像蚂蚁搬家一样，干着繁重的活，装满一船稻禾要用很多人力。

老劲头装稻船

文/计苏敏

徐公泾生产队有个社员名叫阿金，年纪不到50岁，但青年人都叫他“老劲头”。他干活时会说句“阿有劲”，说起来还有一段耐人寻味的故事。

那年深秋的一天下午，因天气有变，徐公泾生产队的19名男劳力，受队长分派要突击完成10多亩地的稻子上场。但那片农田离打谷场比较远，最远的田块要超过一里路，任务比较艰巨。有八九个年轻人认为，天气不太热，不准备用农船转运，省得摇船一来一去，浪费时间，况且那只五吨位的水泥船还在外头，直接挑担上场更干脆。当时阿金也在场，心里有不同想法，但他只是说了“阿有劲”三个字。

一会儿大家都行动起来了，每个人的工具是一根木扁担、一副担绳，空身时走在路上很轻松。刚挑第一担，由于路程近、力气足，大家也没感觉吃力。待两个来回，大家已经汗流浃背了，刚开始的那股劲没了。又要起担了，老劲头引领着喊起了号子，为大家提振精神。“哎——哟——哈来！吼——吼——咿——唷——哈来！”“呵呀——哼噢——哼噢！”一路上，大家号声整齐，步伐协调，肩挑着“松隆”作声的百十斤的稻子，如接龙似的，一个跟着一个，一担一担地挑上场。又经过几个来回，终于完成了近一半的面积。而后半段的任务不一样了，接下来的路程更远，体力消耗也更大，挑担子更辛苦。打谷场上负责脱粒的妇女们时不时地转头看去，都为男人们这一天的劳累而揪心。

该休息一会了。男人们到牛棚（传统叫“车棚”）里喝些凉茶、抽几根烟，又七嘴八舌地讨论起接下来的任务该怎样完成。有人粗算了一下，一块田2亩多点，稻担至少有40担多，20个人跑两个来回才能勉强完成。现在还有一半面积，而且都是长距离，路程至少比刚才田块增加一倍，恐怕到收工时间也完不成了。大伙都认为要两路开拔，装船担与上场担同时进行。他们想到了阿金，因为他出手好，装的稻船平稳，过夜也不要紧。可是，左看右看见不到他。这时队长来了，说水泥船回来了，阿金已经与阿三带了80副担绳，摇船去徐公泾浜斗了，年轻的几个人继续挑上场担，其他人将靠近河道的稻担上稻船。

下半场挑稻紧张地开始了，不说年轻的那班人是怎么辛苦，只说上稻船的如何劳作。他们9个人，其中3个人扣稻担、5个人挑稻担，阿金负责装船。按照分工，劳动量协调好，速度至少要比上场担快一倍。

装稻船说是个笨生活，但要载得多、载得平稳也有讲究。船艄一侧要压垂，不影响另一侧摇船人的活动空间；船舱要塞满，保持船脚平稳；船沿两端适宜放宽，不顾此失彼；稻担垒垛三层，结顶呈扇形盘开。这些都是阿金从实践中总结出来的经验，当年没有师傅，没有言传，只靠自己观察琢磨。阿金动作快，有巧劲，一担稻提起来能掷一米高，也不会在装船时抽烟。他会根据来担人多少调整装船节奏，免得让挑着重担的人在岸上等。挑稻的距离拉长了，他还要上岸接担，减轻其他人的负担，也提高了往返速度。

半个时辰多一点，一船稻装满了，田里的稻也收光了。阿金笑嘻嘻地对伙伴说：“阿有劲！以后晓得了这只水泥船70担稻笃定装得下，而且桥洞也不会碰。”

摞稻罗

文/计苏敏

摞稻罗也称“叠稻庐”，是一种农活，指将收割后捆扎好的稻捆堆叠起来，形成一个垛堆。旧时秋收，农民为了抢收抢种，防止阴雨天造成粮食损失，会将田里晒干捆扎的稻捆挑到场头摞藏好，先将田地播种完作物，然后再脱粒进仓。在淞南地区，这种方法一直持续到二十世纪七十年代。那时仍旧是靠劳力收割，农事多、劳力紧时，为了抓住播种季节，生产队会组织男劳力，拿钩绳、扁担将田里的稻捆一担一担地挑到公场上堆叠起来，腾出播种田块。摞稻罗的人一般是中年农民，一个稻罗有两个人装，高3米左右，直径约4米，太大、太高会热坏稻谷。挑担的人都是20~30岁的年轻人，因为走木跳板上稻罗是有难度的，必须身强力壮有脚劲，否则走不上坡就会摔倒。当年各生产队都备有一两条长跳板，摞稻罗时，将木跳板衔接好，中间用船凳垫高，在木跳板上缠绕草绳或捆扎柴草禾，俗称“毛跳”，以增加摩擦力，使得挑担人脚步稳健。

稻罗挑战

文/韩永康

二十世纪六十年代末，深秋的一天下午，三点钟光景。在横泾村的打谷场上，生产队队长阿毛向社员们布置下午的工作。根据天气预报，晚上有雨，雨量中到大，因此，必须将竖在稻田里已经成熟的稻收割完成，并将割下的稻挑到打谷场上摞成稻罗，这样才能避免被雨淋湿，发芽霉烂。待以后播种任务结束后再根据天气情况，拆开稻罗，脱粒归仓。阿毛安排队里所有的妇女到田里割稻捆稻，而男劳力除了老弱病残外全部去挑稻，将妇女们捆好的稻捆挑到打谷场上，另外指定两位经验丰富的社员负责摞稻罗。队长在布置完工作后又补充了一句："林伟国，你去和妇女一起收割。"

林伟国是刚从城里下乡插队的知识青年。他不服气地问队长："队长，我是一个男子汉，为什么不让我去摞稻或挑稻？"阿毛队长耐心地向林伟国做了解释。他告诉小林，摞稻罗就是把尚未脱粒的稻捆暂时堆起来，是一项技术活，一定要由有实践经验的人负责此项工作。他们首先在打谷场上选好位置，然后铺一层稻捆在地上打底，底层的形状或圆或方，或大或小，这就决定了稻罗最终的大小和形状。底层铺好后，挑稻人不断地把田里的稻捆挑到稻罗上，摞稻罗的人一层一层地堆上去，直到3米左右高（相当于农民家房屋的高度）才结顶。而挑稻的人，就要随着稻罗的增高而不断地爬高，直到稻罗顶端。所以说，挑稻的活也不是一件容易干的活。当稻罗越堆越高的时候，挑稻人就要挑着稻担在毛跳上往上爬。所谓毛跳，就是一块用三四根直径10厘米、长三四米的圆木拼成的跳板。毛跳的正面，每隔30厘米左右钉一根细木条，以免挑担人走在上面打滑而摔跤。稻罗越高，毛跳与地面的坡度也越大，一个人挑着百多斤重的稻担走在毛跳上，毛跳会上下震动，这就需要挑担人根据毛跳上下震动的势头乘势而上。一个从未上过毛跳的人，是很难胜任这个工作的。

林伟国听了队长的一番话，点点头，就随着女社员们下田去了。就在这时，他的耳边传来了一个不和谐的声音："怎么？男子汉去干妇女的活？哈哈……"

林伟国回头一看，声音出自同村青年史力华之口。史力华与林伟国同岁，念书不多，16岁就参加队里的劳动了，几年下来，所有农活他样样能干，件件会做，不但是生产队里的"键子"（主要劳力），而且自然而然地成了村里年轻人的领头羊。可自从林伟国插队到他们村里以后，情况发生了变化。林伟国有知识有文化，能唱歌会跳舞，还会讲好听的故事，渐渐地，林伟国替代了史力华，成了年轻人中的核心人物。这就使得史力华十分恼火，更让史力华上火的是，自己心仪已久的"村花"乔美英对自己也没有过去那样热情了。久而久之，史力华心中的妒火越来越旺，总想找机会教训教训林伟国，让他当众出出丑，从而将"村花"关注的目光拉回来。

史力华的笑话，激发了林伟国的自尊心。他立即回到打谷场拿起一根扁担加入了挑稻的行列。

刚开始，稻罗不高，林伟国还勉强能行，可当稻罗越来越高的时候他就举步维艰了。现在，他站在毛跳上，动弹不得，往上还有一段距离，而且，高度越高，坡度越大，他根本看都不敢往上看，更别说跨步了；而倒退着往回走，那比盲人走路更难，盲人走路还有一根拐棍探路，而他，肩上挑着一百多斤的稻担啊；如果将肩上担子丢掉，或许可以脱离现在的困境，可将来如何面对村里的青年朋友，特别是那位史力华……

林伟国站在毛跳上进退两难，这时，打谷场上传来了乔美英和男女青年的声音：“小林，别怕！”“小林，坚持就是胜利！”

“小林，大胆一点！”阿毛队长一面鼓励他，一面指导他如何走毛跳，“小林，只要按我说的方法走，你一定能走到罗顶的。”

林伟国终于鼓起勇气，提起脚，跨出步，一步——两步——三步……

“成功啦！林伟国成功啦！”随着林伟国挑着稻担爬到稻罗顶端的那一刻，打谷场上沸腾了起来，大家为林伟国的成功而欢呼。

在众人的欢呼声中，躲在一旁的史力华的脸上红一阵，白一阵……

拾稻穗

文/田佳玫

拾稻穗——顾名思义，就是在稻子收割之后去稻田里搜寻，将遗漏在稻田里面的稻穗和稻谷粒拾起来，收掇到一处。拾稻穗能避免浪费粮食，并让人们明白粒粒皆辛苦的道理。

秋收农忙的时候，拾稻穗是必做的。白天，女人和孩子们挎着篮子，戴上草帽，顶着烈日，在割完稻子的田里捡，有时候田埂上以及去晒谷场的路上也会有遗落的稻穗。如今科技发达了，收割、脱粒都是机械化操作，到了收割的季节，路上也不会再出现稻穗了。但田块的四个角落及田埂边尚有几株未收割掉，所以，拾稻穗变成了摘稻穗。

颗粒归公

文/田佳玫

那年，正值自然灾害爆发，全国上下不是旱灾就是洪涝，粮食产量严重受损。进入夏秋，洪涝灾害也扩展到了江苏，庄稼地里的收成少得可怜。

杨树庄是淞南的一个小村，下有六个生产队，其中要数王四虎带的第一生产队搞得最好，出的工最多。这天，王四虎正带着大伙开会讨论接下来的生产问题。由于洪灾不断，今年需要提前“扒河”疏通河道排洪涝。所谓“扒河”就是利用人力对大小河道进行清淤，并把多余的淤泥堆起垒成高高的河堤，这样就能防止田地被大水淹没。

那时，农民“扒河”是不发钱的，还要自带粮草，生产队只给记工分，是件赔钱的苦差事，大多都是家里的男人出工。李二蛋的爸爸李大牛就是个“扒河”好手。接到大队消息，李大牛收拾了几个土豆饼子和野菜窝头就准备第二天出发。但李二蛋十分担心父亲，因为他知道父亲手臂前段时间受了伤，但怕队里知道不给出工就一直瞒着没有声张。平时干点农活还凑合，但去“扒河”是肩挑手扛的重体力活，难免不出问题。但在困难时期，不出工就不得工分，李大牛顾不上那么多。这天夜里，李二蛋看着父亲的干粮袋心里一阵酸楚，于是他爬起身，点了个煤油灯出门去了。

第二天，王四虎接到治保主任报告，说昨天半夜有人看到大队的生产田里有“鬼火”，今天一早去看地里收割打落的稻穗全没了，连泥里的稻谷粒子都被抠得干干净净。因为前几天刚收了稻谷，原本是打算今天早上组织几个妇女去地里搜寻一番，把遗落的稻穗、稻谷拾掇一遍的，没想到昨天那“鬼火”一闹全没了。王四虎摇了摇头：“我看不是什么鬼火，而是有人在捣鬼偷粮才是。”在困难时期，稻谷是十分珍贵的。治保主任回道：“那可是公家的粮食，谁那么大胆子敢偷粮？我一定查出个究竟！”说完气冲冲地走了。

李大牛这会儿已经做了一上午的河工，准备坐下来喝口水，吃口干粮。他打开干粮袋傻了眼，怎么会多出来一袋子稻谷。“扒河”的地方有大锅灶，也有人会带稻米中午煮了吃，但是自己家今年分到的米早就吃没了，这稻米又是哪来的呢？

晚上，李大牛回到家就把李二蛋叫了过来，问他稻谷的事情。果然，李二蛋承认那天因为看到父亲受伤了还要出工，干粮袋里连半粒米都没有，他心疼父亲，所以趁着半夜去生产队的田里拾了稻穗和稻谷。李二蛋把手伸出来看，手指缝里全是泥，手指头也磨破了皮，看来这孩子一定是蹲在地里找了好久，把泥里的稻谷都抠了出来。李大牛虽然心疼，也欣慰儿子能如此孝顺，但他还是沉下脸教育儿子说：“二蛋，生产队的田是公家的，队里有规定，我们不能去田里捡粮食，即使是捂在泥里的稻谷粒子我们也不能去捡，捡了也要颗粒归公，你知道了吗？”李二蛋听完，若有所思地点点头。

第二天一早，李大牛就带着李二蛋敲开了生产队办公室的门。王四虎看到李二蛋手里拎的半袋稻谷就明白了八九分。李大牛先开了口：“王书记，我代二蛋跟队里认个错，这孩子那天夜里跑去田里捡了生产队的粮食，我已经教育过他了，现在我们把这些稻谷还回来，也算是颗粒归公了，还望书记看在孩子还小不懂事的份上原谅他。”王四虎不忙回李大牛，反过来问李二蛋：“孩子，你为什么要半夜去田里拾稻穗、捡稻谷啊？”李二蛋撇了撇嘴巴说：“我爸肩膀受伤了没力气，但他还要去‘扒河’，我听别人说吃了大米就能有力气，所以……我知道我错了，以后绝不拿公家一粒稻谷。”

王四虎听完心里不是滋味，他摸了摸李二蛋的头，转头去了仓库。等他回来的时候，手里拎了一整袋大米，他交给李大牛说：“这是我下个月的口粮，你们爷俩先拿着，虽然今年困难，但好歹生产队里还有余粮。农民不容易啊，受了伤也不敢休息，怕没了工分……我这心里不好受啊。”李二牛爷俩听完感动得不知道说什么好。

第二年，灾害缓解，杨树庄的稻田又到了收获的季节，金灿灿的稻田经过拖拉机的收割，空气里弥漫着阵阵稻香。远远地就看到一群十来岁的小朋友蹲在稻田里拾稻穗，孩子们一个个在稻田里低着头、弯着腰，认真地翻找着落在田里的稻穗和稻谷。而这次可不是“偷粮”，而是经过王四虎允许，堂堂正正地帮助生产队拾稻穗，为首的便是李二蛋，他边拾边扯着嗓子喊：“大家仔细点啊，掉在泥里的稻谷也要抠出来别浪费了，我们要把所有的稻谷颗粒归公。”

打稻

文/计苏敏

打稻，或叫“打谷”，规范用语叫“脱粒”，是将稻穗上的谷子脱下来，然后将杂物除去，再将稻谷晒干，最后才能装入粮仓。因此，农民们通常讲的“打稻”并不是单纯的一种农活，而是有添稻、轧稻、扒谷、筛谷、扬谷等多个程序，如工厂里流水作业一样的多道工序，需要多个劳力组合，合理分工，才可提高效率。二十世纪六十年代后期，本地农村通了电，生产队购买了大型脱粒机（一般为2节组合，每节4个站位），用电动机通过皮带传动，脱粒工作的效率大大提高。之前纯人工的掼稻、脚踏轧稻已彻底退出农作舞台。由此，脱粒机成了农业生产的主要工具，但因通电、动力强大存在安全隐患，所以必须由成年人操作。而管理脱粒机的工作一般由各生产队的电工负责。

开夜工打稻

文/计苏敏

生产队集体种田时，为了不误农事，秋收之际夜里打稻是常事，因为白天要在农田里抢收抢种，自打生产队通了电，就利用夜晚时间借助电灯光照，在公场上打稻。当年我所在的生产队有一个好传统，开夜工打稻全部是男劳力，一则好让村里的妇女劳力有更充分的时间休息，二则毕竟男劳力相对精力充沛，劳动安全系数也更有保障。

记得二十世纪七十年代后期的一个秋夜，我与社员们一起到公场上开夜工劳动，大家都头戴草帽，颈系布包袱，以防稻谷碎末和扬尘侵入衣服。夜工一般做3个小时（晚上6点半至9点半），而那天队长要求将白天挑在公场上的稻子脱完才能收工，防止下半夜下雨招淋。有了明确指示，大家一到场就各自选好了作业位置，等待电工开机。8个人轧稻、2人添稻都有人占领了，摞柴、搬柴属于相对安全的劳动，就由老人与小后生担负，人数也都安排到位了。筛谷我不在行，只剩下掠柴与扒谷两个苦差事还缺人手，我选择了扒谷这个活儿。

电工把闸刀推上了，打谷场前面有一盏1000支光的电灯照着，后面有盏500支光的白炽灯，场地被照得亮亮堂堂，如同白昼，在后面摞柴的也能看清，更不会相互碰撞。脱粒机滚轴飞速地转，8个轧稻的人手里就开始忙手里的活。他们每人一手紧握稻禾束把，另一只手则将冲前的稻穗一端往下压向滚桶，并且左右翻动，以便尽数脱粒。顺着滚桶转动的方向，稻谷“唰唰”地脱离稻禾向前飞去，落在场地上。脱去谷子的稻禾成了稻柴，被扔向后方，会有其他的人负责收集、搬运、摞柴。八个人手脚麻利、动作娴熟，如行云流水，一会儿工夫脱粒机前面及钢丝网下的谷子堆积起来了，这就轮到我们掠柴与扒谷的人干活了。

掠柴人用拉耙先把长柴与秸秆拉到一边，接着由我用铁铲将稻谷扒到场地中间。不能让秸秆与谷子在脱粒机肚下堆积太厚，否则会影响脱粒，降低工作效率，所以要不断地及时清理，这也是我俩工作的主要目的和任务。堆积在一边的长柴与秸秆，第二天会安排中老年妇女理清、扬净；堆叠在谷场中间的毛谷，之后会另有人搭三尖架、用竹筻（也称竹筛）筛选。经过风净、晒干后的稻谷才能出售或入仓，因而后面还有几道农活要做……

大约一个时辰过后，公场边上原本堆得高高的稻担明显变矮了，后面空地上新摞起来的柴桩倒是不断长高，公场中间的谷堆已经明显隆起，劳动的成果显而易见，月亮已爬到了凉棚上空……我一个劲地扒谷、推拢，企盼轧稻人能加快速度，早点收工。

突然“轰隆”一声，让我一惊。抬头一看，有个稻禾被卷进了脱粒机，缠住了轴承，电动机一下负荷过载，发出了“呜、呜”的响声。还好有人眼疾手快，迅速拉了电闸，没有导致电动机损坏，否则后面的农活都要被耽搁。稍做休息时，有个叫阿三的社员说：“我手指被打破了！”大伙儿听了先是一惊，然后一个个跑过去看情况。原来，刚才他在翻稻穗复打时，不慎被脱粒机带住了稻禾子（柴结），出于条件反射，他想用力拉住，但是哪里够得上力气，反而他右手的食指被刮伤了皮，鲜血直流。在场的人都说：“好险啊！还好及时放手，否则把手卷进去的话，后果就不堪设想了。”我急忙将系在脖子里的毛巾拿出来，用干净的一面把他受伤的手指包住。那时，农业生产既没劳动保护措施，更没有备用的医疗救护品，劳作过程中受点伤全凭各人运气，产生的医药费也都是自己承担的，最多让人休息两三天。

有了这次教训，大家更加小心了，轧稻速度也放慢了些，毕竟安全是最要紧的。大概到晚上10点多，终于完成当夜的劳动任务。社员们将公场稍做收拾，遮盖好谷堆，各自回家休息。过不了几个小时，第二天紧张忙碌的农活又要开始了。

上柴罗

文/计苏敏

上柴罗是淞南农村的一种农活，也叫“摞柴”，是将稻草、麦秸堆叠起来，形成一个柴垛，主要目的是防止淋雨潮湿。二十世纪八十年代之前，本地农业集体生产，这种农活在夏收或秋收时候是经常干的，各生产队都要将收割、脱粒后的麦柴或稻柴摞好。这项农活具有的作用：一是分配给所在队里的农民作燃料（江南农家以烧柴灶为主，家家户户柴草的需求量是很大的），或者盖房子、换砖瓦用；二是用来再生产或者与河泥一起堆沤作庄稼肥，多余的可以卖给收购站或用于工业。

张小毛上柴罗

文/计苏敏

二十世纪七十年代，在吴淞江南边的龙桥生产队有一个社员叫张小毛。这个人50多岁，因为种田人劳累辛苦，看上去完全是一个老头子。他有一门祖传的手艺——专业盖草屋，生意做到十村八里，蛮有名气，所以生产队里的乡亲都很敬重他。农忙季节到了，周边农家修草房也停下了，张小毛与其他“五匠”一样，不出门做生意了，就回生产队参加劳动，这是当年常有的事情。

小麦登场，脱粒开始了，公场上打下麦粒的麦柴堆得像小山一样高。生产队队长本来要准备分给各户的，但一条农船还没有回来，只能安排人力先将麦柴摞好，防止遭阵雨淋湿而烂掉。这上柴罗的活当然是张小毛最合适。队长分派了任务，叫四五个学生活的孩子（14~16岁的孩子）一起搬柴，其中有一个男孩叫阿五。

上柴罗，对张小毛来说是小菜一碟。他先用浪耙把乱麦秸垫在地上，做好柴罗底脚，然后吩咐孩子们将麦柴大把大把地搬上去，很快起好了一个圆形的柴罗基础。一会儿，公场上堆积的麦柴搬光了，柴罗已经堆有一人高。接着脱粒下来的麦柴，由孩子们搬到柴罗上，当然须通过一条四五米长的木跳板，才能搬上去，所以张小毛也关照孩子们要当心，搬得少一点，防止摔倒。再说，农家的孩子干活是不偷懒的，赤脚搬柴走在跳板上既灵活又稳当。天热了，阿五出了个主意，大家轮流到柴罗背面的阴影里凉快一下。

夜幕降临了，当天的脱粒任务完成了，收工的时间也到了。张小毛与孩子们一起的劳动也有了成果，大家都疲乏地回家了。

当天半夜时，果然天气变化，下起了雷阵雨，而且风很大。早晨起来，阿五对他父亲神秘地说："张小毛上的柴罗被风吹塌了！"他父亲不信，说："小孩子别瞎说，你怎么知道柴罗倒塌了？"

早上出工的时间到了，社员们来到集体公场，一眼望见那个柴罗约一半翻倒了。大家你一句我一句，都评论张小毛干活淘糨糊，上个麦柴罗风都吹得倒。也有人说，麦柴罗不比稻柴罗，蓬松蓬松的，大风容易吹翻，谁也不能保证。队长问张小毛问题出在哪里。张小毛尴尬地说，之前没摞过麦柴罗，一般都是堆稻柴桩，这是第一次。这时，阿五的父亲走过去向队长悄声说了几句。队长说："小囡不说谎，问问看！"阿五没有隐瞒，说昨天他们在柴罗背面休息时，将麦柴罗一侧撞出了大瘪塘，收工时就感觉柴罗在摇晃。队长豁然明白，不能责怪谁，麦柴罗塌翻也没啥损失，分给各家晒晒就好。他特别关照张小毛，以后摞好柴罗要观察四周，实在不行用木板、跳板支撑一下，总比倒塌要好一些。

从此，龙桥生产队就没有再发生过柴罗打翻的笑话，张小毛上的柴罗圆墩墩、高耸耸的。晴天的傍晚，爬到顶上向北眺望，能隐约见到马鞍山。

扬秸头

文/周建芬

扬秸头是脱粒场上的一项农活。每年的夏收和秋收时节，在麦子和稻子脱粒时，有些麦穗和稻穗没有被完全脱粒掉，这些麦穗和稻穗以及其他一些杂物混杂在脱粒下的麦子和谷粒中，脱粒场上负责掠乱柴的人员就将这些带有麦穗和稻穗的杂物掠在一起，然后由专门人员将这些杂物拉到场地的一边，利用自然风力将麦粒、谷粒和其他杂物分离。这个农活就是扬秸头。

扬秸头是一种传统的把谷粒、麦粒和杂质进行分离的方法。人站在上风口借助风力用双手将带有麦穗和稻穗以及其他一些杂物举过头，然后慢慢撒下，在这些杂物的下落过程中，风就将较轻的乱柴、灰尘、瘪麦、瘪谷吹走，较重的麦穗和稻穗则落在扬秸头人员的脚下。这些麦穗和稻穗积累到一定数量，就用挽子装起来，倒进脱粒机再打。

扬秸头受到天气因素的限制，风弱或无风时就无法扬秸头；后来随着排风扇的出现，人们借助排风扇进行扬秸头，不再受天气因素的影响了。

扬下来的秸秆及其他杂物堆成秸垛，可以用来做燃料，也可以用来沤肥。

范伯母的劳动任务

文/施敖泉

第一次参加生产队的劳动，周小娥等几个十多岁的大孩子被王队长安排去扬秸头。

负责人范伯母说：“我们今天的任务，务必要把昨夜未脱粒干净的麦秸头扬干净，然后运进仓库，否则，到了夜里一下雨，损失就大了。”

孩子们点头称是。她们首先要学习拍打麦穗头，也就是把未脱粒的麦子从秸秆上和麦壳里打下来。只见范伯母她们各自操起一头横穿着长木柄，上面装有一排竹条的边枷，高高举过头顶，又顺势往下拍打，由于惯性，那一排竹条被重重地摔在麦秸头上，发出“啪啪”的响声，像鞭子抽打的声音一样。

孩子们学着她们的样子甩起边枷来，开始感觉很轻松，可没过多久，就热得受不了，最后，她们借口小便、喝水、中暑等，纷纷躲到阴凉处休息了。

见此情景，范伯母她们心里很着急，为了完成任务，她们只好自己拼命拍打着手里的边枷……

吃过中饭，还没等休息，范伯母就让孩子们用手捋去被拍掉了麦子的光秸秆，然后用粗眼的筛子筛一遍。筛下来的麦子中还有大量的麦壳、秸穗和一些小石子、泥巴等杂质，需要在风中扬干净，把它们彻底分离出去，这就是扬秸头。

范伯母吩咐孩子们在通风较好的公场上扫出一块地方，然后用铁锹把秸头铲到山笆、挽子里运过去。范伯母跟两位婶婶直接用手捧起秸头，高高举过头顶，再慢慢抖开来。一阵阵风吹过，那些质量轻的如拍烂的秸秆碎尘、空麦壳等随风吹向天空，落到远处。而质量重的麦子和一些小石子、碎砖屑、小泥巴等则直接落在脚下，孩子们把它们一一拨开，再用竹扫帚扫去，最后用铁锹把滤干净的麦子铲进山笆、挽子，两人一组配合着抬拉进公场仓库。

就这样，公场上的秸头越来越少。正当工作进展顺利的时候，风向转了，要想躲避已经来不及了，只见孩子们的头发上、脸上、脖子里瞬间全是灰尘，加上原有的汗水掺和，那种黏滑湿腻带有刺痒的感觉特别难受。孩子们马上又提出了各种借口歇息。最后，场地上又只剩下了范伯母和两位婶婶。

过了一会儿，风息全无。范伯母抬头看了看天，不由得皱起了眉头。

只片刻工夫，突然又吹起了大风。范伯母赶紧朝孩子们招手："来，抓紧干活，干完早点收工。听说晚上要来放露天电影！"孩子们闻听，眼睛为之一亮，没想到身边大队会计的女儿站起来喊道："你骗人！我爸昨天刚问过，说是过了农忙再来放电影。"

两位婶婶忍不住哈哈大笑，范伯母却笑不出来，她一本正经地问："那你们喜欢听故事吗？"孩子们说当然。范伯母说，她可以讲故事给她们听，但要求她们听故事时不可停下手里的活。谁听得认真，活干得又好，她会向校长汇报，让学校来奖励。孩子们顿时来了精神，回到了各自的"岗位"上。

范伯母清了清嗓子说，从前有两个村民，一个叫张说谎，另一个叫陈相信，不管张说谎说什么，陈相信都表示相信。

为了让陈相信表示不相信，张说谎说，有一次他在扬秸头时，看到有棵葡萄藤长到了天上。于是他就顺着这葡萄藤爬到了天上。陈相信说："天下事，无奇不有，我相信！"张说谎说他看到了王母娘娘正带着众仙女在扭秧歌。陈相信说："大队书记的爱人不也喜欢带着妇女们跳秧歌舞吗，这有啥稀奇的？”

张说谎继续说，他在天上一直逛到天黑，才想到要下来，可那棵葡萄藤已经枯死。怎么办？忽然他看到陈相信在下面扬秸头，于是就把飘到天上的空麦壳、灰尘等抓拢来搓成了绳子，一头系在月亮的弯角上，顺着这根绳子滑了下来。

陈相信说，砻糠瘪谷都可以搓牛绳，这也没什么奇怪的。

张说谎又说：“我落下来的地方，有个老叫花子，自称是陈相信的父亲，他蓬头垢面，全身臭烘烘的，他正在大骂陈相信不是个东西，不给他吃穿，还把他扫地出门……另外，他还无意中还说出了一个秘密，就是陈相信其实不是他亲生的……”

听到这儿，陈相信立刻跳了起来：“胡说八道，简直是满嘴喷粪……”

范伯母的故事还没讲完，大家已笑出了眼泪。幸运的是，大风一直吹着。范伯母她们终于在天黑之前完成了扬秸头的任务。

粜谷

文/陆春芳

粜谷，就是卖谷子的意思。这是当时的政策规定——产粮区向国家缴纳粮食的政治任务。起先是各生产队根据队里的粮田面积和人口数量来落实完口粮后，确定征购任务。后来各地农村先后开始实行家庭联产承包责任制（简称“承包到户”）。当时的政策规定，各农户按承包田面积的多少，每年应向国家出售一定数量的订购粮食，少则几百斤，多则几千斤甚至上万斤，多余的粮食则由农户自由支配。这项前所未有的新政，一下子把广大农民朋友种粮的积极性给调动起来了，因而粮食连年丰收。

每当夏收夏种、秋收冬种结束之后，农户就要把晒干扬净的稻谷，由强壮的男劳动力，一担一担地挑到停在自家河埠头的船舱里，一船舱的谷子有5000到10000斤，用水泥船摇到粮站排队等候粜谷。等到粮站开门了，验货员验收通过，开出验货单，将谷子运上岸，上磅秤入库后结算粮款。要是不达标的话，麻烦也就来了。往往有两种情况出现：一种情况是谷子扬得不干净，“鸟脚”、秕谷多。验货员会叫你将谷子挑上岸，再借用粮站的风扇和筛子重新把谷子扬一遍，这一搞非得花上几个小时不可。还有一种情况便是谷子水分超标。验货员二话不说，就让你打道回府，等把谷子晒干了再来。

我跟爷爷去粜谷

文/陆春芳

这是秋收后的一个周末，想到明天就可以跟着爷爷和父亲去街上粜谷，去街上吃碗鲜肉馄饨，买几本书回家，我兴奋得晚上睡不着觉。第二天，约莫凌晨三点的时候，我就听到大人们起床的声音，原来祖父和父亲早早起来是为了把晒干扬净的谷子装船。粜谷是一项十分繁重的体力活，只有强壮的男劳力才能胜任，单枪匹马吃不消。粜谷当天，爷爷、奶奶、父亲、母亲齐出动。听到大人们的动静，我也睡不着了，怕大人们丢下我直接开船走了，就穿好衣服拿了扫把和簸箕帮点小忙。星空下，爷爷和父亲把堆在自己家水泥场上的一大堆晒干扬净的稻谷，一担一担地挑到停在自家河滩头的水泥船的船舱里。之所以起这么早，一是因为早晨凉快，二是为了能早一点赶到粮站，便于占个头档泊位，挑谷上岸时能省力一点。

“开船啰！开船啰！”我欢呼着。此时天刚蒙蒙亮，我像只欢快的麻雀蹲在爷爷和父亲摇橹的船尾处，看着沿途的风景，不时用竹竿拨弄下河里的水草。三个小时后，爷爷和父亲一橹一橹地将装满稻谷的水泥船摇到了粮站。到了粮站，才发现自家的船已经来晚了。头档泊位早被连夜赶到的船给占领了，二档泊位也有十几条船。晚来的船只能停靠在河中央，这是三档甚至四档位置了。爷爷说，最热闹的时段，河面上停着的船只达上百条。要知道，待会儿挑着两百斤左右重的谷担，再沿着别人家船的船舷上岸，就好比是杂技演员走钢丝。

终于等到粮站开门了。我看到几个性急的粮农立刻主动去找验货员，客气地递上早已准备好的上等烟（那时最吃香的是外烟），一边帮着扛“谷枪”（验谷取样用的工具）。他们簇拥着验货员，来到自家的船上。此时此刻，谷子是否达标全凭验货员的金口了。

上午十点左右，轮到我家了，有两个穿着工作服的人向我们的船走来，我的心也“咚咚咚”跳得厉害。爷爷早已从口袋里掏出好香烟：“师傅，我家的谷子很好的，干燥、饱满。”爷爷忙不迭地推销着自己家的谷子，满脸堆笑，将烟递向他们。父亲正准备掏出火柴给他们点上，只见他们摆摆手，把烟别在耳朵后，用力把铁钎快速插入船舱谷子深处又退回来，再把钎槽的谷子倒进手掌，先塞几粒放嘴里一嚼，吐出来，再塞几粒再嚼。我如小狗般跟在爷爷身后，一眼不眨地盯着决定谷子“生死权”的验谷人员，盯着他们舒展开握着谷子的手掌。他们又用另一只手的手指扒了几下，然后平托，口对着手掌用力一吹，便说：“可以收。”爷爷和父亲紧缩的眉头终于舒展开来。接下来就是卸货搬运，我的母亲为爷爷和父亲拔肩——就是帮忙把装满谷子的挽子扛到肩上。那天，恰巧同村的桂生伯伯一大家也出来粜谷，他们兄弟几个是结伴出来的。他们卸货完了，同村的人就是一家亲，他们看到我爷爷和父亲身体单薄，便到我家船上来帮忙掮谷子。人多干活快，只见大人们走过长长的跳板，来回穿梭，过磅称重，一个小时左右，船舱终于见空。爷爷的背似乎更驼了；父亲汗流浃背，脱掉湿透的上衣，用毛巾擦了几下身子，我看到他瘦削的肩膀上有一道红通通的勒痕，在阳光下如此刺眼；母亲满脸通红，鼻子黑黑的，头发贴在额头上，我不禁鼻子一酸……随即，父亲转身去会计处结算粮款了。

“孙女，走，爷爷带你去吃碗馄饨。”爷爷一声招呼，我如欢快的小兔子蹦跳在爷爷身旁。我们去当时的大饭店吃了碗上面漂着香喷喷猪油的鲜肉馄饨，当吃完最后一个馄饨，喝完最后一口汤，抹抹油油的嘴巴，我又拉着爷爷去老街那边的百货店买了本作文选回家。当时还没有书店，对于年幼的我来说，这就是跟着爷爷出去粜谷带给我的最大的收获了。

回到粮库的河埠头，爷爷解了岸上的缆绳，将船用力一推，跳上船，慢慢悠悠地摇橹回家，晚霞映红了天空，炊烟四起时分总算回到了自家的河埠头。满载而去，空舱而归，成功粜出谷子，这就是庄稼人最大的愿望了。

打米

文/计苏敏

打米，既是农村集体生产时的一种农活，又是农民分粮的必经程序。新中国成立后，农民有了土地，办起了人民公社，集体生产经济核算以队为基础，即年度分红、分粮都是以生产小队为基本单位的。二十世纪八十年代初（1983年联产承包责任制之前），社员的口粮标准也是由国家政策规定的，男女老少都要依照标准计算出应分多少麦子、稻谷，然后由集体统一加工成面粉与大米，再分给每家每户。打米就是把稻谷运到粮食加工厂，通过龙骨车、碾米机脱去谷壳，打出白米；还有砻糠及细糠，砻糠可当燃料，细糠是畜生、家禽的饲料。八十年代后期开始，在农村有单独经营打米生意的个体户，将一台碾米机及柴油发动机放在平板车上走村入户，有很多农家都是通过这种方式加工口粮的。

打米是个好差使

文/计苏敏

二十世纪七十年代末，我所在的村庄受金星一大队管辖，周边有虹桥、善浦、陈巷3个粮食加工厂（粮食加工厂需获得批准，持经营执照）。那年，“四秋”（秋收、秋种、秋管、秋分）大忙进入尾声，国家的公粮已经缴纳，社员们都盼望着能早点吃上新米饭，一年辛辛苦苦种田，也该慰劳一下自己。一天下午，队长分派我与阿三叔等4个社员去陈巷加工厂打米。打米是个头等的好差使，大家都非常乐意接受。

于是，我们很快将停在船舫里的五吨木船摇出来，拿起挽子、笆斗等工具，将晒在公场上的稻谷堆好。然后，五个人畚的畚、掮的掮，约莫一小时光景，就将几千斤稻谷运上了船。按照常规，下午打米，晚上分米，所以大家都心里有数，抓紧时间马上开船向目的地出发。

船摇了近一个小时，到达了陈巷加工厂码头。我先到厂方会计室报户头，并询问排在第几位。会计说：“今天打米户头多，刚刚结束一家，又来了一家，估计你们要到吃完夜饭后才轮到。”我到打米车间一看，果然有一帮人正在掮谷上舱，于是就回到船上与大家商量如何打算。阿三叔认为：现在轮不到，回家吃晚饭还早，何况走一个往返又需个把小时，还要留人看船。不如大家在这里休息一下，打完米再回去，省点力气。一个小青年说：“哪能夜饭不吃？饿着肚子怎么干活！”阿三叔笑着说：“哪有背米袋饿煞人的——笨蛋！你们三个看好船，我和阿明烧夜饭，弄好了叫你们！”我听了阿三叔的话，明白了其中的奥妙。

一会儿，我俩来到了打米车间，见碾米机已经轧出了白米。阿三叔走到过磅秤的师傅前，轻声地说了几句话。那师傅见我们是老客户，就豪爽地说：“种田人不会计较这点，只要不吃到肚皮外！你们到会计室后面的灶头间里，拿只大面盆来，我放半盆米，多烧点饭，我们也要吃的。小菜么？你们去搞点毛豆子，油、盐到碗橱里找！”听到这话，我知道事情成了。

约一刻钟后，阿三叔将米淘好，拿到灶头间让我煮饭。稍后，他又带了一大把毛豆子进来，说：“阿明，这毛豆是从渠道上拔的，米是加工厂的，都是集体的。这种事也只能在今天碰上，机会难得。大家即使知道，我们也不用觉得丢脸！”我听了点点头。等一会，饭熟了，毛豆也剥好了，见那灶间橱窗里也备着些食盐、菜油、碗筷等，我俩一气呵成，烧了一大锅毛豆汤，就去招呼其他人一道吃饭。半小时后，我们吃饱了肚子，还留了许多。其实，那新米饭既香又糯，不用菜汤也能干一大碗。

傍晚，轮到我们上舱打米，大家精神十足，很快将船上的稻谷掮进车间。打米车开动了，由一人扶舱，出糙米的地方不用看护，机器自动运送。待出糙量达到占三分之一的稻谷总量时，龙骨车转入出白米工序，加工厂一个老师傅同时看两台碾米机，速度蛮快的，我们两个人轮流掮米，几乎不停；另外两个人负责收集细糠并运到船上。轧米机运转时，大家都有分工，忙忙碌碌的。打下来的砻糠不用管，大凡来打米的基本上没人要，留归加工厂所有，砻糠也不是毫无用处，加工厂的砻糠多被卖给砖瓦厂当燃料。

大约一个半小时，米全部打好了，共3000多斤。厂会计按照稻谷的常规出米率，用白米总量套出毛谷数量，开具加工粮食的发票（这是一份很重要的凭据，有法律效力，生产队会计就按此单分配社员口粮并归算总产量，必须归档保存）。我们带上发票回到船上，起锚返程。摇着米船回到队里，向队长一汇报，发票给到会计，我们这次的打米任务就算圆满完成了。

交公粮

文/酥言

交公粮，也叫“卖余粮”。昆山地区主要种植三麦、水稻，因此到卖粮时农民会通俗地说“粜麦”“粜谷”。二十世纪五十年代初至八十年代初，国家实行粮食统购统销政策，农民收获的粮食，除了按政策规定将口粮、饲料粮、种子粮留下，其余必须全部卖给国家。国家收缴农业税，也是通过下达粮食征购任务及收取粮款来实现的。所以，对本地农民来说，粜麦、粜谷不但是一项重要的农活，更是一项政治任务。

摇船粜谷

文/酥言

千灯是江南水乡，二十世纪八十年代之前的生产运输工具主要是农船，一般每个生产队里有3~4条，其中有木船、水泥船，用于粜粮的农船都是五吨头的当家船，船舱及两夹节都不能漏水，以确保安全。

肖市村距离千灯粮站（汶浦江口）较远，各生产队摇船到千灯浦水路约一个小时。村民们记得，当年双季早稻交售季节（7月下旬至8月初），各生产队几乎每天都要粜谷，因为集中抢收抢种，每天都要将脱粒场地腾出来。夏收时，太阳好（6月梅雨前），脱粒扬净后晒1~2天就可以出售。水稻（单季稻、晚作稻）的收获时间是深秋季节，脱粒、扬净的稻谷至少晒两个好天，才可能达到入库的标准。

按照计划指标，当年村域各生产队交售的稻谷分公粮和余粮，但粮站收购时验货标准是一样的，只是在结算价格上有区分，征购任务内平价，超出部分有议价。国家对收购粮食的杂质、水分等有质量标准，达不到标准的要加工处理或再次晒场。因此，纯朴的农民都会一样对待，把好粮卖给国家。

那时，去千灯公社粮库交售粮食也会有困惑，小麦怕加工（杂质多，上粮库风筛），稻谷怕晒场（水分高，再上场晒）。记得有一次，生产队长安排我等5个社员去粜谷，上午已经将稻谷晒在公场上，下午一点左右，我们将稻谷打堆，用挽子（也叫“栲栳”）将稻谷掮到船舱内，围上缠条，约4000斤。为了确保验货合格，我们特地用风车将装船的稻谷全部扬净一次。然后带着售粮卡，摇船去千灯粮库。到了汶浦江码头就挨着驳岸排队，耐心地等粮库的验货员踏船验粮。为防止天变下雨，我们也备好篷布及塑料薄膜，下雨时遮盖好。

那天，粜谷的船比较多，粮库码头上一下子停靠着四五十只船。约半小时后，我们船上有两个人已经将带出来的几斤大米去点心店换成了面包。一位姓薛的验货员也来到船上，他先用铁插钎在船舱内随机抽出少量谷子，放在随身带着的木制小磨盘中磨一下，再吹掉谷庛，然后连续拣五六粒送到嘴巴里嚼碎。第一次没有结论，我们几个人的心都悬了，怕不合格。我急忙上前拉活："薛师傅，这谷已经晒了两天，今天不进仓，明天可能天气有变！"薛师傅答道："我知道，也许你们晒厚了，所以再抽个样，化验一下。你们将船摇到4号仓库门，再等一下化验结果。"说完，他开了票，叫跟班的职工将小样带去化验。

要换码头找个停靠的位置，我们边摇边用竹篙将船缝撑开来。此刻，见有两只船擦碰了，船上人相互骂骂咧咧的，其中一个脾气躁的人动手用竹篙点水泼向对方，另一条船头上的农民也用竹篙比划着，我见状就在一旁相劝说："大家都是苦农民一个，何必呢！""算了、算了！不要当真！"场面马上和谐下来。

一会儿，我们将船停顿好。见几条船也一样停在4号码头，有人说这是进"代烘"仓库的。果然，稍后有粮库工作人员过来，将化验单递上，对我说："你们水分高了点，需要代烘一次，掮到4号仓库。""代烘就代烘吧，总比返回、白摇一趟好！"我说着就去仓库挂司磅号、领挽子。

接下来就是最辛苦的劳作。我们5人分工，一个人在船上畚谷、拔肩，4个人掮谷、进仓。一只装满近百斤稻谷的挽子，从船上掮起来，再跑百十米长的路，一磅磅地称过，然后进仓倒掉。来来往往，至少马不停蹄一个小时，天热气闷，我们大汗淋漓，就算没有中暑，也消耗了相当大的体能，待船上的稻谷掮完了，力气也用尽了。当我拿着结账单子回到船上，那两个社员拿着面包让大家补充点能量。“很好吃的，柔软、香甜，精神又来了！”我说着，就把面包一口吃下。此刻，太阳已经西下，我们急匆匆地摇船回家，光着身子用自带的毛巾擦掉汗水、灰尘，边擦边露出愉快的笑容。

当年，粮站里的几名验货员是最为吃香的红人。那天，有几条船因水分含量高，验货员用牙齿咬几下就要离开，粜粮社员要他到船舱重新抽检。于是就围着，有的递上了香烟，有的说着恭维话：“这些谷我们已晒了好几个日头了，帮帮忙收下吧。”验货员沉思一下说：“这次收下了，但要代烘两次。下次再这样一定拒收！”大家千恩万谢。也有碰到杂质多的，验货员要求用风车扬净一次，再上磅。于是，粜粮社员就得动用粮库里的风车，把稻谷掮上场，在车斗里将瘪谷、杂质、灰尘扬弃。这种情况，在粜小麦时常碰到。

实行家庭联产承包责任制以后，粜粮以户为单位出售。售粮时一般三四户拼一条船，把晒干扬净的稻谷装进一只只蛇皮袋，袋口用草绳扎好，每户将装满稻谷的蛇皮袋各自堆放在船舱、船头、船艄，验货员凭农户售粮卡逐一检验。二十世纪九十年代，各村与粮管所商议好，实行到村收购，农民摇船粜粮的情况有较大改善……

如今，千灯粮管所的大石驳码头终年冷冷清清，长长的水泥台阶上长满了青苔。即使到秋粮交售阶段，一辆辆装着稻谷的大货车都是从粮库的东门进入粮站的。自2000年起，售粮户都用农用汽车运输了，用船售粮已成为历史。

开麦沟 压麦泥

文/鲍劲耕

开麦沟、压麦泥随着时代的发展而变化。以前没有铁锹，开麦沟直接用铁搭坌，把泥压在垄头上。一是可以防冻保暖；二是可以促进麦苗更好地分蘖发棵，使麦苗茎秆粗壮；三是能抑制杂草生长。当时的垄面宽一米左右，沟面宽约四十厘米，麦沟宽而浅。二十世纪六十年代时，垄面放宽到一米五，沟面宽缩至二十厘米。这样增加了种植面积，但影响了排水量，因此将沟加深到三十厘米；到了七十年代，上级号召学习沙州县塘桥经验，将垄面放宽至一米八，沟面缩减至十五厘米，沟深增加到六十厘米。开沟一定要用特殊的塘桥锹，这种锹形状像探墓用的洛阳铲。

开麦沟压麦泥那些事

文/鲍劲耕

私人种田时，每年农历正月十五以后，人们过完春节开始为田间的农活而忙碌。这时茫茫的田野还能看到皑皑的积雪。在午后的阳光照射下，积雪慢慢融化，这时种田的农民就会扛着铁搭来到田间压麦泥，就是用铁搭加深麦沟，将麦沟里的泥坌到垅面上。这样麦沟加深了，有利于雨季的排水；麦苗也压上泥土了，有利于日后的分蘖发棵。但这个农活在民间却不叫“开麦沟”，而是习惯叫“压麦泥”。这时的麦泥还是一小堆一小堆的，没有匀开。因春寒料峭，夜里冰冻，白天融化，所以经不了个把月的时间，堆在麦垅头上的泥土就疏松了。这时农民们不失时机地拿起铁搭将泥堆耙开并拍散，这种农活就叫“拍麦泥”。

在大集体种田的二十世纪六十年代，是先筑垅头再开麦沟的。稻板田不论是牛犁的还是拖拉机旋耕的，垅面的泥土全部由人工拍细；开沟掘起来的泥块分撒在垅面上，再由人工拍细。接下来播麦种，再由人工将播撒在垅面上的麦种用阔齿铁搭坌碎，让麦种落入泥土。这样就不用压麦泥了。播撒在垅面上的麦种也要用铁搭埋入泥土里，这种耕作方式费时费力，效率低下。

到了二十世纪七十年代后期，上级要求增加双季稻的种植面积，当时劳动力实在不够。上级同意各生产队提出的种板田麦（以前叫“懒汉麦”）的要求。就是在即将收割的稻田里，事先播撒上麦种，待稻收起以后，在板田上直接拉绳开沟，这样既不误农时，又节省劳力。为什么这个时候上级默认种板田麦呢？因为以前没有除草剂，杂草的问题解决不了，后来有了除草剂，喷洒以后只除杂草不伤麦苗，所以板田麦的种法逐渐得到推广（推广以后叫“免耕麦”）。

在板田里开麦沟，有不少生产队要求用特殊的塘桥锹，一锹到底。我们生产队要求分两次开，上层用平板锹开二十厘米深，下层三十厘米用锹口带圆弧形的深沟锹开。开下层时必须一只脚站在沟里，另一只脚站在垄面上，如果上层是由南向北开，那么下层必须由北往南开。只有这样才能保证沟体成上宽下窄的正梯形，沟的两边不倾倒，这是开沟能手在实践中得出的经验。当时，我们生产队男劳力每天开麦沟一百米为十工分，以一块田的实际长度为准，按实际长度结算。一般开到下午三点钟，完成任务收工。

当年，我们生产队的阿元力气大，开沟速度快，技术也好，开的沟笔直好看且两面光，沟底也清爽。他下午两点半就收工，去做自己的事了。每次见他的白衬衫上没有一点烂泥，连裤脚管、锹柄上都是干干净净的，让做过几年老师的我很羡慕。当时每天三点钟过后，生产队队长、记工员及开沟的代表要一起对当天所开的麦沟逐条进行评比打分，对合格达标的麦沟插上小红旗，对深度不够、沟底不清、严重弯曲、沟体仄歪等不合格的麦沟插上小白旗。被插小白旗的麦沟要进行加工，俗称“吃加工饭”。经过返工后的麦沟要重新检查，如果还是不合格，那就要在十工分的基础上扣分。

我当时因为多读了几年书，参加劳动比较晚，后来还在小学里代过几年课，所以虽然力气有一点，但劳动技能相对差一些，起泥的时候掉落在沟里的碎泥块还是不少的，也就拖慢了整个开沟的速度。每天一百米的任务一直要干到五点来钟才能完成。在回家的路上看看自己烂泥粘了一身，裤脚管一长一短，双手及锹柄也满是烂泥，一副狼狈相。手上没有老茧的地方还起了几个泡，这个别人是看不见的，但痛得钻心。吃种田饭缺少机械化、没有科学化，这个行业真是艰苦。

时间一晃进入了二十一世纪，农村发生了翻天覆地的变化，土地实行流转，农田都由大农户耕种。因为有了除草剂，稻板田不用犁也不用旋耕了，全部种免耕麦。开麦沟时直接用中型拖拉机挂上开沟机，将沟里的泥土打碎平铺在垄面上，再不用人工筑垄头、压麦泥、开麦沟了。听拖拉机驾驶员介绍，一百亩稻板田的麦沟他一天就能开好。现在因为种子好又有复合肥，病虫害又防得好，小麦亩产七八百斤都不稀奇，超千斤都有可能。机械化科学种田，越种越甜。

掮谷

文/陈祥英

掮谷是一种农事，也是一项加工大米、到粮库粜粮的农活。秋季，将水稻收割上场脱粒、扬净的稻谷，至少晒上两个晴天，才能达到粜粮入库的水分标准。

大集体种田时，在当天粜粮前，生产队队长会安排人将稻谷晒在公场上，下午派好四五个劳力粜粮，由他们将稻谷打堆装船。在装运的过程中，一个人俯下身用一只手抚着挽子（栲栳）的夹口，另一只手托着挽子底部，将挽子插入谷堆。另一个人用同样的动作在靠近挽子的对面，将山笆插入谷堆，用力将稻谷往挽子里边送，直至装满一挽子。然后将挽子放平，两个人面对面，双手握住挽子夹口，齐心协力将挽子往上举起。在举起的过程中，一只手拽着挽子口不动，另一手移动到挽子底部用力往上托，同时掮谷人将肩膀往挽子底部靠，直至搁到肩上，就这样将稻谷掮到船舱内。他们带着售粮卡，开船去集镇粮库。

到粮站就挨着驳岸码头排队，等粮库的验货员踏船验粮。验货员验粮通过后，再用挽子将稻谷从船里掮上岸，进行过磅，过秤后再将稻谷掮到仓库里入库。

掮谷的“终结者”

文/杨卉明

用排风扇替代风谷车后，工场上的谷物很快被全部扬净。生产队钱队长决定马上把稻谷上交给公社粮库。知青王明请求说：“钱队长，我跟你们一起去交公粮吧。”钱队长说：“小王，掮谷是个艰苦的活，你们知青肯定是吃不消的。”王明不甘示弱地说：“我们知青上山下乡插队，就是来锻炼的，让我去试试吧。”钱队长的女儿小玲在旁边帮腔道:“爸，你就让他一起去吧，说不定能派上大用场呢。”钱大林心想也有道理，于是答应了。

钱队长选了六七名壮年男社员，带着王明一起，乘上满载稻谷的挂机船向镇上驶去。船靠上粮库码头时，已有好几条交公粮的船只在排队等候。粮库工作人员经过抽样化验，稻谷干湿度和纯净度符合标准。钱队长安排一社员在船舱用山笆将稻谷装入挽子，叫王明辅助装稻谷。钱队长轻松地托起装满稻谷的挽子，放在肩膀上，迈着大步率先朝岸上走去，其余掮谷的社员紧随其后，把稻谷运送进粮库。

大家效率很高，不到一个小时就掮运了半船舱的稻谷。王明看到大家掮谷时有说有笑的，一点也感觉不到累，他就跃跃欲试，争着与一个掮谷的社员做了替换，想亲自体验一下掮谷的过程。

于是，王明在一个社员的托扶下，将装满稻谷的挽子扛在肩膀上。刚开始，他轻松地走过连接船头和码头的跳板，可是跨到岸上没几步，感到掮在肩膀上的谷物越来越沉重，他咬着牙一步一步又走了几十米，艰难地到达粮仓门口过称处。他把挽子放在一人高的磅称上，乘机喘口气，歇一歇。粮库工作人员在挽子里加了一小铲谷子，称准整数重量，给了王明一根计数的竹筹后，催着说：“小伙子，快走啊，后面的人来过秤了。”

王明进入粮仓，望着长长的跳板、高高的谷堆，腿脚发软，心跳加快，正在犹豫时，钱队长掮着谷子进入仓库，他鼓励道：“小王，不用怕，身体放松，思想集中，双眼向上，不要看脚下，大胆向前走。”王明做了一个深呼吸，调整了掮谷的姿势，照着钱队长说的，稳稳地跨上跳板，大步向前走去，很快便到达谷堆的顶部。他屏住呼吸，稍微弯了下腰，终于将挽子里的谷子倒了下去。

王明看到自己用肩膀掮上来的谷子“哗哗”地流下，覆盖在粮库谷堆上时，脸上露出灿烂的笑容。后来，他继续来回掮了几次谷子，社员们纷纷称赞知青是好样的。

农忙快结束了，王明在钱队长家吃中饭时，小玲问王明：“王明哥，参加了几天农作劳动，你有什么体会啊？”王明回答说：“农民真的勤劳、伟大，农作劳动真的艰苦、繁重，农村是个广阔天地，知识青年可以大有作为。”

小玲笑道：“那你一辈子扎根农村，当个一心想着省力的好农民了？”王明说：“不瞒你说，我在掮谷时就想，一定要研制一种谷物传输机器，把船舱里的谷物，通过传输带，直接运送到粮舱，这样农民们就不用这么费力地掮谷了。”

小玲调侃道：“懒人又要想懒办法了，想当掮谷这农活的‘终结者’？”王明说：“嗯，我的梦想不仅是当掮谷的‘终结者’，而且想研发改进更多的农业机械，让农民从繁重的劳动中解脱出来，可惜书读得太少了。”

次年恢复高考，王明参加高考，如愿被一所农业大学的农机专业录取。小玲作为当年的高中毕业生也参加了高考，考上了该大学攻读农业经济。毕业后，王明分配到县农机站，小玲分在县农服站。王明潜心科技攻关，改进了不少农业机械，不久，由他设计的谷物传送机开发成功，在当地农村全面推广使用。从此农民们再也不用掮谷了，他真的成了掮谷的“终结者”。

再不久，王明、小玲喜结连理，两人志同道合，携手为农业机械化、现代化努力工作着。

筑坨头

文/鲍云飞

俗话说："尺麦寸水。"意思就是一尺高的麦，怕一寸深的水。因此我们淞南地区在种植三麦时为了排水必须分坨耕作。

以前私人种田时，每年10月下旬将稻割了以后，不等晒干就捆好堆起，以便腾出板田犁田。四个犁花一个坨头，每个坨头边上的犁花都往各自的中间合，这样，坨与坨之间一条弯弯曲曲的麦沟就基本形成了。待一块田犁结束后，就用带刀齿的耙由牛拖着将犁过的田耙两遍，把泥条切割成泥块，原本高低不平的坨头也被粗略地平整了一下，然后再由人工用阔齿铁搭将坨面上的粗泥块削细匀平，将坨面边缘筑出轮廓（俗称"坨肩胛"），并把弯曲的坨边尽量修直。这就叫"筑坨头"。

垄头上的奥妙

文/鲍云飞

私人种田的时候，当时垄头的宽度一般在一米左右。干活的时候，一个人筑一个垄头。为了赶农时，大家把垄面上的泥块弄碎到拳头般大小已经不错了。田多人少的农户干的农活可能还要粗一点。他们将垄面基本整平，把麦种播撒在垄面上，用牛拉着耙在垄面上拖一遍，使麦种粘着泥土，这样种麦的事情就算告一段落了。因为种油菜的活和牵砻掼稻的活都在等着他们呢！

大集体种田的二十世纪六十年代中期，田都由拖拉机旋耕，为了增加种植面积，当时垄面的宽度都在一米五，需两个人合筑一个垄头。上级要求瓦楞式垄面（有的叫“鲫鱼背式”），不用牛，全靠人力。劳动的时候大部分是母女或母子组合（十四五六岁的男孩学农活的时候都是跟着妇女们一起干活的），也有找合得来的在一起，挑剩下来的都是平时不肯吃亏、干活油滑、针尖对麦芒的那几个。

有一天，阿三嫂和阿坤嫂搭档合筑一个垄头。阿三嫂快人快语、干活利落。她干得快就往后退得快。虽说每人半幅垄面，但又不是画图纸，不可能那么精准，因此她还是把铁搭伸过中间位置多干了点。阿坤嫂不紧不慢，一直不想赶上来。这时阿三嫂故意把干活的速度放慢了一点，把铁搭往自己的身边靠一靠，把垄面多留一点给阿坤嫂。不一会，这个小变化被阿坤嫂发现了。她咬着牙没有马上发作，但她是一个从来不肯吃亏的人。

正在这时，生产队队长阿林哥检查生产刚好路过。阿坤嫂赶紧叫住：“阿林哥，你来评评理，每人半幅圫头，现在我要筑大半个，这合理吗？”听了阿坤嫂的嚷嚷，阿林哥跑到实地一看，批评了阿三嫂：“你确实不对，留给阿坤嫂的太多了。”阿三嫂听了不服气：“她恶人先告状。”

碰到这样的情况，阿林队长有点头涨。他看了看两位说：“你们搞啥名堂呀？”阿三嫂开腔了：“阿林队长，现在你看到的确实是我干得少了点，但是从出工到现在，一直是我筑大头，她慢慢吞吞一直落在后面，这大家都是看到的。”阿坤嫂听了对方的话，脚跳得有八丈高：“有这么夸张吗？有这么夸张吗？这个圫头全是你筑的不成？”

听了两个人的斗嘴，再看看她们筑的圫头，阿林队长心中已基本有数。他调解道：“两位阿嫂啊，大家都是一个生产队的社员，抬头不见低头见，干农活么，手脚是有快慢的，吃亏一点就吃亏一点，吵吵闹闹不好。”他边说边到河岸边折了几段树枝，并从口袋里摸出曲尺，将圫面量了一下，在中间插上树枝，隔一段再插上一根，一直插到圫头结束。阿林队长走过来对两位说：“两位阿嫂啊，树枝插好了，你们就照这么做。不能再吵了。再吵，下次在社员大会上点你们的名。你们的子女都不小了，你们要是坏了名声，将来孩子找对象可是会受影响的。你们自己好好想想。”说完，队长就走了。

在一起筑圫头的社员一个都没开口，但他们的眼睛都是雪亮的，这场争吵的结果都在他们预料之中。关键是阿林队长处理问题的办法真绝：巧插树枝，说的话更妙。

种菜籽

文/陆春芳

种菜籽是淞南地区深秋时节的一项农活。油菜籽可以压榨出喷香的菜籽油，其营养丰富、口味佳，市场需求量大。油菜在我国种植面积比较广。

淞南地区通常在10月下旬，稻子收割完以后，及时将田犁转，让土地在阳光下晒上7～10天，让土地休整一下。然后在11月初开始筑坨头拔菜秧进行移栽。

很早的时候，人们都是用菜刀或者铁铲、铁锹挖一道可以容放下油菜秧苗根的孔隙，然后把油菜根部放进这个孔隙里，用手把孔隙的四周按实，让油菜秧苗的根部和泥土“亲密接触”。随着种油菜经验的不断积累，人们发明了专门用来种油菜打洞的神器——菜花柱。这是一个圆锥形的铁器，装在1米左右的木柄上，双手抓住木柄，用力往地上一插，旋转一下拔起，一个直径为4厘米左右的圆形洞穴就完成了，然后另一个人把油菜苗放进洞穴，用脚踩一下就好了。

用菜花柱打洞的方法很快被废弃了，理由是用菜花柱打的洞洞壁泥土被压得太结实，不利于油菜秧苗的根部生长。后改用小铁铲，右手用小铁铲在泥土上一插，左手顺势拿一棵秧苗放入小铁铲铲出的缝隙中，随手将缝隙边的泥土压结实。用这个方法，秧苗活棵率高。

人小志傲的老唐奶奶

文/施赦泉

二十世纪五六十年代，生产队里时常要进行各种农活比赛，老唐奶奶曾荣获过多项第一，其中一项就是关于种菜籽的比赛。

说起种菜籽，老唐奶奶总是很兴奋，她认为自己最厉害。

种菜籽，即移植油菜苗，现在种菜籽较过去五六十年代有了很大变化。种植工具上，从过去的菜花柱，变为小铲刀；整土要求上，从过去的松耕松翻，变为直接种在板田上。

说到菜花柱，根据老唐奶奶的描述，那东西呈圆锥形，用石头凿成，圆锥底部的中间装有一段木柄或铁杆。种菜籽时，人们握住木柄或铁杆的横把手把它颠倒过来，锥尖朝下，猛地撞击地面，并迅速转两下，形成一个圆洞，然后把油菜苗根部插入洞中即可。

后来人们改用小铲刀种菜籽，直接把铲刀插入田中，前后或左右晃一晃，形成一个坑，然后把油菜苗放入坑内，再用手把坑按拢即可。

老唐奶奶认为，用小铲刀种菜籽要比用菜花柱来得好，但同时她也承认，用菜花柱非常省时和省力。

有一次生产队里举行种菜籽比赛，当时没人看好老唐奶奶。一则因为她体形瘦小；二则因为她学农活不久，还是个新手。所以大家都把注意力集中到了一个叫“大腊梅”的身上，大腊梅人高马大，学农活又早，是个老手。

大腊梅本人也认为第一名非她莫属，故而她看其他人时，总是斜着眼睛，嘴巴撇得老高。对此，老唐奶奶很不服气，她认为大腊梅不过是只灯笼壳子而已，好看而不中用。

此次比赛由生产队王队长亲自组织。他选取了20名妇女代表组成了10个比赛小组，每个组2人。比赛时，一人用菜花柱击坑，另一人跟在后面在坑里插入油菜苗，前后菜距不能太大，也不能太小，10组代表被安排在了同一块长约120米的农田里进行比赛。

赛前，王队长拿出了一大包糖果，大声宣布道："比赛取前三名，第一名奖糖果2斤，第二名1.5斤，第三名1斤。"

在代表队自行组合时，竟然没人愿意和老唐奶奶搭档，最后王队长强行指定其中的一位妇女跟老唐奶奶进行组合。那妇女噘着嘴，一百个不乐意。老唐奶奶虎着脸对她说："打坑速度不快，算我不行，插油菜苗速度跟不上，责任在你。"对方冷笑道："这可是你说的。"

此时，赛场周围的渠道、田埂、横头上都站满了人，大家轻声议论，不住地交头接耳。王队长宣布完比赛规则后，猛地一挥手，喊了一声"开始"，只见参赛代表们一上一下，鸡啄米似的向前移动着。大腊梅一马当先，老唐奶奶紧随其后，两旁观看的人无不欢呼呐喊，比赛气氛异常热烈。

经过了一番激烈的角逐，大腊梅第一个到达了终点，老唐奶奶第二个到达，和大腊梅仅仅几步之遥，大腊梅不由得仰天大笑。老唐奶奶的搭档则竖起了大拇指说，想不到老唐奶奶人小力气却不小，且有股子蛮劲，大大超出了她的想象。但老唐奶奶只是轻轻叹了口气，什么也没说，很显然，她对自己这次比赛的表现很不满意。

等到参赛的代表队全部到达终点，王队长立即安排相关人员去查验比赛前几名的种植情况，以便做最后的裁定。

不一会儿，查验员前来报告查验情况：本次比赛第一个到达终点的大腊梅组每米种植菜籽数不足5棵，不符合比赛要求，其他组均符合要求。王队长一听，立即当众宣布，取消大腊梅的比赛成绩。这样，老唐奶奶组获得了第一名。

老唐奶奶激动得跳了起来，没想到落下来的时候一个没站稳，跌到了旁边的沟里，大家哄然大笑。

老唐奶奶得到了2斤糖果后，兴奋异常，她一路跑一路撒糖，撒到最后，她自己没吃到一颗糖。

浇河泥

文/陈祥英

浇河泥通常浇在麦苗上，因此也叫“浇麦泥”“夹麦浆”。立冬后，要给刚出土的麦子壅土保暖，麦苗要进行拍麦泥、敲麦泥后，再进行浇麦泥。因此，这种将河泥覆盖麦苗的方式，又被人们称为“夹麦浆”。

浇河泥通常由男劳力罱好水河泥，用牵蒲直接将船舱内的水河泥舀（拽）到粪桶内，或者将泥塘内准备好的水河泥（将干河泥加水提前稀释过）用粪杓（粪勺）舀到粪桶内，舀到粪桶口九成（约1厘米）为止，然后由男劳力将粪桶担子挑到麦田，也有男劳力少的生产队，由两女劳力一起扛到麦田。此时，女劳力等候在麦埨头上，待河泥担子搁到麦埨头上，女劳力便拿起粪杓，从粪桶内舀出水河泥，用力泼洒在麦苗上，也叫“划水河泥”。

王大强学“铺被”

文/罗书録

初冬的早晨，知青王大强要和阳澄湖队队长一起去参加农事，给新出麦苗“铺被子”，他既好奇，又兴奋。到了目的地，因为是新手，他只能打打下手，看着这些壮汉们“哟呵哟呵”地将河泥罱起来，将满满的一船船河泥运到了湖岸边，再一桶一桶挑上岸，去浇河泥。

王大强不想打下手，向队长请求“参战”。队长嘿嘿一笑，点头同意了。毕竟是年轻小伙子，他学着师傅们蹲下身子，把扁担压在肩上，猛一起身，“喔呵！”他吁了一声，没敢大声叫出来，原来这两桶泥这么重，看到师傅们健步如飞，来回穿梭，他原以为很轻松。

王大强咬紧牙关，挑着一担河泥高高低低、一蹭一蹭地总算到了麦苗地里。队长早就到了，正端起一桶河泥往苗地里浇，只见队长两手一托，身子往后一步一挪，河泥如变戏法一般铺在苗地上，厚薄均匀，看上去像一个丹青高手在完成一部作品，毛笔一拖，行云流水，一气呵成。

王大强看得直咂巴嘴，他暗暗地模仿起来，学着队长的模样，提起一桶河泥，可使力不均，身子一晃，河泥溅出来了。他赶紧调整好呼吸，也学队长边走边浇，可怎么浇都是一坨一坨的，东一堆、西一堆，难看极了。他既着急又灰心，自己怎么就浇不好呢？一分神，脚下一滑，没注意身后有个小斜坡，没把控好平衡，人向后一仰，手上刚浇完泥的桶连同他人一起滑到了坡下，弄得身上脸上都是河泥。他懊恼地坐在那里，不想动了。

旁边的师傅们看着王大强那个样子，哈哈大笑。队长赶紧下来把王大强扶起来，带他找个地坐了下来。队长点起旱烟斗，抽了起来，问王大强要不要抽一口，王大强赶紧摇手。队长微微一笑，说道："大强，你已经浇得不错了。当年，我第一次浇河泥的时候，一大桶河泥，浇了两堆呢。你浇了好多地，已经很好了，只是没浇匀。"

说完，队长猛吸了一口烟，看着王大强，语重心长地继续说道："大强啊，你是知青，懂的知识比我多，但有些农事要做好也不容易，学问深着呢。就拿这浇河泥来说吧，河泥就是肥料，明年麦子长得好不好，油菜结籽多不多，全靠它了。在它们的成长过程中，可是有很深的道道在里面呢。"

王大强听队长说到"道道"二字，赶紧打起精神，全神贯注地看着队长，队长又是嘿嘿一笑，咧开嘴唱起来了："一浇根儿稳，二浇花儿盛，三浇籽儿圆滚滚。"唱完，看着王大强，问道："小伙子，懂里面的道道吗？"

王大强第一次听队长唱这样的歌谣，觉得很新奇，赶紧请教。

队长把烟斗熄了，说道："你看看这些师傅们，罱河泥，浇河泥，个个是老把式，不但要有力气，还得用巧。他们辛辛苦苦把罱回来的河泥浇在麦地里，就是要给那些娇嫩的麦苗盖上一条'棉被'，让它们既得到了温暖，也得到了养料，安安稳稳地过冬，来年就会长得很茂盛。浇河泥的关键是要掌握好技巧，要布洒均匀。不能太厚，厚了就像在一个婴儿身上盖上几十斤的棉，会闷死的；薄了也不行，不防寒，麦苗会冻死的。所以，浇河泥，得使巧劲！"

说完，队长拉着王大强的手，来到麦地，做起示范来：每提起一桶河泥，马步要扎稳，脚力必须均匀，善于运用腰劲，端泥桶的两只手要配合到位，眼力要跟上做好判断……一次次练习，一次次体会，王大强跟着队长学了几个来回后，很快掌握了浇河泥的技巧，还把之前一堆堆浇的难看的整平了，整均匀了。他也深深体会了为何罱河泥、浇河泥一般都是年轻力壮的汉子来做，真是力气和巧劲的结合。是啊，施肥施好了，来年大丰收，农民收成好，丰衣足食，这不是最好的结果吗？

浇河泥水平越来越高的王大强，后来也学会了很多农事，队长越看越喜欢，每年丰收时节，都要邀请王大强到家里喝酒，每次喝到酣畅淋漓，喝到骨子里透出快乐。

再后来，知青返城，王大强回到了城市，他把在阳澄湖大队的这些经历转化成为动力，每当遇到困难时，他都会想起队长的教导，再苦再难也不怕了。

他想，浇河泥，浇的岂止是麦苗，更是浇好了一颗青年的心。

油菜培土壅根

文/史惠林

冬至到来之时，便是数九寒天开始之日。农谚云：“冬至严寒数九天，保温防冬是关键。”所以，农民们对农作物的防冻工作十分重视。油菜进入冬季容易遭冻，受冻后其植株生长受阻，生理失调且容易得病，严重的会造成死苗，形成缺棵、断垄。

油菜的保温防冻措施主要是松土除草、培土壅根。千灯地区将这项工作称为“拓菜籽”。这项工作需在追施腊肥后进行，确保土壤中有足够的肥力。

松土除草、培土壅根的具体做法：用锄头或阔齿铁搭将油菜勒间的泥土垦松并捣碎，然后将细土堆积到油菜苗的根部，直到把追施的腊肥全部盖住为止。

培土壅根的时间和深度，通常根据油菜生长情况、土壤状况、气候特点和杂草生长情况而定。做好这项工作，能促使油菜正常生长发育，积累贮存较多的营养物质，保证全苗、壮苗，安全度过冬天。

我要求加入初级社

文/史惠林

二十世纪五十年代初，淞南地区的农村与全国各地的农村一样，都在搞互助合作。这一年的冬天来得有点早，刚过立冬，北风呼啸，雪花飘飘。蔡家村的朱伟成有点着急，村上除了他，都加入了互助组，老天爷提前“作冷头”让互助组人多力量大的优势显现出来了，一些老农和领导看看天气异常，就组织劳动力突击追施腊肥，压麦泥、拓菜籽，田里的各项农活全部做齐全，可以确保夏熟作物安全过冬。

朱伟成刚看到互助组在安排劳力追施腊肥时，心里有点不以为意，觉得那些老农是捕风捉影，而那几个领导，年纪轻，爱出风头。但立冬一过，只见北风呼啸而来，雪花落地时，心里有点紧张了。他家有近十五亩地，不但压麦泥、拓菜籽的活没做，就连腊肥都没有追施完毕。尽管全家五人——老夫妻俩、两个儿子和一个女儿都是正劳力，但这些活全部做完也得要七八天的辰光。朱伟成知道，这些活不做好，作物受到冻害，明年夏熟的收成就会大受影响。想到这些，朱伟成心里哪能不急呢？

这天傍晚，利用吃晚饭辰光，朱伟成对全家人发出了动员令：“天冷了，明天开始，我们全家人要早出工晚收工……”

“阿爸，我这阶段没空，”朱伟成话没有说完就被他大儿子打断了，“我大年初二结婚，这几天要买材料布置新房。”

朱伟成正要发火，一想大儿子讨媳妇也是大事，便垂下了头：“唉，要是老天爷落一场大雪下来，我们家的夏熟就要危险了。啧，啧……”

“伟成啊，儿子讨媳妇的事不能马虎呀，日子也定了，弄得不好要惹人笑的。”朱伟成的老伴也感到事情有点棘手，想了想，说，“要不出点钱，请几个人来帮忙吧。”

“这个办法蛮好，也只有这样了。”两个儿子、一个女儿异口同声地表示同意。朱伟成愁眉苦脸地想了一会儿，突然，把手中的饭碗一放，站起身来：“只能这样了，我现在就去请人。”说罢，转身就走。

“吃罢晚饭再去请吧，饿坏身体可不行啊！”老伴喊着，但朱伟成理都不理，急匆匆地走出家门。

来到屋外，冷风一吹，脑子清醒了。他想，自己家田多，劳力也多，当时领导动员他加入互助组，思来想去觉得不合算，现在碰到困难请人帮忙，这个口怎么开？朱伟成摸索着从口袋里拿出烟来，点着猛吸了几口，想想这也为难，那也不妥。他摇着头，唉声叹气：“唉，哪能办呢？哪能办呢？”

“老朱呀，什么事情哪能办啊？”

朱伟成听到声音，猛一抬头，见到乡里的正、副领导站在自己面前，正关切地望着自己。看到领导，朱伟成正想吐吐苦水，话到嘴边却变了：“喔哟，是两位领导啊，这么晚了，你们还没回家啊。辛苦了辛苦了。”

“老朱，你到底碰到啥格事体了？愁眉苦脸的，说出来，看看我们能不能帮帮你。”

“呒啥事体，真的。两位领导这么晚了还在走村串户，一定有重要事情吧。”

乡长说：“接到上级通知，这两三天有强冷空气南下，大风大雪。上级要求，每家每户要注意房屋的保护，注意牛、猪、羊的保暖，还要及时做好田间管理，确保人畜和农作物安全过冬。我们正在挨家挨户通知呢。”

朱伟成一听，心里一急，脱口而出：“真有大风大雪要来啊，那么完了。”

两位领导一听，知道朱伟成碰到麻烦了，赶紧安慰：“嫑急嫑急，老朱，有啥困难你只管说，我们一起想办法解决。”

“老朱，你嫑有啥顾虑，你嫑认为你没有加入互助组我们就不管了。你是我们乡里的人，我们一定会帮你的。”为了打消朱伟成的顾虑，副乡长真诚地说。

事已至此，朱伟成想，再不说就真的要完了，于是就一五一十地把自己家的情况说了。

两位领导听了，相互交换了一下眼色，乡长说：“老朱，你放心，我们马上去找你们村的组长商量商量，一定帮你渡过难关。”

第二天大清早，蔡家村互助组的组长带着十来个男男女女来到了朱伟成家，组长说：“老朱呀，我们这些人这两天听你安排。”朱伟成见有这么多人来帮忙，十分激动，双手作揖，连声说：“谢谢，谢谢！”

经过两天的突击，朱伟成家的压麦泥、拓菜籽等农活全部完工。

新春大年初二，朱伟成大儿子的婚礼如期进行。吃罢晚饭，在结亲仪式开始时，朱伟成郑重其事地宣布：“各位乡亲，过完春节，我家也要加入互助组，请大家嫑嫌弃。”

随着热烈的掌声，组长大声说：“过了年，我们的互助组要升级啦，改为初级社啦！”

朱伟成赶紧接上话茬：“那我就和大家一起加入初级社。”

这时，司仪大声宣布：“结亲仪式正式开始。”于是，鼓乐齐鸣，鞭炮声声，笑声、欢呼声在蔡家村上空久久回荡。

压耳豆

文/史惠林

耳豆，学名蚕豆。其营养价值丰富，含有8种人体所必需的氨基酸，其碳水化合物含量为47%～60%。可食用，也可作饲料、绿肥。是粮食、蔬菜和饲料、绿肥兼用的作物。

淞南地区常常将耳豆作为蔬菜作物种植，一般在初冬时节（10月下旬）播种，并下足基肥。出苗后要及时查漏补缺，适当追施有机肥，确保出齐苗、出壮苗，安全过冬。

开春后的管理对耳豆的产量影响较大。三春天气阴雨连绵，大部分田块土壤板结，通气性差，而且随着气温逐渐上升，田间杂草生长迅速，对耳豆生长不利。所以要结合清沟和施肥进行一次中耕松土除草，并利用清沟的土壤培土壅根。这就叫“压耳豆”。压了耳豆后能增加土壤的含氧量和松软度，保持耳豆的根系活力，促进耳豆生长。

妯娌“比武”

文/高伟

二十世纪七十年代，淞南庙桥地区有个农户叫薛阿五，他生有两个儿子。大儿子叫金龙，娶妻李大妮；小儿子叫银龙，娶妻张小兰。一天晚饭时，薛阿五对两个儿媳说道：“大妮、小兰，等我下个月六十岁生日过后，我就准备重选当家人，现在是种蚕豆的季节，我决定，从明天起，你们俩各自种三分地蚕豆，谁种得好，谁收的豆子多，我就把家给她当。”

大妮、小兰要种蚕豆的事薛家没向外宣传，但好事的村民还是知晓了，妯娌俩“比武”要争做当家人的事。

蚕豆种下去了，蚕豆发芽了，看到妯娌俩一直在田里观察蚕豆的生长情况，薛阿五偷偷地笑了。

见丈夫偷笑，妻子问他：“老头子，你笑什么？你估算谁会赢？”

薛阿五笑着说道：“老太婆，她们俩一个也不会赢，赢的只会是我们。”

妻子纳闷起来：“老头子，你可别捉弄她们。”

薛阿五脸色一沉，说道：“老太婆，你这话是对我不信任了，你放心，自家儿媳妇，我会为难她们吗？我这是在帮她们。”

一连几天的阴雨让大妮和小兰急坏了，她们每天都往公公屋里跑，问这问那，两人也开始提出各自的主张。薛阿五夫妇见妯娌俩走得近，心中高兴。

过了几日，天气开始转晴，薛老五想，两人一定会来找他。果然，傍晚时分，大妮和小兰就来找薛阿五夫妻。大妮开门见山地问：“公公，我蚕豆田里的土为什么很硬？”小兰也急着问：“公公，我蚕豆田里的泥也好硬，会不会对蚕豆生长有影响？”

看到妯娌俩一脸认真的样子，薛阿五说道：“一连下了几天雨，被太阳一晒，泥土肯定会板结变硬，如果不采取行动，容易导致结荚期根部发生病害，这样你们的蚕豆产量就不会高，甚至绝收。”

“啊！那我们该怎么办啊？”大妮和小兰异口同声地问。薛阿五笑着说道：“刚才我已经告诉了你们蚕豆的病因，这如何治病，你们得自己找方法了。”

“弟妹！”“嫂子！”“公公这是在考我们，我们得加把劲了。”两人亲密地喊着对方，聊着天向门外走去。望着她们俩的背影，薛阿五心中乐呵起来。

一周过后，薛阿五和妻子刚起床，大妮和小兰就来到他们的房前，笑着说道：“公公、婆婆，我们找到了方法，今天请你们去看看蚕豆生长的情况。”说完，大妮和小兰端出了她们做好的早饭，请老两口一起吃。吃着儿媳妇做的早饭，薛妻笑得合不拢嘴，心想：看来老头子的方法得当，儿媳妇在慢慢地转变了。

吃过早饭，一家人都上了田头，看到大妮和小兰种的蚕豆长势喜人，薛阿五竖起了大拇指，笑着问：“大妮，小兰，你们不简单啊！是如何做到的呢？”

大妮和小兰笑了，两人又同声说道：“我们去问了三婶，三婶告诉我们方法，然后我们松土除草，施了些发酵的鸡粪，它们就长得茂盛了。”

薛阿五问道：“那你们说说，三婶是怎么告诉你们的？”

小兰谦逊地说：“公公，就让嫂子说吧！”

大妮笑着说：“小兰妹，你嘴灵活，还是你说吧！”

看到两人相互推让，薛阿五笑了，说道：“我知道，三婶一定是告诉你们，连续的阴雨天后，大部分田块土壤板结，通气性差，而且随着气温逐渐上升，田间杂草生长迅速，对蚕豆生长不利，所以要结合清沟和施肥进行一次中耕松土除草，并利用清沟的土壤培土壅根。只有这样，才能增加土壤含氧量和松软度，保持蚕豆根系活力，而且能提高地温，这就叫‘压耳豆’，只有压了耳豆，才能促进蚕豆生长。”

“啊！公公，你和三婶说得一模一样，真是神了。”

“哈哈哈，三婶也是跟我学的。”

大妮和小兰听罢薛阿五的话，相互看了看，然后走到他跟前说道：“公公，我们不想当家，当家是一件不容易的事，种蚕豆这种最简单的农事我们都操作不了，我们没资格当家。公公，我们还年轻，还有许多知识要学，所以，这个家还是您当下去吧。”

“好啊！好啊！你们能这样想，这样和睦，就是我薛家最大的福气！”

打笼

文/车心

稻柴，在过去的农村生活中用途极广。稻柴笼，就是其中的一种。笼是一种覆盖或是遮挡之物，根据用途，笼分为软笼和硬笼。软笼直接用稻柴打成；硬笼则事先要准备好竹竿，或由粗毛竹劈开削成的毛竹片打成，这竹竿和毛竹片叫作“笼骨”，其粗细大小及长度根据实际需要来确定。

打笼可以一个人打，也可以两个人搭档——一个人主打，另一个人递稻柴。打笼时，主打的先起好头，拿五六根稻柴拧紧，这叫“笼经”，然后拿一把稻柴（脱粒后的稻草），在稻柴根20~25厘米处用笼经将其扎紧，并从这把稻柴里再拿出四五根稻柴，与笼经合并在一起。这时候，递稻柴的再递上一把稻柴，负责主打的就将这把稻柴紧靠刚才的那把稻柴，用笼经将其扎紧，并在这把稻柴里同样拿出四五根稻柴与笼经合并，如此循环往复，将笼打到所需长度，在打最后一把稻柴时，从这把稻柴里拿出五六根稻柴拧紧，从与笼经相反的方向将这把稻柴扎紧，打上死结，一爿笼就完工了。

硬笼的打法与软笼的打法是一样的，只是将稻柴用笼经扎在笼骨上。

不管是打软笼还是硬笼，稻柴把的大小一定要均匀，如果忽大忽小，打出来的笼就不均匀，影响遮风挡雨的效果。

小炳福打笼

文/车心

二十世纪六十年代中期，陈桥村的小炳福被生产队选中，担任生产队猪饲养员。

小炳福年近五十，个子矮小，一头花白的头发使他显得更加苍老，饱经风霜的脸似乎被风吹干了，黝黑而无光泽，一双眼睛倒是蛮有精神，走起路来一阵风，让人觉得他总是那么急急匆匆。

自从小炳福担任猪饲养员以来，除了一日三餐，他一天到晚在养猪场忙着。天气已入冬，有一头母猪快要生产了，他像照顾自己的小囡一样照顾这头母猪。

这天，他先仔细查看了一下猪舍，发现猪舍屋面的稻柴笼差不多都烂掉了，猪舍四周用来挡风的稻柴笼也有很多脱落了，西北风一吹，里面的猪肯定要受冻。他在猪场外兜了一圈，看到猪场西南角的一个草棚里有一些稻柴，他又找了一些竹竿之类的东西，把它们集中起来。

回到家吃晚饭时，他对妻子说："老太婆，猪圈棚的笼烂的烂，掉的掉，冷空气一来，那些猪要挨冻的。特别是那头快要生产的母猪，它是冻不起的。"

妻子紧接着说："这还不简单？你跟队长汇报一下，让他安排人手去办不就好了？"

"哎，简单的事情还要去麻烦队长？就是打几爿笼的事，这是我最拿手的，用不着去麻烦队里的人。"

“想想也是，秋收秋种大忙刚结束，又要晒谷，又要耖谷，队里的劳力也紧张。你打笼的手脚是快的，不过样子么，嘿嘿……”

“你胡说什么？老太婆，明天上午我去公场上挑两担稻柴到猪场，你到我们家的竹园里砍十几根竹子拿到猪场去，顺便把我的中饭也带上。”

第二天上午差不多十点钟光景，小炳福老婆拿了竹头，把所有的饭菜全部带到了猪场。她打算跟老伴一起吃饭，饭后好帮他做些活。

到猪场时，小炳福正好挑着一担稻柴也到了，他对老婆说：“老太婆啊，我在路上碰到元庆叔，他看了看天说，后天可能有冷空气来。我们抓紧时间吃饭，吃过饭，你搓绳，我打笼，到明天下午，争取把所有该换的换好，该补的都补上。”

中饭后，小炳福老婆拿了些稻柴去处理了一下就开始搓绳了，小炳福则摆开阵势开始打笼。他先搬来几十根稻柴，把柴禾（捆扎稻柴的柴把）全部松开，堆在一起，然后拿了个小凳子坐在柴堆旁开始打笼。他先打软笼，只见他手脚并用，当送稻柴的手把稻柴送过来时，握住笼经的手顺势往下一按，送稻柴的手就势在稻柴把里拎出几根稻柴来与笼经合在一起，再一拧，就等下一把稻柴送过来了。一歇歇工夫，就打好了一爿大约四米长的笼。

下午四点钟光景，小炳福老婆过来，看到他打的笼，忍不住笑出了声：“炳福呀，你这是打的什么笼啊？长长短短，笼经也不在一条线上，给人家看到了，要笑破肚皮的。”

小炳福站起身来，自己看了看，手抓后脑瓜尴尬地说：“嘿嘿，只顾抓紧打，没顾到样子。”

第二天上午，小炳福继续打笼，这次打的是硬笼，笼骨大多是从家里拿来的竹竿，中饭仍然是老婆送来的。中午十二点左右，社员小青和阿土过来了，说是队长叫他们过来帮小炳福挂笼。

原来，今天早上队长碰到元庆叔，元庆叔便将冷空气要来，小炳福从自己家里砍竹子拿到猪场去打笼，夫妻俩自己修猪棚的事告诉了队长。队长想，打笼、搓绳他们夫妻俩自己搞得定，这个换笼、挂笼，特别是换掉棚顶上的笼，那是攀高头的活，有一定的危险性。所以，他就派了小青和阿土过来帮忙。

小炳福夫妻俩加上小青和阿土，四个人忙了半天，终于将整个猪舍的笼该换的全部换掉，能用的但已脱落的也全都重新捆扎好。下午三点钟左右，队长也加入了队伍，和他们一起将整个猪舍再认真地检查了一遍。检查完，队长当着大家的面，对小炳福夫妇的举动进行了表扬，说："炳福哥，你刚担任饲养员就为队里立了一功，做得好啊！""队长，炳福叔一心为集体，我们应该好好学习。"小青接着话头，然后笑着说，"他打的笼也是蛮有个性的，我看这叫'小炳福打笼——长短不一'。"大家听了，哈哈大笑。

搓绳

文/程白弟

搓绳，是水乡地区几乎人人都会的一门小手艺。

搓绳之前，根据用途确定绳的粗细。准备工作：选择干净干燥的稻柴，将其头部的3~5厘米斩去（头部这段太硬太粗），清理掉一些稻壳，洒上一些水，用木榔头将稻柴敲软。敲打时不能太用力，力度太强，把稻柴打烂或打断就不能用了。

搓平常用的绳，粗细比筷子略粗一点，起头时一般拿6根稻柴，分为两股，然后将这两股稻柴放在手心里，两手合起来搓动，两股稻柴在手心里被拧扭在一起，就成了绳子。搓了20厘米左右的长度，就在头部拿出2根稻柴绕绳子缠一圈，打个死结，以防松散开。然后把这个头部坐在屁股底下，正式开始搓绳。当手心里感觉到稻柴细了，就要及时添稻柴，通常一股添一根稻柴，而且，绳的两股一般不会同时添稻柴。错开的目的一是使绳子更坚固，二是基本能保持绳的粗细一致。

搓稻草绳

文/程白弟

绳的用途是很广的。绳的叫法也多，细的叫线，粗一点的叫索，再粗的叫缆。

记忆中最早的绳，是读书时的跳绳。跳绳，是小学生最常见的体育锻炼项目之一，可以一个人跳，也可双人跳、多人跳。跳绳比赛讲究的是速度及连贯性。一分钟之内，最快能跳上百圈儿。绳圈在手摇得快，脚不着地，这就是绳子的神奇之处，熟练的跳绳者只见绳在头顶与脚下飞速而过。

在我小时候农闲时，爷爷会做草鞋，那用的是稻草搓成的精制的细绳。爷爷在家中做草鞋的工具很简单。他请村里的老木匠做了一个木架子，一根二尺长的横木上装有六个二寸间距的小柱，有一个反钩套在凳子上。然后爷爷把绳套在小柱上，绳的另一头系在爷爷的腰间，爷爷根据脚跟与脚底大小，在编织过程中，有时套六根小柱，有时套四根小柱，慢慢编织成脚一样大小的草鞋垫，在爷爷的巧手上，一双双草鞋就做成了。穿上草鞋在田埂上行走是不会打滑的。这是农民最简朴的草鞋，穿在脚上脚踏实地地在田间劳作。

后来，我参加生产队劳动了，才知道绳的用处很广。

那些年，一到下雨天，集体生产队里的农民就坐在一起搓绳。队长分工，一些人搓细绳，一些人绞绳索。对一个生产队来说，不管是绳，还是索，都能派上用场的。细的绳，在种蘑菇棚里用；粗的索，用在河面上。用绳索的地方实在太多了。

记得二十世纪九十年代时，有些地方来收购草绳，我也搓过很多次草绳。后来，有了摇绳机，也有细绳机与粗绳机之分，最初是脚踏的，后来是用机器的，越来越省力，效率也越来越高，一天能摇上几百斤草绳，收入颇丰。

在没有尼龙绳的时代，比如开沟、插秧时要保证直线，必须拉上一根草绳。搭个瓜棚，盖个草屋，造个凉棚什么的，少不了那些草绳的事。与绳为伴，以绳为情，人们需要时，总会想到绳的好处。

那时，农民对草绳是情有独钟的。

绳在生活中的用途非常广泛，可以解决不少问题。农村中，没有条件打围墙时，就用竹片扎篱笆，用草绳结扎。我跟老人学了半天篱笆结，老人心灵手巧，绳子比铁丝扎得还紧，又不会松动，好像铁扣一样。

绳，或许是公平公正之尺。在某种场合上，会让绳子来评判，不能越绳违规。木工的那一根墨绳只要拉一下，就知道是直的还是弯的。泥工砌墙时，要一根垂直绳，看墙直不直。一根纤绳能牵动船的前行，可想而知，绳的力量是巨大的。可是，有时绳索也会危害到人的生命，有想不开的人用绳索自缢，结束生命，导致悲剧的发生。绳也可抓人、绑人，如“绳之以法”。

城乡一体化后，人们逐渐淡忘了草绳，不再去搓绳了。因为，各种各样的绳索都买得到了，有强度与耐用度极高的尼龙绳、钢丝绳、沙线绳等。

搓绳，已经成为过往生活的一段记忆了。

绞担绳

文/鲍云飞

农耕作业需要担绳。担绳由担钩和麻绳两部分组成。绞担绳需要摇床和链钩等专用工具。摇床由硬质木材制成，两根龙门柱和四根横档组成长方形框架。它的顶部横档上有两个相距约20厘米的孔，用来安装两只“乙”字形摇手柄，在第二横档中间钻单孔，安装一只“乙”字形摇手柄以备用，在绞麻索时必用（一人操作三只摇手柄时，要用到特制小工具三眼板）。底部横档固定，底部靠上的横档可固定，也可制成活动的。链钩由熟铁锻打而成，与肉摊上挂肉的链钩相似，两钩相连处有一个可以360度旋转的连接点。

在二十世纪八十年代以前，担绳还没有成为商品，在市场上看不到，所以只能各自制作。

制作担绳这种活就叫“绞担绳”。

仓库里的摇车声

文/鲍云飞

绞担绳要用到黄麻。集体种田的时候，各个生产队都会在渠道边上或在地势较高的旱地上种植些黄麻。我们生产队将麻连根拔起运回来，在河里浸上四五天，再派人捞起剥皮，然后将皮洗净、掐头去尾、晾起晒干。绞担绳用的麻，先要捆成草把团放在地上用木榔头反复捶击，边捶击边翻动。要把麻捶软，捶出一丝一丝的纤维来，这样绞出的担绳既柔软又结实耐用。待到农闲或雨天时，队长就派几个男劳力绞担绳。

有一天下着大雨。因我们生产队里只有一副摇床，所以队长只派干活好手阿全哥做上手，带一班人马来到生产队的仓库里绞担绳。

带班人阿全哥五十开外，人长腿长，头顶上的头发所剩无几，因家中排行老大，平时村里人都称他“阿全哥”。下手阿明自带阔板长凳，他已经将摇床和长凳的一头固定好了。阿全哥将捶软的一小缕麻丝在中间一折，然后套在能转动的右摇手的木轴钩钉上。负责摇手柄的阿明开始将手柄顺时针摇动。另一个下手阿狗负责将麻丝一小缕一小缕地分出来递给阿全哥。阿全哥粗糙的左手捏着在手中旋转的单股绳，一边添麻一边后退。摇床的木轴在匀速地旋转着，单股绳的粗细以及人往后退的速度都由阿全哥掌控。一般一根担绳长两米，单股绳就要绞到至少五米长，再从中间对折成两股，重合以后其长度就只有两米五了，两股相绞以后长度还会缩短不少，每个单股再各留二十厘米用来打结（俗称“鼻头”），用于连接担钩。

阿全哥根据经验，事先已在地上做了标记。待他退到了标记处，负责分麻丝的阿狗放掉手中的麻丝，把旧的担绳系在腰间，将铁链钩挂在腰前的绳子上并马上跑到摇床与阿全哥的中间位置，握住单股绳的中间成三角形拉紧。阿全哥将手中绳头拴到摇床左摇手的轴头上，用剪刀将单股绳多余的麻丝剪掉。这时负责分麻丝的阿狗把左手握的单股绳挂到链钩另一只钩子上。阿全哥将事先准备好的一段小木棍插在两个单股绳的中间且靠近铁链钩。阿狗将链钩顺时针摇动，阿明把摇床上的两个摇手柄逆时针摇动，阿全哥在两个单股绳的合并处手握小木棍慢慢往后退。这时阿全哥调整后退的速度，分寸拿捏得当。如果手里的小木棍退得太快，会导致担绳变松影响质量；而退得过慢，所绞的担绳就会变硬，也不利于使用。这速度的控制全凭经验，也是一门技术。当小木棍退到靠近摇床时，阿全哥将拴在两轴头上的绳头解下来，顺手在分叉处打个结，然后将绳的一头递给摇链钩的阿狗，两人相互用力将绞好的担绳拉直一扽，一根担绳也就绞好了。

他们一边干活，一边海阔天空地聊天。用阿全哥的话叫作“生活调样，胜过白相”。

外面的雨一直在不停地下着。仓库的窗口高而且小，透光不好，再遇到这种阴雨天，仓库里确实比较昏暗。阿明平时有点油嘴滑舌，他一边给阿全哥递麻丝，一边问阿狗：“阿狗，你知道今天队长为什么不派阿炳哥来带班，而是叫阿全哥来吗？”阿狗说不知道，阿明又转过头去问两个捶麻的，他们也说不知道。这时阿狗反问阿明：“意思是你知道？”阿明“嘿嘿”两声，说：“我当然知道。”他故意对着阿全哥的脑袋看了两眼，大声地说：“如果今天没有阿全哥这两百瓦的‘灯泡’照着，这仓库里能有这么亮吗？”阿全哥一听，又好气又好笑，假装举起右手要去敲阿明的头：“我就知道你狗嘴里吐不出象牙来。你个滑头。”阿明赶紧后退，引得大家哄堂大笑。

看似枯燥乏味的绞担绳生活，也是趣味十足呀。“呱嗒、呱嗒……”摇床在摇，担绳还在继续绞着。

江南忆事

（下册）

记录20世纪江南传统农耕生活

昆山市千灯镇文学艺术界联合会 编

古吴轩出版社

目 录

农具 生活

农具 生活

连枷

文/陈祥英

连枷，是一种古老、原始、轻便的脱粒农具，用以鞭打脱粒农作物的籽实，如麦、稻、豆子（蚕豆、黄豆、豌豆、赤豆等）、油菜籽、红花草（紫云英）籽和麦秸秆、稻秸秆上残留的谷物等。以脱粒麦子为例，先把麦子均匀地铺在打麦场上，头对头、根对根，便于集中打麦头。铺麦时要注意厚薄均匀，太厚晒不透，打场时打不干净，太薄则会打坏麦粒。麦子铺好后等待太阳晒干就依次鞭打，然后收起秸秆，扬去麦壳，即得干净的麦粒。在机械化农耕没有普及之前，连枷是农民脱粒的一种主要专用手工农具。

连枷中的连意为“连续”，枷有“加”的意思，俗称“铜”，有时也写成“盖”。它由柄、敲杆板、轴组成的。柄通常是用2.5米长的小型竹竿制作而成的。敲杆板由8~10片1.5厘米左右见方的竹片组成，整体长度60厘米、宽12厘米左右。用两块宽3厘米、长6厘米左右的湿牛皮作为绷带（牛皮的两边穿孔），轴是一根小的木棍。制作时先分别在竹片头部钻孔，再将竹片拼合成竹排，用湿牛皮箍住竹排的上下两头。然后在竹排头部的孔中穿上小木轴，将木轴的一头穿在竹柄上。待湿牛皮晾干，绷带就收紧了，敲杆板的竹片就紧密了。

锏哪去了?

文/陈祥英

二十世纪六十年代初，在浦西村的公场上，一群妇女有的在掼大麦，有的在用锏（连枷）鞭打麦秸。

五月是农村三夏大忙期间，锏翻飞，阵阵“啪啪”的打锏声不绝于耳，农人将麦子脱粒、抢收进仓库。农民抢收完集体的麦子后，开始抢收自家自留田里的麦子。桃花家人多田多，每年打麦都把桃花累得够呛。

杏妹跟桃花是好朋友，两人好到不分彼此的程度。做农活时你帮我，我帮你，大多数情况下，是杏妹帮桃花。杏妹家自留田少，完工得快，从打麦、插秧到斫（割）稻，杏妹无一不去帮桃花的忙。杏妹将大麦快掼完的辰光，村上阿二爷叔来到公场，对杏妹讲：“今早在茶馆店听说你娘近几天身体不太好。”阿二爷叔是村里的活跃分子，每天早晨到浦东村茶馆店喝喝早茶，听听百吊声（小道消息），回家后再将消息传播给村上的社员。浦东村曾经是一个小乡，那里茶馆店、百货店等应有俱有。杏妹出生在浦东村，浦东村与浦西村虽然只一河之隔，可是连接两村之间的一座石桥设在浦东村北端尽头，去浦西村步行需要半小时以上。杏妹回趟娘家，光路上来回就要近一个半小时。杏妹一听到自己的娘身体不好，顾不得场上的麦子，也没有想到要跟人打个招呼，便心急火燎地回娘家去看娘了。

桃花见状，叫男人（丈夫）阿元放一放手边的活，与自己一起打麦，可是只有一把锏怎么办呢？现在，家家户户都在用锏，若要借锏，这无疑是打架借拳头——轧闹猛，勿识相。桃花想起了杏妹，在桃花的潜意识里，杏妹就像自己的亲妹妹，她家的东西自然而然便成了桃花自家的东西，想用就拿，有时连招呼都不用打。阿元来到杏妹家，她的孩子也不在家，阿元知道她家的钥匙平时藏在哪儿，便熟门熟路地拿了钥匙，开了门，拿了锏，就像在自己的家里一样。

再说杏妹，到了娘家后，了解到娘没有什么大病，只是吃坏了肚子，现在身体恢复得差不多了。杏妹看看天色异样，便想到晒在场地上的大麦还没有打好，吃好饭后，又急匆匆地返回家中。

杏妹回到家后，直奔工具间而去，看到铁搭、尖齿、锹等都在，但翻遍了所有的农具，唯独找不到锏。锏哪去了？杏妹一着急，嘴巴就开始不干净了，什么难听的话都骂出口了。骂着骂着，感觉骂累了，头脑也开始冷静了，便想到公场上去看看，哪个挨千刀的拿了她家的锏。杏妹一边走，一边在思忖，待会找到拿锏的人，该怎么收拾他，才解心头之恨。

杏妹人还未到公场，大老远就瞧见大伙儿忙碌的身影，怎么聚众的地方是自己晒麦子的地方。杏妹有点丈二和尚摸不着头脑的感觉，心想："有人拿了我的锏不算，还要侵吞我的麦子？"杏妹的心里越来越不舒服，像有千万条虫子在心窝里爬，她便加快了脚步。走近场地，杏妹被眼前的情景惊呆了：大伙儿早就将自家的麦子堆成小山丘，用油布遮盖好了，现在集中力量在鞭她的麦，大家面对面站成两排，挥动着锏，一排锏伴着风呼呼作响，齐刷刷地拍打在大麦秸上，另一排锏又高高扬起落下，锏此起彼伏，你上我下，你进我退，十分热闹，他们边走边拍打着麦子，相互还在说笑。这时的杏妹开始对刚才骂人的行为感到自责，自然不再追究锏哪去了这件事。

这时桃花走到杏妹身边，告诉她："看见天变了快要落雨的样子，我没有多想，便喊阿元到你家去拿锏，一起抢收麦子。我们都做完了，你还没有回来，我喊大家一起帮你家抢收麦子。"杏妹惭愧地说："我刚才找不到铜，心里一着急还骂起了人，对不起啊，桃花姐。”桃花说：“这有啥对不起的，杏妹，换作我可能也会这样的。”说话间，杏妹家的麦子鞭打完了，也堆成了个小山丘。杏妹激动得连忙说：“谢谢桃花姐，谢谢各位乡亲的帮忙。”桃花脸色不悦，说道：“我们一家人不说两家话，平时你没少给我家帮忙，哪样活少得了你。俗话讲得好：‘行得春风有夏雨。’若要谢，也是谢你自己平时积德。”

此时，天空下起了小雨，场上响起了妇女们欢快的笑声。

船舫

文/管耀明

船舫是停泊农船的场所，至今大约已有两百年的历史了。船舫一般搭建在农户自家房屋前的河滩边。搭建船舫时先挖深河床，然后将八根（一般是八根）木柱或水泥桩立在左右两边的河里，接着在船舫顶部左右两边和顶端搭三根梁木，然后将“人”字形木架倾斜，钉牢在梁木上，用铁丝或麻绳将所有的柱桩围牢扎紧，最后在木架上钉椽子，铺上竹网，用稻草一层一层地盖好，船舫两边则用稻草编织成的硬笼围住。

农村实行大集体生产后，农船折价归公，船舫也由集体管理。改革开放后，农田实行承包责任制，农民仍使用农船，但船舫大都已毁坏，农船都露天停泊。随着改革开放的不断深化，农村都建起了公路，实行大农户承包制，装运货物都用汽车，于是农船和船舫就都退出了历史舞台。

爸爸建船舫

文/管耀明

新中国成立前夕，在离我家房屋六十米远的南河滩边有一个船舫。因年久失修，有一天突然塌了，掉下来的梁木敲断了两块船板，幸亏当时船里没有人，爸爸见后一身冷汗。第二天他就决定拆除旧船舫，新建一个。

记得那年立春后的第一天，爸爸就叫大哥去喊大伯的两个儿子前来帮忙，先将旧船舫拆掉。那天，爸爸、大哥、二哥和大伯的两个儿子，共五个人，一吃好早饭就开工了。虽然旧的船舫已破旧不堪，但要将它全部拆除，也很费力，他们足足花了一天时间。

第二天，便开始建造新船舫。爸爸十分高兴，一早就起床叫我跟他一起放鞭炮。因鞭炮用红纸裹扎，燃放后，红纸片铺满地面，爸爸说这叫“满地红”，说明我们建船舫是大吉大利的。

建新船舫，首先要挖深河床。新船舫要比原先的大一点，现将宽增加到八米，长增加到十二米，高度六米，水上三米。船舫大小要能存放两条船，所以河道要再挖深一点。于是，除了爸爸，四个青年都跳入河中，用铁铲将靠近岸边的河道清理了一遍，特别是靠河岸一边都比较浅，必须挖深。四个人立在河里，衣服都湿透了，但他们全然不顾，一个劲地用铁铲掘，掘后将泥抛到岸上。爸爸便将泥拉平，将河岸做好。

上午将河床挖好后，下午就开始钉八根柏树木桩。爸爸认为钉木桩是建造船舫的重要一步，而能否钉好第一根木桩又是关键。于是，他叫两人站立在船上，两手握住木桩，另外两人立在他们俩的肩架上，在上面用铁锤打木桩。顿时，铁锤声、“哼唷”声不断，他们一锤一锤地将木桩打进一米深的河底泥里，费了好大一番工夫，才打好第一根木桩。打好后，上面两个人便跳下来，大家才松了一口气。爸爸站在岸边，横看竖看，总咧着嘴笑。他认为这第一根木桩打得好，开了个好头，其余木桩打起来就比较顺利了。

接下来，开始钉其余的七根木桩，爸爸总以为青年做事有时不免轻浮，于是又反复叮嘱，唠唠叨叨地讲钉木桩对保牢船舫的重要性：“木桩不牢，地动山摇。”“你们不要以为第一根木桩钉好了就万事大吉，钉其余七根也始终不能麻痹大意，一定要认真钉好。”由于爸爸盯得认真，其余七根木桩足足花了一天半时间才钉好。木桩全部钉好后，爸爸很高兴，吃晚饭的时候，原本不喝酒的他居然高兴得喝了一小碗酒。

第四天，开始做船舫屋面。爸爸先用两根横木钉在船舫两边的四根木桩上，再将已钉好的四个“人”字架两头锯成凹形镶嵌在两根横木上，然后再在屋两面各横钉一根横木。屋面梁木全部钉好后，再一根一根钉椽子。椽子钉好后，就用竹网铺在两个有椽子的屋面上，然后再用稻草一层一层地从下铺到屋顶，并一层一层地用竹头压住，用铅丝扎紧。屋面做好后，就打硬笕，将稻草一把一把地扎在竹头上。硬笕打好后，便将硬笕按顺序放在船舫左右两边和后面的木桩上。

由于做屋面工序多，小碎活多，要求也比较高，所以很费时，足足用了两天半时间。直到第六天，船舫才大功告成。

蓑衣和箬帽

文/陈卉

蓑衣是传统的农耕雨具，是用一种不容易腐烂的草（民间叫“蓑草”）编织成的，后来也有用棕丝制作的。它很厚，压风保暖，透气性好，披着不闷，穿在身上活动自如。蓑衣一般制成上衣与下裙两部分，穿在身上，和头上的帽子（斗笠）一起用来遮雨。穿着这种雨具工作时比较方便，在江南地区被广泛使用。二十世纪七十年代，随着塑料雨具的出现，蓑衣结束了它的历史使命。

箬帽就是斗笠，是用来遮挡阳光和雨淋的帽子。箬帽用竹篾夹油纸、箬叶（或棕皮）等编织而成，有很宽的边沿，形似宽边的草帽。箬帽起始于何时已不可考，早在新石器时代，就出现了与箬帽制作相关的竹篾编织技术。

飞回来的宝物

文/陈卉

小胜家乡下的房子要拆迁了。恰逢星期日，夫妻俩去把东西搬到镇上的住宅。妻子珊珊负责整理东西并打包，将家里不用的东西扔的扔，送的送，卖的卖。小胜负责搬运，提着珊珊打包好的包裹，楼上楼下、来来回回跑了好几次，累得气喘吁吁、大汗淋漓。包裹提完，车已差不多装满了，小胜便飞也似的驰车回住宅。

到家后，小胜搬完东西，总感觉落了一样什么东西，忐忑不安。瞅着一只只包裹，思来想去，终于想起有一只旧木箱没有拿。糟糕，那是父母亲留下的宝物。小胜着急地问："珊珊，那个木箱你有没有整理到呀，我怎么没看到？"正在整理东西的珊珊，头也没抬，边整理边回答："那个箱子我最后搬出来的，就放在阶沿边，你拿了没？"小胜听罢，马上返回乡下，里里外外翻了个遍，就是找不到。

珊珊在家整理完东西，饭也做好了，小胜还没有回来，便掏出手机拨打电话。小胜正在开车，没有接听电话，将车子开到墓地，直奔父母的坟墓。在墓前，小胜双手合十，双膝跪地拜了三拜，对着墓碑说："爹、娘，小胜不孝，把你们珍藏多年的宝物给弄丢了。"说罢，便呜咽起来，声泪俱下。

小胜从墓地回到家，珊珊见丈夫黯然神伤，便问："瞬间的工夫，就不见你的人影。你刚才是不是回乡下去找箱子了？找个箱子要用这么长时间？"

小胜气呼呼地说：“去了墓地。”珊珊说：“现在又不是清明节，去墓地干吗？你这是唱的哪出戏呀？”小胜愁眉苦脸地回道：“木箱丢了，去墓地告诉一声父母。”珊珊说：“那破箱子丢了就丢了呗，里面又没什么值钱的东西，一件蓑衣和一顶箬帽而已。再说，你母亲临终前不是要求你处理掉那只旧木箱吗？”小胜气愤地说：“你根本不会明白，要不然那箱子也丢不了。”小胜便讲起了箱子里这件宝物的来龙去脉。

在小胜小的时候，雨天农民在田里做农活时穿着蓑衣，当时小胜感觉穿蓑衣的样子很好看，有些跃跃欲试，苦于没有机会。就在小胜上初中的时候，同桌福民来家里一起做作业，做完作业后一起玩耍。小胜无意间发现父母的木箱开着，蓑衣和箬帽一套雨具整齐叠放在箱子内。两人便轮流试穿了起来。小胜身穿蓑衣，头戴箬帽，脚套木屐，心里别提有多乐了，就跑东家闯西邻地去展示。此时，恰巧妈妈回家了，一把拽着小胜就往家拖，强令他将身上的雨具马上脱下。在小胜心里，妈妈是最慈祥、最温柔的，小胜不明白，母亲为何今天一反常态。

翌日，隔壁伯母悄悄告诉小胜：“那套雨具是你父亲留下的。一次你父亲摇船到上海去积肥，恰巧遇到一场暴雨。当你父亲拿出蓑衣时，一阵狂风吹过，将蓑衣吹落河流中。因当时家里穷，买件蓑衣实在是不容易，在蓑衣落水的过程中，你父亲想抓住它，结果非但蓑衣没抓住，反而连自己一同掉入河流。在同船老乡的帮助下，虽然人和蓑衣都没有丢，可是你父亲呛了太多的水，身子又弱，得了肺炎，久治不愈。后来，你父亲不愿意拖累你娘，吊死在车棚里。你娘雨天干活，宁愿穿着破蓑衣，也不舍得穿上这套新的。每年清明的时候，还将它拿出来吹吹、晒晒，然后叠好放在箱子里。”

小胜听了伯母的一席话后，理解了母亲的反常，从此再也不去碰那套雨具。直到母亲临终，也就是十年前，母亲叮嘱小胜，将那只木箱随她一起入殓。可小胜不舍得就此毁了衣物，见衣如见人，经过激烈的思想斗争后，小胜最终违背了母亲的意愿，硬是将箱子连同雨具留了下来。珊珊说："怪不得每年清明时节，你要将蓑衣和箬帽拿出来吹吹风，晒晒太阳，然后再到墓地祭拜父母。"

过了几天，小胜下班回到家，一眼便看到沙发上放着蓑衣和箬帽。小胜愣了一会又笑出了声，忙问珊珊："这宝物怎么找到的？"珊珊说是儿子从网上找到的。小胜想：网络有这么神奇，连丢失的东西也能找得回来？小胜正想追问，珊珊已经说开了，原来这套雨具是在网上买的，网上各式各样的蓑衣都有，有棕丝、蓑草、灯芯草等材料制作的，款式、型号齐全。小胜听完，才知道现在还能买到这种老古董，刚才还以为是通过网络，找到了捡到蓑衣的人。现在听珊珊这么一说，就像泄了气的皮球，高兴劲瞬间烟消云散。

又过了几天，小胜接到一个陌生电话，是快递小哥来电，叫小胜取快递。小胜想自己又不会网购，哪来的快递，再转念一想可能是儿子买的东西。打开纸箱一看，里面是蓑衣和箬帽。小胜想这肯定又是珊珊捣的鬼，买蓑衣竟然还买出了瘾，一件不算还来两件。小胜将蓑衣往地板上一放，没想到露出了一张纸条。小胜拿起纸条看了起来，上面写着："我是你的老同桌福民，现在在做垃圾分类后的清运工作，无意间看到这套雨具，蓑衣的下裙有个破口，这个破口我感觉好像见过，想了很久才想起来是你家的。我知道这套雨具对你来说有多么重要，现送回。"

小胜马上打开包裹，翻看蓑衣的下裙，没错，小胜激动得对着雨具说："想不到你这件宝物还能飞回来！"

风车

文/陈阿根

风车是江南水乡农村用以水稻灌溉以及排涝的大型农具，又是农用三车（风力车、畜力车、人力车）中戽水效率最高的一种灌溉农具。

在淞南，二十世纪五六十年代是使用风车灌溉的鼎盛时期。每个生产小队都有三四部风车，基本做到每只圩口排一部风车。每年一开春，每个生产队就要请木匠师傅对每部风车进行整理、修缮后上油。等油干后，利用河边空旷地方请木匠师傅一起将风车进行试排，发现有缺损的部件，就马上修复补齐。在场地试排车时下车（戽水车）不排，其他的都要排在场地上，等开黄梅上水时就直接翻到船上排到需要灌溉的圩口。

王老二娶亲

文/高伟

二十世纪六十年代，淞南有个木匠名叫王老二，是个孤儿，二十五岁了还没娶亲，正和同村妹子小芳谈着恋爱。可这婚事，小芳妈坚决不同意，小芳气跑了，住到了她小姨家。

一天傍晚，小芳的三舅急匆匆地来到小芳家，问小芳妈："大姐，王老二在哪里？我找他修风车，我们生产队的风车坏了。"

小芳妈惊讶地说道："三弟，你找王老二该到他家找，上我家来干吗啊？"

"大姐，我们生产队的风车一下坏了两部，找了几个木匠都没修好，说是太老旧了，得重新装新的。"

"那就装部新的啊！旧的不去新的不来！"小芳妈边说边拿了毛巾给三舅擦汗。

"大姐，装一部新的，要花不少钱，生产队没那么多钱啊！大姐，你告诉我，王老二在哪里？和小芳出去玩了吗？"

听到三舅的问话，小芳妈忽觉心中烦闷。她把毛巾往桌上一扔，说道："他们分手了，我不知道他的行踪。"

小芳妈话音刚落，三舅就跳起来，嚷道："好啊！分了好啊！我们小莉也喜欢王老二，她有希望了。"说完，三舅一溜烟似的跑了出去。

小芳妈见兄弟跑了，急得团团转，思忖：这可不行，王老二如真让三弟拉到小莉身边，小芳会和我"作死作活"的啊！想到这，小芳妈整整衣服，往自己小妹家走去。

到了妹子家，见小芳正在吃饭，她忙问："芳啊，王老二在哪里？我想找他谈谈。"

还没等小芳回答，三舅也来到了妹子家，开口就问："小妹、小芳，王老二在哪里？我找他有事。"

小姨笑着说："如今王老二变成了香饽饽，怎么你们俩都要找他？他最近不在，他去外地了。"

"去外地？"小芳妈和三舅都惊讶地问道，"他去外地做什么？"

小芳笑了，说道："他去外地做上门女婿了。"

"啊！完了，我们队的风车要完了，今年的水稻怕是要大减产了。"三舅哭丧着脸。

小芳妈一脸尴尬，轻声问小芳："芳，王老二真的去外地了？"

小芳点头。小姨说道："王老二人品好，手艺强，人家当然一看就中，不像我们这儿某些人，总说他是穷光蛋，挣不了大工分，没钱，听说兴化那边让他负责整个水田风车的维修工作，现在王老二在那边名声响着呢！"

三舅拍着腿喊："啊呀！早知道我就让小莉早点把王老二抢过来。小芳，你为何不把他留住？"

"三舅，不是我不想留，是我妈把他赶走了，是我妈拆散了我们。我准备做一辈子老姑娘了。"

听着他们三人一唱一和，小芳妈的脸一阵红一阵白，后悔万分。

这时，生产队队长笑着走进屋来，说道："婶子，兴化女婿你要不要？他也是木匠，人长得帅，还会修风车。"队长说完，对着门外拍拍手，说道："进来吧！"

这时，一位帅气的青年走了进来，他笑着把手中的一包点心递给小芳妈，说道："大妈，这是油墩子，兴化特产，香喷喷的很好吃，是我孝敬您老人家的。"

小芳妈涨红着脸，接过油墩子，诧异地问：“王老二，你真的去了兴化？是去相亲吗？”

队长笑了，说道：“婶子，那是小芳他们糊弄你的，前些日子我推荐王老二去江苏兴化学习风车灌溉农田的技术，现在他回来了，我已经向镇里推举王老二，准备让他把风车灌溉农田的技术推广到整个淞南地区，他有希望成为我们公社首位农业技术员，前途无量啊！”

听闻队长的话，小芳妈心想：真看不出，王老二还有这样的才能，男人有才就有潜力，看来，小芳的眼光不错，我不能阻碍他们，否则得不偿失。想到这，她问王老二：“王老二，你还会去兴化吗？你不会把我们小芳忘了？”

“大妈，您放心，我和小芳情投意合，我不会再爱别的姑娘了。今天，我就是想让队长保媒，迎娶小芳。”

不久，生产队里的一帮姑娘、小伙、阿姨、叔叔们吹吹打打，簇拥着王老二，高高兴兴地把小芳娶进了门。

牛车

文/大陈

牛车是江南水乡农耕中用来戽水灌溉农田的半机械化木质农具，它是专供畜力拉动的，故亦称“畜力车”。农民利用牛车灌溉农田的历史较长，早在清朝的中后期就已经出现，民国时期是淞南农民用牛车灌溉的鼎盛期。凡耕种20亩田以上的农户，都要饲养一头耕牛，并配备一部牛车。

牛车的制作工艺比较复杂，技术含量很高，不是所有木匠都能做，必须具备这方面的专业知识才能制作。整套牛车主要分成两大部分，一部分由荷叶盘和墩芯架组成，另一部分即戽水车（戽水车与人力车、风力车无异）。荷叶盘都用较好的楝树锯成6厘米阔、20厘米左右长的弧形板，镶成直径约2.6米的圆盘（俗称“六大弯”“六小弯”），外沿装有90多个酷似斧头状的齿牙（俗称“沿宁”），圆心制作有30多厘米见方、10多厘米厚的车心木，上面凿出一个直径约15厘米的圆心眼，按6个方向配有6根支撑连通6只大弯，荷叶盘上面有一个叫“丫鹊窝”的部件，由6根斜撑吊住荷叶盘。墩芯架中央有一根直径15厘米、高1米左右的墩芯柱，荷叶盘套在柱上即可转动，用牛拉动荷叶盘就可以正常工作，齿牙带动水躺轴侧钵，水躺轴牵引戽水车斗板，斗板套水向上提，河水就被灌溉到田里了。

电力过桥打水

文/大陈

1963年6月上旬，三麦油菜已经全部收割完，生产队所有农田亦基本耕翻结束，男劳力们忙着把基肥挑到田间，照例挑好基肥的田块应马上灌上水，不让肥料晒干失效。

我们队里70多亩田正等着上水开黄梅。往年都靠两部风力车来完成灌水工作，这次偏偏连着几天不见有风，圩位又不在电灌站的灌区内，全大队仅有一只流动机船打水，这下灌水的问题麻烦了。其他生产队干部都留了心眼，提前去大队报了名排好队使用机船打水。如果等他们打好水，轮到我们队估计要一个星期以后了。当然，按照传统做法，可以用牛打水。但屋漏偏逢连夜雨，队里仅有两头牛，一头年老，干不动活了，另一头牛既要牵车打水，又要犁田耙田，实在是来不及。所以，生产队的汤队长急得团团转，他说要是白天实在没办法用水牛打水，只能在晚饭后发动青年劳力代替水牛用牛车打水。

汤队长的办法是这样的：用木扁担绑在荷叶盘上推牛车转动，4个人同时推，一部车安排8个人，分成两组轮换上。天呐！人哪有这么大的力气？队长一句话，社员们不上也得上。第一批4个壮小伙先上，可是不消20分钟，小伙子们已经气喘吁吁了，8个人轮换着上。推了一个黄昏，田里灌着水的面积还不到一半，看来推车灌溉这个办法肯定是行不通了。这一招不好使，那就另外想办法。走在回家的路上，我的脑筋转个不停。要是能通上电就好了。那时生产队公场上脱粒已经用上了电，第一生产队公场离我们队的堰南圩大约有350米远，我们何不通电过去，用电动机变速拖车打水？

第二天一早我把这一想法跟队长说了，两个队长都说："蛮好，应该可以。"于是派人去赵屯桥买电线。我叫上一个社员，摇船去大市买了树棍、毛竹、铁钉之类的东西，事先画好电路过桥草图，标明尺寸后立马动手做。通过估算，电动机经过两次变速可以带动戽水车打水了。

第二天下午，我做好电力过桥装置（相当于变速箱）后就用船运到堰南圩北端，队里电工宋本海负责用毛竹等做"人"字架电线杆，电源就从一队公场上接。到了当日午后三点许，一切准备就绪只等开车上水。管水员负责看车，我叮嘱他要远离电过桥，加润滑油（俗称"牛油"）时先关车再进行，以免伤人。当夜打到半夜关车，据管水员报告说已打好了20多亩的涸田水。看来这办法管用。

我们队里所有劳力集中在堰南圩，妇女拔秧，男的忙着做水田（拉莳田、耙田等活）。上午十点钟的时候，大市机电站电工徐兴国师傅走到田头扯着嗓子喊我的名字，我见他火气十足的样子，心想一定是他知道搭电灌水这事了。是福不是祸，是祸躲不过。我走到他跟前，低着头满口认错。队长陈昆荣看到了，一路小跑，帮着做解释，谁知道徐师傅一句都听不进，说："赶紧把电过桥给我拆了！你们这种行为属于私拖乱拉电线，马上停止打水！"在田里拔秧的十几个妇女不买账："就只会让我们拆掉，你倒是给我们摇只打水机船来替我们上水啊，影响了生产，责任是不是你来担？"徐师傅哪里敢回嘴，只得灰溜溜地走了。

电过桥传动戽水车灌溉这一事，实在是无奈之举，但也说明原始的"三车"需要得到改进。在利用科学技术尝试新生事物时，可能会遇到这样或那样的问题，甚至会伤到人，但我们不能因此而因噎废食、墨守成规，应该要多想想怎么去改进技术来提高生产效率，并且把实用高效的生产办法推广出去。

车棚

文/管宿

江南水乡大都是水田。旧时，凡有农田的农户一般都在农田靠河的一边搭一个车棚。车棚的主要作用是借水牛之力牵动水车取水，另外就是为农户劳作之余提供休息场所。车棚一般由四根柱子加一个顶棚组成。先是将四根结实的木头一端扎紧（考究一些的采用榫卯结构），另一端分开横跨在四根插在泥里的石柱子上，固定；然后在四根木头上端再用竹篾围牢扎紧，并将稻草铺在上面，再将稻草扎成束捆紧，上层盖下层，便于排掉雨水。棚的大小、高低要能放一部圆盘水车，并留出水牛围绕水车转的路。

难忘车棚

文/管宿

二十世纪六十年代，我家有二十多亩水田，有三个车口，也就有三个车棚，其中两个在村西的吊市湾和老秧田，另一个在村北的阵塘桥。

我家的车棚在我出生前就已有了。小时候我常到车棚里去，因为每到春熟夏种农忙时，父亲总会交代我一件任务，那就是负责看好自家的牛车水。因河西田多，每次父亲总叫我先去河西的两处车棚。到河西车棚要经过一条河，河上有一座简易桥，承受不起一头水牛的重量，所以我总是牵着牛绳让牛在河里游，我则在桥上小心地走。每次出门，父亲总远远地跟在后面看着我牵牛，一直等我顺利过了河才会折回去继续干活。

来到第一个车棚，我按照父亲教我的办法，先用一条黑布将牛的眼睛蒙起来，扎紧，然后牵着牛绳来到水车边，将连着水车的绳架子套在牛的肩上固定好，对着牛吆喝一声，我家那头勤恳的老牛低头只管往前走，圆盘水车运作起来，圆盘又带动车轴，车轴再带动长绞水车，这样便将河里的水打进了田里。

这时候我就有自己的自由时间了。我可以在车棚外走动走动，也可以到水沟、水田里去捉小鱼、小虾，有时我什么也不做，就靠在车棚的石柱上打个瞌睡，总之这个时候很悠闲。但是我不知道牛的眼睛虽被蒙住了，但它的耳朵和鼻子还是比较灵敏的，当它感觉四周特别安静的时候也会偷懒，就会停着不走。这次我有意试试，一开始我四处走动，甩着鞭子抽打野草，抓抓飞虫，制造了不少动静。老水牛老老实实地干着活，没有偷懒的迹象。然后我就试着制造一种我离开的假象：我从一根柱子走向另一根柱子，按照正常走动的步伐，然后扶着柱子不出声。果然，没走几圈它就停下来了，仰头嗅着，又喘着粗气，好像是在打探四周的情况。水牛这副模样，真是又好气又好笑。我走上前去，用鞭子在它背上抽了一下，又在地上狠狠抽打了几下，还骂了它几句偷懒的话。老牛仿佛知道自己错了一样，又继续默默地迈开了腿。

等河西两个车口的水打好后，我又牵着牛，转到阵塘桥那个车口，继续我的工作。虽然一来一去路途比较远，但是阵塘桥那边跟河西的两处车口不一样，在这里，有两个小伙伴正等着我一起玩呢。他们是河对面的阿三、阿四弟兄两个，年纪跟我差不多，我们抓鱼、摸虾、抓黄鳝，什么都玩。农村条件虽然艰苦，但是孩子们总能发现玩的乐趣，小朋友在一起玩就会忘了时间，一玩玩到天黑也是经常的事。这次也是，一直等听到家里大人喊吃晚饭了才停歇。我一看田里水也打满了，就稍做收拾，牵着牛回家了。

当然，车棚不仅供牛车水，也供农户休息。平时父亲和哥嫂们大部分时间都在田里干活，我也总跟着他们到田头做一些端茶送饭的小事，或者在车棚里玩耍。车棚真是防雨防晒的好地方，有时候大风呼啸，父亲和哥哥、嫂嫂就停下活儿，到车棚里避避风，这时候父亲总用一个大块车篷挡在迎风那一边。而到了夏天劳动时，在水稻田里劳动更是热得不行，农民无不汗流浃背，这时候各家各户的车棚就派上大用场了，那是田间避暑休息的最佳场所。

那个年代，农村没有公路，没有自行车，无论是外出还是走亲戚，全靠两条腿，于是车棚又成了人们长途行路休息的好地方。

打谷场

文/管宿

打谷场就是稻麦脱粒的场地，它起源于二十世纪六十年代后。那时各生产队都建起了较大型的打谷场，大部分建在村里，但也有建在农田里的，面积一般不少于200平方米。开始是砖场，后来是水泥场。打谷场北侧一般都建有仓库，用于存放稻谷、麦子和打谷机械。打谷场最忙的时候是在春夏之间的大小麦的脱粒和秋天水稻收割后的脱粒，农闲时则作为社员开会、看电视和放映电影的场所，所以打谷场可以一场多用。到了八十年代，改革开放后，打谷场一般由老百姓轮流用。后来实行农田大承包，大农户都用大型脱粒机，于是打谷场就退出了历史舞台。

小苏学轧稻

文/管宿

二十世纪七十年代，苏州知识青年苏勇响应国家号召，到西宿乡何王谷村第五生产队插队落户。

平时，小苏不怕脏、不怕累，什么脏活、重活都抢着干。他插队不久，恰逢水稻成熟要收割脱粒。收割时小苏就抢着干，累得他晚上睡觉时肌肉和骨头都疼痛不已，翻来覆去睡不着。他下定决心要克服一个又一个的困难。

不久，水稻要脱粒了，他就去问瞿队长："水稻脱粒有哪几种农活？哪几样技术性强？"队长便讲给他听。晚上，小苏睡在床上想，决定先学会最难的脱粒工作。第二天，他一早就来到打谷场，瞿队长早已在摊派任务。他一步上前就要求队长让他参加脱粒。队长认为小苏这小青年上进心强，不怕苦、不怕累，有培养前途，就一口答应了他，并且决定先教他学脱粒，让他早点学会这个技术性高又比较危险的农活。

不一会儿，生产队参加脱粒的人都到了，队长宣布脱粒开始。"来，小苏，我俩上这个双人轧稻机，我教你怎么脱粒。"队长和小苏来到场东的一架双人轧稻机旁边，他先不开动电动轧稻机，而是拿着一个稻捆把，在轧稻机上边讲边演示给小苏看。队长说："拿稻把时两手一上一下握住稻把，然后慢慢地、轻轻地将它放在轧稻机的刺毛滚筒上，一定要由小部分到大部分再到全部，然后再将稻把翻过来。这样既能将稻把上的谷粒脱净，又不会发生危险。这里一定要注意由于轧稻机的滚筒转得很快，如果稻把一下子放上去，会被齿轮吃牢，分量吃重，稻把就会被卷走。如果两手抓得很紧，那一不小心，两手也会被卷进滚动的齿轮里，那多危险啊！”队长耐心且严肃地说着，又反复叮咛着。接着，队长便开动电动机，亲自演示脱粒给小苏看，接着叫小苏也学着做一遍。“好，可以了，但一定要沉着、灵活，绝对不能有半点儿马虎！”队长又反复叮嘱。于是，两人既紧张而又沉着地将一个又一个稻把放在轧稻机的滚筒上，很有节奏地轧着稻把，脱粒稻谷。

整整一个上午，队长教得认真，小苏也学得认真，很快就学会了脱粒。但一个上午下来，小苏累得不行了，衣衫全都湿透了。于是，队长决定让他下午干点轻松的活，等明天再参加脱粒。可是小苏认为自己刚学会脱粒，还不熟练，坚持要再参加脱粒。队长看他热情很高，既表扬了他，又特别强调一定要注意安全，万万不可粗心大意。

吃了午饭，下午一点又准时开始轧稻，场地上又稻谷飞溅，热气腾腾。小苏跟大家一样，两手握住稻把，在刺毛滚动齿轮上不停地翻动着。随着稻谷的飞溅，汗水湿透了衣衫，眼前也是模模糊糊的。忽然，他的左手猛地被齿轮刮了一下，于是立即向后一缩，轧稻机也猛地“咔嚓”一声停了下来。正在场地上劳作的队长一看不妙，马上跑过去将闸刀拉下来。看到小苏受伤了，他马上将小苏扶到拖拉机上，叫另外一个小青年开着，到镇卫生院去急救。还好，由于小苏反应快，动作也快，只是左手手背擦了一层皮，虽出了一点血，但无大碍。经医生包扎，配了些药，就回来了。

回来后，小苏躺在床上思索着，现在他才真正体会到农业劳动也是一门学问，参加农业劳动不能光凭一股热情，既要勇敢又要讲究科学，既要大胆又要心细。不怕苦和累是对的，但也要劳逸结合，队长劝他下午做其他轻松点的农活是对的。

风谷车

文/车心

风谷车作为一种农具在我国有着悠久的历史。其基本构造是：顶部有个梯形的入料仓，下面有一个漏斗是出谷的，侧面有一个小漏斗是出细米的，尾部是出瘪粒和杂物的；圆形的“大肚子”有一叶轮，有铁做的摇柄，手摇摇柄转动风叶产生风力扬谷物，转动的速度快，则产生的风大，反之亦然。在具体操作时，两手要紧密配合，右手要先摇动风车摇手，让风先扇出来，然后左手把搁条放下几档，让谷物从车斗底板开口处滚落下来。这时风即穿过纷纷漏下的谷物，使草屑杂碎从出风口飘出。饱满的谷粒比较重，则从漏斗口垂直滚下，落到接在漏斗口的山笆或挽子里。

风谷车的约定

文/杨卉明

这天，知青王明起了个早，来到生产队劳动。知青们平时上班、吃住都在知青点，只有农忙期间才到各自落户的生产队“支农”。

钱队长说：“小王，知青从小没吃过苦，到农村插队不容易，你到工场去晒谷吧。这些天中午你来我家吃饭，小玲学校放农忙假，正好让她在家学习做饭。”小玲是钱队长的女儿，正在读高中。

王明来到工场时，场上早已晒满了稻谷，几个大婶正在翻动谷子，动作熟练，翻过的谷物均匀整齐。王明心想这样简单轻松的活，自己也能胜任，就拿起工具翻了起来。可是手上的工具偏偏不听他使唤，翻晒的稻谷不是很厚就是很薄，还歪歪斜斜的，大婶们笑得前仰后翻。

不知什么时候，小玲过来叫吃中饭了，见到王明笨拙的样子，她扑哧一笑，说道：“王明哥，你什么都聪明，就是做农活太笨了。”王明对小玲心存好感，平时总想在她面前表现自己最好的状态，可今天洋相出尽，他的脸涨得通红。

两天的大太阳把谷子晒干了。王明问道：“钱队长，什么时候去交公粮啊？”钱队长说：“现在这种谷子不能去上交，还有一道重要的工序呢。”

钱队长一挥手，几个社员把一台木制机器抬到工场中央，钱队长说：“这叫‘风谷车’，也叫‘风谷机’‘扬谷机’‘扇车’，用它除去稻谷中的瘪粒、柴秸，然后才能把稻谷上交。”王明从小对机械感兴趣，知青点小工厂的机械都是他修理的。在社员们操作风谷车的时候，他仔细观察着这台木机器的构造。

风谷车顶部是个梯形的入料仓，下面的大漏斗是饱满稻谷的出口处，侧面的小漏斗是瘪粒的通道，尾部是出柴秸的。中间圆形“大肚子”里藏有一个大叶轮，外面连着摇杆，手摇时转动风叶，风叶产生风，风吹扬谷物，摇得越快风就越大。王明上去试了试，他使劲地摇着，沉甸甸的稻谷从风车肚里“沙沙”地流了下来，那些轻浮的瘪谷沿着边上的小漏斗滚出去，而混杂在谷子中的秸秆及灰尘全部被吹落到后面。

王明赞叹地说：“这家伙看似简单，设计得却很科学，又很实用。”他摇了一阵后，感觉手臂有些酸。吃午饭时，王明认真地对钱队长说：“这风谷车利用了流体力学、杠杆原理和惯性原理，发明者真是聪明。不过机器太笨重，使起来费力且效率不高。”钱队长说：“这架风谷车还是当时合作社成立时专门请木匠师傅打制的，后来修过多次，到现在还能用已经不错啦。”

王明思索着说：“如能改成电动的，既省力又能加快速度。”小玲在旁边说：“听老人们讲，风谷车在两千多年前的西汉时就发明了，历代农民一直使用到现在，能改早就改啦。”王明说：“过去农村没有电，现在村村通电了，我想可以利用电能来扬谷。”

小玲觉得王明讲得有道理，可嘴上还是说：“你就是不会做农活的懒人，才一直想偷懒的方法。”王明说：“我们打个赌，如果我试成功了，你说如何？”小玲说：“好啊，我们来个风谷车的约定，如果你能想出更省力的办法，你随时可以到我家来蹭饭。”王明自信地说：“好个风谷车的约定，请你爸作证啊。”钱队长笑道：“好啊，我作证。”

王明经过一天努力，绘制改装草图，加工制作零配件，硬是将手动风谷车改装为电动的。按下电源开关，风谷车转动了，可传动带很快滑落，调试了多次都没有用，改装宣告失败。这时的小玲没有讥笑王明，反而敬佩他这种刻苦钻研的精神，小玲鼓励他调整改进的思路和方向。

回到知青点，王明把自己一个人关在宿舍里，冥思苦想改进的法子。直到半夜，灵感突然出现，他马上到车间又捣鼓了起来。

次日，一台改装好的排风扇安放在工场上，王明把电源一开，社员们用铲子向上抛扬谷物，排风扇产生的风将谷物中的瘪粒、柴秸吹到远处，而饱满的稻子直接落下成堆。实践证明，排风扇扬谷这种方法不仅简单省力，而且效率比原来的风谷车提高了多倍。大伙都为之拍手鼓掌，钱队长伸出大拇指连声夸赞："王明，你们知青有文化知识，脑子活，办法多。"

小玲来到工场，见此情形，非常高兴，她看王明的眼神不仅是敬佩，还带有一丝爱慕，她清了清喉咙，喊道："爸爸、王明哥，吃饭啦！"

筐和三脚架

文/文馨若兰

筐又称“筛子”，筐和三脚架是农村夏收、秋收时脱粒场上必不可少的工具。

筐是一种用竹子劈蔑编制而成的带有许多小孔的器具，圆形，常见的还有方孔、六边形孔、矩形孔的。筐是用竹篾编成的，筐框突起7～10厘米，筐的沿口用3～4厘米宽的竹片将竹篾夹住。筐的主要功能是过滤物品。根据用途，筐大体分为大筐和小筐。大筐的直径1.2米左右，筐框上面的中间横穿一根竹竿子以便吊在三脚架下及筛谷者当把手用。小筐的直径通常不超过1米，中间没有横穿的把手。

活动三脚架是用三根长5～6米的大竹子捆扎在一起的架子。制作时，找三根大小粗细及长度都差不多的毛金竹，在细的一头（竖起来离地面4～5米处）用麻绳扎紧，然后在捆扎处系一根3米多的麻绳，以便在筛谷时用于吊筐。三脚架既要能随时放大放小三只脚之间的距离，又要能固定吊筐不松塌，所以支座的捆绑很重要。先打一个活结套住一根竹子做固定用，再把另外两根顺着一个方向上下绕三圈，再在根部之间绕三圈，用力绑好后三脚架就可以用了。

筲谷

文/王永刚

这年秋收，秀子从县师范学校回家农忙。到家后，她换上一身粗布衣衫，把三脚架置于脱粒机旁，再在垂下的绳子底端系上筛子，动作娴熟流畅，俨然是个筲谷的老把式。

正忙着，媒婆张婶带着一名男子上门了。秀子妈打量了一下男子，把秀子招呼到身边，说："这是亚民，张婶给你介绍的对象。"

"妈，这么大的事，你怎么不事先说一下呢？"秀子轻声埋怨道。

秀子妈笑笑说："你平时住学校，哪有时间看对象，现在说不是一样吗？"

这时，秀子爸挑着一担稻过来，解下肩上的扁担，把亚民看了又看，不时满意地笑笑，转身对张婶说，让两孩子先处处看。说完，拿起扁担就离开了。

秀子怏怏地回到筛子旁，张婶跟亚民使了个眼色，亚民立马走过去帮忙。

筲谷不算累活，但最好是两个人操作，一人抓住筛子的一端，另一人往筛子里装稻谷，这样筛子就不会失去平衡。筲谷时，两个人面对面站着，来回摆动几下，稻谷就会顺着筛子的洞眼掉下去，最后留下一堆草屑。

论长相，亚民仪表堂堂，是女孩们心仪的对象。但秀子自有苦衷，表姐珍珍已经跟她说好了，这次回来要给她介绍对象，男方做事勤快，两人的喜好都差不多。虽没有见过人，但秀子似乎早就心有所属，再说了，总要遵行先来后到的规矩吧。

亚民麻利地往筛子里连装几簸箕稻谷，然后抓住筛子开始筐谷。可不知道为什么，他的动作非常僵硬，筛子摆动了一会儿，稻谷却还没有掉完。秀子一看，来了气："你会不会筐谷？快把手松开，让我一个人来。"

亚民的脸红一阵白一阵，一副欲言又止的样子。秀子猛地拉过筛子，稍稍用力摆动几下，这次稻谷全部掉了下去。亚民拿起簸箕，想继续往筛子里装稻谷，不想被秀子谢绝了。秀子冷冰冰地说："不用你帮忙了，你只会帮倒忙，还是站一边休息吧。"

亚民听了好不尴尬，秀子妈看到后，责怪说："秀子，亚民好心帮你，你怎么可以这样对他呢？"

秀子激动地说："妈，看你给我介绍的对象，根本就不是干农活的料，等以后结了婚，都要我一个人操劳，还不把我累死了，我才不干呢！"

"别瞎说，男人不会干农活，那怎么当得了家？"秀子妈反驳道。

刚才母女俩的对话，恰巧被秀子爸听到，他抽出扁担就要打秀子，被张婶一把拉住，说："秀子是大姑娘了，有话好好说嘛。她要是看不上亚民，我再帮她介绍一个。"

秀子妈赶紧把秀子爸劝走，回头又去劝秀子，好话说了一箩筐，秀子就是听不进去。

张婶见没必要待下去，就想带亚民离开。突然，邻居慌慌张张跑来，说秀子爸掉河里了。秀子妈不会游泳，当场急得手足无措。亚民拔腿就往河边跑，纵身跳入河里，救起了秀子爸。看到秀子爸平安无事，秀子妈拉过一旁的秀子，说："亚民救了你爸，你不应该对他说声感谢吗？"

秀子知道母亲的用意，想让她看在亚民救人的分上，答应这桩婚事，可她偏不遂母亲的心。秀子妈失望至极，她不再偏袒秀子了，大声吼道："亚民到底哪里不好，你为何要这样绝情，你现在就给我滚回学校去！"

见母亲大怒，秀子吞吞吐吐地说："妈，我没觉得亚民不好，只是……"话还没说完，就见走来一个女孩，秀子几乎快哭了出来："我的好表姐，总算把你盼来了！"

听完张婶说的事情经过，珍珍哈哈一笑，说："真是好事多磨，我给秀子介绍的对象，就是亚民啊！"

秀子吃了一惊，嗔怪道："为何不早说呢？"

这话明显是说给亚民听的，等他反应过来时，秀子忍不住笑出声来。原来，秀子想推掉这门婚事，故意在笪谷时使了个坏招，她抓住筛子佯装摆动，但使的力跟亚民正好相反，这样筛子摆动的幅度就很小，稻谷也不会那么快掉完。

亚民看着秀子，不好意思地说："相亲是父母临时安排的，我不好违背，因为事发突然，也没来得及告诉珍珍，但我还是认可珍珍介绍的对象的。"

那对象不就是我吗？秀子一下就脸红了。

挽子 山笆

文/木木

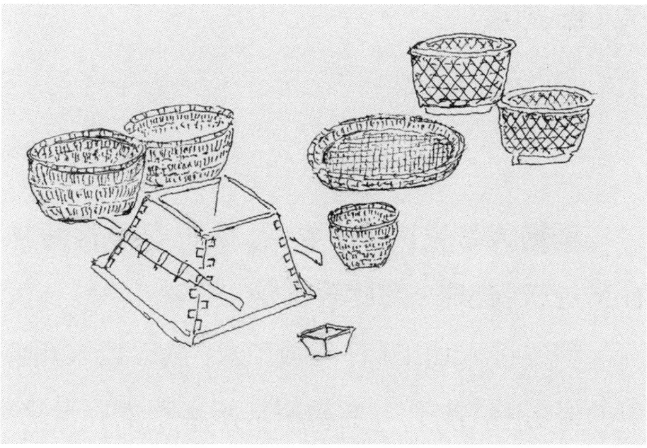

挽子，书面语“栲栳”，是用来装运谷物的农用工具。圆形，直径70厘米左右，深45厘米；上部沿口用毛竹片轧制，下部用柳条编制，中间用藤联结。

挽子一般在脱粒、翻晒、加工粮食时与山笆搭配使用。先将谷物装入山笆，再将山笆中的谷物倒入挽子运送。平时所说的掮谷、掮米、掮麦以及掮菜籽等，就是用挽子操作的。

山笆形状与挽子相似，比挽子小，直径30～40厘米，深不足30厘米。

少了一挽子米

文/施敖泉

星期天帮生产队干农活，队长安排蒋菊林去加工厂负责给分米的社员过磅、记账、发放筹条等工作。

稻谷进入加工厂，碾成了米，然后装入用藤柳编成的箩——这藤柳箩的俗名叫“挽子”，它是用来搬运稻麦谷米之类的。生产队里的挽子一般不算大，一挽子稻谷约有80斤，一挽子稻米约有100斤。比挽子小一点的藤柳箩叫“山笆”，两山笆约合一挽子。

守在碾米机旁的社员先用山笆轮流接住打下来的稻米，再把山笆里的稻米倒入挽子里，然后和分米社员面对面地抓住挽子内侧边沿用力一提，分米社员随即一个转身，把一挽子稻米上到肩头。

等分米社员肩扛着装满稻米的挽子踏上磅秤，蒋菊林就负责打磅、看磅，然后记下重量，同时发放一根筹条，让他们扛着稻米，分发到生产队每户社员家中。

之前，分米社员拎着空挽子称重时，蒋菊林就开始注意每个人的情况，因为他曾听父亲说过，有人称重时，身上故意盘上铁链，以增加体重，到扛着米过磅时，去掉铁链，这样就可以私吞掉多出重量的米。

轮到福元叔过磅时，蒋菊林发现他的裤兜鼓鼓囊囊的，很不正常，就笑着对福元叔说：“把您兜里的东西拿掉再称重！”福元叔闻听，愣了一下，摸了摸裤兜，从里面掏出了老虎钳、扳手和几把螺丝刀放到一边。他尴尬地笑了笑：“不好意思，我早上出来时，顺便去公场上修了一下电动机。”蒋菊林暗自得意，心想：多亏自己警惕性高，不然，肯定得这让这家伙占了集体的便宜。

就这样，蒋菊林仔细地看磅、记录、发筹，一直忙到中午。稻米分完后，社员们来“回筹”，一根不多，一根不少，大家也没异议，蒋菊林高兴极了，感觉很有成就感。

就在他们刚要离开加工厂的时候，队里的老陈突然出现在他们面前，老陈张口就问：“你们是怎么分米的，啊？怎么会少分了我家一挽子米？”

社员们立即赶到老陈家，根据人口比例分配，老陈家的米囤里的确少了许多米。老陈用手在米囤内侧比画了一下，说：“往年，米位线在这儿，可现在只到这儿，据我估计，少了有一担左右，正好一挽子。”

蒋菊林问大家，老陈家的米谁送的，大家摇头的摇头，摆手的摆手。蒋菊林下意识地扫了他们一眼，发现福元叔不在现场，不免有些疑惑。有个社员突然想起，说老陈家的米是福元叔送的。

有人撒脚如飞把福元叔找了来，蒋菊林厉声问道：“老陈家少分了一挽子稻米，你说，到底是怎么回事？”福元叔愣住了，竟不知怎么回答才好。

旁边有社员质疑道：“该不会偷偷送到自己家里去了吧？”福元叔气得满脸通红：“你……你，怎么血口喷人！我是那种人吗？”蒋菊林强压着火对福元叔说：“我也相信你不是那种人，但老陈家少了一挽子米是事实，你怎么解释？”福元叔憋红着脸，翻着眼睛，说：“老陈家的米是我负责送的，一共要五挽子，可我只送了四挽子……还有一挽子……是介生兄弟送的。”

“你放屁，我什么时候给老陈家送过米？”介生叔闻听气得跳了起来，冲上去扬拳就想打，大家赶紧上前把他拉住。福元叔也不示弱，冲着介生叔大声说：“你肯定送了！当时，我正扛着米想送到老陈家，远远看到你拎着空挽子从老陈家弄堂口走了出去……”介生叔冷笑道："我把米送到老陈家隔壁的五保户家，出来时尿急，就去了陈家屋后……你说，出来时不走弄堂口，走哪里？"福元叔闻听，一拍大腿："哎呀，误会，误会，我还以为你替我把米送到老陈家了呢。"

蒋菊林问福元叔："当时你扛着的那一挽子米送哪里去了？"福元叔说："当时，我以为介生兄弟把送到五保户家的米错送到了老陈家，所以就把扛着的那挽子米送到了五保户家，心想这样不就扯平了吗？"大家闻听，不由得笑了起来。

后来，经过查证，五保户家确实多出一挽子稻米。于是蒋菊林主动向福元叔道了歉，说不该怀疑他的人品。介生叔和福元叔也主动握手言和，就这样，大家在轻松愉快的笑声中各自散去……

羊篰

文/车心

羊篰，也叫“羊篮”，书面语叫“背篓”，由竹匠用竹刀将竹子劈成篾制成，系上两根背带，用来背在背上运送东西。淞南地区的羊篰大多是圆柱形的，少有底方口圆形的，大小因人而异，通常直径为45~50厘米，高为70厘米左右。篰壁的留孔有方形的，也有五边形的。留孔的形状由编制方法决定，用“井”字形方法编制，是方形孔，用“米”字形方法编制，则是五边形孔。背带一般常用食指粗细的麻绳，太细的话，背重东西易断，而且勒得肩疼。

斫羊草

文/车心

二十世纪六十年代后期，一个十一二岁的男孩在家里可以顶半个正劳力了。

那时候，家里养了两只羊，只要不下雨，斫羊草是我每日必做的功课。节假日自不必说，上学的日子也是如此，好在那时一般下午三点不到就放学了。放学哨声一响，我拎起书包就回家。一到家，放下书包，我背起羊箭，拿把镢子（镰刀），便出门去田野里斫草。

那时候养的都是绵羊。一是每年可以剪一次羊毛，洗干净纺成线做羊毛衫；二是羊窠可以卖给生产队里作有机肥。所以，家家都养羊，家家的孩子都斫草。但要斫到足够的草让羊吃饱是一件不容易的事。而队里经常组织人员锄草、罱泥作肥料。锄了草，自然无草可斫。

有一次，一个炎热的下午，我背着羊箭走了好长时间，就是找不到草可斫，后来走到一个小浜斗，看到河岸上的一棵大杨树下有一片绿油油的青草，便开心地跑过去斫起草来。斫着斫着，我发现河岸下的草更多更绿，凭着自己会游泳，我就大着胆子下到河里去斫，斫下一大把就扔到河岸上。看着大片碧绿生青的青草，我越斫越开心，一不留神，脚下一滑，人就到了河中心，瞬间成了落汤鸡。

回到岸上，心还是扑扑跳，我赶紧把草装到羊箭里，由于装得太满，草装不下，我使劲把草往里按，一把一把地沿羊箭内侧塞紧，直到手也插不进去为止，就这样一层一层地堆起来，最后用绳子在羊箭边扎起来。看着满满一羊篰草，尽管浑身湿透，我心里还是蛮开心的。但是这天因为寻找草地花了太多时间，这时已离家很远。由于羊篰里的草堆得过于坚实，分量也就重了，回家途中歇了好几回。回到家时已经气喘吁吁，十分疲惫，卸羊篰时连人带篰一屁股坐在地上。抽出手来摸摸两肩，又酸又痛，不管怎么说，这一天的斫草任务是超额完成了，而且有一种莫名的"破纪录"的满足感。

老爸、老妈从屋里出来，看到我浑身湿透，断定我在斫草时掉到了河里。老妈操起扫帚就要打我："谁叫你这样不要命的？做点事这么没分寸。"老爸赶紧拦住老妈："孩子斫不着草心里也急的，这么热的天，把草斫回来不是蛮好吗？干啥还要打他？"转身对我说："儿子，以后斫草一定要注意安全，不要轻易冒险，万一出啥事，叫爸妈怎么办？"说着叫我赶紧去换衣裳。

斫草是辛苦的工作，并不比大人在队里挣工分轻松。如果斫不着足够的草，过日子也会受影响。我老妈那时远没有如今的和气、好说话，板起脸来挺吓人，动不动就大声训斥我，或用扫帚柄打我。

当然，有苦恼也有快乐。特别是在暑假期间，因用不着赶时间，约上三五个小伙伴，边斫草边玩游戏，有时还有额外收获。

记得有一天，吃好中饭我约了阿二头、小木根一起到村后的小高地去斫草。刚斫了一会儿，阿二头来到我身边，神秘兮兮地说，高地的东边有片瓜地。小木根见我们俩说悄悄话，也凑了过来。阿二头对他说："小木根，天这么热，你嘴巴干不干？"

小木根丈二和尚摸不着头脑："不干呀。"

阿二头嘀咕了一句："憨大！真是拎不清。"接着干脆在他耳边如此这般地嘀咕了一通。小木根听着，眼睛放光，点着头："好好好。"

于是，我们一边假装斫草，一边环视四周，确信附近没人，就以百米冲刺的速度跑向瓜地，到了瓜地，也不懂瓜的生熟，只拣大的摘，摘好了，就拔腿往回跑，把瓜放到羊篰里，用草盖好，然后背起羊篰寻一个地方，尽情享受“不劳而获”的果实。

吃过瓜果后看看时间充足，便决定玩游戏。不知不觉时间已晚，斫满一羊篰草有点难度了。我提议到河滩边斫一些水花生，到人家自留地上扒一些玉米叶，将水花生或翻麦叶放在羊篰的中间，上面盖上青草。想不到这一招果然奏效，瞒过了老爸、老妈的眼睛。

孩童时代，因条件所限，生活清苦，小小年纪就要帮着家里做事，但苦涩之余也有快乐。

摇船

文/管耀明

江南水乡河湖交叉，交通运输主要依赖船。船向前行进的动力来源于橹。

船有大有小，稍微大一点的摇船所用的橹，一般有七八米长，小船则在4米左右。橹的外形有点像桨，但是比较大，一般支在船尾的橹檐上，入水一端的叫“橹叶”，其剖面呈弓形；上端则叫“橹把手”，在顶端套上橹绑绳，橹绑绳的另一端系在船上。在橹叶与橹把手的连接处有一圆形小洞，摇船时，小洞套在船艄的铁制橹人头上。用手摇动橹把手，使伸入水中的橹叶左右摆动。橹摆动时，船跟水接触的前后部分会产生压力差，形成推力，推动船只前进，就像鱼儿摆尾前进。

摇船时，一人擢橹，一人抓帮。擢橹者要有点技术，抓帮者重在配合。摇船时要看好前面，前面无船时，一般船摇在河中心；如前面有船过来，来船在左前方的，自己的船在右边的要板艄；来船在右前方的，自己的船要推艄。所以擢橹者一定要掌握方向。而抓帮者则要注意，如掌船者推艄的，要朝里拉；如擢橹者板艄的，要向外推。两人必须密切配合，船才摇得稳、摇得快。

我学摇船

文/管耀明

过去在农村，摇船是一项技术农活，每个成年农民都必须会摇船。那时，爸爸看见我逐渐长大，就迫不及待地叫我学摇船。

爸爸说学摇船要先学抓帮。爸爸就自己抓牢绳子，演示给我看。他说两手一上一下，一般右手在上，左手在下，握绳时，手既不能抓得太紧，又不能太松；抓得太紧，手要磨出血泡；抓得太松，当你推绳出去的时候，人一不小心就会掉到河里。接着，他又说："当我擢橹，朝外，你要抓绳朝里扳；当我擢橹向外推，你就要抓牢绳子向里拉。"爸爸讲的道理我都懂，但抓帮时又往往顾此失彼，手脚忙乱。爸爸鼓励我慢慢来，只要认真有决心，总能学会的。以后家里每次摇船外出，我总跟着学抓帮。大约过了半年，我从手生到顺手，再由顺手到熟练。

有一次，家里摇船到陈墓（现在的锦溪）去买砖瓦，我便自告奋勇担下抓帮任务，大哥擢橹，爸爸负责撑篙。船出大市，便是长白淀，这里河宽，浪大水急。去时，因船空，我抓帮还可以，可回来时，因船装了砖瓦，吃水重，我很用力地抓着帮，大哥也很卖力地擢橹摇船，船航行得比较快，我也累得满头大汗。船好不容易驰出长白淀，我才算松了一口气。父亲第一次对我的抓帮工作进行了表扬。

但是单会抓帮还不算会摇船，于是，父亲开始教我擢橹摇船。他让我将两手叉开握住橹壳，并说："手既不能握得太紧，也不能太松；太紧了手容易红肿，太松了橹不听使唤。"我边听边握橹，并也学着摇了一下。当我感到有点门路时，爸爸又说："攉橹者要掌握方向，看好前面攉橹。一般船在小河里，要在河心摇，因为如果靠近河岸边摇，往往会遇到浅滩乱石；但如果船在大河里，那船可靠近岸边摇。还有，如果来船在我们船的左前方，那你就要朝里扳；如果来船在我们船的右前方，那你就要朝外推，这样两船才不会相撞。"

刚开始，我学摇空船，爸爸抓帮，我攉橹。爸爸说："现在我们的左前方来船了，是推还是扳呢？"我迟疑着，爸爸说："扳呀！"爸爸又说："现在前面右前方来船了，是推还是扳呢？"我想这下子是推了。一来一去，足足用了一个下午，弄得我满头大汗，才总算有点门路。继而，爸爸就叫我摇船到田里去，将田里的几捆稻收回来。去时是空船，摇船比较省力，回来时船沉下了点，我忽然觉得橹有点沉，攉橹很吃力。正在这时，前面又来了一只船，爸爸抓帮朝里，我就朝外攉；摇了一会儿，前面又来了一只船，爸爸抓帮朝外，我就朝里攉。两次前方来船，我都顺利地将船摇了过去。

有一次，爸爸叫我跟他一起摇船到镇上，将家里的一只猪卖掉，顺便再买点农具回来。当船摇到千灯浦时，河宽浪急，来来往往的船只又多，我有点慌了。爸爸便说摇船不能紧张，要沉着。果然，我不慌不忙地攉着橹，不管风大浪急，也不管前方来船多少，我都能将船顺利地摇过去。有了一次又一次的实践，我终于可以将船摇得得心应手了。

筛谷

文/周建芬

筛谷是秋收季节打谷场上一项不可或缺的农活。

不管是手工掼稻，还是用电动脱粒机打稻，刚打下的谷子杂质比较多，有未脱尽的稻穗、乱柴以及小土块、小石子等，要将这些杂质与谷子分离，就得用竹筐筛。这就是筛谷。

筛谷时需要的工具有竹筐、三脚架、扫帚、山笆或畚箕、铁铲等。筛谷前在打谷场的一角（最好是风口，风可以将乱柴、瘪谷、灰尘等轻的杂物吹走）将三脚架撑起来，把竹筐吊在三脚架内就可以了。筛谷通常是两个人搭档，一个掌筛负责筛，另一个人用山笆或畚箕、铁铲把混着秸秆等杂质的谷物装到竹筐里，装到一定数量的时候，掌筛人双手像推磨一样用竹筐来回推送，并作圆周运动，这样，谷子里的杂质便完全被分离出来了。

除了在打谷场上筛谷，粜粮时有时也需要筛谷。这是因为收购稻谷的粮库部门要对稻谷进行验货，主要是检测水分和杂质，如果水分符合要求，但杂质太多，就要将稻谷再筛一遍。

田嫂家的谷子

文/谢晓刚

秋收的日子，忙碌而又紧张，田嫂家的稻谷已经收割并且脱完粒了，丈夫大明一直在外当兵，没时间回家帮忙筛谷。田嫂没办法，只能自己起早摸黑筛谷，一个多星期了，还剩下一大半。眼看着江南的秋雨季即将来临，田嫂急得双脚直跳。

这天一大早，天上的云层黑压压的，估摸着秋高气爽的好日子就要转变了。田嫂心急万分，约好了上午去粮站卖粮，要送过去两千斤谷子，现在还差一半谷子没有筛好，而且那面小号的竹筛子也快散架了，预定的新筛子迟迟没有送货。田嫂决定“萝卜洗一段吃一段”，把筛好的近一千斤谷子先卖掉，余下的过几天筛好了再卖。

田嫂急急忙忙把谷子装上木船，为了防止被雨淋，用塑料布把谷子盖得严严实实，赶在下雨前，摇着船到了粮站码头。

船刚靠岸，码头上走过来一个人，笑眯眯地说：“田嫂，我来验一下稻谷等级！”田嫂抹了把汗，抬头一看，是粮站新来的职工小周。小周就住隔壁村，省粮校毕业刚分配到粮站工作，平时经常过来串门，不过，田嫂还是头一次和他在这种场合碰面。

很快，田嫂将一袋袋稻谷敞开，小周一边翻看验收，一边赞叹：“嗯，田嫂真能干，大明哥当兵在外，你一个人应付那么多农活，真不容易啊！”

田嫂可没心思听赞美话，直奔主题，问小周：“跟你商量个事，我和黄站长约好今天送两千斤过来，可是我一个人来不及筛谷，后天下午把余下的全部送过来卖掉，行不行？”

小周嘿嘿一笑：“好啊，不过你得抓紧，你看看这天气，接下来几天估计都要下雨，到那时我们只能暂停收购。所以你尽早，越早越好！”

小周边说边验谷子等级，渐渐地，他面露严肃：“田嫂，你这些谷子没有筛干净啊！你看看秕谷那么多都没有去掉，只能划为三等品，太可惜了。你用什么筛子筛的？要不再筛一下？争取一等品，收购价高一些。”

小周只是提个醒，但是田嫂急了，沮丧地说：“你看看天阴沉沉的，恐怕筛到一半，就淋到雨了，而且家里那面小筛子快散架了，我今天肯定来不及了！”

其实，田嫂心里明白，由于自己力气小，大筛子摇不动，一直用小竹筛，所以那些秕谷什么的不容易筛干净。她心里盘算，三等品谷子收购价太低，对不起自己大半年的辛苦劳作，难道我一等的好谷子就因为这些零星秕谷，而沦落为三等品？田嫂恳请小周想想办法，帮忙解决实际困难。

小周一听，以为猜到了田嫂的小心思，想想自己刚工作，可不能因为乡里乡亲的就放水、以次充好，让自己落下不讲原则的坏名声。于是他一脸正经地拒绝：“田嫂，这个收购等级有标准，你可不要为难我，再说这谷子……”

田嫂涨红了脸：“小周，你这是什么话？我要你提升收购等级了吗？你可不要曲解我的意思！我只是担心现在筛谷，天随时可能下雨，我怕我家的谷子被雨淋着！”庄稼人爱惜粮食就像呵护自家的孩子一般，说罢，她跳上船，准备摇船回家。

小周连忙拦住田嫂：“我不是这个意思！反正今天粜粮的人不多，我们帮你筛，粮站有大筛，工具非常趁手！”田嫂心想哪有这么好的事情，就冷冷地覂道：“得了吧！谁相信你。自打大明当兵后，庄稼活我一直靠自己，去年到现在，除了我亲弟弟来帮过忙，也没见其他人来帮我！”

小周毕竟年轻，根本招架不了泼辣的田嫂，一番好心却被怼得面红耳赤。正巧黄站长走过来，小周连忙向领导解释，黄站长摆摆手：“小周，别说了，我都听到了。田嫂，小周是一番好意。来！我俩帮你筛谷子。小周，去把那面大竹筛搬过来！”

小周虽是跳出农门的书生，但干农活的功底还是非常扎实的，黄站长更甭说，筛谷的本事一流。两人配合默契，一面大竹筛在他俩手里翻来覆去，好不潇洒。田嫂在一旁搭把手，一个时辰不到，千把斤谷子就筛好了！秕谷果然被筛除出一大堆，田嫂家的谷子终于成为一等品了。

说来也巧，谷子进仓收购完毕，不一会儿就下雨了。田嫂心满意足地摇船回家，刚上岸，猛然发现船头多了一面小竹筛。田嫂一看时间才中午，估计是粜粮时谁忘了放在船上了。她犹豫着要不要送回去，但是雨越下越大，儿子又嚷着要妈妈做午饭，一时半会儿她没办法再去粮站了。

午后，田嫂弟弟来了，他狐疑地问：“姐姐，一大半谷子已经卖给粮站了吗？”

田嫂笑眯眯地说：“今天上午黄站长他们帮了不少忙，现在家里还有一大半谷子得赶紧筛。我正想找你呢，你来得正好！”

弟弟摇了摇头：“姐，妈妈这几天哮喘老毛病又犯了，我刚从医院陪护回来。这不，我抽空出来和你说一声，等会儿马上得回医院。”唉，屋漏偏逢连夜雨，田嫂这才醒悟过来：怪不得弟弟好久没来帮忙了。田嫂这时候是既担心妈妈身体，又可怜弟弟照顾妈妈辛苦了，心里真恨不得丈夫大明早日复员，家里上有老下有小，负担真不小。弟弟急匆匆地走了，田嫂心想指望不上他了，这些谷子只能靠自己了。

田嫂下了点青菜鸡蛋挂面，娘俩简单对付了午饭。外面雨渐渐停了，太阳又露出笑脸。干农活有时就是抢时辰，所以顾不上休息，她又开始筛谷。可是家里那面小筛子没几下就彻底“歇菜”——筛子底面破了两个豁口！田嫂真是心灰意冷，想借用船上那面小竹筛，可是也没有兴致，因为即便辛辛苦苦筛完了，也是三等谷子。如果大明在家，或者弟弟有空，事情就好办了。

正当田嫂愁眉苦脸时，有人敲院门："田嫂在家吗？"

田嫂赶忙开门，一看是小周带着几个人，她丈二和尚摸不着头脑："你怎么到我家来了？有啥事？"小周笑眯眯地说："黄站长让我们来帮忙！"

想着上午自己好心全当驴肝肺，把小周说得一愣一愣的，田嫂心里有点过意不去，但是泼辣劲不减，脸仍然板着，嘴巴依旧不依不饶："不需要！"

小周不肯挪步："田嫂，上午我放你船上的小筛子，你看到了吗？是我借你的！"

"看到了！我正准备送回粮站呢。但怎么证明是你的？你们先给我回去！"田嫂固守着庄稼人的实在——无功不受禄！所以她硬撑着，拒绝小周他们的好意。

但这可难不着小周，他没话找话说："田嫂，筛子把手上刻着我的名字！不信，你检查一下！"田嫂将信将疑，一边堵着院门，一边让儿子把筛子搬过来。她查看了竹把手，上面果然有字——检验组周林建。

这时黄站长也赶来了，他带来了好消息："田嫂，我刚刚接到老战友消息，你家大明参加驻地抗洪救灾，表现突出，刚刚获得部队嘉奖！"

小周他们连忙鼓掌欢呼："大明，好样的！田嫂，你是最佳军嫂！"

田嫂听了，羞得脸都红了！倒是她儿子高兴地在院子里直跳："我爸真棒！我爸最棒！我妈也棒！"

黄站长趁热打铁："田嫂，还不让我们进院门？我们今天来一场拥军活动——把你家的谷子全部筛完！小周，小伙子们，把小筛子放一边去，把田嫂家的大竹筛拿出来！"

背纤

文/管宿

以前，凡摇船到远一点的地方，如恰遇逆风逆水，单靠摇船是不行的，必须靠背纤。背纤所用的绳子过去是洋纱绳，后来改用尼龙绳，长约四五十米。绳的一端用一个圆套套在一根约四米的长竹竿上，竹竿下面一端插在一个叫“上干梁”的横板上，横板中间开一个长方形的框，其对着的船底也挖一个同样的框，上面的框用两块固定的围夹板直插到下面，下面的框中间留一个空隙。然后将竹竿从上面围夹板中直插到下面留好的空隙里，而上面则用圆销将竹竿销紧在围夹板上。竹竿要经常以新换旧，不然背纤时可能会被背断。

背纤有一个人背的，也有两三人背的。背纤时将纤板斜套在肩上，背纤人身体微微朝前倾斜。岸上的人背纤，船上的人则在船尾掌好插在水里的船舵，船舵下面是舵叶子，就是舵板，掌握好舵就能把握好船前进的方向，不会因为背纤而将船拉到岸边。

背纤买砖瓦

文/管宿

二十世纪八十年代后期，由于农村实行土地承包制，农民生产积极性空前高涨，收入也大大增加，生活条件获得改善，于是大家纷纷拆旧房建新楼。我和堂哥也都决定拆除平房，建楼房。我们两家商定，开船到张浦红卫砖瓦厂购买砖瓦。

那天正是八月十五，明月高挂，月光皎洁，天地一片银色。事先，我俩商定，要带好背纤的长竹竿和尼龙绳，以防逆风逆水。说干就干，后半夜三时左右，我俩开船出发。

到红卫窑厂要走十五多里水路，沿路要经过支浦河、张浦镇街河和红浦河。因顺风顺水，又有这美丽月色陪伴，我们的心情特别舒畅。堂哥摇橹熟练，我抓帮也很认真，船摇得特别快，不到两小时，我们就到了砖瓦厂。

早晨六时左右，窑厂就开张卖砖瓦。很快，我们就装了满满的一船砖瓦。于是，乘着好天色，我俩买了些大饼、馒头和包子，充饥之后，开船回家。

不料，天气说变就变，我们的船还没有摇出砖瓦厂，东南大风就呼啸而来。

堂哥忙将长竹竿竖起来，到岸上背纤，我在船尾撑舵。我说："我比你小，我来背纤，你撑船。"于是，我立即带上背纤的尼龙绳，火速跳上岸，拉开背纤绳，将纤板横套过头，斜背在右肩上，火速地朝前走，将绳子拉紧。接着就微微地朝前弯腰，背着绳子，沿着新开的红浦河岸，一步一步地朝前走。因背纤有劲，很有节奏感，一会儿，我就“嗨哨嗨哨”地哼着走了。

因那是新开的河，桥比较多。于是每到桥头，我就钻到桥底，带着背纤绳穿过桥，再上岸背纤。尽管热得衣服都湿透了，但我全然不顾，继续往前背纤，直到穿过三个桥洞，到了张浦镇，我才上船与堂哥摇着船，在市河里穿行。那广阔寂静的田野与人声鼎沸的街道完全不同，我俩顿时舒缓了心态，倍感舒畅。

过了张浦市河，我又跳上岸，准备背纤。堂哥说别急，我却心急似火，因为已经和女儿约好了，下午带她去镇上买书包，生怕回去晚了她挂念。由于思想不集中，一不小心，我被前面的一块石头绊倒，头撞到了石头上，磕破了皮，流出血来。堂哥急得马上停船，立即上岸，直奔而来。那时，离家已不远，他抬头一望，有个人正朝这里走来。他拼命呼喊，近前一看是我大哥，大哥说爸爸叫他出来看看，买砖瓦的船是否快到家了。

大哥立即将我抱起，直往村子里的医务室去包扎止血。

“还好！”赤脚医生阿东说。

“那阿要到千灯卫生院去？”大哥问。

“暂时包扎一下，配点药，休息休息，看看再说。”

这时，爸爸急得满头大汗，妻子拉着女儿的手，急着跑过来，全家人也都急着跑过来了。赤脚医生家里挤满了人。女儿小手扶着我的伤口，哭着说：“爸爸，你怎么这么不小心啊？”

“傻孩子，爸爸不是很好吗？莫哭。”我摸着她的头安慰着她。

踏水车

文/陈阿根

脚踏水车有两人轴、三人轴、四人轴等多种。脚踏水车在很早以前在江南水乡很少见，故这里的老农曾经称它是“客车”。脚踏水车传到淞南地区已经是在晚清和民国期间。

脚踏水车以一根2~3米长的木料作主轴，半根方头，另半根为圆头，方的一头套在水侧钵主轴的中央，以两人轴为例，在水侧钵两边各做两根长约40厘米的方栓，两根成一组垂直穿在主轴眼中，共四根方栓穿成八个方向互成45°角，做八个木榔头打眼套在方栓上（如做三人轴、四人轴同样是八个方向的45°角）。主轴两头包有铁碾头，搁在两面塌脚半圆形槽中，用车桩扦在踏脚外边，上面横一根护栏，人就可以上去踏在木榔头上走动，使车轴转动带动戽水车。脚踏水车的戽水效率不比牛力车、风力车低。

干潭捉鱼

文/陈阿根

大市乡低田地区农民遭受特大洪涝灾害后，经济条件越来越困难，上级政府对受灾严重的农户除免缴公粮外，还给灾民发放救济款和救济粮，号召农民勤俭持家，鼓励农民开展“生产自救”运动，以解决自身的经济困难。农民则以干鱼潭、摸蚌、扒螺蛳、挖莲藕、采野菱角等方式增加收入。

1954年的8、9月间，正值互助组转为初级社的当口，我父亲利用大姨夫家烧坏的一部戽水车，截去下半部分，经过一番修理后与组里的一根踏轴配套成踏水车，用作排干河潭的工具。我母亲组织了互助组里的4个妇女和一个叫赵阿大的男青年带好中饭摇船到处寻找荒荡、荒潭。发大水时，农田与外河连成一片，十天半月后，大水退去，留在低田里的鱼虾等都集中在荒潭里，成了瓮中之鳖。我们那一带低田圩区的荒潭、荒荡、荒废的转河（做围岸挖出的）特别多，我有时因看牛失学在家，就跟着村民一起去干潭捉鱼，除了一天下来有所收获外，还图个快活。

有一天，我记得去到了位于南吉山西面一个叫鸡棚湾的莳圩，一大片全是低田，田里的稻子基本上全部被淹没了顶，远远看上去白茫茫一片，只有三三两两的禾苗像爆出来的再生稻（割去稻后稻管上长出的苗）冒出穗稍。耕种这些田的主人无可奈何，看到这种情况也就干脆不去管了，为了弥补损失，他们就摇船到外面做小生意去了。

我们走到圩围中心，见有一个约一亩大小的荒潭，除中心能见到水面，周围结满了水草，用竹篙往潭里一撑，足有一米多深。赵阿大说：“这潭里肯定有不少的鱼。”我们马上回到船上将车轴、戽水车抬到潭边，用铁搭筑好车口，架上踏水车就开始戽水。大约到了下午2点钟，见潭中心的水位明显降低了，却还是看不到潭里有鱼的动静。几个妇女自言自语地说：“一点鱼也没有，看来这回要白辛苦了！”赵阿大撸起裤脚管跨到潭里，一脚踏在水草上，没想到正好踩在一条大黑鱼的身上，被吓了一跳，赶忙退回圩堤上。他当即操起耙扒开水草去捉鱼，黑鱼原本力气就大，这会儿为了保命全力抗争，甩动着有力的尾巴，赵阿大被黑鱼甩得满身泥浆。原本以为没啥收获直懊恼的几个妇女见了这情形，各个情绪出现了180度转变，感觉脚下踏水车轻松了不少，踩得也更起劲了。赵阿大在车前拉去水草，开好水路，半小时光景就把潭里的水全部抽干了。

我们一共六个人，各自带上粪桶、提桶等工具，下到潭里捉鱼。经验告诉我们，潭最深处反倒没有鱼，只能捉到一点小鱼小虾之类。好鱼多藏在周围水草里，只等你耙开水草去捉，尽是些大黑鱼、鲤鱼、大鲫鱼，鳜鱼也不在少数，还有钻在河泥里的鳗鱼、黄鳝等，都是活蹦乱跳的好货。大人们给我安排的任务是专捉一些虾之类的小品种。我脚踏在淤泥里，刚走几步，觉得好像踏在一块破缸爿上一样，滑溜溜的。我回过头跟赵阿大说：“我踩到了一块破缸爿，这地方怎么会有缸爿？”我还在疑惑中，赵阿大眼睛一亮，咧着嘴对我说：“哪有缸爿？你踩到的是一只甲鱼。”我一听，心里害怕，不敢伸手去摸，甲鱼咬人可是很痛的，一时站在那里不知道怎么办。这时，阿大来到我身边，一把推开我：“你走开，我来抓！”但见他撸起臂膊，伸进泥里抓起甲鱼，那甲鱼誓死反抗，伸长脑袋要咬他的手，阿大见势顺手把它抛到岸上，甲鱼落地时正好四脚朝天，还没来得及翻过身就被擒住了。几个妇女仔细地翻着水草捉鱼，一遍不够又翻一遍，连小鱼小虾都不放过。这次干潭捉鱼收获颇丰，光大小黑鱼就有30多条，还有10多条鲤鱼，估计有150多斤。我们六人弄得满身是泥，身上、脸上都是，连头发上也被甩到了泥浆。虽然又脏又累，但是我们在摇船回家的路上，心里美滋滋的，感到无比惬意、舒畅。

摇车

文/大陈

摇车用来绞各种规格的绳索，除绞绳索外，拥有草房如牛棚、猪棚、船坊、车棚等，每年盖一层新柴后，也要用这摇车绞一顶网络罩在上面防风。所以，在农户中，摇车这一小物件也是比较常用的。

现成的摇车，在集市上无处购得，是农户请木匠在修理其他农具时特地叫木匠师傅做的。一般没有木工技术的人是不会做的。做摇车必须用上好的硬质木材，做上去后不能走样，否则摇车摇不动。

一般做一块长45厘米、阔8厘米、厚5厘米左右的料，上面打好3个直径2厘米的眼，做3根小轴，插在眼子里，根部做摇臂和小柄，下面间隔20厘米左右做2根竖穿，做2根横穿连通竖穿，上面1根做成活络穿，式样如上图。套在长凳头上用桢把活络穿往下桢紧即可，人坐在长凳上摇动便可绞索。

绞索

文/大陈

以前，在农业生产中用索的地方很多。最粗的是牛犁田时用的牛腿索，直径达4厘米，长约2.5米。牛腿索用量比较大，犁田、耙田、打水都用，集体生产时，队里每年要派老农绞几天才完成。

绞关索的主要工具有摇车、长凳、三眼板、三槽榔头以及铁链钩等。绞索时，将绞关竹搁在水桩竹的抬勾上，绞关索一头结成一个圈，套在绞关竹上，另一头穿在下车领档上，再绕在绞关竹上，绞动绞关竹能使下车上下调控。绞关索分为三股，由三根单独绞紧的，如果有人手，三根单股同时进行绞，摇车人必须用三眼板套在摇柄上摇。到头了将三根头并在一起，然后用铁链勾扎住结在腰间，就可以用三槽榔头将三根单股嵌在槽中，从链勾一段慢慢往摇车碾过去。摇车顺时针摇，链勾逆时针摇，这样索就结实，不会松开。凡是绞三股的绳索都必须用三槽榔头和三眼板。土埭索与船缆绳同样分为三股，粗细相仿，一边叫索一边叫绳，用材都是麻筋糯柴，长短也差不多。还有牛绳也是三股的，是用纯棉纱绞成的，大部分去商店购买，很少自己绞牛绳。

还有榴头绳（索），过去农民为了省钱，就把白萱麻敲软，也用摇车摇三股，用三槽木榔头可以一气呵成绞成功。大船上的榴头绳（三回头）一般要有25~28米长，直径在2.5厘米左右。因用材是萱麻，容易腐烂，保管得好可以用1~2年。后来集体生产后，生产资料部已有棉纱的榴头绳供应，质量好、软熟、牢固，所以不再自己绞榴头绳了。在摇车绞的绳索之中，最细的要算担绳，担绳用材一般是购进的长茎麻等。有的生产队自己种麻，每年冬季派几个老农绞担绳，担绳只有两股，也可用摇车制作，但不需要三眼板和三槽榔头了。一个人双手摇动钩子，两个人各自将麻皮套在钩子上，随着钩子的摇动，两人边退边添加麻皮，直到规定的长度，两人各自将梢与梢镶在一起，用链勾退摇，只要用一根小棍插在中间慢慢向摇车方向移动，便成一根担绳。

自二十世纪九十年代末，农作物的收割、土地耕翻、积造农肥等全部实行机械化，随着原本要用绳索的农活绝迹，绞索这一项农活也成了过去式。

手扶拖拉机

文/计苏敏

手扶拖拉机是适应江南水乡耕作的农业机械，主要由发动机、机架（包括轮胎）及耕作器组成，操作简单、灵活，但发动机靠手摇启动，须快速且有耐力。手扶拖拉机抖动厉害、噪声大，开多了手会感觉麻木，经常驾驶可能会引发职业病，而且身上油渍很重。二十世纪七十年代后期，本地集体耕牛退出，农作物耕种主要靠拖拉机，所以各生产队很重视选择开手扶拖拉机的人。

我跟阿福学开手扶拖拉机

文/计苏敏

1982年春,也就是农村实行联产承包责任制的前一年,我们生产队按照上级要求搞“一年早知道”,并把农作物的管理(作物面积与劳动量)划分到人,责任落实到各家,即把农副业生产的所有收入、支出及外出打工上缴的积累、条线人员的靠工补贴等全部预算好,先做成一份年终分配方案,让社员事先知道年末分红的结果。这样做,既可以让每家每户明白劳动收获的奋斗目标,又能够激励社员们多搞副业多创收。在落实开手扶拖拉机的人员上,大家都不主动报名,因为生产开支是定额的,机修费用只能节约,不能超支,那几位曾经开过的机手也感到不踏实,怕自掏腰包。我家8口人,7个劳力,农忙时我可以腾出时间开拖拉机。于是,我就与隔壁的阿福商量好,我俩一起报名。队长在召开小队社员会时,把我俩报名负责开拖拉机的事情也公布了,大家没有意见。

春耕生产开始了,按常规,此时应该把拖拉机开到大队机修站整修、保养一次,但阿福说不需要,我们自己弄,可以节约费用。

阿福比我大5岁,是个老机手,曾第一批参加公社里举办的“拖拉机机手培训学习班”,机耕作业很熟练。听他的不会错!我还想要拜他为师呢。于是,我们将拖拉机开到生产队公场上,自己做检修、保养。

那天,阿福拿出了一本以前学习培训时用的手扶拖拉机教材给我,说:“这本书你看得懂,里面讲了发动机的工作原理、12型(12匹马力)手扶拖拉机的结构及操作方法,你先学学,然后再实地开几次就行了。”然后，他又指着拖拉机，一一将各部件器具的名称告诉我，接着又边检查边擦拭。一个上午，我俩将拖拉机的外部都做了检点、擦洗，紧固了相关连接件。下午，我们赶去镇上的生产资料部，购买了空气滤芯器、喷油嘴、高压管、尾轮弹簧、犁刀、机油等，回来后就把相关器件更换、调试好，整整忙了一天。

第二天，阿福教我开拖拉机。先要检查油表尺、水箱、供油嘴等，然后右手插入摇柄，左手按住油门，用力摇转手柄发动。他先做示范将机器发动，听了一下声音，告诉我：“发动机是正常的，摇动轻、声音清、排气畅，还用不到打开保养，今年能坚持的，估计承包费用不会超过的。”接着，我学着他的步骤，把机器发动，关了再开，试了五六次，感觉蛮顺的。然后，他又教我操作离合器，掌握拍档、左右转向、前进倒退、调整速度等。我学着他的样子，开着拖拉机在公场上来回跑了几圈，感觉掌握得差不多了。没想到头一次开拖拉机就受到表扬，阿福夸奖我：“你悟性高，学得快，操作没问题！”

一晃夏收夏种开始了，按照预定计划，我们要用拖拉机为各家包干的农田耕翻。先旱地犁耕一遍，让土地晒垡，顺序由队长安排好，选择茬口，确定排号。当社员将麦子收起后，我们开始作业。阿福将拖拉机开到田头，装上双犁铧（与犁镜合在一起），边操作边调试，犁沟的深度及幅度都要恰到好处。调试了一个多小时终于达到理想状态，紧接着他一鼓作气将一块田犁完了，接下来换我操作。手扶拖拉机犁田是很轻松的，油门不必放到最大，但机手不能坐（犁田时不装座位），开2档车，直行时双手扶着，跟正常行走差不多，转弯时握住方向钩，提起犁铧。我犁了两个来回，基本掌握了要领，一番操作总体挺顺当，只是犁垡绞翻得高了些，经调整车势，情况就改善了。

可是，没犁一天，大队里来通知，将犁耕改为旋耕。理由是，犁耕虽然翻土深，但犁垡高、整田难，没有耕牛耙田，靠人工劳力强度大。我们只能听从决定，又折腾了半天，将犁铧卸下，装上旋耕器、坐垫凳。第二天开始旋耕，俗称“打田”。

我们生产队共有118亩农田，第一轮旋耕结束的三四天后就要插秧了，每块水田我们又要旋耕一遍。旋耕水田要比打旱田费力，不但人与机器消耗更大，而且风险也加大了。作业时，划破脚底是小事，拖拉机淹入深沟、泥潭就很麻烦。也有因翻换茬口时处置不当，造成人、机滚入渠道、掉进河里的情况。好在阿福有经验，我们白天抓紧干，晚上不耕作，难免淹入深沟时，用树棍、木跳板自救，转茬口时两人齐心合力，稳扎稳打，一个农忙下来，算是有惊无险。

那年秋收秋种时，因为天气冷机器发动难，我用力摇转启动，摇手柄脱出伤了我的脸，从此留下了一个抹不去的疤痕……

罱河泥

文/木木

罱河泥，是江南水乡地区传统的积肥方式，在二十世纪八十年代前的江南农村十分常见。罱泥有特定的工具：罱网。具体做法：将河泥从河底罱到船上，再将这些河泥存放到事先在河边开挖好的泥潭内。这些河泥拌着青草、水草等，经过发酵腐烂，便成了农田的重要肥料。

罱河泥最好的时节是在每年秋后。经过一个夏天的沉淀，河底积了厚厚的一层淤泥，罱网沉下去只要轻轻一撑就满了。拎罱网的时候，因为河泥经过了发酵，分量也不太重，有时候还能罱到一些小鱼小虾和河蚌，这算是意外收获了。所以，虽然罱河泥很辛苦，但也能让人苦中作乐。

二十世纪八十年代后，各种化学肥料大量上市，因其使用方便，价格低廉，效果显著，罱河泥便慢慢销声匿迹了。

小锦春学罱泥

文/木木

蔡家村的小锦春参加集体生产劳动已有三个多年头了。按照生产队的规定，参加生产队劳动满三年，可以做一些重体力活，或可以学做一些带有技术性的农活，这样可以多赚一些工分贴补家用。

这一年的冬天似乎来得特别早，秋收秋种还没全部结束，老天就作冷头（来寒潮）了。为确保三麦油菜安全过冬，生产队决定马上开始罱河泥，将三麦油菜浇上泥浆，防止其受冻害。

小锦春得到消息，收工回到家征得父母同意后，就直奔队长家，要求与父亲搭班学罱泥。

队长看了看人高马大、身体壮实的小锦春，点了点头微笑着说："嗯，小伙子是该学些技术活了。"接着他又关切地说："锦春呀，这次寒潮相当厉害，天气预报说明天凌晨的最低气温是零下5摄氏度。罱泥的生活一开工就接触水，手指头会被冻僵的。要不要过了这次寒潮，明年再学罱泥？"

"不，队长伯伯，条件差、环境恶劣才能学得好生活。我不怕冷！"

"好吧，罱泥的具体要领你爸爸会告诉你的。他是罱泥的一把好手。"队长又特意叮嘱了一句，"天冷有冰冻，一定要注意安全。"

小锦春参加劳动以来每年都要做押泥船（用长柄铁搭或带钩的长竹篙在罱泥时将船稳住）的活，他虽没有亲身体验过罱泥，但几个主要环节是知道的。

回到家，小锦春迫不及待地把队长同意他学罱泥的事告诉给了父母。父亲阿桃边吃晚饭，边给小锦春讲罱泥的要领："一是搭配，罱泥需要两个人，其中一人是'大臂'，另一人是'小臂'（所谓'大小臂"就是'右撇子、左撇子'的俗语）。二是下罱网时尽量靠近船沿，尽量让罱杆竖直向下，否则的话，罱网到不了河底就漂起来了。三是收罱网时要用巧劲，我是'大臂'（右撇子），你是'小臂'（左撇子），你在收罱网时双手将两根罱杆合在一起往上拉，当两根罱杆的交接处接近船沿时，右手轻轻将罱杆往下一按，左手抓住罱杆的弧弯处，当船沿往下沉时，左手迅速提起罱网，右手同时松开一根罱杆，这样，一网兜的河泥就被倒进了船舱。"

"爸，罱泥的过程我见过多次，就是没有亲身体验过。明天实际操作时，我再多问问您吧。"

"锦春啊，"旁边小锦春的母亲满脸怜意地说，"这么冷的天学罱泥，指头骨（手指头）要冻脱格，要不要过了这个冷头（冷冬）再学呀？"

"妈，爸爸他们能熬得住，我这样年轻力壮的小伙子一定也能顶得住的。"

第二天早上5点不到，小锦春就和父亲来到生产队的船舫里，将岸上的罱杆和竹篙等搬到船上。

"唷，阿桃哥呀，你们爷俩早啊！"

听到有人打招呼，阿桃赶紧站起身来。"哎哟，是小林弟妹啊。你早你早！"阿桃看了看身边的女孩，"今早你带侄女翠英押泥船呀？"

"是啊，翠英参加劳动两年多了，只因家里困难，就打算多做点重活、技术活，希望队里早点给她加工分。"

说话间，大家把所有的工具全部都归到了船上。阿桃吩咐小锦春解揽开船，翠英主动提出要抓帮，翠英婶娘便拢着手与阿桃拉起了家常。

船刚出船舫，就听到船底下"唰拉拉"薄冰碎裂的声音。江南的冬季，天亮得晚，早上5点多了，天空中还有星光点点。随着船的前行，迎面好像有4～5级的风力，刮得脸与耳朵生疼生疼的。

一会儿，船就到了罱泥点。翠英婶娘和翠英分别在船尾和船头将船稳住，阿桃手脚利索地下网。只见他轻松地抓起罱杆，最大限度地分开罱杆，双手轻轻一提再一推，罱网便顺着船沿沉往水下，当罱网接触到河底时，左手变向下压往外推，右手继续往下压，当感觉到罱网兜满的时候，双手便将罱杆合并在一起，随即双手前后交替将罱杆拉起，当两根罱杆的交接处快接近船沿时，左手往下轻轻一按，右手顺势抓住罱杆的弧弯处，并全力往上一提，左手的大拇指将一根罱杆松开，这时罱网兜正好被拉到船舱中央，网兜口张开，一网兜河泥就倒进了船舱里。

小锦春看父亲罱了三网，便提起罱杆开始罱泥。下罱、撑罱、收罱都做得不错，就是到了提罱放泥时，卡住了，总是不能一气呵成。

罱了三网，小锦春下罱网的速度明显慢下来了，而且，看得出是因为冷，他的两只手已被冻得通红，有点不听使唤。

父亲阿桃看在眼里，但他只自顾自罱泥。翠英婶娘见了，十分心疼：“锦春啊，天太冷了，你暖暖手指再罱吧。”

翠英盯着阿桃，看他手拉罱杆放泥的每一个动作。突然，她像发现新大陆一样叫了起来：“锦春哥锦春哥，我看出花头来了！”

一船人被翠英的叫声吓了一跳，但还是小锦春反应快：“哦，翠英，快说，你看出啥格花头了？”

“杠杆原理，杠杆原理！”翠英兴奋地说，“在收拉罱杆时，身体一定要弯倒，尽可能让罱杆靠近船沿，借助船沿的力量提起罱网放泥。”

小锦春愣了一下，转而一想：“哎呀，我为啥没想到呢？！”说着，提起罱网就往河里放，撑罱、收罱，当罱杆的交接处快接近船沿时，右手往下轻轻一按，罱杆在船沿上抡了一下，左手顺势抓住罱杆的弧弯处，并全力往上一提，右手的大拇指将一根罱杆松开，这时罱网兜正好被拉到船舱中央，网兜口张开，一网兜河泥被稳稳地放到了船舱里。

“好好好……”翠英连声叫好，“大有进步，大有进步。”阿桃与翠英婶娘听着两个小年轻的话，有点莫名其妙。阿桃干脆停下手，看小锦春罱泥。这一看，倒也吃了一惊：“哎，锦春进步怎么这么快呢？”

“就是呀，”翠英婶娘也很惊讶地说，“只听我侄女翠英说什么‘杠杠，杠杠’，锦春的罱泥技术就进步得这么快呀！”

“婶娘，不是‘杠杠’，是杠杆原理，是我们在学校里学到的物理知识。”

“哈哈，原来是你们读书时学到的知识呀，难怪我这个‘开眼瞎子’什么都听不懂。”

“唉，”阿桃叹了口气，“这两个小孩初中毕业就不肯再读书了，要是继续读下去该多好。”

“爸，时间不早了，我们继续罱泥吧。我的进步多亏了翠英的点拨，但还不够熟练，还得多练。”

“哈哈，你看你看，阿桃哥，你家锦春跟你一样，有点收获就归功于帮他的人。我看呀，我家侄女翠英长大了跟你家锦春一起，日子肯定好过得不得了。”

说者无心听者有意，一句话弄得两个年轻人脸都红了。这时，东方霞光满天，天气似乎不那么冷了。宁静的河道里只听见罱网“扑通扑通”的下水声，伴随着阵阵欢快的笑声……

牛

文/管耀明

牛是种田人的宝。在农耕时代，牛能做很多农活，犁田、耙田是最基本的，还要拉车、打水、拉磨、牵磨等等。

新中国成立前，有10多亩田的人家一般都养一头牛，如果是田多的大户人家，就得养多头牛。牛的主要食物是草、叶子及其他水生植物。到了冬天，主人很难弄到草、叶子及其他水生植物了，就将干净柔软的糯米稻柴用铡刀铡成4～5厘米长的柴料，拌于菜饼、细糠等，作为牛的饲料。

牛皮厚、汗腺极不发达，热时需要浸水散热。所以，养牛人家除了搭建牛棚，还得利用河边空闲地方挖好“牛汪潭”，供牛安全度过炎热的夏天。

新中国成立后，随着农村走上集体化道路，牛也成了大集体中的一员，每个生产队集中搭建牛棚，指定专人成为养牛饲养员。

二十世纪八十年代，农村实行联产承包责任制，牛又逐渐回到农户家中。随着机械化种田的不断深入，牛渐渐退出了农耕舞台。

斫牛草

文/管耀明

新中国成立前夕，我家曾有一头牛，后来被一队匪兵抢走了。爸爸没有办法，只好忍痛卖了二亩田，再向亲戚借了些钱，重新买了头牛。

爸爸买回来的这头牛，身躯庞大，四肢粗壮有力，两眼炯炯有神，毛发根根竖起，牛角又长又弯，两耳大大的，偶尔也“哞”地叫几声。全家人都喜欢这头牛，唯独我一见就害怕，只是远远地站着看。爸爸跑过来，对我说：“小菊，你如今也不小了，以后，你每天放学后就斫一羊篮草给他吃。”我听后愣了一下，怯怯地说：“爸，牛这么大，角又这么长这么弯，我怕它要踢我、撞我。”“傻孩子，这头牛从此就是我们家的宝贝，种田全靠它，你只要每天斫草给它吃，它就不会踢你。它也会像过去那头牛一样对你友好的。”爸爸摸着我的头，叮嘱着。

记得有一天放学后，我高高兴兴地拿着镰刀，背着羊篮，到田野里去斫草。但因为我是第一天斫草给它吃，只是远远地将草扔过去，可牛不吃，只圆瞪着眼看着我，还冷不防地朝我喷嘴。我一时不知所措，手脚也有点慌乱。这时爸爸来了，拍拍牛，对牛说：“这是小菊给你斫的草啊，他对你好，你要感谢他。”这时牛看看我，又看看草，好像听懂似的开始吃草了。爸爸说：“以后你不用怕，它吃了你斫的草，会感谢你的。”

接下来，每天放学后，我都出去斫草，有时到河岸上斫，有时到田眼上斫。每天都给牛吃新鲜的草，牛总是不停地吃着。看着牛吃得欢快，我斫草就越有劲。

但因为斫草的小朋友多，斫了将近一个星期，草就很难寻了。有一次，我只斫了大半羊篮草就回家，爸爸说牛一天起码要吃一羊篮草。

于是，我倒掉了半篮子草，又急匆匆出去寻草。我想到黄火浜附近的一个死湖那草应该多，因为周围有坟，所以小朋友们不敢去那里。而我从小就胆大，不怕这些，于是三步并作两步，一口气跑到那里。到那一看，果然，河岸四周的草长得高而茂密，心想：这回可以斫满一羊篮草了，老牛能吃饱了。

牛汪潭

文/管宿

牛汪潭，是用于防止耕牛在夏天时被蚊虫叮咬，由农户在靠河的岸边挖成的大潭。潭一般为圆形，半径为2米左右，潭深在1米左右，潭的一边铲出一个滩涂，以便牛进入潭内，挖好后再往里面放水就完成了。再在潭的边上搞一个滩头，这样到了第二天早晨，就可以让牛站在河边，用扫帚清扫它身上的泥浆。

等忙完一天的农活，傍晚把牛牵回家，赶进潭里后，牛自己会搅动潭水，形成泥浆，然后就会趴在泥潭里，晃动身子，令全身粘满泥浆，这样就可以避免被蚊虫叮咬。牛借助这种泥潭，可以安逸地度过蚊虫满天飞的夜晚。

我家有个牛汪潭

文/管宿

二十世纪六七十年代，我们何王谷有近20个牛汪潭，分散在每条小河的边上。我家的牛汪潭就挖在船舫后面的河边上。那年刚过了冬天，父亲就跟哥哥一起开挖牛汪潭。父亲说牛汪潭是牛的温床，大小尺寸要掌握好，让牛能在里面翻身，不要太深，水刚好能将牛身浸没就好，这是因为时间长了，由于牛经常在潭里翻动，潭会往下深陷一点，所以如果一下子挖得太深，以后潭越来越深，牛就难以爬上岸来。挖牛汪潭时，我也在场，有时我也动手帮忙搬掉挖出来的泥土。

春去夏来，随着气温的升高，蚊子也渐渐多起来了，牛睡在牛棚里面就十分难受，我常见父亲因此十分焦心。每到晚上一觉醒来，他就要起来到牛棚里，为牛驱赶蚊虫，我也总偷偷地跟进牛棚里转悠。而每到天蒙蒙亮，父亲就将牛牵到外面场地上的树荫底下，堆上枯树枝和稻草，点上火，待枯树枝和稻草燃起来后，就在上面盖上一层湿的稻草，让明火变成浓浓的柴烟，为牛驱赶蚊子，然后跑去继续开挖我家的牛汪潭。

一天，吃过晚饭，父亲叫我跟他一起将门前树底下的牛牵到牛汪潭边，父亲则用粪舀将河水舀到潭里。待到水位差不多了，父亲就叫我将牛赶进潭里。牛一进潭里，就迫不及待地浑身上下翻动，弄得满身都是泥浆，不一会儿牛就乖乖地伏在潭里，一动也不动。有些蚊子总是不甘心，还在牛的头上转来转去。我家的牛很聪明，用脚将泥浆往头上甩，那些还来不及飞掉的蚊子，大多惨死在泥浆里，有时候我也冷不防被牛脚甩得满身都是泥水，于是我既骂蚊子，又狠狠地骂牛。蚊子已死了，听不到；牛好像听到了，它低着头，直愣愣地看着我，好像在说不是故意的。等到牛安稳地睡去了，我便跟着父亲一同回家。

第二天一早，父亲叫醒我，叫我去将牛从牛汪潭牵到河滩头边。父亲拿着粪枹将河水浇到牛身上，我用扫帚扫掉牛身上的河泥，牛一动也不动，很温顺，也很享受，这样足足用了半个小时，才将牛身清扫干净。

我母亲在我三岁时就因伤寒早早离世，父亲担起了照料母亲娘家人的重任，经常要去外公、外婆家帮忙，很晚才回家。每到这个时候，我便牵着牛到牛汪潭里，牛因为怕蚊子叮咬，也总是很高兴地让我牵着它来到牛汪潭。牛一进潭里，就低着头，露出一排洁白的牙齿，朝我直看，显出很感激的样子。

如今，牛汪潭早已不存在了，但只要一提到它，我就会感到有一股暖流流遍全身。就这么一个普普通通的潭，却成了我小时候生活的一部分，陪伴我度过快乐的少年时期。我也记得村上有好多小朋友跟我一样，与牛汪潭结下了不解之缘。

铡刀

文/陈祥英

铡刀，俗称“铰刀”，属于传统农用刀具，是一种专门给牲畜铡草料的农用刀具。养猪、养牛需要用青草、水草、柴草等草料作辅助饲料时，常用铰刀切割草料，以利于牲口咀嚼食用。

铡刀由刀床、刀片、底槽组成。刀床为长凳（木凳）。底槽上装有刀条，刀口朝上。刀的一头固定在刀床上；另一头装有木柄，可以上下提压活动。刀柄中间为两根铁条。使用铡刀时，一人一手把草料平铺在刀口上，另一只手握住刀柄向下用力，草料就会被齐刷刷地切断了。

二爷爷讲故事

文/陈祥英

二十世纪七十年代初，当我还是个孩子的时候，常常跟随在邻居二爷爷左右，也可以说是二爷爷把我带大的。邻居二爷爷名叫阿二，无妻无子，对我就像对自己的小辈一样，我管他叫二爷爷。

二爷爷在生产队里养了好多年的牛。春天，二爷爷经常把牛牵到田头找青草吃。一到冬季，天气冷了，青草也枯黄了，二爷爷就让牛待在牛棚里，每天上午从柴罗上弄好几捆稻草到牛棚，再用铡刀将其铡成2厘米长的草料，然后给牛喂食。我看二爷爷每天重复做这些事情，心生无聊就跑出去玩。二爷爷为了能看住我，就绞尽脑汁想办法。

二爷爷边铡草料边给我讲刘胡兰的故事。1932年，刘胡兰出生在山西文水县云周西村一个贫苦农民家庭。抗日战争全面爆发后，中国共产党领导山西人民开展救亡运动，文水县也成立了抗日民主政府。从此，刘胡兰开始接触革命思想，懂得了一个人怎样才能活得有价值，死得有意义。她积极参加村里的抗日儿童团，和小伙伴一起为八路军站岗、放哨、送情报，表现得十分勇敢。她不但为伤员包扎伤口，而且还帮助战士们运送弹药，这时的刘胡兰才13岁。后来，刘胡兰当上了云周西村妇救会秘书。她发动群众斗地主、送公粮、做军鞋，还动员青年报名参军。刘胡兰在斗争中经受了严峻考验，于1946年加入中国共产党。这一年，她才14岁。1947年1月12日，刘胡兰被国民党军和地主武装抓捕了。敌人千方百计诱使她供出情报，先是“糖衣炮弹”后是“以死相逼”。在敌人的威胁面前，她坚贞不屈，大义凛然。她几步走到铡刀前，把头上戴的围巾紧了一下，又望了望乡亲们，就躺到了铡刀下面。敌人没有办法，将同时抓捕的6位革命群众当场铡死。1947年3月下旬，毛泽东主席在陕北转战途中，亲笔为刘胡兰题词：“生的伟大，死的光荣”。二爷爷讲到这里，见我听得出神，便教导我要好好学习，学习她的英雄浩气，学习她不怕困难、敢于担当的精神品质。

在我成长的过程中，二爷爷讲了很多故事，其中有一个传说，让我至今记忆犹新，是关于牛为什么要吃草的民间传说。

相传很久很久以前，人间烟火稀少，大地之上，除了农作物之外什么都没有，荒凉一片，没有生机。老百姓上书老天爷，问能不能给人间种点花花草草。老天爷安排牛来完成这件事。老天爷对牛说：“你到人间去种点花草。”牛问：“怎么个种法？”老天爷说：“走三步撒一把，剩下的埋在山底下。”但牛来到人间，一高兴，竟忘了怎么种。牛走一步撒三把，剩下的埋在了土底下。第二年，大地之上到处是花草，影响了农作物的生长。老天爷对牛说：“你要为你的错误行为付出代价，罚你到人间，耕地、吃草吧……”

还有一种民间说法。天地初分时，牛是天上管草籽的神，叫牛神。有一天，牛神来到仓库，看见仓库里的草籽东一箩、西一筐的，乱糟糟地散在地上，仓库里连个落脚的地方都没有。他想收拾下仓库，谁知道，他收拾草籽的时候不小心碰撒了一筐，筐里的草籽纷纷散落到人间来。结果，人间的地里到处长满了杂草。粮田里杂草丛生，粮食歉收，饿死了很多老百姓。玉皇大帝不知道为什么世间会变成这样，就派一个天神去查访。天神到人间一查，发现是牛神把草籽弄到人间去的，便回去向玉皇大帝禀报。玉皇大帝大发雷霆，把牛神贬到人间专为人们耕田、拉车，还罚他不能吃肉，每天吃两担草，戴罪立功。牛神觉得自己并不是故意要把草籽弄下去的，对玉皇大帝的责罚感到很委屈，不想在人间受苦，但又不敢抗旨。玉皇大帝等不及了，就让两个小神一巴掌把他打下凡间。牛神一不留神，脑袋先着地，把门牙给磕没了，所以到现在牛也没有上牙。玉帝罚牛神一天要吃两担草，他心想：再怎么吃一天也吃不了两担草呀。但完不成任务又怕玉帝再罚他。太白金星就给他想了个办法：“你白天先把草吞下去，到了晚上再吐出来咀嚼。”牛神别无他法，只好照办。所以，到现在，牛吃草还要反刍。

牛脚笼

文/大陈

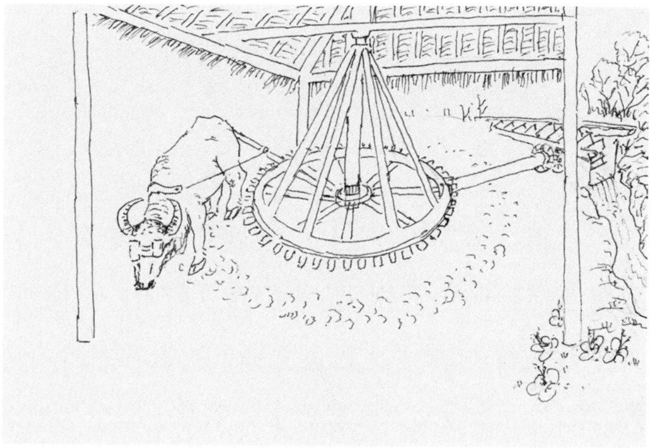

牛脚笼，有的地方也叫“牛路”。它是牛车上水（灌溉）时垫在牛脚底下，用来保护牛蹄不受磨损的辅助物件，用麻筋糯稻柴编织。一片牛脚笼呈月牙形，宽50厘米左右，厚4厘米左右。一般要用到两块牛脚笼，围住牛车荷叶盘，合拢后形成一个圆，内径约2.5米。

过去养牛种田的人家，牛脚笼是必备之物。

“丢失”的牛脚笼

文/大陈

小山这一年11岁，上小学四年级，他有一个比他大三岁的哥哥阿水。跟村上同龄的孩子相比，小山个头略小，长得也不壮，但是很有干劲，是个典型的农家小帮手，正应了那句“农家孩子早当家”。小山一家三代六口人，生活还算殷实，家里养了一头牛，那个年代家里养牛的并不多见。

从9岁起，小山就帮着家里干农活了，他的主要任务是负责看好家里那头牛，因为犁田、拉水车这些重活都要靠这头牛，所以看牛的任务很重要。这一天临近黄昏，鸟儿都归林了，小树林里传来一大片“叽叽喳喳”的鸟叫声，好像是在提醒小山不要忘了重要的事。这时候小山正在烧水，听到大片鸟叫声忽然想起他家那头牛还在拉水车。因为母亲交代要烧水的事，他暂时离开了车棚。于是他加大火力，以最快的速度把水烧开，匆匆把水倒进水壶，一溜烟小跑去自家的车棚把牛牵回家。

一路跑到车棚，小山累得直喘粗气，抬起头看看自家田里，水已经灌满了，刚插的秧苗探出水面，晚霞把水田染成一片金黄。小山很满意地点点头，就近抓了两把鲜草，送到牛嘴边，以示嘉奖。老牛也乐得接受，享受起这份奖励。小山搬来了一只简易木凳，放在牛身边，摘掉了用来蒙住牛眼睛的黑布，然后卸下搁在牛肩上的矮头，哼着不成调的小曲，牵着牛回了家。

第二天是星期日。小山一觉睡到大天亮，跟往常一样匆匆地就着萝卜干吃了碗粥，就牵牛去车棚了。一路上小山没有走快，故意放慢脚步，让牛多啃些路边的鲜草，好改善一下伙食，等一下干活更有劲。就这么走走停停，停停走走，原本十来分钟的路程足足走了二十分钟。到了车棚，小山准备给牛上矮头继续拉水车，走近一看却发现牛脚笼不见了。他把牛拴在车棚的一根柱子上，围着车棚兜了一圈，仍不见牛脚笼的踪影。小山心想，这下可麻烦了，没有牛脚笼容易伤到牛蹄子，牛要是受了伤可就干不了活了，这一副牛脚笼还是两天前换上的，丢了的话少不了要挨父亲一顿打。

正在小山发愁的当口，只见哥哥挑着担子走了过来，原来是奶奶让他给菜地浇水。小山看到哥哥就像看到救星一样，跑过去把牛脚笼丢失的事说了。阿水听了也觉得奇怪，从来没有发生过偷牛脚笼的事啊。阿水撂下担子就和弟弟一起找，他们把车棚边上的河滩、草堆、泥潭都找了个遍，甚至连车棚顶上都察看了一周，还是没有找到，这下兄弟两个发愁了。两人垂头丧气地坐在田埂上，你看看我，我看看你，一句话也说不上来，不知道要怎么跟父母交代，小山已经做好思想准备挨父亲一顿打了。这时，"小山，小山——"的喊声由远及近。小山站起身来一看，原来是奶奶在喊他。等走近一看，奶奶两手正各拎着一副牛脚笼，像是新的。

小山和阿水还在疑惑中，只听奶奶说："一大早我沿着河滩走过来，想看看河滩边有没有鸭蛋可以捡。等到了自家车棚里，发现牛脚笼脏得很，也不知道是谁把小石子扔在上面，我怕伤到我们家牛的脚，就拿到河滩边给洗了。"听了奶奶的话，小山差点哭了出来。阿水安慰他说："好在是奶奶拿去洗了，总比丢了被爸打一顿来得好。而且现在洗干净了也不会伤到牛蹄子，应该庆幸被奶奶及时发现才是。"边说边朝小山做了个鬼脸。小山一想哥哥说得对，"嗯嗯"直点头。他上前抢过奶奶手里的牛脚笼，进到车棚里铺好，接着又熟练地搬来凳子给牛搭上矮头，蒙上眼，开始了一天的工作。阿水看到弟弟有条不紊地干活，自己也挑起粪桶去河边舀水，挑到菜地去浇菜。看着两个孙子帮家里做活，奶奶心里很高兴，笑眯眯地背过身去，点点头，嘴里喃喃自语："蛮好，蛮好……"独自回家去了。

土埭

文/陈祥英

土埭是装运土块的农具。埭由竹篾编成，形状像家用的竹畚箕，比竹畚箕稍微小一点。每只土埭的角上都系绳索，这种绳索叫“土埭索”。土埭索一般为麻绳，先将绳子折成长度相等的两股，穿过后面的小孔，再分开两头成4根，分别系在左右两角留好的小孔中，长度不超过肩高。土埭两只为一对，一般成对使用，用于运土、挑草泥、运干粪块（猪窠、鸡屎）等，装物后用扁担挑运。

编竹土埭前，先要通过锯（竹）、剖（竹）、劈（篾）、刮（篾）等工序，做成编织所需要的竹片和竹篾。土埭所用竹篾都是篾青，准备好材料后开始编织土埭，用毛竹片（稍削薄）做环，在毛竹片两头（距1寸处）各削一个深1厘米的三角形口子，用绳子系在竹环的两端三角形口子，拉紧使竹环成弓形，把绳子绷紧打结，形成半圆形的土埭环。先用经篾包住竹环添加纬篾，并留出一个1.5寸左右的小孔，编出一个长方形的土埭后壁，并均匀地留出边篾。然后把经篾向前压，形成底经，添加纬篾编织两侧和底部。编至竹环的口子前，两边各留两个小孔（穿绳子用），用竹片在火上加热后，将其弯曲来回重合夹住竹环的两端（三角形口子处），然后用铅丝扎紧固定牢。

土埭情

文/陈祥英

2019年秋，李建国一家搬进了新别墅。

搬进别墅的那个傍晚，李建国家欢天喜地、热闹非凡。酒足饭饱后，儿子李秋宝满面红光，将客人一一送走，便从楼下走到楼上，将一间一间房间仔细查看，看到满意的地方就点点头，不满意的地方就摇摇头，还时不时地自言自语嘀咕几句。当他走到底楼客厅东隔壁的一个房间时，不禁大声叫嚷起来。家人闻声而至，只见房间的角落里摆放着一副泛黄且破旧的土埭和一根扁担。此时，大家不约而同地将目光移到了李建国的身上。只见李建国动情地走到土埭前，边回忆边讲起了土埭、扁担的故事。

那是二十世纪六十年代，生产大队响应上级号召，社员结婚采用集体婚礼仪式。婚礼时间、婚礼形式由大队统一安排。还提倡不讨彩礼，不讲排场，喜席的桌数按规定办。李建国办理好结婚登记手续后的当月，大队干部就上门宣传政策，要求举办集体结婚仪式，时间由大队进行统一安排，并规定几个不准：不准放鞭炮；不准收受非直系亲属赠的钱物；不准穿奇装异服，只能穿军装拍结婚照；吃喜酒的人不准超出大队指定的桌数能坐下的人数；不准邀请非直系亲属的亲朋好友。在举办婚礼的前一天，大队干部又上门来对喜席的桌数进行了一次核实。

婚后第二年，妻子周月娥就生下了儿子秋宝。李建国父母双亡得早，小秋宝没有老人照看。小秋宝满3岁后，李建国挑泥时，就带着小秋宝到田头。李建国挑着一担泥走进田头的时候，小秋宝跟着父亲走到田头，当李建国将一担泥倒掉，就叫小秋宝自己到空土埭内，然后挑着一头重一头轻的担子，艰难地走到外岸泥潭处。这样来来回回地运泥、蹲小秋宝，土埭哪经得起这么折腾，一年后，土埭底部就有几根篾折断了。李建国家屋后有个竹园，因为家贫，他就试着自己劈篾修理土埭。刚开始学劈篾时，总会不小心将指头弄破，但他仍坚持自己将土埭修补好。就这样，结婚时大队赠送的这副土埭一直跟随着李建国。一直到1976年，生产队里开始开丰产河，李建国怕运土方时把土埭给挑坏了，干脆自己学着编制了一副新土埭，然后将这副旧土埭用塑料纸包好并收藏好。

在翻建别墅前搬场时，周月娥看到那副泛黄的土埭，看样子一触即毁，便随口对李建国说："阿要把土埭扔掉？反正我们再也用不着它了。"李建国看了看妻子，深情地说："月娥呀，这不仅是我们俩的结婚纪念物，而且伴随了我们大半辈子，它帮我们赚了不少工分，与我们一起经历了风雨，度过了磨难，见证了我们家从贫穷走向富裕的历程，我已经习惯把它当成我们家的成员看待，有些东西是不能丢的。"

现在周月娥已经不在人世了，李建国看见这副土埭，就像看见自己的妻子。看见土埭，眼前便会浮现出妻子结婚时的模样，妻子生小秋宝的幸福时光，以及妻子一边做家务一边逗小秋宝玩时脸上流露出的微笑。去年造房时，妻子还在忙前忙后，奔波劳累。不料，妻子突遭车祸，没有福气住上新别墅。每每想到这些，他的眼泪便会在眼眶里打转。

李秋宝听完故事后，伸手摸了摸土埭，哽咽地说道："安息吧！"

编草帘

文/周建芬

二十世纪七八十年代，每年秋收稻谷入仓后，随着冬季的到来，除了做好必要的田间管理，家家户户忙起了副业，编织草帘就是其中之一。

编织草帘不太难，过程也并不复杂，得先做好准备工作。先要搓好细绳（后来条件好转且要求提高，人们不再搓绳，直接到市场上买细麻绳），并把绳绕成一个个绳团；然后准备两根2～3米长的竹竿或木棍，将它们斜靠在墙壁上，再横绑上一根已被凿了几个槽子的木棒，这些槽子用于悬挂事先绕好的绳团，每个槽子悬挂两个绳团。最后，把编织草帘的原料——稻草搬到这个架子边就可以开始编织草帘了。

草帘的长度和宽度根据用途而定，在绕绳团和准备架子的时候就得确定下来。开始编织时，先放一根竹竿，然后拿起身边的绳团，绕过竹竿上面甩到墙壁那边，同时拿起靠近墙壁的绳团，绕过竹竿的上面，在自己的身边松手，让绳团自由落下去；依次将木棒上每个槽子里的绳团都作相同处理。

当初绕绳团是根据草帘的长度而定的，所以，当绳团快到末端时，与开始时一样，要放一根竹竿上去，并将每个槽子里的绳团头围着竹竿绕一圈，打上死结。最后用剪刀或砍刀将草帘的两边修剪整齐，一顶草帘完工。

编草帘 铸传奇

文/范茂龙

二十世纪农村大集体期间，炎武村各户都不富裕，大兵家更是穷得连粥都喝不饱，大兵一门心思都在找挣钱的门路。这事让村大队支书王利看不惯，常常在大队会上批判他，搞得两人关系很紧张。

大兵每天下田劳动回来，喝两碗山芋粥，看王利上床睡觉了，便一个人走到湖边，坐上小渡轮到上海。他先给码头上轮休的工人当替班、扛麻包，后来在给火车站工人帮忙搭棚子时找到了一个活。为让一些不能受潮的货物有下处，要盖上薄膜，用草帘子当支架再盖，薄膜就不会坏了。工长说需要好多草帘子，让大兵回家去编。

大兵说："我们村边湖里有许多芦苇，冬天收回来都当柴火烧了，只要能买到麻绳，这草帘子就好打了。"工长一听就说："麻绳我可以跟供销社订，那粮站扎麻袋口的那种细麻绳多的是，你回去收红柴吧。"说完，写了一个公文，盖了公章交给大兵带回来。

村大队支书王利一看，这个能来钱，但又担心这是搞资本主义，就把大兵拉到一边说："你们白天照样上工，晚上收红柴打帘子，节假日用船运到上海火车站货场，得来的钱上缴一小部分给大队，年终赤字时，我用来补亏空。"

那种用在货场上的草帘子，工序简单得很，用一根长约三米的树棍子作横梁，在树棍子上钉五到九根钉，然后在每根钉子上系一道麻绳坠，编一根芦柴，绳坠子翻一下，大概三米一张帘子，连小孩子都能编。

本村湖里的芦柴不够用，就到邻村去割，全村几乎家家都会编草帘子。但编得最好最结实的仍是大兵。

千灯镇草帘子一下出了名，不但上海火车站找炎武村村民买草帘子，徐州、大同、焦作也来下订单，每年的订单量需用好几个轮船拖队来拉，这样就产生了一批经纪人，他们不打帘子了，接到订单后自己找苏北、安徽等偏远地区的人来做，这么一倒腾，赚得更多。

久而久之，炎武村的人都不打草帘子，专做草帘经纪人了。打草帘子是苦差事，从选柴到布麻绳，要一根一根地码柴，还要放下来量一量尺寸够不够，最后要码到通风干燥处，不然会发霉，那就不结实了，自然卖不上好价钱。

干经纪人只需两边一说合，合同一签，货一送，就有差价，多轻松。

只有大兵最傻，仍然在自己搭的工棚里织草帘子，但是他也有了变化，他织的是那种有图案的草帘子，用料不但有红柴，还有稻草、芦苇叶、蒲杆、蒲叶等等，因此大兵织的草帘子，不但上海有人收，连国外都有人通过国内亲友来下单。

大兵织的草帘子做工细、选料精，帘经是用细尼龙线做的，很隐蔽、很结实，打好后往墙上一挂，就是一幅巧夺天工的画作。虽然技术含量高，但大兵赚的钱没有过去多，村大队支书王利都不爱搭理他，坐席吃饭、吃早茶时，合伙拿他取笑，连平时打牌、打麻将都不跟他一桌。后来王利发达了，办理了移民在国外做大生意。

大兵也不当回事。不承想，改革开放后，普通草帘子不吃香了，也就没人再去编和贩了。唯有大兵，一有空就端个茶杯，坐在工棚里想打草帘子的事。这天，王利的老父亲突然中风，倒在村道上没人敢扶，大家怕被王利讹诈。当年，村民几乎都受过王利的欺负。只有大兵找来行军床，让路人搭把手，把老爷子送到医院，人被抢救了过来。

近期，炎武村发展更加迅猛，规划新农村建设，有的人家要拆迁，这里还将建一个民俗馆，目的是把过去的老物件、老农技、老传统留给后人，大兵家将被动迁到编织坊去。在工棚的最后一天，来了一个客户，操着外地口音，订下了一张大兵织的九匹奔马草帘子，标价是一万，那人价也没还，掏出手机就转了账，接着把大兵挂在墙上的三十幅左右的作品以打包价十五万全部买走了。

不久，农俗馆开馆，当天大兵收到一个大快递箱，打开一看，正是那些被人买走的自己的作品，其中，九匹奔马草帘已被网友炒到十几万。大兵想，是谁寄来的呢？但是快递件上，寄者信息已被撕走了。

这时，外商王利走了进来，后面跟着的那位，正是买九匹奔马草帘的人。大兵一下子什么都明白了。

打柴包

文/胡娟

打柴包可以由一个人完成，也可以由两个人协作完成，原理与织布有点相像。一人右手握住木扣，反复反转，使经绳奇偶交错，让稻草从中交错穿梭，左手握柴不停地向木梭添柴，并不停将柴轻压在下端。右手握木梭，来回送拉，左手同时添柴，一次一根，每组六七根后打一个小结，编织完成后，右手开始下一轮绕绳。将编织好的柴包封口，然后一个一个放在墙角，等待收购者的收购。家里的稻草编织完了，还要摇船到附近没有编柴包的乡镇，挨家挨户去收购稻草。在二十世纪八十年代，一年卖柴包的收入，能支撑起一个家庭的日常开支。

打柴包首先要搓绳。用榔头把稻草捶软，将稻草一根又一根依次在手心汇总绞合成绳，到一定长度后，把绳子缠绕成球状，球的一端留有凹孔放置绳头，便于用时抽取。几年之后，人们购置了踏绳机，之后又用上了电动踏绳机，搓绳就成了历史。

邻里情

文/胡娟

今天要讲的故事，发生在二十世纪八十年代的初春，昆山南部一个叫金家湾的小村。这个村庄只有二十多户人家，有金、朱、陈三个姓的大家庭及一户从外村搬来的李姓人家。李家是夫妇俩带着一双儿女和一个老母亲一起生活。丈夫杏根三十二岁，人老实巴交，干活是一把好手，尤其是开沟，又快又直。妻子小娥比丈夫小一岁，个子小小的，却极为伶俐。忙完田里的农活，到了晚上，她和丈夫搭档打起柴包来，又密又快，收柴包的人总是说她家的柴包是免检品。一家人的日子虽然清贫，但是婆媳和睦，夫妻恩爱，两个孩子活泼可爱，杏根和小娥都十分满足。

天有不测风云。有一年开春的一个清晨，杏根开着自家的机帆船运送化肥到田里时，在河道的拐弯处迎面碰到了另一条船，杏根被甩到河里，又被还在工作的船桨刮到，造成两条腿骨折，并有严重的外伤。小娥在医院里没日没夜地陪伴着他，老母亲在家里照顾着两个孩子，打足精神收拾好自留地。那段日子，家家户户正忙着打柴包，争取在夏收前把家里的稻草全部打好卖了。只有小娥家屋子前面场地上两个圆圆的稻草庐纹丝不动。

妇女主任林英召集村里几个大姓人家的当家娘子，说："我们无论如何一定要帮帮小娥家，不然，她家的稻草都要烂在场地上了，杏根看病已经花了不少钱，借了债，这样下去，两个孩子过年连件新衣服都没钱做了。"大伙都赞成，说以后每户每天都帮她家打掉一捆稻草，这样就能够保证在麦子成熟前，全村人家都能够把柴包打完。

金家大嫂把这个消息告诉了老二和老四的妻子，女人们本来和小娥就要好，一听也都赞成。大嫂又知道，老三的妻子春兰去年因为自留地的一些小事和小娥发生了口角，之后两个人一直不说话，所以要不要和春兰开口说这件事让她颇费心思。第二天，她装作有事到春兰家，顺口说起这件事，看春兰只是笑笑，也就不再说下去了。

晚上，春兰躺在床上辗转反侧，难以入眠。她想到她和小娥一起从小媳妇熬到如今，又是邻居，彼此的性情也都了解，发生的小口角早已经在心里释然了。但是碍于面子，谁都不愿意先开这个口。白天大嫂说帮小娥家打柴包的时候，春兰好想说“我也参加”。可是话到嘴边，还是没好意思说出来。而今，她想，小娥一家的遭遇实在可怜，大伙都在想方设法帮助他们，自己怎么能袖手旁观呢？她左思右想，下了决心：自己男人在外面做裁缝，条件相对较好。自己每天多打十只柴包，偷偷送到小娥家，神不知鬼不觉，这样就能帮到她家，自己良心上也过得去。

第二天晚上，春兰用绳子捆好加织的十只柴包，等村里大多数人家的灯火都暗下去后，偷偷把柴包送到了小娥家的屋檐下。这一夜，春兰睡得格外香甜。第三天清晨，小娥婆婆发现廊下多了十只柴包，问了村里的女人，她们都说不是自己放的，小娥婆婆觉得很奇怪。更蹊跷的是，接下来五六天还是一样。小娥婆婆就多了心眼，想着定是哪个不愿意留名的邻居做的好事。这天晚上，她关了灯，耐着性子在黑暗里要看个究竟，到夜里十来点，她看到一个娇小的身影背着大大的一捆柴包来了，急急忙忙放下，悄然离去。借着月光，她认出那是金家的三儿媳春兰。

过了一阵，杏根的病已经大有好转，小娥请兄弟照看一天，自己乘了公共汽车从医院回家，准备洗洗晒晒，好迎接杏根出院。一到家，看见家里的两个大柴罗只剩下了一点点，屋里堆着很多还未卖掉的柴包，知道村里人都在帮助自己家，很是感动。婆婆又把春兰的事情告诉她，说无论如何，一定要当面感谢老三媳妇。小娥忙好家务，挨家挨户登门道谢。到了春兰家，还未进门，就笑盈盈地甜甜地高声叫了声“春兰嫂”。春兰一见，自然也马上笑着回了声“小娥妹”。小娥拉着她的手，还没开口，眼圈先红了，说之前都是自己不好，意气用事，而今自己有难，春兰嫂子这样不计前嫌帮助自家，实在是感觉非常惭愧，说着眼泪滚落下来。春兰忙用手背帮她擦去泪水，抱着小娥，自己的眼圈也红了。金家大嫂之前听小娥婆婆说每天有人送柴包上门，而今又见小娥去春兰家，心中早就猜到了八九分，进来拉着两个人，说：“我们一个村里的媳妇都是好姐妹，你们两个怎么小孩子一般？”说得两人小女孩似的羞涩起来。

几天后的一个下午，杏根出院，全村男男女女、老老少少均前去探望，嘘寒问暖，惹得杏根这个硬汉子也热泪盈眶，说：“全靠大家帮助，我们一家才挺了过来。”又看见春兰嫂子在帮着小娥忙前忙后招呼邻居，专程高声说：“春兰嫂，真的谢谢你啊！”

打草鞋

文/木木

草鞋，在我国已有数千年的历史，是农民自古以来的传统劳动用鞋。草鞋轻便、柔软、防滑、透气，而且十分廉价。

编织草鞋的工具叫“草鞋耙子”，又叫“草鞋架子”。整个架子由座子、勾弓、松紧轴和一尺高的斜三角带齿圆柱组合而成。此外还要一个草鞋绊木（有的地方叫“挂围”，像牛角一样的弯木，两端系有带子，编织草鞋时系在腰上，用来拉紧草鞋的经绳），还需要准备一把锋利的剪刀。编织时将草鞋架子钩在长凳的一端，固定好，编织者骑坐在长凳的另一端，把事先敲打好的稻草放置在长凳旁。

草鞋的原材料各种各样，主要是稻草（淋了雨的不能用），麻皮、柳条皮也可用，发展到后来，做衣服时留下的边角料（布条），甚至装肥料用的尼龙袋也被拆下来当作编织草鞋的原材料。编织前先要在稻草上洒少许水，阴干后，再用木榔头把稻草打软，这需要掌握力度，如果把稻草打断或打烂就不能用了。最后清除杂质，便可使用了。稻草经过这样的处理，做出的草鞋柔软、挺括，如果在编织时再夹些碎布条进去，穿着更柔软，耐磨。

四双草鞋一个蛋

文/木木

1963年秋，秋收秋种刚结束，淞南公社就掀起了大搞水利建设的热潮，红星二队得到一个任务：选派10个青壮年组成突击队，去往东旺大队帮助修筑渠道，时长半个月。

11月9日晚，队里召开全体社员动员大会。会议一结束，小勤峰第一个跑到队长跟前报了名，其他小青年也纷纷报了名。

批准名单第二天下午就出来了，领队的是生产队政治队长施阿根，小勤峰是副领队，规定11月15日出发，吃住在工地，中途不经公社指挥部同意不得回家。

小勤峰今年19岁，共青团员，基干民兵排长，初中文化，是队里唯一的“高学历”。小勤峰长得也帅，一米八的个头，大大的眼睛炯炯有神，由于那个年头条件艰苦，民兵三天两头要训练，又是刚刚经过秋收秋种大忙，所以，看上去有点黑瘦，但精气神十足，浑身似乎有使不完的劲。他待人有礼貌，说话和气，虽说比较年轻，但处理问题显得老成持重，队里的男女老少都和他“轧得来（处得来）”，尤其是和他年龄相仿的大姑娘，都希望能和他攀上亲。有几个媒婆悄悄和小勤峰妈妈说起过，但都被小勤峰挡了回去，说是目前条件艰苦，年纪还轻，等条件好转，年纪大一点再谈对象也不迟。小勤峰这么一说，几个媒婆只好闭口了，而小勤峰的爸妈只能干着急。

其实小勤峰心里已经有人了，她就是对河红星三队的阿琴姑娘。他们私下约定，到20岁再把这个秘密公开。

今天小勤峰知道自己被批准加入突击队，并担任副领队，他觉得这是件大事，也是一桩喜事，所以，他决定快点告诉阿琴。

晚饭后，小勤峰便约阿琴到村后的小河边，把自己参加突击队，去东旺大队帮助修筑渠道的事原原本本地告诉了阿琴。阿琴十分开心，鼓励并叮嘱了他一番，两人便各自回家了。

这一夜阿琴姑娘没睡好。她想："修筑渠道是重体力活，吃住在工地，我又帮不上忙，照顾不到他，我该准备点什么？"想呀想，她终于想到了一个主意。

第二天，阿琴早早就起了床，顾不得刷牙洗脸，就去找老爸："爸，我有件事想请你帮忙。"

阿琴的父母正在灶屋间忙，女儿大清早请求帮忙，让老两口莫名其妙。阿琴爸一脸惊讶地问："什么事呀，这么一本正经？"

阿琴便把小勤峰去筑渠道的事说了，并说："爸，我想帮帮他，但家里啥东西都没有，我想请你帮他打两双草鞋。"

老两口一听，一时没转过弯来。愣了一会儿，还是做妈的反应快，阿琴妈赶紧走到阿琴身边，眉开眼笑地说："阿琴啊，你是不是和小勤峰好上了？"

阿琴满脸通红，羞答答地点点头说："妈，我们约好了不公开，你和爸要为我们保守秘密哦。"

阿琴妈想了想，说："嗯，我明白了，我们不对外面讲。"转身对老伴说："阿琴爸，你还不快答应啊。"

"好好，我吃过粥就打，不不，我现在就去准备。"阿琴爸赶紧答应，"哎，阿琴啊，半个月两双草鞋是不够的，打四双吧。"想了想，又补充道，"不过，快要入冬了，天气冷，穿草鞋透风，会冻坏脚的。"

"我想过了，我用妈织的布做四双袜子，还有，我已经做好了一双布鞋，准备春节时送给他的，这次一起给他。"

一眨眼已经是11月13日了，晚饭后，阿琴约小勤峰到老地方见面，她把一双布鞋、四双草鞋、四双袜子装在一只大布袋里给了小勤峰。

小勤峰带着阿琴的嘱咐和关爱到了筑渠道工地。根据公社指挥部的统一安排，他们住在工地附近的社员家里，10个人分住两户人家。小勤峰他们整理了一下住处，便上了工地。

修筑渠道要挖泥、挑泥、扛泥、打夯等，都是重体力活，两天下来，脚上的草鞋出现了不同程度的状况，虽然大家准备工作充分，都带了几双草鞋，但随着进度的推进，挖出的泥是潮湿的，有的低洼地出现了水，而草鞋遇到水就坏得更快，到了第十天，大家的草鞋基本上都用光了。有几个小年轻干脆赤了脚干活，但时值深秋，寒气已重，当天收工时就有人发烧了。小勤峰看在眼里，急在心里。吃过晚饭，他毫不犹豫地把阿琴送给他的大布袋拿出来，把袋里的东西一股脑儿倒了出来。

大家一看，见是两双草鞋，两双布袜子，还有一双布鞋。领队施阿根理解小勤峰的意思，也不客套，就将这些草鞋、袜子分给了最需要的社员。

正在这时，东旺大队的几位领导来看望大家，对大家的无私帮助表示感谢，并送来了十双草鞋。

小勤峰看着草鞋沉思了一下，最后，拿起草鞋还给了东旺大队的领导，说："谢谢东旺大队领导的关怀，我们还有两天时间就可以完工了，这几双草鞋就给其他突击队吧，我们够用了。"

在领队施阿根和小勤峰的带领下，红星二队突击队提前三天完成了筑渠道任务。经公社指挥部验收，工程质量优秀，公社指挥部给他们颁发了"红旗突击队"奖状。

在跟两户东家道别时，东家给每人送了一个煮熟的鸡蛋，说："感谢你们来帮助我们，这是我们的小小心意，请一定收下。"

施阿根激动地说："好，我们收下，这是我们红星与东旺的友谊象征。"

小勤峰也很有感触地说："社会主义建设需要互帮互助，我们红星有困难，你们东旺也会来帮助的。互相帮助，才能共同进步。"

回到家的当晚，小勤峰便约阿琴在老地方见面，把草鞋分给大家用的事也告诉了阿琴，随后从胸前摸出那个鸡蛋，递给了阿琴，阿琴也不问长问短，依偎在小勤峰胸前，笑了。

粪桶、粪枹

文/陈卉

粪桶、粪枹是农民给农作物浇水、施肥时用的传统农具。

粪桶，由桶身和桶夹（档）组成。桶身为木质，两侧的桶板略高出桶面，上面有一个圆孔，俗称“粪桶耳朵”。粪桶的桶身为圆柱形，高36厘米左右，直径32厘米左右。桶夹用毛竹片制成，呈“∩”形，分别穿粪桶耳朵，下部用铁丝或绳子固定。称其为“粪桶”，因其主要是用于农作物施肥时存放和运输粪便，其次也可用于装水或装运水河泥。粪桶一般成双使用，用扁担挑运。有时，也可两人用扁担扛（抬）着一只粪桶运泥、运粪、运水。

粪枹，即粪勺，与粪桶配合使用。传统粪枹是一种装有竹柄的木勺，勺的形状和大小与厨房间用于取水的木质水勺差不多。粪枹在农作物浇粪、浇水时使用。用粪枹舀粪，俗称“咄粪”；用粪枹舀水，俗称“咄水”。用粪枹“咄”起河泥、粪便，泼洒在水稻、麦等田块的庄稼上，称“划水河泥”“划粪”；将粪便、河水慢慢泼在地头上的瓜、菜等旱地作物上，称“浇粪”“浇水”。

浇菜籽

文/陈卉

二十世纪七十年代，淞南地区有个石浦村，居住着三十多家农户。

农村的春天，田地里到处是绿油油的油菜和麦苗。一天，石浦村的农民们正在油菜田里浇氨水。氨水船上，两个妇女用粪尬舀水到粪桶内，先舀一粪尬氨水，再从河浜内舀清水，加满一粪桶为止。再由男劳力挑着盛满稀释过氨水的粪桶担子，从船上走到油菜田里。油菜田里，也有两个女劳力候在那儿，待男劳力放下粪桶担，女劳力便用粪尬舀着氨水顺着油菜根边一塄一塄地浇，动作迅敏。

年轻、聪明的阿桃姑娘正在油菜田里浇氨水，当她舀到粪桶见底的时候，便用左手拿起一边的"粪桶耳朵"，右手托住粪桶底，将粪桶底所剩的氨水从右到左浇在油菜上。她一边劳作，一边与挑氨水的插队青年建忠说说笑笑。这时男青年卫国挑着一担氨水过来了，看着建忠的粪桶已经见底了，还一个劲地站着与阿桃说笑，便不客气地开了腔，用挑衅的口气说："建忠，我们两个阿要来场比赛，看谁挑的担数多？叫阿桃记数给我们作证。"没等建忠开口，阿桃便已听出卫国话中醋意十足。"比啥比呀？"阿桃脱口而出。卫国听后怏怏的，满心不是滋味。

其实，村里的大多数人都知道阿桃与卫国是姻亲。二十年前，阿桃娘与卫国娘两人是村里数一数二的做生活（工作）的能手，她们从拔秧、插秧到斫稻、捆稻、轧稻，样样都是出类拔萃的，两个人做生活的手脚（速度）肩上肩下（不分上下），渐渐成了形影不离的好朋友。说来也巧，她们两人拖身体（怀孕）也在差不多辰光。当时，她们俩开玩笑说，假如两个孩子生下来是一男一女，就做亲家；假如是同性，就攀过房亲，做老娘姨。阿桃与卫国三岁那年，双方父母给他们定了娃娃亲。阿桃是石浦村有名的一枝花，相貌、人品、做生活样样出众，村里人都知道阿桃是卫国的未婚妻，也没有人敢有非分之想。可是最近，村上来了两个插队男知青，他们哪里知道阿桃与卫国之间的婚约之事。

自从建忠插队到他们村里以后，情况发生了变化。建忠长得眉清目秀，身高一米八左右，英俊潇洒，玉树临风，且有知识有文化，口才也好，故事讲得绘声绘色，在阿桃心里留下了美好的印象。阿桃有事没事就找机会和建忠见面，向他借故事书看，这一借一还，来来回回，渐渐地，建忠与阿桃两人之间就互相有了好感。特别是阿桃，见了建忠心里就像有十五只吊桶，七上八下，不能平静下来。因此，阿桃见到卫国总是有意识地回避，特别是当卫国与建忠同时在场时，阿桃总有些不自在。这些微妙的变化，逃不过卫国的一双锐眼。卫国感觉到阿桃变了，心中的妒火越来越旺，总想找机会给建忠点颜色看看。因此，也就有了刚才的那一幕。

不一会儿，油菜田里传来“哐啷”一声，人们寻声望去，只见建忠正从油菜田里爬起来，双手捂住双眼，而卫国则呆立在建忠不远处。人们不约而同地朝建忠身边赶，阿桃见了急忙扔掉手里的粪舀，快步跑上前去，从自己的口袋里拿出一块绣花的小手帕，帮建忠轻轻擦去眼睛边的水珠，然后气愤地对卫国说：“下流、卑鄙，你有啥不满朝我来。”卫国努了努嘴，想解释又咽了回去，然后上前拖着建忠往田岸上走。阿桃怕卫国乘人之危还要闹事，急得拦在两个人中间，叫卫国放手，不要胡闹。卫国说：“阿桃你对我有看法我知道，但是，现在重要的是先送建忠到卫生院，陆家浜卫生院条件比较好一点，我来开挂机船送他。”阿桃听罢，仔细想想也对，村上也只有卫国会开挂机船。

建忠和卫国到陆家浜卫生院后，卫国帮建忠挂号找医生。医生用药水冲洗了一下，建忠的眼睛已经没问题了。回到村里，人们还没有歇工，见到建忠和卫国两人回来后，都聚拢来探问情况。建忠看着卫国，动情地说："这次多亏卫国帮忙，我的眼睛没事，所有的事情都会没事。"阿桃为之不平，愤恨地说："你还谢他呀，要不是他，你怎么会跌跤？"建忠摆了摆手，对阿桃说："这下你可冤枉卫国了，我跌跤怎么能怪到他头上呢！是我自己不小心踩到沟泥（开沟隆起的泥块），氨水从粪桶内泼洒出来，一不小心泼洒到自己的眼睛。若不是卫国用挂机船送我去卫生院，肯定就耽误了去医院的时间，那可真说不定了。阿桃，你和卫国之间的事，卫国跟我都说了，你们是天造地设的一对，祝福你们。"

阿桃站着呆呆地看着建忠。"我的眼睛没事，所有的事情都会没事。"建忠的话语久久地回响在阿桃的耳边，也回响在田野的每一个角落。

坑缸

文/管宿

很久以前，每家每户的屋后稍微隐秘的角落，都埋有一只坑缸，人多的大户人家要埋两只。为防雨水冲入，这些坑缸的上面都搭建了棚，一般人家都用稻柴笼遮盖，考究点的大户人家也有用瓦盖的。这些棚俗称“坑缸棚”。这些坑缸都是用来存放粪水的。

坑缸有大有小，大的直径1米多，深1.2米左右；小的直径80厘米左右，深1米左右。用坑缸存放粪水便于发酵，过一段时间便是标准的有机肥，是庄稼最天然的肥料。

到了二十世纪六十年代，坑缸集中排放。坑缸上一般都用水泥板，一半盖住，另一半活动，便于倒马桶时揭开将粪水倒入。坑缸大多露天，不再建棚遮盖。生产队里指派专人负责倒马桶，为防蚊蝇滋生，还定时进行消毒。

改革开放后，农村翻建房屋，平房翻建成楼房，马桶逐渐升级为抽水马桶，马桶下面有水管直通屋后的粪坑池，上面用水泥板盖住；再后来，农村又大都建造公用厕所，坑缸随之消失。

我家的坑缸

文/管宿

小时候，我家有两个坑缸，一个在大哥房屋东边的竹园里，一个在我和爸爸住房的东边草屋边。两个粪坑，足够全家人大小便的粪水倒入。开始，坑缸没有搭棚，经常有臭味熏到屋子里，有时连吃饭时也能闻到臭味，那时，我经常呕吐。于是，爸爸和大哥便在坑缸上搭了个草棚，俗称“坑缸棚”。这样臭味就被棚挡住，较难扩散，吃饭也就香多了。但每到夏天，天气闷热时，粪坑里的臭味总会阵阵扩散，而且又有苍蝇乱飞，一阵一阵的真叫人恶心。

那时，我和爸晚上大小便都用马桶，马桶粪水倒掉后，白天大小便就上坑缸。小便还可以，大便坐在缸上老觉得缸边太脏，于是爸爸又在缸的前半部分铺上一块拼好的木板，再在板的上面装上一个凸起的坐垫，大便时坐在坐垫上，既不臭又不脏。而缸的后半部分则朝天开着，主要供倒马桶之用。

我和爸合用的马桶和姐姐的马桶，每天早晨都由姐姐提着，来到粪坑边，将粪水倒进坑缸里。后来姐姐出嫁了，爸爸就说：“小菊，你来倒马桶吧。”我一听，嘴一歪，一肚子不高兴。爸爸就说：“你妈死得早，姐姐又出嫁了，如今就我们两个人，你不肯倒，那只好我倒了。”我听了，鼻子一酸，眼泪也流出来了，我想爸爸年纪大了，应该由我来倒呀！

爸爸为了减轻我受臭味的熏冲，就干脆又搞了一个坑缸，并再在粪坑上做了个粪盖，一边固定，一边活动，倒马桶时将活动的一边粪盖揭开，这样也就减轻了臭味的熏蒸。其实刚开始，我在倒马桶时，总是偷偷地用毛巾将嘴鼻扎牢，后来，我生怕人家笑话，也生怕爸爸看见后骂我，就不用了，这样时间长了，也就慢慢地养成了不怕脏、不怕臭的好习惯。

那时，田里要上有机肥，爸爸就叫我跟他一起，到粪坑里舀粪水到粪桶里，我总感到味道难闻，有时不免要呕吐。爸爸就说："你要经受锻炼，农民的孩子不能娇生惯养，要不然的话，你以后怎么种田呀？"

粪桶里的粪水舀满了，爸爸就用竹扁担扛粪桶，他叫我在前面扛，他在后面扛，粪桶靠近爸爸一头，这样我的肩上就轻得多了。

到了田里，粪桶便停在田岸边上，爸爸就将粪水浇在田里。有一次，我立在顺风头，爸爸也没注意，一粪杓水泼出去，粪水竟顺着风飞溅到我的头上、身上，连嘴上也沾了一点，爸爸就责问我："你怎么好站在上风头？不过也怪我没有注意，快点回家去将衣服换掉，身上也好好擦一擦。"

我清楚地记得，那时农户田里所用的肥料，大都是粪坑里的有机肥，所以无论是稻田还是大小麦田，都十分肥壮，稻麦长势都很好。

后来，坑缸集中成列地放在生产队一条小河的边上，连倒马桶也有专人负责。这时，各家自留田上用粪水都有规定，于是粪水不够用，爸爸就在屋边的小弄堂里自己搭了个小粪坑，前面搭个棚子，人家也不易发现，经常偷着用，怪不好意思的。那时，我已在学校里读书了，懂得了好多道理，我说："爸，你这样做不好。"爸爸看了看我，一声不吭，第二天就将小坑缸朝天了，对我说："小菊，你讲得对，做事要光明正大，不该做的就不要做。"以后自留田上粪水不够用，爸爸就去买化肥。

到了1983年，我拆房屋建造楼房，便在房里装上自来水，抽水马桶用水管通到下面墙外的粪池里，这样粪坑也就彻底退出了历史舞台。

猪棚

文/陈阿根

猪棚一般以毛竹为樑、竹梢当椽子的建筑物，四壁都是长3米左右的石柱6～10根，下端埋在地里50～60厘米深，上端配一个木箍头边梁，中间用柱帖或进深掮梁，房顶是四合晒五根梁，上面是用笼盖。要砌1.5米高的砖墙围成圈，其余可以用笼作为壁脚。也有用瓦房作为猪棚的，大多是用富余的辅助房充当。

过去农民养猪很少将其作为商品，一般以自食为主，人多且较富裕的农户本钱大，所养的猪大多吃大麦、洋麸皮（麸皮），除了自食，将多余的猪卖到镇上的肉庄，像这样的养猪户一个村上也没有几户。新中国成立后，党和政府号召农民大力发展养猪事业，一般有两三个农户开始养猪，当时搭建的猪棚很简单，买几根毛竹与竹梢搭一个长4米、宽3米左右的小猪棚，四面打泥墙，上面盖笼头。进入二十世纪六十年代以后，除了个人养猪外，生产队集体发展百头养猪场，集体猪棚有的用砖砌半墙，也有打泥墙，屋架以石柱和毛竹梁盖笼头为主。当时提出了“农民人均一头猪”，提倡养一头猪等于办好一个小型化肥厂，所以鼓励家家户户必须养猪消灭空白户，养猪搭猪棚，上级可以计划供应力树棍毛竹等材料。七十年代后，农户养猪所搭建的猪棚较高档又比较正规，一个猪棚都在20平方米以上。一个生产队除五保户外，基本家家户户有猪棚。

猪棚里拜堂成亲

文/陈阿根

这一年，米豆12岁了，她是家里年龄最小的一个孩子。农家孩子早当家，虽然米豆年龄还小，但已经会做一些力所能及的家务。近些年家境渐好，在六月份的时候，米豆的父亲买了两只猪崽，准备养大了卖钱贴补家用。米豆很喜爱这两只小猪崽，一有时间就跑到猪棚里逗小猪玩。父亲见她这么喜欢小猪，就给她安排了个差事——喂猪。

第二天一大早，米豆迫不及待地要去喂猪，父亲偏爱米豆，拗不过她，就带着她去喂猪，示范给她看。米豆家的猪棚跟厨房中间隔了一片砖场，距离十米开外。父亲拎起灶头边的下脚水桶，走近水缸，从水缸里舀了几勺水，然后往猪棚走去，米豆兴奋地跟在后面。到了猪棚，两只小猪看到主人拎了只桶，直叫唤着往前拱。米豆也跟着起哄，催着父亲赶紧喂食。父亲从猪栏边拿起一根棍子，在水桶里搅了搅，然后拎过猪栏把下脚水倒入猪食槽里。两只小猪狼吞虎咽般开始进食，一只小猪还把前腿踩进了食槽里，吃相十分难看。但米豆不嫌弃，看得很开心。这时见父亲从旁边的麻袋里用双手捧了两捧糠皮倒进食槽里，两只小猪吃得更欢了。米豆看在眼里，对父亲安排的工作更加期待了。父亲看了米豆一眼，发现米豆非常高兴的样子，心想：难得有事让女儿这么开心，干脆再让她高兴点。于是对米豆说："小米，你知道我们家这个猪棚以前是用来做什么的吗？"米豆抬头看了看猪棚，又望了一眼父亲，说："是厨房。""嗯，记性不错。"父亲夸了她，接着问，"那你知道猪棚里发生过什么故事吗？”米豆眨了眨眼，想了想，摇起头来。父亲心里有点得意，说：“看你这么喜欢小猪，我就跟你讲个猪棚的故事，估计小云、阿坤他们都不知道呢。”然后，父亲牵着米豆的手走到屋檐下坐定，米豆趴在父亲腿上，开始听故事。

“从前，在昆山县东门玉龙桥北堍有一户三开间门面的缸甏行，开店的老板姓邵，家里很富裕，有很多田地房产。他与前妻生养了一个儿子名叫邵孟超，孟超很聪明，小学毕业后就到苏州去读书。在孟超17岁的时候，他的父亲又娶了一位20岁的姑娘李玉茹为妻，李玉茹不但人很漂亮，还是一所女子学院的高才生，算得上是一个知书达理的贤妻良母。过门后，她协助丈夫料理店堂，缸甏行生意越来越红火。谁知到了第二年开春，老板得病身亡，李玉茹悲痛欲绝，为继承家业，她让儿子孟超回家经营缸甏行，子承父业。于是，邵孟超弃学经商，可回家不到三个月就患病在床。李玉茹为他请遍了郎中，开处方服药无数，可病情还是不见好转。这段时间里，李玉茹端汤端药数月，细心照顾，邵孟超与继母相处时长，心生欢喜，动作间不免露出马脚。李玉茹也看出苗头，岂肯做出有违人伦之事，心生一计，装作答应婚配之事。

“邵孟超确实是得了相思病，他知道玉茹已经答应，不禁心花怒放，向玉茹提出了成亲要求，玉茹对他说：‘你的病虽好，但身体还十分虚弱，还需要好好调养，要成亲必须到八月中秋。’到了八月十五那天，李玉茹领邵孟超先在店堂里走了一圈，看了看这丰厚的家业，再走过中厅，穿过天井，绕过仓间，来到后三间小屋的猪棚里。一进猪圈，邵孟超不解地问：‘到这里来做什么？难道在这种肮脏不堪的地方结亲拜堂？’玉茹对他说：‘你弃学归家经商是继承父业，我悉心照料你，只是承担了一个做母亲所表达的爱子之心，你却误作儿女情事，岂不被人笑话？我与你如若结亲成婚，只能像猪狗同圈，怎能进入大雅之堂，当初我是为了你的病好，才出此下策，只好违心答应你的要求。’

“邵孟超听后，才醒悟到这位母亲的良苦用心，他深领教诲，跪倒在李玉茹面前认错。不久李玉茹给孟超娶了一个如花似玉的妻子，家族和睦，缸甏行还在小西门增开了一个分店，邵孟超成了缸甏行大老板，李玉茹变成了店堂里的账房先生，缸甏生意兴隆，一家过着美满幸福的生活。”

米豆听得入迷，心想这故事可以跟奶奶讲的牛郎织女媲美，下次一定要讲给小云他们听听。

筑渠道

文/管耀明

二十世纪五十年代末六十年代初，农村开始大搞水利建设。修筑渠道是主要的大工程。因为那时大集体种田，土地都连成片，必须解决农田灌溉问题。解决灌溉问题就必须先建造电灌站。电灌站建造好，还要配以修筑渠道，把水引向农田的角角落落。

渠道有主渠道和支渠道，主渠道一般要2米宽、1.5米深，渠道两边则筑宽阔的圩埂。主渠道通向一方或两方大田，而通向某一方小田块就要筑支渠道。大渠道一般都要跨越河道，就要在河底排上水泥管，这叫“倒虹吸”，面向支渠道的口子都要装上闸门，凡某一方田水灌好后，就将闸门关上。那时一处电灌站一般要负责2000亩农田的灌溉。

修筑渠道

文/管耀明

1958年在大办人民公社的热潮中，我所在的何王谷村正进行土地大集中，劳动以生产队为单位，进行集体大生产，当时大搞水利建设，到处呈现轰轰烈烈、热热闹闹的景象。而为了解决农田用水问题，村里又投入了建电灌站、筑渠道的热潮。

我记得我们何王谷村的东方电灌站当时就选在新开河的一端，村里先将河床挖深，然后将电灌站建在河岸上，里面装上发电机和水泵，电灌站边上再建一个水池，水池一边连着渠道。那时筑一条长长的主渠道和无数的支渠道，算是项大工程，生产队没有机械化设备，全靠手工劳动，所以全生产队社员都投入战斗，白天黑夜连着干。为了提高劳动效率，全小队实行家庭承包制，每家每户都要承包一段渠道，开展比学赶帮竞赛活动。

我们家也分到一段长10米的主渠道和一段长10米的支渠道。由于我在学校工作，平时家里的农活都是我父亲和我妻子两人干，到了星期天我才回家帮忙。在田岸上要挖出宽2米、深1.5米的主渠道，工作量着实很大。每周一到周五，妻子负责挖泥，父亲负责平整渠岸。到了星期天，我加入修整渠道的工作，我和妻子负责挖泥，父亲专心负责平整渠岸。三人分工劳动，渠道越是挖到后来，将下面的泥弄到上面来就越是费力，于是妻子负责挖，我负责将泥运送到渠岸上。我们三人配合很默契，工作效率很高，虽然很累很辛苦，但进度倒也蛮快，我们家负责的那段10米长的主渠道花了两个星期就完成了任务。接下来就轮到筑支渠道了，相比主渠道那就省力得多了，再加上那时我们学校正巧放假，所以只用了一个星期就修整好了。那次包干修渠道的任务，我们家排在生产队的前列。

前前后后大约经过两个月时间，东方电灌站和大小渠道的建设终于胜利完工，因为任务完成得既快又好，得到了大队的表扬，为此生产队举行了庆功大会，大力表扬先进，我妻子和父亲的名字在大会上被提到，那是很光荣的事，为之他俩高兴了好一阵子。

以后，我在外地工作，每次回家总要到渠岸上走走，边回忆边欣赏田野风光，总感到无穷的乐趣。每每想到大集体种田时代，总会想到建电灌站、筑渠道的火热情景，我也为自己曾经参与修筑渠道的工作而感到自豪。

倒虹吸

文/车心

倒虹吸主要用于农田水利工程中。在筑渠道遇到河流时，需要修一建筑物，使水从河道底下穿过，这种建筑物就叫作“虹吸”。倒虹吸有箱形和圆形两种。淞南地区的倒虹吸大多数是圆形的。

修建倒虹吸，先要浇铸基础大底板。在修建倒虹吸位置两边的河道里筑堤坝，将水抽干，然后根据渠道走向，确定修建倒虹吸的确切位置。接着，施工人员将河道里的浮泥清理掉，直到出现老土、地面硬结为止，铺上碎砖、石子等，用夯柱夯结实。之后，就可以浇铸钢筋混凝土了，钢筋混凝土的厚度要根据管道的粗细、地基情况来确定，一般需要浇铸15~20厘米。

基础大底板浇铸好后需要保养2个星期左右。保养期一到，就开始进行管道安装。管道的长度是根据河道宽度决定的，因那个时候没有起重设备，都是靠人工搬运，所以管道都是分节浇铸的。安装时，先从河道底（最低处）开始，然后向两岸延伸，与上面筑好的渠道相连。

早在2000多年前，中国就成功地运用了倒虹吸的原理，如北宋时引用泾水的郑白渠、南宋时引用褒水的山河堰。在唐朝诗人杜甫的诗歌中和元代科学家王祯所著的《农书》中，都可见到对输水渠道上运用倒虹吸的记载和描述。

办法总比困难多

文/车心

1964年初冬，一个晴朗的上午，淞南水利工程队队长宋阿义根据县水利局领导的安排，带着技术员小春来到了青峰人民公社红星大队，找到了大队党支部书记朱大辉，递上了介绍信。

朱大辉看完介绍信，热情地说："欢迎欢迎，宋队长，你们来得真快呀！"说着就要去拿茶缸准备泡茶。

宋阿义赶紧拦住："朱书记，茶就不喝了，你带我们去实地看看，介绍介绍情况吧。"

"哈哈，宋队长真是雷厉风行呀。好，我马上带你们过去，我们边走边聊。"

"我们这个倒虹吸呢，建在第三生产队，也就是蔡河村南面的黄花浜。"朱大辉是个急性子，一出门就介绍起情况来了，"渠道在前年冬季筑好了，是我们大队的主渠道，负责两千多亩水稻田的灌溉。当时设计、放样的时候，考虑到黄花浜这条河道河面宽阔，曾经打算要绕过它，但为了灌溉效果，现在这样的走向是最为合适的。前年筑渠道时曾经向公社里打过申请，建个倒虹吸，但公社里资金紧张，水泥、钢筋也紧缺，只同意给我们调拨两个立方的木材，让我们做个木质渡槽先用起来。"

说话间，他们来到了一条大河边。朱大辉指着河流说："宋队长，这条河就是黄花浜。"

宋阿义看了看河面，说："嗯，河面确实挺宽的，估计有二十多米吧。”小春点了点头。

他们沿河岸往东走了五六十米，来到了渠道上。新筑成的渠道很气派，渠道沟足有一米半宽，渠道岸高出农田差不多有一人高。往河南面望过去，渠道像一条巨龙横卧在田野上，两边的农田一望无际，十分壮观。

宋阿义将目光收回，停留在横跨在河面上的木质渡槽。渡槽是矩形的，中间已经下沉，连接渠道口的底板已裂开一条大缝，渡槽两边的侧板也与底板脱裂，这种情形，水经过渡槽时，大部分会漏到河里去，灌溉的效率大大降低。

看了现场，根据县水利局的要求，宋阿义、朱大辉和小春商定了具体步骤。先由大队负责安排劳力在渡槽两边筑两个坝基，并将河水抽干；然后安排一条农船帮助工程队装运材料及设备；再安排好工程队8个人的住宿地方，吃的事情由工程队自己解决。工作期间，如果遇到工程队不能独自处理的问题，再一起协商解决。商量妥当后，小春在筑坝基的地方做了标记。

第二天上午，朱大辉召开了全大队队长会议，将筑坝基任务落实到位。一个星期后，两条坝基筑好，随即安排劳动力排水。那时候既没有电又没有抽水机，只得靠人工排水。又一个多星期后，水排干了，宋阿义带领工程队进场动工。

他们先拆除木渡槽，然后拔除在河道里用于绑托渡槽的木桩，宋阿义特别关注在河中央的四根木桩，他走到其中的一根木桩旁，仔细端详，又用力推了推，木桩有点晃动，他心里隐隐有点不安。于是，宋阿义当机立断做出决定，河中央的四根木桩暂时不要拔了，让它们留在那儿，先清理浮泥和松土。

第三天上午，宋阿义和小春在工地上商量倒虹吸管子分节浇灌的事，正在这时，在河底清理浮泥的工人喊了起来：“宋队长，宋队长，发现流沙层了！”

听到喊声，宋阿义和小春停下手边的活，来到河底，说："唉，担心什么，就来什么！"小春惊讶地说："原来宋队长已有预感会遇到沙流层？"

宋阿义说："半个多月前，我第一次见到这个木渡槽时，就感觉到这河底的土质可能会有问题，昨天我推了推那根木桩，断定这泥土是流沙，所以，叫大家保留河中央的四根木桩，现在看来，保留对了。"他顿了顿，又说："同志们，搞工程建设最怕的就是遇到流沙土质，但既然碰上了，就必须想办法干呀，只是上级给我们规定的工期可能要受影响了。"

钢筋工老张胸脯一拍："队长放心，你只管吩咐，哪怕干通宵，我们也要保质保量按时完成任务。"

"对！"大家异口同声地说，"我们团结一心，一定能按时完成任务！"

"好！"宋阿义感慨地说，"有大家的支持，我们一定能按时完成任务！现在我来安排一下，吃过午饭我去县水利局汇报、请示，老张、阿木根你们俩根据小春的设计，把管子分节断好钢筋，其他人继续清理浮泥，流沙土不要动。"

那个时候，青峰到昆山县城的交通方式只有轮渡，一天两个班次，上午八点一班，下午一点一班。等宋阿义从县城返回工地时已是第二天的中午，他顾不得休息，马上做了布置："同志们，局里同意了我的想法。我们要把在河道里的四根木桩留到1.3米左右的长度，然后锯断并打下去，再在木桩之间填埋两层石条，用细钢筋把两根木桩拉住，防止石条随流沙移动。在石条上面铺上石子，然后再浇铸20厘米厚的钢筋混凝土。"

心直口快的小王马上接着说："这样做，这个基础大底板肯定是牢固了，可是，我们没有打桩机，这几个木桩怎么打下去呀？"

"困难是困难，"宋阿义坚定地说，"但办法肯定比困难多。同志们，我们抓紧时间干活，我马上去大队请朱书记帮忙安排人员开一条船到苏州帮我们运石条。”

“用不着去找，我自己过来了。”朱大辉老远就大声招呼起来。

宋阿义见到朱大辉，赶忙从口袋里摸出两张纸交给他：“朱书记，这是介绍信和转账支票，县局已经跟苏州采石场联系好了，麻烦你安排人员和船只，最好今天下午就出发。”

“什么麻烦不麻烦的，为了社会主义建设，有多少力我就出多少力，我马上去安排。”朱大辉急匆匆地走了。

运石条的事情落实好，宋阿义心里一阵轻松。但一看到河道里的四根木桩，眉头又皱起来了：“用啥办法把桩打下去呢？”宋阿义边想边下到河道里，来到一根木桩旁：“先把多余的部分锯下来再说吧，办法总会有的。”

收工吃晚饭时，宋阿义征求打桩的意见。有的说用二十四磅榔头打，但木桩高，使不上劲，而且二十四磅榔头的重量不够，打不下；有的说用夯柱打，马上有人反对：“夯柱在平地上可以用，木桩这么高，怎么打？除非你有腾云驾雾的本事。”

一阵沉默，鸦雀无声。突然，宋阿义一拍大腿：“有了，就用夯柱打。”大家惊讶地望着宋阿义，等着他说下去。

“我们在木桩周围搭一个架子，搁上跳板，人站在跳板上不就可以打了吗？”

“对呀，这个办法好。”大家异口同声地说。

打桩的办法有了，接下来就一切顺利。修建倒虹吸工程如期完成，经县局工程科验收，达到优质工程的标准。技术员小春逢人便说：“跟着宋队长干活，办法就是比困难多！”

渡槽

文/鲍云飞

渡槽属于水利设施。它就像一段毛竹被对劈成两半，再把其中的竹节全部打通。它是跨越山谷、道路、河道的桥梁式水槽，两端与渠道相接。现在国家的大型引水工程都会有架空的渡槽。它由钢筋混凝土浇筑而成，平口圆底，每节长度在三四十米不等。二十世纪六十年代见到过的渡槽是铁制的长方体，四格五档。宽和高均有1米，长约4.5米。用4×4角铁制成框架，渡槽的底部和两边的墙板均用3毫米厚的铁板拼成。为了防水防腐，整个渡槽全部用柏油涂刷。

货船遇到渡槽

文/鲍云飞

1959年，就在现在的宏洋路桥东面一点，修筑了一个渡槽。1960年春，新支浦河南的红星南站及河北庙巷村的红星站通上电后，渡槽便正式派上了用场，开始抽水灌溉了。

当时新支浦河上没有桥，河南河北的来往，要向西走两里路，也就是要到现在的支浦路桥那里兜一圈（当时支浦路桥向西还未开河），过河非常吃力。有好几次，母亲带我从河北到河南，为了抄近路就从渡槽里过去。我当时还小，不用低头，我母亲是猫着腰钻过去的。但如果在农业灌溉期，整个渡槽里都是水，这个近路就无法抄了。在冬季的时候，渠道沟里都是干的，直接在渡槽里过去就行了。有时候想抄近路，但渡槽里还有水，母亲和我把鞋一脱就蹚过去了。

渡槽的建造给当地农业生产带来了农业灌溉的便利，但同时也给当时水路交通带来了稍许的不便。因为枯水期时，渡槽的底部离河面不过1.5米的距离；水位高的时候，相距也不过1米。平时吨位在四五吨的大船经过时，摇船的人要低头猫腰才能过，这还是小事；如果是收麦子或收稻子的船经过，那麻烦就大了。熟悉路况的，可以在装船的时候少装一点，原来两馈能装完的现在分为三馈。如果是必须一馈装完的，那就装个满馈，船行到渡槽底下后再翻。怎么翻呢？首先把船头部分的稻担往船尾翻，或暂时放一部分到渡槽里，让船头先伸过渡槽，然后派一人站到渡槽里，通过三人接力，把后面的稻用稻担再翻到船头，待整个船过了渡槽后，再用稻担把稻子整理好。这翻来翻去既浪费劳动力，也影响生产效率。

有一次快过年了，河里结着薄薄的冰，有一艘陌生的卖稻草的船从此经过，因为不知道这里有渡槽，所以将稻草装得满满的。他们准备将稻草运到上海，卖了以后回家过年。碰到这样的情况，他们心急火燎。如果向北绕道走吴淞江水道，不合算。他们左右衡量，只有一个办法，下决心“翻”。他们从船头开始，把船头上超过高度的稻草成捆成捆地堆放在渡槽里，这样船头先伸过渡槽，再一步一步过渡。船上的四个人折腾了将近半天时间，终于把整个船开过了渡槽。

这条渡槽在二十世纪六十年代后期被倒虹吸所替代，从此船就可以一路驶过，稻船、柴船随便装多高都不受影响。

养猪

文/酥言

养猪是淞南农民的传统副业，也与农事有关，生猪出售能为家庭带来经济收入。二十世纪六十年代后期至八十年代初期，广大农村均以人民公社、生产大队、生产小队三级建制核算，以队为基础。淞南农业“以粮为纲”，主要作物是水稻、三麦（小麦、元麦、大麦）及油菜籽。在植物栽培上提倡垩有机质肥料，即农家肥、草塘泥、堆沤基肥等，其中农家肥主要来源于养猪所积沤的猪窠。因此，各家农户一年四季都要养猪，生产队集体也要建饲养场养猪，这样做既能为生产队增加副业收入，又能堆积基肥垩田改良土壤。

“老牛”养猪

文/酥言

二十世纪七十年代，金星大队第七生产队有个老农，人蛮高的，力气大，干活又好，所以社员们给他起了个绰号叫“老牛”，表示对他的褒奖、敬佩。那时候种田人都非常辛苦，衰老也快，老牛刚五十出头，已经背躬了，干农活也力不从心了。一年早春，生产队队长酌情安排他在饲养场养猪，他接受了。

生产队的饲养场距村庄有一公里。为了防止意外，队里规定：养猪人与养牛人必须看夜（住夜值班），两人轮流，每天不缺人，工分按队里男劳力前九名平均记酬。对于这个规定，“老牛”笑着向队长表态：“晓得了！”其实，队里的饲养场并不大，一间老虎灶、一间牛棚，一间饲料仓库、两座对照的猪棚（8个猪厩），加一间值班的房间及一些场地，面积约1.8亩。365日每天都得喂猪食，这是做饲养员的主要责任，当然也可以与养牛人协商调节处理家事。

“老牛”走马上任的第一天，先与前任饲养员老根叔做了交接，查看了饲料库及猪舍。尤其对于18头肉猪（养大要出售的）与2头母猪的情况，老根叔对他做了详细的介绍，并提醒有一头母猪已经发情，三四天内必须配种。“老牛”不认字，但很用心，听了老饲养员的介绍后，就拾起块砖硝在墙头画了些记号。

第二天早上，“老牛”烧水泡食，挑着担子到猪舍喂食时，发现有一头母猪不见了。他着急了，一上来就有人偷猪，莫非有人跟他过不去？他再仔细观察，见猪厩的栅栏被撞断了两根。这下他明白了，便自言自语地说：“我怎么忘了？昨天老根叔说过，要为这母猪找个‘朋友’的，莫非它自己去寻求了？”“老牛”喂食结束，就到外面四周寻找，果然发现了那头母猪。于是，他向队长请示，要去附近养公猪的生产队，请饲养员赶来公猪为母猪配种……

第三天午后，按照约定，苗泾生产队的饲养员将公猪赶来配种。当时的公社兽医站还没有推广人工配种，自然传统的配种每次需支付5元。那头公猪养得很肥大，走在路上像头小牛，饲养员在后面扯绳护路，它在前面慢悠悠地走，引来一群农家孩子看稀奇。配种时，“老牛”只管在前面拉住母猪，也顾不得后面的事情。配种结束，有个精明的大男孩笑着说：“‘老牛’爷爷，刚才猪公没打中！”那个饲养员听了哼声道：“小孩子不要瞎说！”“老牛”霍然有些明白，但已经晚了。

一个月后，那头母猪又发情了。“老牛”相信了上次大男孩说的那句话，又去苗泾生产队请人赶公猪配种，但吸取了教训，叫养牛人一起到现场监督配种。养公猪的人也是心知肚明的，他为了多捞一次差，上次捣蛋了，这次也不便再说点啥。后来母猪受胎了，预期四个月后会产下猪崽。

夏收夏种到了，公场上人们忙着脱粒，“老牛”也开始动手办“自己事”。首先，他用菜萁筑起了一个围囤，将麦壳垒囤好，用作老虎灶烧水。其次，他用挽子将风车扇坠下来的瘪粒麦子畚好，以备粉碎机加工成猪吃的精饲料。然后，他请生产队队长安排几个小后生（学干农活的）装了一船麦秸头，去加工厂打成粗糠，备足了4个月的猪饲料，可以持续用到稻谷登场。由于他精打细算，饲养场里的生猪果然达到了“厩干食饱，只只上膘”的效果。一晃到了秋收秋种，饲养场里的10多头生猪出售了，两头母猪都下了崽，小猪崽经阉割后就留做续厩生猪。这么一来，“老牛”不但为生产队挣得了副业收入，而且还节省了不少养猪的成本，社员们都夸“老牛”是养猪的一把好手。

一天，队长安排人员将饲养场猪舍里的猪窠出清，挑到农田里垩肥。大家发现有一只80多斤重的肉猪起不了身，就问“老牛”怎么回事。老牛说，这头猪的一只脚伤后好不了，吃食也不欢了，两个月来反而比之前瘦了，卖也卖不了。有人建议，让队长犒劳一下社员，宰了它，让男人们吃一顿“江义”（江湖上讲拜义喝酒，当年很流行）。说着，村里的男人们都来劲了，要“老牛”先向队长说明一下。果然，队长听了“老牛”的话，答应了，并很快请示了大队领导，也得到了同意。

这下七队的社员可高兴了。次日，男人们做了分工，派出6个人负责杀猪、买菜、办酒席，其他人一鼓作气将猪窠全部出清。下午，由生产队会计将一半猪肉分给各家各户，让妇女、孩子、老人也得到分享。黄昏时，30多个男社员自带酒、饭，到集中地吃“江义”夜饭，农家人的憨厚笑声在村庄里萦绕。

上海积肥

文/酥言

二十世纪七十年代，淞南农村为了增加农业产量，提倡大积有机肥，各生产队一年四季都要开船去上海运肥。我们千灯范围的农船到的区域一般在南翔、北新泾、徐家汇、杨家桥、小闸镇、杨树浦、潭子里、曹家渡、曹河泾这些地方，也有到泥城桥、白莲泾等黄浦江边缘的，大多是装氨水、罱黑泥、割青草、运垃圾、倒浆（糟）水等。其实这些都是“三废”，但在当时成了种田人的宝贝，运回来的除糟水可喂猪，其他都用来垩田，有的直接浇灌水稻、三麦、油菜。

去杨家桥装氨水

文/酥言

记得1978年仲秋的一天，我参加生产队劳动已经满10工分（正劳力的一天工价），队长安排我与另外两个青壮年去上海杨家桥装氨水。上午，我们就打点好出门的行头（被子、饭具、伙食等），再到生产仓库将樯子（桅杆）、帆篷、跳板、竹篙及行灶、木柴等器具用品搬到农船（五吨的河扁子，是生产队的当家船）上，备齐弄好后就摇船出航了。

当年我还是个小青年，开船去过两次上海。这次跟上次有两点不同：一是这次是排班倒，要顶岗，而上次是跟堂叔父一起，有长辈照应；二是这次天气热、蚊子多，而上次是初夏出航，天气晴好。因此，我做好了吃苦耐劳的准备。

船摇出萧墅口就进入吴淞江，河面一下子宽阔了许多，也没有跨越河面的大桥。吴淞江是苏州通往上海的水路要道，有拖轮、客轮，来往船只很多，两岸都有步行纤道。此刻正好顺风，虽然风力不大，但扯上篷行船速度会更快，因此我们就准备竖樯扯篷。

桅杆如房上的大梁柱，但一头粗一头细，跟船身一样长；粗的一头是方正的，竖立在船舱肩架的帆潭里，四面有桅夹及樯栓固定；细的一头装有滑轮，系上洋纱绳，帆篷靠它扯到桅顶。我们一行三人分工明确，齐心协力将桅杆竖好、扯上帆，再由一人掌舵，船很快就驶到三江口。一路经过四江口、野鸡渡，行程上了正轨，我一边在行灶上烧粥，一边用水桶把青壳甏（放在船上存水的小缸）灌满，以备后用，因为进入上海市区河段后，河水受到污染不能饮用。现在的人也许不相信，当年没有自来水，我们口渴了就直接饮河水。

当天下午三点半左右，我们终于到达了目的地杨家桥码头，先后见到了好几条来自同一个生产大队的农船，和许多熟人在一起聊天也是蛮高兴的。有人带来了公社里生产资料部的口信，说氨水明天上午十点钟开始装船。于是大家就放心了，各自准备上岸买东西，然后做晚饭。

从家里出来用了大半天时间，行了约七十里水路，中饭是在过黄渡时吃的粥，此刻早就饿过头了。我们船上属我最年轻，买菜做饭要积极点，所以就跟老乡去岸上买了些冬瓜及一点咸肉，回到船上做了夜饭吃。其实，当时我们农民还是贫穷的，能吃饱肚皮已经不错了，大鱼大肉是买不起的，也没有福分。

夜晚，我们坐在船艄的跳板上，点了根蚊烟条，借着城市路灯的暗淡光芒，拉着家常。隔壁船上有位老兄，知道我会说《水浒传》里的故事，就带了几个同伴来缠着我开讲。对于这点，我是有准备的，只是天气热，有些疲倦。大家说，今天没装水，船舱是空的，搭个棚子，在船舱里讲故事。见大家如此热情，我不好推托，答应了他们。大家一会儿就齐心把船棚搭好了，点了支蜡烛，我就讲了几回“九纹龙”史进的故事。快到深夜十二点了，他们兴趣很浓，还要继续。我说：“涨潮了，船晃来晃去的不舒服，累了。只要明天不返程我就继续讲。”他们这才散开，各自休息了。

第二天，大家简单洗漱，点火烧灶，煮了一锅粥充当早饭。“萝卜干吃粥一条心”，这是农家人的俗语。快到十点了，还没见有氨水槽车过来，几十条五吨以上的农船挤满了河道，挨序地等着，有不耐烦的人已跑到岸上去打探。也有几个上海阿姨来河边问：“乡下人，阿有鸡蛋卖？”我听了摇摇头。

约十一点，人群骚动了，有人说“氨水来了”。果然，一会儿见前面码头边有辆槽车停在岸上，那边船上的人正在搬动放氨水用的皮龙头，氨水通过皮管从槽车输送到农船上。就这样，船挨着船排队放氨水，槽车来了一辆又一辆，轮到我们已经是下午三点过后了，这个时间点想当天返程是来不及了。

由于装氨水时船与船碰撞，我们带来的一甏水被打翻了，我只能提着两个水桶（向邻船借了一只）上岸去讨自来水。当我拎着两只桶走了约300米，流着汗来到一个里弄门口时，一位戴红袖章的老阿姨见了我就招手说："乡下人，你要自来水的话，这边有龙头！"我感激地说："谢谢阿姨！"于是就走过去打开，双手捧水洗洗脸，再喝了几口，然后放满两只桶就关好水龙头，提着两桶水返回船上。

因为时间晚了，夜里开船不安全。所以，我们与另外两个生产队的农友讲好，将船摇到北新泾歇脚，明早再回家。于是，我们就各自起锚离开陈家桥。当船路过苏州河时，轮驳船见我们农船吃水重，都慢速轻档，让我们安全摇过，这也许是上海港监局的规定。一个小时后，三艘船先后都到了约定地——北新泾大桥堍，停船做饭。当夜，我按照事前承诺，为他们讲了《水浒传》中"花和尚"鲁智深的故事。当年农村缺少娱乐，没有电视，听人讲故事也很满足，大伙表示以后还想听。

第三天早上开船，由于风向不顺，不好扯篷，摇过野鸡墩我们只得上岸背纤。先将一根纤杆（长4米左右的硬木立树棍，上面有纤眉眼）拴上纤绳，插在下帆潭里，然后船老大在船上掌舵，两人上岸拉纤，一前一后，一跋步就要拉到黄渡。

背纤是一种体力劳动，纤板套在胸前，人要弯腰弓着走，前面的开档行路，后面的兼顾船只。两人既要齐心用力前行，又要以纤杆高度来确定档位。即将到黄渡镇时，河岸上有一片蔬菜地，我留意着两侧，发现有萝卜，就顺手拔了两个（上岸前老大关照，弄点地货做饭菜）。黄渡镇有一段市河，必须落纤摇船。我们两人摇船，一人做饭。过一会儿，吃饱了又上岸背纤。这一板纤，我们直拉到四江口才落纤回船。此时，河道拐了弯，风向顺了，我们就竖樯扯篷，从吴淞江里一路驶到萧墅渡。

下午三点半左右，我们返程到家。好在天气不错没有下雨，五吨氨水完完整整地运回了生产队，浇施农田作物。

装石头

文/酥言

装石头也叫“运石头”，是一种特殊的作业行当，一般是由专门从事这种行业的人员去做的。二十世纪七八十年代，淞南农村大搞水利建设，自然村河道及灌溉渠道都要筑圩堤、机耕路，村落中的桥梁必须翻建成石桥或砖拱桥，而造桥墩需要大量的石头。昆山一带的石材基本上是苏州的天平山、灵岩山、焦山、大阳山开产的花岗石，统称“金山石”。因此，各路装石头的驳船，大多是从苏州木渎那边的金山浜（现寿桃湖）下货、启运的，通过水路运至各地，需求量大的则由轮船拖驳船队。

到金山浜装石头

文/酥言

1982年10月上旬，肖市大队龙桥自然村及张家浜自然村要翻建两座石桥，需要上百吨石头。当时都是集体种田，以农为本，改善村级道路也是为百姓谋利益，所以各生产小队是很拥护的。生产大队为了节约成本，决定自己开船去苏州金山浜装运石头。第一批安排6队、10队、11队各开一条15吨的挂艄机水泥船，先由公社桥工队出面与对方联系好，3天后出发，并由我带班前往，因为当时我在大队任副职干部。

隔天，公社桥工队打来电话，说工作已经落实，有石料，可以装货，并告诉了地点及经办人姓名。于是，我带着相关单子及介绍信，通知三条船在次日上午八点启航，开往金山浜。

次日，天气晴朗，我搭乘6队的挂艄机船领航，10队、11队的船随后跟着。我们开足马力，沿着吴淞江往西行驶，进斜塘河，过金鸡湖、黄天荡来到苏州市区外城河，开过盘门进入东胥江，过京杭运河再进入西胥江。

到达金山浜已经是下午一点多了。把船安顿好后，我上岸按照原定计划，与石山开发商的办公室人员联系，落实好下货事项。发货员收了我的介绍信及单子说："千灯桥工队已经打来电话，知道你们今天来装石头，外面4号堆石料是为你们准备的，45吨全部搬走好了，款子我们会去银行托收的。"说完，他就带我们去了石料场，还提醒了搬运时要注意安全。

办妥了提货手续，接下来就由我们扛石头了。我们将船上带的稻草全部铺在船舱底，将长跳板搁在舱底与船梁上，对13个人进行了分工，先下货装一只船，两个人在船上扶舱，其他成对用扛捧、绳子搬运。说起来，那些开山石并不太重，关键是绳索要套牢、打好石结，走路不能晃动，防止石头掉落压伤脚板、损坏船身。我们小心翼翼，体验了石帮的口头禅所描述的“装货石八折，干活石半工”。晚饭后，我们到石山上察看了开山的情况，然后回船休息。

第二天上午，我们吃好早饭就开始扛石头。大家齐心协力，上午一船，下午一船，比较顺利，下午三点左右开始返程。

离开金山浜后的一段水路我们开得慢，三只船都比较平安，但想不到进入西胥江就出事了。先是开在前头的6队的船前舱搁浅了一下，驾机手陆小弟马上减速，说可能触及了河道里的石头，必须检查。于是停泊后，我们一边招呼后面的两只船，提示他们要靠河中心行驶，防止碰到河岸边的礁石；一边将准备好的塑料薄膜打好结，兜绑在船前舱底，并拌好水泥快速地涂抹在碰撞处。当6队的船做好防范措施，开进京杭运河金枫段时，辰光已经四点多了。忽然，开在前面的10队的挂机船又不幸碰礁，造成前舱漏水，船上的人开始不停地往外排水。眼看太阳马上就要落山了，为安全起见，我们三只船会在一起商定：让10队的船马上开到寒山寺前面的胥口修船厂快速抢修，另外两只船继续行驶进东胥江，开到市区南门人民桥停泊等候，过夜后一起返程……

我带领两只船到人民桥堍停泊，生火做饭、充饥。时间到了晚上8时，还不见10队的挂机船过来。我心里不安，于是就带了陆小弟、严阿介一起从人民桥乘市区公交车，转车赶去胥口修船厂。

午夜时分，我们到达修船厂。电灯光下，见10队的水泥船头挂在吊机上，船艄在水里，金队长他们在艄棚里，船上的石头依然保持着原样。一问才知道是“屋漏偏逢连夜雨”。原来，修船厂师傅也想快速将船头舱底上撞坏的小洞补好，起重机吊船时没有考虑到前夹节石头的重量，起吊后钢丝绳把船沿梁扣裂了，反而造成了大损坏、大麻烦，需要大修理，至少要耽搁两天时间，而且还要保养期。最后，我们商议好方案：金队长他们等明天船梁修好，留一人看船，其余三人先乘车回家，待保养期到了再来苏州将船开回去；如果有新情况，请留守人借用修船厂电话接通肖市大队告知。

安排妥当，当我们要回人民桥时，枫桥一带的夜班公交已经停运了。我们只得步行到人民路，再回到人民桥。

第三天早上，我们两只船从人民桥启程返回。因为是重船，速度比较慢，回到家里已是午饭时辰。下午，大家各自将石头卸上岸。当天，我将情况向大队领导做了汇报，大家认为第二批运石头还是委托船帮子吧！

塘耙

文/陈阿根

塘耙分四齿小塘耙，六齿、八齿大塘耙三种。其制作原理大同小异，塘耙齿都呈铁钉形。它们的使用功能不完全一样。四齿小塘耙主要用于上水草泥，耙乱柴、乱草等东西，齿长20厘米，用小毛筋竹做柄，柄长3.5米左右；六齿塘耙专用于江河荡滩上耙水草泥，齿长25厘米左右，用较细长的毛巾竹做柄，长大约6米；八齿大塘耙主要用于大江大湖里靠驶篷船向前用塘耙柄轧在船沿上，肩膀掮住竹柄拖拉水草泥，齿长而粗壮，长达30厘米左右，竹柄用较粗的毛筋竹，长度亦在6米左右。

耙水草泥

文/陈阿根

直到二十世纪七十年代末，昆山一带的农民一直保持着耙水草泥的习惯，在整个农耕生产当中，除了收种管以外，农民一年到头大部分时间都在开展积造自然肥料。用六齿塘耙耙水草泥也是积肥的一种。过去装万斤以上的大船配有篷樯可去淀山湖拉水草泥，不满万斤的二号头船一般在小河及荡滩里耙草。耙草不同于拉草，耙草是将塘耙抛出去后，把长柄搁在肩上靠两只手压紧后慢慢往身边耙进来，腰腿和手臂要协同发力，是很累的体力活动，肩上被竹柄磨掉一层皮是很正常的事情。耙草，一般是一条船只有两人进行，每天凌晨两三点钟出船，要耙满一栈水草泥一般要到正午才结束。

在农民进行农耕劳作的活动中，也经常会发生一些人员伤亡的憾事。1969年8月30日，我们三星大队（现为盛家埭村）第五生产队政治队长吴炳海同志走完了他36岁的人生道路。

每年的8、9月份是积麦肥的季节，生产队出动大小船只进行拉草、耙草等农活。吴炳海在29日晚饭后安排第二天的农活。排到二号船耙草的人员，本来还是原班人马，但是有一人因事没空，其他的农活都已派工停当，无法调度，需要另想办法。当天吴队长去淀山湖拉草，吃晚饭时他已经感到身体有些不适，但是考虑停掉耙草不合适，就把自己安排上去顶岗。第二天凌晨两点，他吃了点爱人为他烧好的早饭，带上中饭就与王惠明两人开船去耙水草泥。吴队长他们将船开到靠近清水湾东面的大片荒荡滩里耙草，那时在大积大造自然肥料，做到停人不停船的当口，弄得河底河泥、水草很少，耙满一栈水草泥已经到了晌午。

由于身体不适，吴队长中午吃得很少，船回到队里开始准备上草泥。沿河有两个塘，一个较低，一个很高，高的一只上草泥费力得多。吴队长坚持上高的塘口，他说："高的其他人不愿上，我们先去高的塘。"正常情况下，上完一栈水草泥都会感到精疲力尽，更不要说吴队长身体欠佳了。天有不测风云，正在洗船的当口，突然下起了一阵大雨，雨水把平几板上的草泥块冲成了泥浆，吴队长脚底一滑，当即滑落至河中。本已疲劳过度的吴队长像是一块石头沉入水中，王惠明同志见状，一边高声呼救，一边用竹篙搭救吴队长，但是河水又深又急，一时找不到吴队长的踪影。等其他社员摇船到场，合力将吴队长捞起已经为时过晚。

吴炳海同志于1963年担任生产队队长一职。不久，全国上下兴起"农业学大寨"运动，他为了改变生产队的落后面貌呕心沥血、身先士卒、以身作则，带领全队社员群众艰苦奋斗，为提高水稻产量积极响应上级号召，为扩大双三制面积（双季稻）做出了自己的贡献。有一年全队200多亩土地种了100%的双季稻，不到两年时间取得了显著成效，一个落后队跃升为先进生产队。

为吴炳海同志送别的那天，公社党委领导来了，送了花圈，大队党支部全体领导到场为他召开了追悼会，三星大队毛泽东思想宣传队以表演的形式临时创作，歌颂吴炳海同志无私无畏的精神，在场的群众听了都悲痛欲绝，泣不成声。

大铁搭

文/大陈

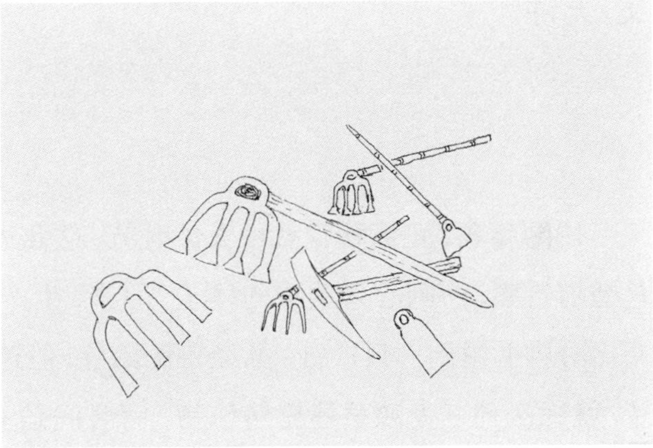

所谓大铁搭，比目前我们日常用的铁搭大一点。铁匠打铁制作时，它的上部结构与小铁搭没有什么两样，只是四个齿横里阔一点，挂齿长一点，齿锋开阔约43厘米，四个齿叶像鳑鲏鱼形状，故叫“鳑鲏齿”。而小铁搭的齿呈三角形，像凿子刀模样。大铁搭要比小铁搭重三分之一左右，其铁搭柄比一般的铁搭柄略粗一点。

坌田

文/大陈

1964年秋，正值秋收秋种大忙时节。这几天，淞南公社盛家三队队长愁眉苦脸，一副心事重重的样子。原来，生产队唯一的耕牛前几天在犁田时脚上戳到一只铁钉，虽经兽医治疗，但还不能下地犁田。田犁不了，就无法种三麦油菜等夏熟作物。而时间是不等人的，所以队长有点焦躁。

这天一大早，队长按惯例来到公场上派工。到了公场，大队民兵营长盛阿达已经到了。一见队长，阿达就迫不及待地说：“队长，我看呀，还是组织一些强劳力用铁搭坌田吧，时间不等人啊！”

“只能用铁搭坌了，”队长无奈地说，“只能发扬‘蚂蚁啃骨头’的精神了。但我还是担心赶不上时间，坌田速度太慢了。”

“我家倒是有一把大铁搭，但锈得不能用了。要不要派个人跟镇上的铁匠店联系一下，请他们加急打几把大铁搭？”阿达给队长出主意说。

队长觉得是个好主意，便叫阿达回家找出那把旧铁搭，照样子画了一张草图，当即派社员叶小毛去镇上铁匠店打大铁搭。

小毛拿了图纸到铁匠店，见到年长的庄夫生师傅，就把队里的情况做了一些说明，并把图纸交给庄师傅，请他打十把大铁搭。想不到庄师傅看都不看就把图纸往炉灶上一丢，奇巧勿巧，炉膛内火苗往上一窜刚好把图纸吸过去化为灰烬。小毛见图纸被烧，愤愤地对庄师傅说：

“你为什么把图纸烧掉？”

庄师傅说：“我打了三十多年铁从来不需要看图打铁！”小毛说：“叫你打大铁搭，那么你打呀！”庄师傅说：“你的铁搭我不会打。”

见庄师傅这个态度，小毛火冒三丈：“叫你们支农，你们就这种态度支农的啊？”嘴里说着，一个箭步上前一把拖住庄师傅，要将庄师傅拖到领导面前说个明白，一时两人扭成一团。

这时，街上正好有人认得叶小毛，便上前劝架。但两人火气都挺大，根本劝不开。那人就赶紧到盛家三队去告知队长，说：“叶小毛在镇上铁匠店里与打铁的师傅打架。”队长想不到一件小事会弄到打架的地步，便马上叫盛阿达去铁匠店处理吵架之事。

说巧也巧。正当叶小毛和庄师傅喉咙响脖子粗，闹得不可开交时，手联社（手工业合作联社）领导张主任正好路过，见此情景，立马把两人叫到办公室问个究竟。两人先后把情况一说，张主任冷静了一下，说：“庄师傅，农村现在正是秋收大忙，我们手工业者应该想农民所想、急农民所急。你这个做法是不是有点问题？”转身又对叶小毛说：“这位社员同志，你也太急躁了，有理说理，不能动手呀，动手解决不了问题。”

庄师傅正要说什么，张主任摆了摆手：“你们两个先不要说什么，冷静一下再说。”说着，张主任给每人倒了一杯水：“坐下，喝口水，冷静冷静。”

庄师傅坐下喝了口水，说：“张主任，是我不对，这位社员同志来时，我正好心情不好。”原来，叶小毛到店里时，庄师傅刚与一位同店的员工吵完架，心里火烧火燎的，碰到叶小毛，正好找到了发泄对象。

这时，盛阿达赶到了。双方将事情讲清楚后，叶小毛也做了自我批评。庄师傅十分诚恳地说：“张主任，图纸已经没了，能不能请他们再画一张，我回到店里加班加点给他们打出来。”

张主任看了看盛阿达和叶小毛，阿达赶紧说：“图是我画的，具体数据我还记得。张主任，请拿纸笔给我，我马上就画。”

拖刀、墒刀

文/大陈

拖刀、墒刀，由刀片和竹头组成，是用来在河里拖水草和墒水草的工具。

拖刀的刀片是两片组合的，刀片长约2米，根部阔7~8厘米，梢部狭一点，刀刃锋利，刀背厚度0.5厘米左右。刀片固定在自制的木拖头上。拖头长1米左右，阔与厚12厘米左右，要求树材结实，野榆树或桑树一类最佳。上部开一条长50厘米的半圆形槽，用一条毛巾竹做拖柄，竹的头部嵌在槽中钉牢，就成了一把拖刀。

墒刀两面刀片是连体的，形如牛角，故称之为“牛头墒”，刀片长50厘米左右，用分叉的柄管将两只脚焊在墒刀中部，最后用较小的毛巾竹做柄，插在管内固定牢就成形了。

墒刀刀刃在前，用时人立在船头上，使刀刃贴近河底往前推；拖刀刀刃在后，使用时操作方向相反。拖刀与墒刀的刀片可以在铁业社门市部购得。

拖水草、墒水草

文/大陈

拖水草、墒水草的农活在二十世纪五六十年代才有，我在队里参加劳动时，每年夏季都会从事这类农活，摇一条中号的木船出去拖水草或墒水草。所墒水草都是鳗鲡黄草（又称“扁几草”），这种水草最嫩，集体养猪时，用它来做代食品给猪吃，只要用少量的青糠或麸皮拌在新鲜的水草里就能喂猪，可以节省很多精饲料。所以，凡拖水草或墒水草的人回来，养猪饲养员都会叫拖水草的人给一部分草喂猪吃，然后再到田头草泥潭用作肥料。

有一年夏天，天气特别热，我与社员钱五八两人摇了一条四吨载量的水泥船去汤墩西面的白龙潭里拖水草，这是个面积有一百亩左右的小湖泊。我负责摇船，五八站在船艄上拖水草。五八光着膀子，用双手将拖刀柄压在肩膀上，用腰配合着双臂有节奏地往后拉，只见水面上，顺着拖刀拉动的方向，不断有新鲜的水草氽上来。我们在河面上兜了四五圈，河底下的水草基本上被拖了个遍。一会儿工夫，河面上氽着一大片扁几草。本想暂停一下，先把水草捞进船舱的，哪知河水流得快，水草顺着水流往西北迅速地远去。我拼命摇橹想追上去，哪知船身突然往前一蹿，五八毫无心理准备，刚巧他的拖刀挂到了河底的木桩上，他抓着刀柄，一时来不及撒手，一下子掉进湖中心。当时我一下慌了手脚，没有及时把船停住，转念一想，我们这一带的人都会游泳，应该不要紧，等一下把船摇过去拉他上来也就没事了。谁知这条水泥船的船沿没有护木，船到他身边打转，好几次他都没能抓住船口。我看在眼里，急在心头，想这下麻烦了，搞不好要出人命。情急之下我放掉船橹，抄起一把捞草用的网兜，往他身边递，可是船身还在动，他够不着。我又把船上的几块小板丢过去，想让他扶着木板不会下沉。哪知这时候他已经无力去抓木板。这下完了，我只能大声喊“救命！”，急得都哭出声来。还好这时在河西岸有隔壁村的社员在耥稻，听到“救命”声后，他们迅速划了一条看鸭船赶了过来，只见五八头发在水面一漂一沉，等第二次浮起时，小船上的毛男一把抓住了五八的衣角，把他拖出了水面。躺在小船里的五八已不省人事，肚子鼓鼓的。等小船靠了岸，一个较年长的社员比较有经验，赶紧叫几个人将五八翻过身扑在地上，有人扶着头，几个人抓着他的脚往上拎，使他头脚颠倒。只见大量的水从五八口中流出，喉咙里发出“咕啰、咕啰”的声音，过了一会儿，他慢慢地苏醒了过来，我一颗提着的心终于落了地，他要是有个三长两短的，我怎么向他父母交代？一顿打、一顿骂是免不了，还要背负一辈子的愧疚。歇息了好长时间，见他恢复，头脑清楚了，我便扶他上船回家。我问他：“你会游泳的，怎么会……吓死我了。”他说：“跌到江底时，突然一凉引起脚抽筋，一点也游不动，又吃到了水，身子直往下沉……唉，真是想不到我五八也会遇上这种事，鬼门关口转了一遭。”我松了口气，叹道：“这是我有生以来头一次吓得不知所措，差一点吓死。”

那个年代农村劳动没什么安全保障，农民劳动致死的事时有发生。有一次队里派建武和光明两人出去埨水草，船摇到顾家潭后面一个叫“白显角”的荡滩。等他们回到队里交完水草，按照规定还要进行洗船，就是在洗船时发生了事故。光明不小心脚下一滑，摔倒时前胸扑在船沿口上，胸肋一阵剧痛，身子动弹不得。建武见状，把他扶到船头上，一路狂奔去向队长报告。经赤脚医生检查，断定是肋骨骨折，必须马上送到昆山医院。经拍片诊断，两根肋骨断裂，必须动手术，由于当时县医院条件不够，最终请了上海的骨科医生才将手术做好。但是接下来相当长的一段时间里，光明要在医院里度过，他发了愁，心想：“一直住在医院不是个事啊，工分挣不着，今年分红又要透支了。”想到家里有两个孩子、一个老娘等着他养活，第四天他就闹着要回家。队长知道后来做他的思想工作，要求他把养好病当成第一要务，有了健康的身体才能挣工分；年底为他家争取一点照顾款，补助一部分工伤费。队长当面作了保证。有了队长的承诺，光明放下心来，安心在医院养病。

送茶、担点心

文/陈卉

在大集体种田时，特别是农忙“双抢”时节，夏季昼长夜短，农民早出晚归，天气炎热，在烈日下做体力劳动体能消耗较大，为确保体力，专门有人负责送茶、担点心。

烧茶员在生产队的老虎灶上用砻糠烧开水，在大茶缸里放一点炒青或者炒熟的大麦，将大茶缸泡满茶水。等到农民出工劳动，送茶员就会准备好两根绳子、一根扁担以及盛茶水的担桶（两只木制的桶），先将两茶桶用勺子舀满茶水，然后用两根折叠好的绳子往茶桶档上一系，扁担穿入绳圈内，挑起担桶就送茶去了。

担点心有两种。一种是下午点心，因为农民们为了多做农活，经常是中饭吃的早，夜饭吃的晚，一般在早上九十点钟吃中饭，晚上七八点钟吃夜饭，两餐间隔时间长，因此，农民在下午两点钟左右要吃点心，为了抢时间多做生活，把来回吃点心的时间省下来，便将点心担（送）到田间食用。另一种是上午早饭，每当到了拔秧时节，妇女们为了抢时间挣工分，在凌晨三四点钟就要饿着肚皮到田里拔秧，待家人烧好早饭为其担到田间。

茶杯失踪

文/陈卉

二十世纪七十年代初，江南倪家村农田多，劳力少。在“双抢”季节，老人、读书的孩子齐上阵。

八月初的一天，倪家村的妇女在斜角圩的稻田里捆前季稻，一群学生、老妇则在捆稻人的后面拾稻穗。暑天的烈日，将河岸两边的树叶晒得翻卷，田野中的妇女捆了一会儿稻，汗水就浸透了衣衫，眼冒金星。人群中忽然发出一声“茶来了”的声响，妇女们闻声都一齐朝田岸上看去。人群中有人回话：“哪里来的茶呀？”梅花站起身朝桥头方向努努嘴，说：“你们看桥头，那个不是阿三伯嘛。”梅花是个有文化的女人，从小又在街市边长大，见多识广，说的话有道理，众人爱听。村里妇人若遇大小事情，第一时间便会找梅花出主意。

阿三伯，名字叫陆阿三，大家都习惯称他为阿三伯，他是村里的饲养员，兼负责烧水担茶。“双抢”季节，阿三伯每天凌晨四点钟就开始烧开水，在大茶缸里泡满茶水，将两茶桶用勺子舀满茶水，然后挑起担桶去送茶。

阿三伯气喘吁吁地将茶水挑到田间，朝田岸的中间部分一放，便大声喊道：“茶来啰！”然后在每只茶桶上配挂一只搪瓷小杯子（小杯子的把柄上套有用细铅丝弯成的钩子）。在田里干活的妇女们听到喊声后，赶忙放下手中的农活，用衣袖擦着汗水，拿起杯子，大口大口地喝茶，直到将肚子灌得饱饱的，方肯放下手中的杯子。孩子们等大人们喝完后，便蜂拥而至，争抢着茶杯，茶杯便成了焦点。

这时，梅花来到茶桶边，掏出一只绿色的搪瓷杯子，这是一只军用杯子。她丈夫是部队的一名军医，因此，梅花也特别讲究卫生，在劳动时，她一直将这只杯子随身携带着。一个叫阿妹的女孩子对着梅花的杯子看得出神。梅花见了，便笑盈盈地说："阿妹，你是不是喜欢婶娘这只杯子呀，等下次爷叔回来，让他带只新杯子送给你。""婶娘，这怎么好意思呀。"阿妹羞答答地边说边跑开了。

阿三伯回到烧茶间，正在准备第二担茶水时，有人来送口信，告诉他田岸的茶桶上缺了一只茶杯。阿三伯听了纳闷，刚才自己明明将杯子挂在茶桶上的，怎么会没有呢？难道是自己年纪大了，脑子糊涂记不清了？阿三伯在茶水间仔细寻找，没有寻到落下的杯子。

梅花听说杯子不见的消息后，想起了刚才阿妹的眼神，便对着拾稻穗的孩子说："孩子们，你们想想看是什么时候发现杯子不见的呢？可能是有人放在别处忘记了，分头去找找吧。"梅花边说边用眼睛扫视了一下孩子们，发现其中有个孩子面色异样。孩子们纷纷去寻找杯子，阿妹和阿珍两小丫头走过来，东张张西望望，然后悄悄地将杯子挂在茶桶上。她们以为做得神不知鬼不觉，天衣无缝，却不知她们的一举一动，尽在梅花的眼皮底下。

当两个小丫头正在暗自庆幸转身想离开时，梅花突然站在了她们两人面前，微笑着问她们："杯子在哪里找到的？"梅花的突然追问，让两孩子猝不及防，她们支支吾吾地答不上话来，小脸涨得通红。阿妹怔了怔想回话，这时梅花说："你们说不出口，我来替你们说吧。阿妹，你看到我有一只专用的杯子很眼热（羡慕）是不是？于是就想到了把杯子藏起来，你们两个单独使用，感觉很方便？这是集体的杯子，是供大家一起使用的，不是给某个人独自占有的。"梅花边说边看着阿妹，见阿妹眼里含着泪花低下了头，立即停止了说教，然后说："今天的事情，我可以为你们保密，不过以后不可以做类似的事情。"站在旁边一直没有吭声的阿珍做了个深呼吸，然后壮着胆子大声说："婶娘，事情不是这样的。"梅花疑惑地问："难道我冤枉你们了？""是，是阿雪婆头……头……头晕……我和阿妹拿了杯茶过去……"阿珍急得连说话都结结巴巴的。

阿雪婆是倪家村有名的干活能手，年轻时样样生活是头挑，年迈时还要在酷暑下弯着老腰拾稻穗。阿雪婆在稻田里俯身拾稻穗，拾着拾着突然感到头晕胸闷，大汗淋漓，被正在旁边的阿珍和阿妹看见了，阿珍急忙扶阿雪婆到车棚里休息。阿妹去舀了一杯茶拿给阿雪婆，阿雪婆喝下茶水后，看上去好了很多，后来她们才想起把杯子还过来。

梅花听后才明白，原来自己没有完全了解刚才所发生的事情，连忙向两个孩子道歉："刚才婶娘小看你们了，你们做得对，值得大家学习。"这时，身后响起了大伙的掌声。不知啥时候，田里的人们都围聚在了一起。

吃烟

文/陈卉

在昆山方言中，把抽烟叫作“吃烟”。喜欢吃烟的农民，常将烟筒、烟袋、烟叶随身带着，方便出门时，想吃烟就抽几口。后来为便于携带，改为卷烟。大集体种田，在劳动时不方便吃烟，因为吃烟就要停止劳动，是一种休息的表现。在生产队劳动一段时间（两个小时左右）疲劳了，队长会安排社员休息一会儿，休息时大家开始吃烟，谈天说地，缓解一下疲劳。

吃烟闲趣

文/陈卉

二十世纪七十年代的河西村，是个交通非常闭塞的小村庄，人少田多，而且离小镇店铺比较远，农民采购不便，平时生活所需大多数靠自产自给。

七月下旬，是一年中天气最为炎热的阶段，也是农民“双抢”的季节，早稻收割、脱粒、扬晒、土地翻耕和晚稻移栽插秧等农活都要在二十多天内完成。连日起早贪黑，争分夺秒，又没有好的伙食。男人吃的是“淘茶饭”（米饭用热茶水一冲）加咸酱瓜，做的是千斤重担压肩的活，一天到晚挑秧、挑草泥。那时候食少活重，人变得特别嘴馋。一天下午，大伙挑草泥挑了一半，队长阿国一声令下，叫挑草泥的男人们到车棚里吃烟（休息一刻钟左右）。小荣挑着一副空担子正无精打采地走在田埂上，两耳听到队长在喊吃烟的口令，顿时神采飞扬，直奔车棚。十几个挑草泥的男人走到车棚，摘掉头上的草帽，往地上一放，俯下身子，双腿一弯曲膝，蹲下坐在帽沿上。有的人搬来一捆稻草，坐在草垛上。小荣在草垛上坐稳后，从裤袋内掏出一包一角四分的勇士牌香烟，开始发烟，接着大讲“山海经”，与坐在一旁的小男一唱一和。小荣说：“你们阿晓得香烟的来历？”小男讲：“听说香烟还有一段爱情故事呢！”

小男开始讲故事。相传在很久很久以前，有一对年轻的男女，男的叫小天，女的叫小美，他们两个人都是孤儿，从小就一起在财主家里干活，一起长大，两个人青梅竹马、无话不谈。他们俩长期在一起劳动，慢慢地走到了一起，私下里确定了男女关系。虽然两个人互相喜欢，但是他们不敢公开，因为财主并不想让他们在一起，财主一直把年轻漂亮的小美当作自己的私产，不止一次地叫小美做自己的小妾，这些事小天都看在眼里，记在心上。因为他们的主仆关系，小天并没有向财主发难，而只是想着自己好好干活，等赚够了钱就为自己和小美一同赎身。一天，小天和小美私下幽会时被财主看见，财主这才明白小美不愿意跟自己在一起的原因。财主虽然很生气，但碍于自己斯文人的身份，表面上不动声色，并没有说什么，心里却想着在暗地里除掉小天。一天，财主把小天叫去说："小天啊，整日看你忙里忙外太辛苦了，你不要做这些活了，以后就去山里吧，住在山里长期放牛，这个活比较轻松。"小天感到财主肯定不怀好意，因此暗自留了一个心眼。小天到了财主指定的地方，只见周边树林密布，地上还有野兽的足迹，就料到此地必然有虎狼存在，因为他早有准备，所以他并不害怕。三个月后，小天完成了放牛任务回去了，财主见他不仅没有死反而比原来壮实了许多，恨得牙痒痒。财主一计不成，又生一计。这次他换了一个法子，让小天替他出远门办事。趁着小天去办事的辰光，财主就强迫小美跟他成亲，想把生米煮成熟饭。可是，小美宁死不屈，直到洞房那天她选择喝下毒酒，自杀了。一个礼拜后，小天办完事回来，找来找去找不到小美，有人告诉他，小美已经没了，被埋葬在了山坡后面。小天傻了，疯一般地跑到那个山坡，在小美的墓前失声痛哭，哭久了小天就睡着了，并且做了个梦。在梦里，小天和小美相会了，小美告诉小天她的死因，并劝他不要报复财主，如果因此去坐牢，不值得，因为财主的阳寿也快到了。她还告诉小天自己很爱他，她会在阴间等小天六十年，等到来世再一起投胎，做一对永远不分离的夫妻。虽然小天也想下辈子跟小美在一起厮守，但是这辈子自己又怎么熬得下去？小天每天都在想着怎么早点离开人世去见小美，幸亏村民们一直把他照顾得很好，他的计划才没有实现。小美为了让小天好好活下去，再次托梦告诉他自己坟头上长的莸草可以帮助他解除思念之苦。小天听了小美的话就把菀草叶子摘下来，按照小美说的方法用火烤成细丝，卷起来点燃一口一口地吸，果然吸几口就什么都不想了。吸烟也正是从这时候开始的。

小男讲得口干舌燥，便喝了一口茶水，点了一支烟，然后说："这时如果有个十斤的西瓜我一吃头（一口气吃得完）。"小荣说："不要讲十斤一个西瓜，两个十斤的西瓜我也吃得脱（能吃掉）。"小男心生一妙计，说："要不我们两个来枉东道（打赌）。"小荣问："怎么个枉法（比赛规则）？"小男讲："我们俩比谁西瓜吃得多，输掉的那个付瓜钱。"大伙儿在旁边开始你一句我一句地起哄……

在队长一声"出工啰"的令声下，吃烟结束，大伙纷纷返回田间劳作。

扎米囤

文/文馨若兰

米囤是农户用来贮存大米的一种器物，用脱掉谷后的稻草编扎制作而成，为圆桶状。在淞南农村，家家有一个米囤，存储生产队里分的全家人一年四季的口粮。

扎米囤要选择干净无霉的稻草，然后筛去枯烂的稻叶，用榔头敲打稻草直至适度柔韧，从囤底中心部位开始编扎。先将一把把稻草拧成一股股圆形的柴辫子，然后把柴辫子一层一层盘缠扎制成圆形如竹匾那样的囤底盘，然后沿着底盘一股一股往上扎囤围，囤围的高低与米囤的直径按照房屋大小和家庭人口决定。

用稻柴编扎的米囤具有通风干燥的特点，形态美，质地坚，耐用性强，只要不受潮破损，用上八到十年没问题。

到二十世纪八十年代中期，农田承包到户，每家每户有了收成，稻谷不再一次性全部打完，可以先储存谷子，等米吃完再轧稻，这样口感比较新鲜，也不会出现霉烂变质现象，米囤逐渐退出了历史舞台。

听奶奶讲那过去的事

文/文馨若兰

我家的老房子边有三棵高大的杉木树，树干挺拔，枝繁叶茂，它们陪伴我度过春夏秋冬，也为我遮风挡雨，就在这树下，我听奶奶讲了很多往事。

有一年秋收结束，奶奶筛选了一堆干净且梢子比较长的稻柴，用木榔头在杉木树下不停地捶着稻柴，说："趁这稻柴新鲜，奶奶扎个米囤，老的米囤用了好几年，都受潮泛黄了。"

稻柴头捶软后，奶奶抓了几把稻柴用力拧成一个圆形的柴辫子，也就是囤底的中心部位，然后再把稻柴一层一层地盘扎着，我搬个小凳子坐在奶奶边上帮她传递稻柴。奶奶给我讲了一个关于米囤的故事。

很小的时候，奶奶的母亲就撒手人寰，她的父亲靠给人家做长工抚养他们兄妹长大，奶奶的哥哥二十岁时娶了个外村的姑娘做媳妇，因从小缺少母爱，奶奶和她的嫂子直至终老都亲如姐妹。她们村上有个和奶奶兄妹差不多苦命的男孩子，奶奶的父亲认了他做干儿子，那时候吃了上顿没下顿是常有的事，但是只要有一点吃的，总不会忘了分一点给这个干儿子。

随着这个男孩子渐渐长大，他开始结交一些流氓、强盗做朋友，为了填饱肚子，这帮流氓、强盗经常在夜里做一些见不得人的龌龊事。他不仅不知道感恩，还因为熟知干爹一家的行踪，有一天晚上，带着一帮强盗强抢自己干爹家的东西。那几天，奶奶的哥哥在外打工，家里只剩下奶奶的父亲、奶奶、奶奶的嫂子三人，奶奶的父亲从远处看到一帮强盗手里举着火把冲着他们家走来，带头的是他的干儿子，赶紧让她们姑嫂二人躲进衣柜后面，并叮嘱她们不管发生什么事情都不能发出一点声音，更不能出来。

这帮强盗踹门而入，干儿子说："干爹，问你借点粮食吃吃，借点钱用用，我们都饿了好几天了。"

强盗们到屋里，看见米囤里只剩下了一点点米，很是失望。他们用袋子打包好，又问："钱呢，钱放哪了？"

"没有钱。"老人说。

"到底放哪了？"强盗们气急败坏了。

"真没有钱。"

"没有是吧。"说着，干儿子恶狠狠地说。边上几个强盗将老人吊绑在梁上，下面用木柴点了火，烟熏火燎。

奶奶和她嫂子从橱门缝里看到这一切，吓得浑身发抖，泪流满面，眼睁睁看着奶奶的父亲受尽折磨。

几个强盗翻箱倒柜，拿走了家里的两件棉袄，拎着一点点米，悻悻地走了。

强盗走后，姑嫂二人赶紧把火盆灭了，将父亲放下来，由于烧伤面积过大，更没有钱买药医治，一星期后，奶奶的爸爸就这样离开了他们。

"这帮坏人真坏，没有吃的怎么可以抢东西呢？"

"孩子，你们是在蜜罐中泡大的，根本不知道新中国成立前的苦哇！我们那时候，哪有一年四季吃大米的，野菜、砻糠都要吃，孩子多的家庭，没有一顿是吃得饱的，更别说有新衣服了。因为没有吃的，生活苦得没法说，卖儿卖女的事情到处都是，干儿子抢干爹的东西，根本不稀奇！"奶奶伤心地说。

"现在新社会，全靠共产党！日子真是好得没法说，想吃啥就吃啥。小孩子都能读书，我老太太每年都做新衣服穿，米囤里每年都装得满满的，一年四季吃白米饭，多么开心！你们现在有得吃，可不能浪费粮食，一粒米能抵十二斤力气！”奶奶认真地跟我说。

“嗯，我以后每次吃饭都要吃得干干净净，再也不随便浪费粮食了。”我点点头。

一星期左右的时间，奶奶把坚固、耐用、美观的适合我们一家五口用的米囤扎好了，米囤在秋天的太阳下晒着，散发着一股股稻柴香。

“奶奶，新米打好就可以放里面了。”

“是啊，但是要记得省吃餐餐有，省穿日日新。”奶奶摸着新米囤笑着说。

共产党好，新中国好，新社会好，这是奶奶常说的话。家有万担，不丢剩饭是奶奶对我们的谆谆教诲，这些话成为我们的家训，小辈们都牢记着、传承着。

升箩

文/陈卉

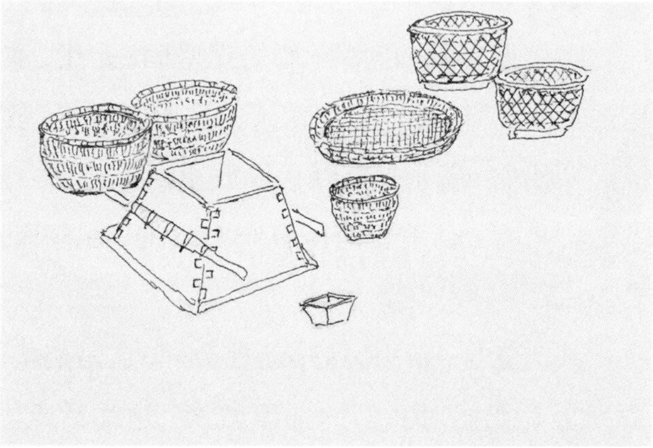

升箩，也称为“升子”，是一种计量粮食容积的器具，旧时民间普遍以“升、斗”等容量单位来测算粮食的重量。

升箩的形状是立体梯形，由五块3毫米左右厚的木板拼接而成。底部是一块正方形的木板，四侧由四块梯形木板与底部的正方形木板垂直相嵌。升箩规格有大有小，家用的通常有两种规格，一种规格是1升米约为1.5市斤，另一种规格是1升米约为1市斤。升箩一般放在米缸中，做饭舀米时用来计量米。

镇家之宝

文/陈卉

姚小宝今年11岁，是个调皮鬼，吃饭时不好好吃，米粒掉得满桌都是。玩玩具又是满屋扔，扔得家里到处都是，这些玩具对他来说，都没有吸引力。只有一样东西他最感兴趣，那就是犄角旮旯里的一只大木箱。

姚小宝从未看见过那只大木箱里到底放了些啥玩意，搬家时，爷爷、奶奶也不打开箱子看看要不要处理掉一些无用之物。这只箱子就像一个谜团深深地吸引着姚小宝，对姚小宝来说，解开这个箱子的秘密就像去挖掘一个宝藏一样。

有一天，奶奶没有注意到姚小宝就在身后，打开了箱子，姚小宝看到箱子里有一只开口的梯形木盒子，小宝伸出小手抓起来玩弄。他好奇地问奶奶："这是啥玩意呀？"一边问，一边把它当玩具在房中扔来扔去。小宝奶奶看到大吃一惊，大声喊："哎呀！我的小祖宗，这是我们姚家的镇家之宝，扔不得呀！"这时，小宝妈妈听到婆婆训斥小宝，很不高兴地走了过来，不屑地说："什么镇家之宝，不就是一只破升箩而已。"然后拉着小宝就要走开。小宝听到"升箩"这个新鲜的名字，扭着屁股愣是不肯走。小宝妈拿他没办法，只能由着他玩起了升箩。奶奶看到小宝对升箩这么感兴趣，就坐下来，跟小宝和他母亲说起了关于升箩的故事。

"奶奶小的时候，也就是二十世纪六七十年代，家里的粮食前吃后空。粮食紧张到什么程度呢？有一个夏天，我回家想吃饭，揭开镬盖一看，镬子里空空的，什么食物都没有，就坐在屋前的凉棚里等，等父母回来想办法。不一会儿，父亲回来了，望着家里空空的米窠唉声长叹。我肚子饿得‘咕咕’直叫，时不时看看旁边一筹莫展的父亲，一直等到我的母亲做农活回家，她卑微地挨家挨户试着去借。最后借到了6斤米，这6斤米就是用这个升箩来计量的，1升箩米重1市斤，也就是说借到了6升箩米。当时，我们家一日三顿，只有午饭是开灶做的，其余两顿都是用薄粥来撑饱的，这6升箩米解决了我们几天的吃粮问题，渡过了眼前的难关。其实，最终能借到米全靠这只升箩，因为当时多数人家是没有秤的，有的人家用蚌壳舀米，有的人家用饭碗舀米，这两种舀米的工具都不能计量，只有这个升箩是最好的计量工具，人家看在能准确计量的分上，从牙缝里省下一点口粮借给我们，真的是很不容易。我们的祖辈家底薄，能传下来的也没有几件像样的东西，这只升箩也算是一件古物，当时大多数人家都没有升箩了。我母亲，也就是小宝的太祖母，把这只升箩视为我们姚家的镇家之宝，所以我们一直用它来舀米。当时我们一大家子6口人，我每天傍晚用升箩舀1升箩米煮粥。每人一碗薄粥、一块酱瓜或几根萝卜干，就算是吃了晚饭了。改革开放后，生活条件好了，不用柴灶烧饭，用起了电饭锅，电饭锅内有配套的带刻度的塑料杯作为量米器，我就把升箩收藏到木箱子里。奶奶如果想念自己的父母了，就打开箱子拿出升箩来摸摸看看，就好像看到了自己的父母，还会回忆小时候那段苦难的日子。”

姚小宝似懂非懂地听着，小宝母亲听后非常感动，理解了婆婆为何视旧物为珍宝。她叫小宝小心地把升箩放回木箱子里。奶奶的故事对幼小的小宝来说，或多或少起到了一些良好的教育效果。他在母亲的监管下，吃饭时知道把饭粒吃干净；玩玩具时，玩好了就把它整理好，整齐地归放到原来的地方。

奶奶看到小宝变得懂事了，高兴地说，这只升箩真是姚家的镇家之宝。

排宅脚

文/周建芬

在农村，最大的事莫过于造房子，地基坚固，房子就牢固，所以建房动土排宅脚是造房子最关键的一步。下脚前，一定要选土质比较均匀的地方，地基不能高低不平，尤其是要避开墓地、水潭，然后请工匠画地基线，画好线后，主家择吉日请人来开墙沟、挖槽子，打夯挖槽都要把槽口挖的比较宽，以便能让打夯人站下，宽打窄用，地基更牢固。

永远的打夯调

文/周建芬

大云瞅着周边邻居一家家陆续建起了楼房，又看看自己一双儿女渐渐长大，一张双人床已挤不下四个人，分床又没有空置的房间，厨房、客堂、房间、储物间已放满，跟着自己住的老母亲的床榻只能在储物间里硬腾出一块来放，他觉得造新房的事应该尽快考虑了。在二十世纪八十年代的农村，造房子不仅是大事，也是喜事，更是扬眉吐气有面子的事。

大云夫妻是一对勤快能干有打算的青年人，平时省吃俭用，这两年已经陆续把造房子用的楼板、瓦片、木头、砖头等大件买好了，只差黄沙、水泥。大云和妻子商量着买黄沙、水泥的钱先从亲戚朋友那借一下，今年把新房子盖起来，日后慢慢还，拖一年说不定物价又要上涨了。

打铁要趁热，说动手就动手。没几天，大云就买好了黄沙、水泥。他跑到村委会找主任，让他们有空过来把新宅基帮忙量一下。

村主任是个工作认真负责又热心的人，听了真心替大云高兴。由于老宅基户数密，地方小，村委会决定让大云家出宅，新宅安排在生产队的公场边上，大云夫妻也十分满意。新房宅基钉桩量好后，泥水匠就开始画线，新房进深十一米，四上四下，非常宽敞。大云母亲是村上的老长辈，此事由她做主，选了个吉日进行开墙沟、挖槽子。平时他们家待人和气热情，在村里人缘非常好，大伙得知大云家要造新房，都主动过来帮忙。

墙沟挖好，碎砖铺平，接下来就是打夯了。打夯就是打基础，地基垫实，房子就牢固。从小和大云一起玩泥巴长大的几个小弟兄都身强力壮的，最魁梧的要算巧根了。他不但健壮，做起事来也机灵能干，说话诙谐幽默，为了把小弟兄家的地基打好，巧根自告奋勇做了夯头。

四十年前，打夯是没有电夯的，完全要靠人力来完成，整个过程单调乏味，只有夯落下时发出的笨重声音回响在工地的上空。

巧根做夯头却是不一样的。大伙把夯抬进墙槽内，每边两个人面对面拉紧四角夯绳，起核心作用的巧根站在中间掌握夯的平稳、落点和走向，随着他昂扬高亢的吆喝声喊起，让人情绪高涨的打夯场面便拉开了帷幕。

“打夯的起——哎嗨——”

“哎嗨——嚎嗨——”

“左打一夯，哎嗨——”

“哎嗨——嚎嗨——”

“中间打呀，哎嗨——”

“哎嗨——嚎嗨——”

“大云家造新房呀——哎嗨——”

……

夯落下时，拉绳的人附和着，形成了整齐的节奏，凝聚成了一股干劲倍增的气势，巧根别出心裁的打夯调引得边上的人笑声不断，村上的妇女和老人都过来看热闹。俏皮的彩菊嫂跟巧根开玩笑说：“巧根，你的打夯令说得真好听，再编几个来让大伙乐乐啊。”于是巧根更起劲了，开始了他的即兴表演。围观的人渐渐多起来，调皮可爱的孩子在槽沟里跑来跑去，寻找主人家分撒在槽沟各个角落的铜钱和硬币，喜气洋洋的大云夫妻更是笑得合不拢嘴。

在邻居们的帮忙下，一栋漂亮坚固的四上四下二层楼就造起来了。

巧根说唱夯头的名声也由此传开了，后面村里造房子的人家都来请巧根做主夯，他也是开动脑筋，编了很多有趣的打夯调，名声越来越响。后来，方圆十里，谁家能够请到巧根做夯头，那是件很骄傲的事。

随着科技的进步，人工排宅脚打夯的年代已经过去了，巧根那高亢洪亮的打夯调成了一个时代的记忆，消失在岁月的长河中，但村里邻居间那种善良淳朴、真诚无私、不求回报的深厚情感，如同巧根振奋人心的打夯调一样，永远留在了人们的心里。

抛梁

文/文馨若兰

翻建房屋，打好基石，砌好山墙，随后进入建房的关键阶段——上梁。新屋上梁，必须事先选定良辰吉日，一旦选定，不管刮风下雨，都要按照选定的时间上梁。

吉时一到，主人点燃香烛，进行祭拜。同时，还要鸣放鞭炮，房梁上和两边立柱上都挂着或贴着红布、谷穗、笔墨、筷子、日历等物，象征吉利、丰收、富有、文明、人丁兴旺以及永久等含义。还有一些地方有在房檐下面挂一面镜子和一把剪刀的习俗，用来镇邪避恶。

建筑的领班师傅向大家打过招呼后，便高呼："上梁啦！大吉大利！"亲友们便行动起来。一边吆喝一边将梁慢慢升起、移动，最后由掌墨师傅安装。屋梁被安装固定后，主人将准备好的糕点、馒头交给掌墨师傅，由他从梁上抛下，边抛边唱："抛梁抛得高，子子孙孙戴纱帽；抛梁抛过头，子子孙孙出诸侯。"满筐的糕点、馒头从梁上向四周抛掷，在场的男女老幼争相取食。馒头俗称"兴隆"，众人抢食馒头，新屋落成后就会日日兴隆、年年昌盛。

难得却丰盛的零食

文/文馨若兰

有些事会随着时间的流逝而被淡忘，而有些记忆却随着年纪的增长反而历久弥新。那些珍贵的记忆会随着一个个难忘的片段被悄然唤起，它们是快乐的、幸福的，那一声声欢笑如风飘荡，响彻晴空。

二十世纪八十年代是一个纯粹、激情、上进、拼搏的时代，也是传统与新潮碰撞的年代。那时候农村家家户户开始老旧农房翻建，亲友祝贺，阖家欢腾，尤其是新房建成抛梁的那一天更是欢天喜地。

新房子打好地基，砌好了山墙，就进入了翻建的关键期——上梁。上梁必须提前选定良辰吉日，一旦选定，不管刮风下雨，都要按照选定的日子上梁。上梁顺利，不仅关系到房屋的结构牢固问题，还关系到这家人今后的运势。讲究的人家都要举行隆重的拜梁仪式，整个仪式都是围绕正梁来进行的。

我家老房子翻建是包给筑头师傅的，但在上梁这天，邻里乡亲和亲戚们都来帮忙了，外婆、姑姑和舅舅他们送来了糕点、馒头、鞭炮等礼物，我们办了摆酒仪式。

上梁时，正梁中间贴了一块红布，立柱上用红线挂了几枚铜钱和一株万年青，那会儿我只感到好奇也不明白是什么意思，问了奶奶才知道，是“万年长青有铜钿”的意思。山墙上的筑头师傅说：“上梁啦！大吉大利！”所有帮忙的亲友和匠人跟着齐声说：“上梁啦！大吉大利！”声音整齐洪亮。正梁随着合力缓缓升起，被放到墙上，下面放起了鞭炮，筑头师傅把正梁敲扶入位。

筑头师傅把递给他的糕点、馒头、糖果、硬币等端在手里，高喊“准备抛梁”，站在下面的人们都蠢蠢欲动，特别是我们小孩子，东西还没从天而降，就眨着眼睛仰天看。

筑头师傅撒下第一把，我们就开始抢得不亦乐乎，捡到的糖果来不及塞口袋就去捡第二颗，馒头占位大，捡到直接塞嘴里咬住。高个子非常占优势，他们直接可以用双手接住，调皮点的孩子会耍个小心机从高个子手里把物品拍到地上捡。

筑头师傅有时候也很调皮，明明做了从这边抛的动作，却把东西从那边抛下来，害得那些反应慢的还会头碰头撞起来。这时，下面的人会半开玩笑地骂他一通，筑头师傅看到下面的人被他耍得团团转，禁不住哈哈大笑起来。

哄抢过程中，难免会有被砸中的时候，被馒头砸中，软绵绵的还挺舒服的，被5分硬币或硬花生糖砸中就不一样了，砸在额头上“咣当”一下，然后反方向弹出去，受了疼还被别人抢去的感受挺不是滋味的。

我抢到的“战利品”不多，包括每次在亲戚家吃抛梁饭也这样，但我有办法搞到更多食物——我把捡到的东西全部交给哥哥，然后让哥哥把两人的食物拿出来均分，不给我就向父母告状。

如今，那种从天而降、大家你争我抢、不亦乐乎的抛梁趣事不会再有了。在物资匮乏的年代，童年虽穷，但很开心。

石夯

文/大陈

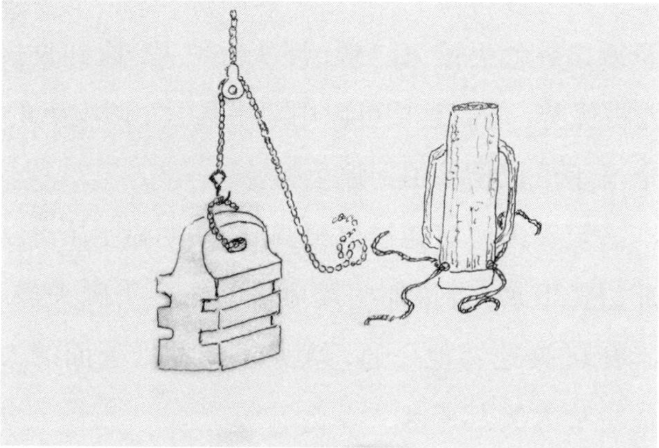

过去，在我们本地搭建船坊、造农用桥、大户人家筑石驳和河滩建埠打桩时都要用石夯。石夯是用上等的金山石凿成的，一般宽在35~40厘米，高40厘米左右。上端凿出类似把手的形状；两面腰间凿出约6厘米宽、5厘米深的两条槽子。使用时，用材质坚硬的两条长1米左右的树条（方子）嵌入槽中，并用苎麻绳分别对合扎紧。另有一种石夯，式样基本相同，只是高度将近1米，重量达200斤左右，腰间四面均凿有槽子，两两相对、一上一下，用4根树条对合扎紧。

使用石夯时，遇上建石驳、集体公场造埠（大码头）打桩等情况，一般使用百把斤重的小石夯。打桩时用溜头绳向上拉，只要对面两个人掌控木条横当往桩头上落下即可。过去建石桥打桥基、船坊、瓦船坊，打较大的木桩时，必须用200斤以上的大石夯。

打夯造桥

文/大陈

阿荣和阿明约好星期天一起到大他俩两三岁的四哥家玩弹珠。哪知这天四哥不空，他要去工地上给他爸送土埭。两人却坚持要玩弹珠，四哥指着屋檐下角落里的石夯说：“你们要是能抬动它，我就陪你们玩。”阿荣和阿明哪里抬得动？再怎么使劲，石夯也纹丝不动。阿荣比阿明机灵，问：“四哥，你阿爸在工地上干什么？”“造桥。”“造桥？就是石桥？我跟阿明都没见过，不如我们陪你一起去吧？”四哥想想也是，本来是答应他俩这天一起玩的，带着他们一起去也好，就点头答应了，说：“刚刚那块大石头是石夯，有两百斤重呢，四个大男人才能举得起来，等一下到了工地上你们就会看到它派什么用场了。”就这样，阿荣和阿明两个跟着四哥去开眼界，一路上一人拎一只土埭，四哥则扛着一根扁担，往村东南走去。大约走出三里地，远远地就看到工地上热火朝天的景象。四哥的阿爸指挥着干活的人，很气派的样子。见四哥走近了，他阿爸冷不丁地骂了一句：“让你回家拿副土埭要这么长时间！”然后朝四哥瞪了一眼，手朝一个方向指了指，让他把土埭送去他大哥那里，那边正等着挖泥填土、垒桥堍地基呢。

原先这个地方有一座木桥，是用两根粗树干绑在一起当桥面，一根毛竹当简易扶手的，胆小的人都不敢过。现在，生产队里考虑到通行安全，再加上要解决推车运货问题，就决定翻建一座石板桥。这一天是开工的第三天，当天的主要任务是开挖筑桥基，现在十几号人早就脱去了上衣光着膀子，有打磨石块的，有挖泥挑土的，还有几个正在打桩的。四哥指着打桩的那群人，跟阿荣和阿明说：“你们看，那就是石夯打桩了。”阿荣和阿明睁大了眼睛看着那群人，只见个个身强体壮，一个人手扶石夯，口中喊着号令，另外四个人每人拽着一根粗绳，随着号令有节奏地“嘿呦、嘿呦”鼓劲发力，整齐划一地将石夯高高地抛起，石夯重重地落在木桩上，木桩一截一截没入地底，场面蔚为壮观。这时阿荣忽然有个奇怪的问题：“咦？为什么打夯的都是男人？有没有女人打夯的？”四哥听到了，鄙夷地看了阿荣一眼：“女人有什么力气？打不了石夯。”四哥阿爸正好走过，听到两个孩子的对话，笑着说：“那倒未必！”三个孩子听到这句话顿感好奇，异口同声地问：“真有女人打石夯的事？”四哥补充了一句：“那这个女人肯定力大无穷。”这会儿四哥阿爸把工地上的工作安排好了，正好有空闲，就给他们讲了一个传说故事。

在昆山亭林公园附近有一座半山桥，流传着一段造桥的趣闻。明朝年间，在造半山桥打桥基的时候，八九个身强力壮的小伙子掌着一个巨大的石夯。这种石夯用的时候还要架上跑道木，跑道木竖得冲天高，一群小伙子“哼唷！哼唷！”地从早上一直打到傍晚，用尽了气力，但是奇怪的是一根桩子也没打下，大伙儿都心生疑窦，不知所以。在造桥的工地边，时常有一个送饭丫鬟每天要打这附近经过两三回。这一天，她见小伙子们打不下桩子，打趣地说：“日头又快落山了，连一个桩也没有打下去。我三天前看到你们在打这个桩，现在仍旧在打这个桩，真不知你们都在做啥！”已筋疲力尽的打夯的小伙子们回答说：“哎唷！你倒说得轻巧，看人挑担不吃力，你来试试？”丫鬟和大家都熟悉，没有什么顾忌的，放下饭篮说：“我来就我来。”就接替下一个拉夯的人，随手一拉夯绳，只听“砰嘭”一声巨响，石夯撞到木桩，只一下就把木桩径直钉进地下。这时奇事发生了，只见木桩四边顿时冒出了血沫。掌夯的人们惊呆了，有几个身子不由自主地直往后退，又惊又奇，张开的嘴巴都合不拢了。原来这个送饭的丫鬟不是别人，正是昆山赫赫有名的顾鼎臣的亲生母亲。原先打不进桩是由于土神作怪，暗中使坏，但是顾鼎臣的母亲在帮助打夯时已身怀六甲，因为腹中怀的是天上星宿，一上手就破了土神设的法，土神还偏偏被一桩子打穿了，以至血沫直淌。

后来，这事一传十、十传百，说半山桥一带的土神被顾鼎臣的母亲打死了。此后凡遇打夯，人们总得搭上一个女子参加，认为这样可以让打夯顺利进行。一晃几百年过去了，打石夯都是男人干的活，女人一般是不会参与的，但是我们筑渠道时，还是保留了女子打夯的习俗。

夯宅基

文/鲍云飞

农户建房，为了牢固，墙基都要用夯夯一遍。

木夯由夯柱、把手和铁制件构成，其主体是夯柱。夯柱用整段硬质树材制作而成，长约1.4米，重约50公斤。夯柱底部为防炸裂，箍一坚固的铁环。其环高约3厘米，壁厚约2厘米。铁环上部圆周四等分安装四只铁圈，用于栓拉夯的绳索。与铁圈错位安装四根长约一米的弓形木把手，以供掌夯人使用。夯柱顶部钉入一只铁拳头，内串两只铁响圈。

二十世纪八十年代后期出现铁夯，顾名思义，其全部是由钢材制成的。主要材料由四根同样长的4厘米×4厘米角钢和30厘米×30厘米方形厚钢板焊接而成，四个面焊四根钢管作为掌夯的把手，在每根角钢的适当高度焊上一个铁圈，用于栓拉夯的绳索。

夯宅基的那年那月

文/鲍云飞

我家的房子是二十世纪八十年代初翻建的，当时还未实行联产承包责任制，但是农村已经开始出现翻建楼房的迹象。那时候物资匮乏，缺砖少瓦，黄沙、水泥、石子也缺，钢材、木材更是难找。建造一栋房子如燕子衔窠，有的要准备十来年。

我家是出宅翻建，由于是新批的宅基地，地基较软。在开挖垒沟的时候，浮土挖掉较多，要挖到见了硬土才行。土掘掉越多，要填进去的乱砖瓦就越多。为了建房，我们到砖瓦厂买了些断砖碎瓦，再全家出动摇着小船到外面拾了一些，再把老房子上拆下来的乱砖乱瓦都填到了垒沟里。

夯宅基的那天一大早，我和邻居到邻村生产队里借来了木夯。

前来帮忙的村民陆续地都来了。头一天的重头戏是开垒沟及往垒沟里填断砖碎瓦。这天的重头戏是打夯，打夯的人员由工头负责指派。因这次使用的夯属中等重量，所以安排两个掌夯人就够了。挑选掌夯人有讲究，一是要力气大，二是要有些经验且比较稳重。如果光力气大但毛毛躁躁砸了人，那事情就搞大了。偶有砸到脚的事情发生，被砸的人也会因此残废。所以东家和工头对这个事都很重视。这次负责掌夯的是四十多岁的阿根和三十来岁的建国，近几年来，村里只要有造房子打夯的事，都由他们两位承包了，他们俩自然而然成了掌夯专业户。四位拉夯人，力气小一点也可以，但要心齐，听从掌夯人的指挥。

我们请到的掌夯指挥人是阿根，只听阿根一声指令“向上拉呀么”，建国配合阿根双手握住夯的把手用力向上举，四位拉夯的用力拉紧绳索，将夯向上提拉，同时口中发出“夯哟”的声音。“再来一下么”，大家照例“夯哟”一声，在原来的地方再夯一下。“向北移呀么，夯哟。”“再来一下么，夯哟。”他们一会儿向东移，一会儿向南移。每夯一下，夯柱上面的两只铁圈因互相撞击，发出清脆而响亮的“哗锒”的声音。建房工地上连续传出“哗锒”之声，也为工地增添了热烈而喜庆的气氛，假如没有这个声音，工地也会显得沉闷。

工头走过来招呼阿根手下的几个打夯人休息一下，他摸出劳动牌香烟，替东家给每人发了一支。大家就在横着的夯柱上或是就近的砖头墩上坐下吸烟喝茶。阿根吸了口烟，若有所思地说：“时间过得真快，今天翻建的这座房子是1949年那一年造的，当时我十来岁。我听长辈们说，1948年秋，”这时，阿根抬手指着我，“你的爷爷在苏州买了几个木排的木材，当时合同签定好了价钱，并且货到付款。你爷爷从苏州城撑船将木排运到我们这里，总共用了一个多月。当时物价飞涨，国民党控制的金圆券暴跌，一捆金圆券买不了同样多的擦屁股用的草纸。也就是说不用去买草纸，直接用金圆券擦屁股反而更合算。结果那个苏州木材商虽然做到了生意，但煮熟的鸭子飞了，他亏大了。你的爷爷钱是一分没少的给那个木材商了，但他回去如要买米的话，原来十元钱可以买十斤米，现在百元钱也就只能买到一两米了。”听了阿根讲的故事，大家都为那个苏州木材商感到可惜，如果当时的合同用最原始的物物交换的办法，多少木材要付多少石米，这样的话双方就都不吃亏。

稍做休息后，阿根招呼大家：“动手打夯吧！”“哗锒哗锒”的声音又在建房的工地上响起。

洋油盏

文/张洪芳

洋油盏的前身是油盏头和小油灯。一个小碗、一段粗棉绳、几勺菜油就组成了油盏头。优点是随用随取，缺点是烟浓，稍有点风就会熄灭。小油灯是用各种矮玻璃瓶自制而成的，棉绳穿过铁瓶盖，燃烧的是煤油，优缺点和油盏头相似。洋油盏，用棉绳做灯芯，灯头通常以铜制成，灯座和挡风用的弧形灯筒则用玻璃制成，灯头四周一般有四个爪子，旁边有个可控制棉绳拧上拧下的小齿轮。棉绳的下端伸到灯座内，灯头有螺丝与灯座相配合，而灯座内注满煤油，棉绳便把煤油吸到绳头上。只要点着绳头，煤油灯燃着了，罩上玻璃灯筒就可以照明了。这个灯的优点是不怕风，而且亮度高，还节省煤油，使用的时间比较长。在电灯出现之前，几乎家家都用这样的有玻璃罩子的灯。煤油灯用久了，灯筒上端会被熏黑，就要把灯筒拿下来，用软布伸进筒内把黑色的烟熏擦去，这样灯筒便焕然一新了。

洋油盏下的日子

文/张洪芳

洋油盏，其实就是煤油灯，这是二十世纪七八十年代前家庭的照明工具。

在我的印象中，最简单的油灯是在一个破碗里加上一绺由几缕棉线捻成筷子般粗细的灯绳，一大半灯绳浸在油碗里，另一半的头正好搁在那破碗的缺口处，点上灯头，黄豆般大小的灯光摇曳在了昏暗的屋子里。这盏灯头往往会被奶奶放置在灶台的上面一层搁板上，我和哥哥只能仰面看，大人们出出进进都非常小心，生怕一阵风就把碗口的火给熄灭了，但总有身后尾随的风会让火苗跳动几下，然后就灭了，小小的厨房间顿时漆黑一片，伸手不见五指，奶奶会一边轻车熟路地摸灶台旁的火柴盒，一边叨叨着："叫你们轻点走路，一直不注意……"还没念叨完，"刺啦"一声，火柴被点燃了，灯头又把我们带入了明亮的世界。每到这个时候，总感觉周遭特别明亮。当破碗里的油快燃完的时候，奶奶就会从菜油缸里舀上三四勺添进去，再把那灯绳往碗边缺口处挑高一些，那火瞬间就蹿得好高，照得周围更加明亮。只是那灶台就苦不堪言了，那米黄色的石灰浆壁龛，早已被熏得乌黑一片。

正因为这灯头有这么多缺点，所以它是进不了家里的客堂和房间的。爷爷、奶奶房间里用的是自制小油灯，它用的油不再是菜油，而是透明的煤油，油装在小瓶子里，这小瓶子也是透明的，就是我们在夏天常常用来驱蚊子的药水的瓶子，在铁皮盖的中间钻一个小孔，然后插入一段棉绳，煤油就被输送到棉绳顶端。刚点燃时，火焰会一下子蹿起来，有好几次由于我年幼不懂事，凑得太近，刘海都被烫卷了，一股烧焦的味道连同小油灯飘出的烟味飘散在昏黄又温暖的小房间里。

尽管它烟味浓，灯焰飘动，可它给予我们的精神生活是快乐的，我和哥哥最爱在这灯头背后玩手影游戏了。哥哥最爱学老鹰飞翔。他把拇指相扣，四指弯曲，伸直，再弯曲，再伸直，暗黄的墙壁上立刻就出现了一只展翅翱翔的老鹰。哥哥动作幅度不大，因为他知道，一不留心，这灯头就会熄灭。我做的动作最简单，双手交叉，留拇指与食指伸直，墙壁上就留下了一把手枪的影子，再动动拇指，就又成了一条可爱的小狗。灯光渐渐暗淡下去的时候，奶奶就会用剪刀把棉绳夹上来一些，然后把最顶端的那撮焦黑的灯头剪掉，房间里瞬间又明亮起来。

母亲屋里的那盏灯是标准的洋油盏。它是用玻璃制成的，如同美少女一样，整个身形玲珑有致，那腰身很细，盈盈一握，底盘呈裙摆式，放在桌上特别稳当。握手上面的身体是圆柱形的，这里面就是装煤油的，若是装满，能燃好几个晚上。上面的灯头是铜制的，四周有四个爪子，玻璃罩子就卡在这爪子里面。点燃灯头上面的棉绳，再罩上玻璃罩子，火焰再也不怕风了。

二十世纪八十年代初，虽然农村用电已普及到每家每户，但停电是当时的家常便饭，所以这个带有玻璃罩子的洋油盏是家庭必备的照明工具。我常常想起小时候同哥哥一起在灯下写作业的情景。灯头安静地燃烧着，青色的烟呈直线往上升腾，偶尔扭动一下，它就在玻璃罩的口子上留下一道黑色的印迹。母亲则坐在一边纳着鞋底，银针在头发间轻轻划动两下，然后戴着顶针的中指娴熟地一抵，那针就穿过了厚厚的鞋底。结实的粗棉线“嗖嗖”两下就被母亲拉了过去，紧接着母亲借着灯光只看了一眼鞋底，第二针马上就戳了下去。那一排针脚又细又密，光看着就觉得脚踩在这个鞋底上肯定舒服。每每这时我总是忍不住夸奖母亲眼睛好使，手上功夫一流，而母亲则笑笑，望着灯火，跟我们讲她年轻时候的厉害之处。

母亲说，那时候白天都是在地里忙着做农活，筋疲力尽回到家仍然不能歇，一吃过晚饭就开始在纺车上纺纱。洋油盏是晚上最好的陪伴，左手捏着条状棉花，右手摇着纺车把手，纺车上的锭子在滚动，手中的棉花捻成了丝状的棉线，绕在了锭子上，很快锭子上的棉线会一圈圈地厚实起来。但是经常会有不愉快的事发生，那就是断线。这时母亲就会借助洋油盏的灯光，右手在锭子上轻轻刮动一下，那线头就跳脱出来了，然后顺势拿起线头和手中的棉线捻动一下，就又连成一根完整的棉线了。一个晚上，母亲能纺几个锭子的纱线呢。

是啊，纺纱、纳鞋底、织毛衣……母亲无一不在洋油盏下进行，橘黄的灯光映照着母亲做着针线活。

现如今，各个乡镇供电充足，晚上停电几乎是不可能的事，油盏头、洋油盏等照明工具已彻底退出了历史的舞台，但我仍然常常想起那灯焰摇曳的夜晚，它不但照亮了黑夜，更让我认识到生活的不易，它在我心里永远留存着温暖的一角。

水缸

文/张洪芳

水缸是用特殊泥土烧制而成的，功能较多。首先，储水的功能相信大家都不陌生，满满一缸水，一天的吃喝用度就足够了。还有一个重要的功能就是防火，古代建筑很多是木制的，一到夏天就极有可能发生火灾，所以用水缸储存一些水，等到需要的时候拿来用是非常方便的。去故宫游览过的朋友应该知道，故宫中的一些大殿前面也会摆放着大水缸，这些大水缸的主要作用就是救火。水缸其实还有装饰的作用。在古代，很多家庭都会讲究山水意境，希望自己家的院子能够更加富有诗意，所以很多人就会选择利用一些水缸来装点自己家的院子，让自己家的院子更具美感。现代家庭里，人们也会在水缸里面种上荷花等水生植物，整体的感觉也是相当不错的。当然还有另外一层意思，水缸蓄水有聚财致富之意。

水缸的故事

文/张洪芳

明明暗暗的月光下，不知送走了多少轻轻浅浅的日子。搬家一事总算是被父母提上了日程，每天下了班我就急急赶去帮他们打包东西。父母倒也秉承着我对他们提出的搬家宗旨——“扔！扔！扔！”，可是看到灶台边的水缸以及廊檐下的大水缸时，我也迟疑了，因为，它们承载了我们太多的回忆。

那口大水缸比我父亲还要年长，奶奶在世时曾和我讲起，当初她先后生下大姑、父亲、小姑，家里人丁一下子多了起来，方方面面的生活用度都在增加，于是，爷爷就换了口大水缸，当时还请了隔壁的小爷爷一起把水缸搬进厨房。

水缸很大，足有成年人的两合抱那么大。它也很高，原来和旁边的灶台高度相差无二，却因为缸底垫着几块多孔砖，所以硬是比灶台高出来一节。在缸底垫砖石主要是为了通风、干燥，尽量减少给地面带来的潮湿。

这口缸成色不错，缸体是深褐、浅咖条纹交织的，釉面闪亮，摸上去滑溜溜、凉爽爽的，就连缸的内壁也无比滑爽。水缸盖是用杉木做成的，不过它不是一整片式的，也不是拦腰分成两片，而是分成大小各一块。大一点的水缸盖靠内侧放，小一点的放在了外侧。奶奶说，这是为了卫生，用水的时候，只需要把小半边的水缸盖掀开就可以用了。奶奶还告诉我，在夏天炎热时，我总爱去贴在大水缸上，贪它一时的凉快。

可这些于我来说早已失了印象，能记住的总是那满满的一缸水。

清晨，天还没亮，公鸡也没有叫，村子里的妇女们就已起床了，“扑通、扑通”，一个个水桶打水的声音叩醒了沉寂一夜的南尼娄河。“婶娘，你这么早就打水啊？”南岸的八妹婶子几乎每天都会礼貌性地问上一句。而奶奶的回答几乎都是“是啊，八妹。待会要出去拔草，所以早点”。河面上一圈圈漾出去的波纹相互交融、散开，奶奶是全无心思去看那水面的浪漫的。她拎着提桶，在水面上左澄一下，右澄一下，然后迅速倾倒桶身，汲取满满一桶清水，再一提拎手，桶离开水面，奶奶侧着身子，三步并作两步向厨房走去。刚到水缸边，她左手一托桶底，“哗”的一声，水花四溅，桶里的水倒进缸里了。紧接着，第二桶，第三桶……场上不一会儿就出现了淡淡的水迹。

不消一会儿，水缸就被灌满了。紧接着，一天忙碌的生活就从这一满缸水开始。洗锅、煮粥，烧水，一勺一勺的水从水缸里被舀出，游走在那几口锅之间，叮叮当当的声音在灶台一隅不绝于耳。奶奶说，我那时候特别喜欢模仿别人做事，常会手持大勺子在水缸里搅来搅去，有时甚至会伸出手直接去水缸里撩水玩，好几次都被奶奶打哭了，但我仍然执着于那凉凉的缸壁和那一汪清清的水。后来大人们恐我到河边戏水，失足于水中，在他们忙得无暇顾及我时，便用一根布带子把我和门槛拴连在一起。

过不了三四天，这大水缸缸底就会沉淀一层像水苔一样的脏东西，就连光滑的水缸内壁也会长出一个个褐色的东西，在我个子长到能看到这些小东西时，觉得它们挺好玩的，像是水缸中的精灵，直到看见奶奶几次操作之后，我便明白那些小东西不属于水缸，甚至对我们身体不友善。

只见奶奶弯着腰，伸长着手臂，在水缸四周一圈一圈擦拭着，那块旧毛巾没一会儿就变黄了，奶奶就利用水缸里的水搓几下，继续擦缸壁。纤瘦的奶奶在晨光熹微中一上一下地忙碌着。擦完了缸壁就要擦缸底，因为缸深手够不到底，每每这时，奶奶就会借铲刀戳着毛巾来擦，几个来回之后，奶奶就用铜勺把那些剩水舀出来，再用干净的水把水缸内壁冲洗一下，然后用毛巾把最后的积水擦干，这就算是完整的出“水缸脚”。奶奶还悄悄告诉我，如果水缸壁出现木耳一样的东西，千万不能把它清洗掉，因为有它在，水缸里的水就能保持干净很长一段时间。

我对于奶奶的话持怀疑态度，后来问了母亲，母亲的回答和奶奶的如出一辙，这倒是增添了我的好奇。

等到我也能出“水缸脚”的时候，村子里已经装上了自来水管道，但是水缸仍未淡出人们的视线，仍然伫立在灶台一边。就如我们家，只不过换了一口小一点的水缸，再也不用大清早去河道中取水了，只需拧开水龙头，“哗哗哗”，水倾泻而出。都说自来水洁净无杂质，其实不然，你瞧，过不了几天，水龙头在注水的时候，又会有褐色的小东西在水中打着滚，这时我就会关掉水龙头，学着奶奶或母亲的样子清洗水缸。有一次我在出“水缸脚”的时候，真的看到了一个形如木耳的东西趴伏在缸壁上，被震撼到的我一时竟不知所措起来，难道它是水缸之神？既然民间有田螺姑娘从水缸中出现为农夫做饭，那又何妨把它也这么认作一回呢？我脑中这样想着，手便绕开它清洗起了水缸。每一次清洗完水缸，感觉心中也被洗涤了似的，无比舒爽。

月光如水，洒在我家的院子里，也照耀在那一大一小两口水缸上。它们从农村老家搬到了新家后，我赋予了它们新的使命，植上了荷花，荷叶亭亭如盖，花虽然还未开，我却早已闻到了淡淡的荷香。

掸檐尘

文/陈卉

到了腊月，家家户户准备过年，掸檐尘（除尘）为的是除旧迎新，扫除不祥。“腊月廿三，掸尘扫房子”的风俗由来已久。江南农村一般都是过了农历腊月廿三（这是神明归天的日子）送灶神上天，第二天便开始掸檐尘，各家各户都很认真彻底地清扫，做到窗明几净。这种民间风俗流传至今。

掸檐尘也讲究方法和技巧，先要把大型家具移开，再用旧衣服或旧床单盖住。掸檐尘使用的工具很简单，找一根长竹竿绑上稻草或扫帚，把墙角的蜘蛛网、灰尘之类的脏东西全掸下来。在掸檐尘的过程中，为防止尘灰落到自己的身上，穿上旧衣服，头戴大草帽，有的人在头上还兜一块包袱皮（方形头巾），然后再戴上帽子。掸下来的灰，用笤帚扫在一起倒掉，意味着除旧迎新，把一年来的脏东西都扫出去了。

掸檐尘的传说

文/陈卉

腊月二十四下午，黄毛穿着旧皮大衣，头上戴了个干农活用的大草帽，手里拿着根绑着扫帚的长竹竿，嘴里大声叫喊着："阿大、阿二……大扫除开始哉。"话音一落，老的、小的全都过来了，等待黄毛这个一家之主发布命令。黄毛吩咐老婆与父亲翻柜子，两个儿子阿大、阿二擦桌子，黄毛自己呢，举着长长的竹竿，来来回回扫遍屋里每一个墙角。

住在隔壁的邻居是黄毛的伯父文元，这会儿正好过来串门，见阿大、阿二正在擦桌子，笑着问："阿大、阿二，你们阿晓得为啥今天要搞卫生？"两兄弟不解地说："这个有啥好问的，搞好卫生就可以过新年了呀！"文元点点头又摇摇头说："对，这是我们千灯人的习惯，过年之前，家家户户都要掸檐尘，把屋子清扫清扫。不过在先前，掸檐尘可不是为了整洁，民间还流传着一个传说，你们听过吗？"兄弟俩睁大眼睛盯着文元，好奇地反问："掸檐尘还有传说？""当然有，你们俩过来，我说给你们听。"文元用手招呼兄弟俩走到门外家檐下，开始娓娓道来。

传说很久以前，人间有一种人眼看不见的、通灵性的坏东西——三尸神。

传说中的三尸神，其特点就是喜欢一天到晚搬弄是非，说人的坏话。他每个月都要上天庭一次，向玉皇大帝报告人在世上的种种情况。可是，这三尸神从来都不如实向玉帝禀报，每次上天都尽说人的坏话。

不是张三贪懒，就是李四奸刁；不是王五偷盗，就是钱六抢劫……

日久天长，玉帝对人产生了坏印象，很想惩罚人，但对于惩罚哪些人、怎样惩罚，却又拿不定主意。

有一年，玉帝听见三尸神接连报告，说凡人最近不断地咒骂天庭。这下，玉皇大帝生气了，觉得再不惩治，天宫威严何在，以后还怎么管理凡间？于是，他对着三尸神和手执钢鞭的王灵官降旨道："三尸神，你立刻下凡，挨家挨户对每个人进行巡查，凡是亵渎天庭、不奉公守法的坏人，把名字写在他们家的墙壁上。笔画要轻细，不要让人觉察。待到大年夜晚上，由王灵官执鞭下凡，按墙上写的名字，统统击杀，一个不漏！"

玉帝这道圣旨一下，可把奸邪恶毒的三尸神高兴坏了。他哼着小曲，兴冲冲地来到人间，不问青红皂白，便挨家挨户往墙上写名字……总之，哪家有几个人，三尸神就在墙上写几个名字。

这一骇人听闻的消息让灶君爷知道了，他不满三尸神的恶行，便想出了一个巧妙的办法：腊月二十四送灶那天，他郑重地关照人在大年夜日里（白天），里里外外，上上下下，彻底清扫，掸掸干净，甚至檐梁壁墙上的陈年垢污也不要放过，将那三尸神写在墙壁上的人名连同尘污一起统统掸掉。

到了大年夜晚上，王灵官奉玉帝之命，果真下凡查看来了。他手执钢鞭，怒目圆睁，凶神恶煞地挨家挨户查看写在墙上的名字。可是，王灵官一路查找过去，家家户户墙壁上干干净净，不要说人的名字，连一点灰尘都找不到。王灵官下界扑了个空。

王灵官脾气暴躁，十分生气。他气呼呼地回到天庭狠告了三尸神一状："三尸神无事生非，造谣取宠，诽谤世人。百姓家墙上，没有一个人名！"

玉皇大帝闻报大为震怒，立即传旨，把三尸神绑送天庭，不许他分辩，先掌嘴，后痛打三百大板，再关押天牢，永不释放……人们为了感谢灶君爷，除夕之前，家家户户大扫除、掸檐尘，后来被传下来，成为习俗。

阿大、阿二听完故事后，情不自禁地问："文元爷爷，这是真的吗？"文元爷爷没有正面回答："掸檐尘的习俗是千真万确的。"

箍锅盖

文/史惠林

在煤球炉、燃气灶流行以前，江南地区的广大农村，家家户户都用土灶烧饭做菜。那时，用于铁锅煮饭烧菜时的锅盖一般都用木头做成。箍锅盖就是在木头锅盖边沿箍上一层竹皮的箍。因木锅盖长期承受高温容易变形漏气，箍上一圈箍，不仅保护锅盖，还能防止煮饭时米汤溢出饭锅。

箍锅盖用的原料是毛竹。一个富有经验和技术的箍锅盖师傅首先要挑选合适的毛竹，然后将毛竹劈成一片片长短、厚薄适中的竹片，这就是箍头，是用来包裹锅盖的原材料。不能劈成竹片的就削成比筷子略细的销子，再选购一些老藤皮，用于捆扎箍头的连接处。

工具是一把竹刀、一把牵钻、一把剪刀、一只小卷刨。

箍锅盖时先将锅盖四周用小卷刨整理清爽，然后用箍头箍住锅盖，用剪刀把多余的箍头剪去，接着在箍头的两端各钻两个小孔，用藤皮穿过小孔将箍头扎紧，一个圆形的箍头做成了。这个步骤叫作“验箍头”。验完箍头，接下来要做的就是下销子，就是用销子将箍头固定在锅盖上。下一道工序是把篾丝镶嵌进箍头，箍锅盖师傅通常把这道工序叫作“嵌篾丝”。所谓“篾丝”，就是比箍头片稍薄稍窄的竹片。通常镶嵌两层篾丝就可。嵌篾丝之后便是钻孔，再用藤皮将篾丝与箍头扎紧，以防篾丝在往后的使用中脱落。扎完藤皮就用卷刨做全面的打磨。最后一道程序是上锅台，检验锅盖与锅子是否严丝合缝。

箍锅盖“打星”

文/史惠林

昌林家在淞南地区一个名叫“沙阳谷”的古村落。沙阳谷村人多地少，几乎家家有人出门做手艺。昌林从懂事起就知道爷爷、爸爸是做箍锅盖的，每天天不亮就挑着担子出门，走村串户，手里甩着两三根废弃的箍头（毛竹片），发出“噼噼啪啪”的声响，嘴里喊着“阿要箍锅盖哦——”，直到傍晚才回家。

昌林十八岁开始跟着爸爸学做箍锅盖。他自小聪慧好学肯动脑，刻苦勤奋敢于问。不出两年，箍锅盖的活他已了然于心，轻车熟路了。他父亲给他置办了一套行头，让他独当一面，自行出去寻生意。

二十世纪五十年代初，一个阳光明媚的三春天气，昌林挑着担子一路来到蔡河村。因是农闲时节，天气又好，箍锅盖的生意相当好。昌林一边麻利地箍锅盖，一边跟人闲聊。一个胡子拉碴的老汉嘴里叼着香烟大着嗓门说：“昌林师傅呀，现在解放了，啥事都要讲究个‘新’，你这个箍锅盖能不能也搞点新花样出来？”

说者无意，听者有心。昌林回到家，心思一直在新花样上头。吃过晚饭，昌林跑到灶头间（厨房），拿起一只锅盖，上下左右、里里外外地看个不停，心想：这老祖宗传下来的手艺，能弄出个什么新花样？

昌林轻轻地把锅盖盖到铁锅上，三步一回头地走出灶头间，正要跨出门槛时，他突然停了下来，快步走回到灶头前，盯着锅盖箍头上的藤皮结扎处，看了又看，突然一拍大腿：“有了。”

昌林快步来到客堂间，拿了把剪刀，在地上点了两个点，然后将两个点用一根线条连接起来，成为“-”字形状；换一个地方，点了四个点，然后用线条连接起来，先是平行连接，得到的是“=”的形状，然后交叉连接，得到的是“×”的形状。他看着这些形状，皱起眉头，摇了摇头，自言自语地说：“一般呀，没啥新意，不好看。”

昌林一边盯着地上的图案摇头晃脑地冥思苦想，一边手拿剪刀随意在地上点戳。忽然，他发现地上有几个不规则的点，用线条依次连接，出现了不同的形状，再进行交叉连接，便出现了不规则的星形图案。他重新整理了一下，点了五个点，进行交叉连接。哈，一个规范的五角星出现了！

昌林开心极了。他迫不及待地拿出工具，随手拣了个箍头，用牵钻在上面钻了五个孔，然后用藤皮交叉串连起来，一个五角星完整地呈现在箍头上，这个形状比传统的“-”字形要醒目的多，也好看的多。

由于兴奋，昌林随手又做了几个样本，有“*”星形的，有“✻”花形的，等等。他正想再做一个，这时屋后鸡棚里的雄鸡“喔喔”地打鸣了，时间过得真快，已经是四更天了。想着明天还要出门做生意，昌林便赶紧收拾一下就去睡了。

第二天是个好天气，昌林带着做好的样本又到蔡河村去。正是无巧不成书，刚进村口，昌林就碰到了胡子老汉。他赶紧打招呼：“大叔，你家的锅盖要不要箍一下？今早我带来新花样了。”

“箍锅盖有啥新花样，我昨天是跟你寻开心，说说罢了，你还当真了！”

昌林放下担子，拿出样本给老汉看。老汉一看，眉开眼笑：“好看，好看。哈哈，昌林师傅啊，真有你的。走，到我家去，给我箍锅盖，我就要这个五角星。”

顿了顿，老汉又神秘兮兮地问：“昌林师傅，弄了这个五角星，价格涨多少？”

“手艺人讲的是信义，做个星虽然要多用点藤皮、多花点时间，但是不涨价，还是老价钱。如果要做两个或者三个，那么就稍微涨个五分钱吧。”

从此，昌林箍锅盖“打星”的美誉被迅速传开，昌林箍锅盖的生意也越做越好。

磨剪刀

文/文馨若兰

磨剪刀是一门挺有难度的技术活，二十世纪七八十年代，磨剪刀的手工业者行走于全国各地。从业者一般身扎围裙，随身带四腿长条板，凳上两头各有粗细磨刀石块。凳边挂以水桶、水刷、拭刀布。走街串巷，以“磨剪子，抢菜刀”为吆喝声以招徕顾客。

磨剪刀比磨刀要难些，因为剪刀是两片，研磨时剪刃与磨石的角度、剪刀中轴的松紧都有相当的关系，剪刃两片合在一起后，刀尖必须对齐，松紧适度。磨好后用破布条试验刃口，腕臂不较劲，轻轻一剪，布条迎刃而断，方为合格。

刘师傅现在还在摆摊头

文/文馨若兰

在二十世纪八十年代商品经济还不发达的时期，缝缝补补的针线活对农村妇女们来说是天天都有的事情，家中有一把锋利耐用的剪刀是她们的一大心愿。

剪刀作为重要的裁剪工具，用多了就容易钝。所以，如果磨刀的师傅好久不出来走街串巷的话，妇女们就会念叨起来，连我们小孩子也会想起他。那时候，每当我家的剪刀钝了，母亲经常会让我留意磨刀师傅的吆喝声。

有一天，从窗外隐约传来“磨剪刀，剪刀啊磨——”拉着长腔的吆喝声，声音有点散而且并不响亮。我搬来小板凳，放到窗户边，脚站在板凳上，扒着窗户栏，屏住呼吸竖起耳朵仔细听远处的声音，听到“磨剪刀，剪刀啊磨——”越来越近了，一个骑车的身影越来越清晰。

我欢喜地跳下板凳，告诉母亲说：“妈，那个嗡鼻头的磨剪刀师傅终于来了。”因为那个磨刀师傅说话鼻音太重，吐字不太清楚，尤其在他吐最后一个字的时候鼻音最重，所有我管他叫“嗡鼻头师傅”。

我家后面就是一条通往村外的马路，这条路也是那些挑糖担、磨剪刀、卖爆米花的生意人进村的必经之路，平时只要留意一下，一般是不会错过的。

我拔腿跑出去把他叫住。那位磨刀师傅姓刘，经常来我们村，所以大家对他都很熟悉。只见他黝黑矮小，骑着一辆凤凰牌自行车，后车架上绑着一只小长板凳，两边分别挂着一个不小的布袋，里面估计放着油布、围裙、磨刀石、钳子、锤子、水罐等跟磨刀有关的必备工具。刘师傅个子比较小，骑在自行车上面有点像猴子骑大象，每次看到他骑车的样子我都会感觉好笑。

随后我便在附近邻居家周围一边跑一边大声叫喊："磨刀师傅来了！磨刀师傅来了！"我成了义务宣传员。这时，边上邻居家的奶奶、姑姑、婶婶们都三三两两地把家里钝了的刀拿出来让师傅磨。很快，周围围满了大人和小孩，我们小孩子特喜欢看这玩意儿。刘师傅是个很负责任的人，为了不给大家弄错，他把每家的刀都排列放好。

奶奶说："我老人家手头没啥活，不急，你给其他人先磨。"

"老婶娘真是个通情达理的人啊！"刘师傅带着他那浓重鼻音说道。

"刘师傅，我一会儿有事，帮我家先磨吧。"边上邻居婶婶接嘴说道。

"好的，有急事的先来。"刘师傅一边说，一边支起架子开摊。

刘师傅先拿起一把钝菜刀，他用大拇指在刀口上试蹭了一下菜刀的生钝程度，然后有把握地用抢刀刮了刮刀的表面铁屑，双腿横跨在板凳上，双手紧握菜刀，将刀贴在粗磨石上前前后后来回推磨了一阵，然后抬起手来看刀锋，感觉差不多了再拿出细磨石来，每磨一会儿，就用大拇指蹭蹭刀刃，直到确保完全锋利才算完成。

磨剪刀远比磨其他刀复杂得多。剪刀是双侧单刃，除了打磨刀刃，还要调整好剪刀中间的轴，过紧会引起紧口，过松则剪不动东西。这时，就需要用铁锤适度敲打轴，让两片剪刀刃贴合。磨剪刀还得磨出锋头，磨锋头的时候还要注意蘸水降温，另外剪刀的刀尖一定要对得非常整齐。刘师傅磨好剪刀后，在自己带来的旧布条上剪了几下，试试刃口是否锋利，直至满意为止。以前的匠人都一样，很看重口碑，而口碑就来自个人脚踏实地的手艺活。

刘师傅是个和善的人，走到哪都能和那个村上的人聊得开。在邻居问及他个子又不高，怎么骑这么大一辆自行车的时候，他说：“我们生意人，有时候要跑很远的地方，走远了，带的东西就多了，除了磨刀的必备工具，还要带雨衣、水壶和饭菜啥的，所以买了个大车。我个头小，骑着是有点累，但轮子大跑起路来也快。”

一晃接近了晌午，刘师傅把所有的刀具都磨完，整理停当，骑上车走了，不知是回家还是继续赶路揽生意。

现在我家基本上用的都是不锈钢刀具，坏了重新买一把，唯有两把长期不用钝了的铁剪刀一直被放在抽屉里。前不久父亲看到，他说要拿到农贸市场上找刘师傅去磨一下，我惊讶地问道：“那刘师傅现在还在摆摊啊？估计都有70多岁了吧。”

父亲说：“他现在还在农贸市场上摆摊，只是现在年纪大不能到处走街串巷了，刮风下雨不出来，一般天气好才会出来，他那辆跟他身高不般配的车还在用呢。”

听父亲这么一说，我感慨起来，如今都一把年纪的老人了，为了通过自己的手艺给从前的客人留住一份独有的磨刀印记还在磨刀。时间虽长，但工匠梦一直未变，我为儿时曾嘲笑刘师傅小人骑大车的不懂事而红了脸。

望着窗外，耳畔似乎又隐约响起刘师傅的吆喝声：“磨剪刀，剪刀啊磨——”

经布

文/鲍云飞

经布是纺纱、织布中不可或缺的一道工序。经布中最主要的工具叫“经串”。在二十世纪六七十年代，家家都要纺纱织布，所以经串也是每家都有的。经串正面呈长方形，由竹片构成。其高约一米三，宽约五六十厘米。框架两边竹竿留十厘米作为底脚，剩余部分等分相对各打上十二个眼，然后插上十二根筷子粗的细竹棍，再在竖直的竹竿中间加一根毛竹片（木杆也可以），做成十二等分的锯齿状，这样可以将细竹棍的中间部分搁在上面，待细竹棍负重时不至于下坠。在经串后面也有一个与正面相距约三十厘米、高约一米、宽约二十厘米的小长方形。其中间设有十三根竹片，每片中部打一眼。小长方形顶部及底部与锯齿状毛竹片设有横档相连。

算纱头

文/鲍云飞

一天中午，当生产队里的社员们回来吃中饭的时候，队长通知大家饭后不上工了，下午一点半到大队部边上的大竹园里开社员大会，传达上级的重要文件精神，各自掮凳子前去参加，不要迟到。

隔壁的阿香嫂嫂看准了这个难得的空档可以招呼邻居们帮她经布。阿香嫂嫂要经布的事不是她突然想起来的。上个月，她丈夫被生产队派到上海罱黑泥，在回程时就把在嘉定县黄渡镇染好的纱带回来了。该用面粉浆纱也已经浆洗过了，前几天还把它翻到了筒子上。一切都准备就绪，只等机会。因为集体种田，社员们天天出工，哪怕是天下大雨也说不定要组织社员开会，再说下大雨也不能经布。

“阿冬嫂嫂。”听见有人打招呼，只见阿香嫂嫂已经踏进我家墙门间了。我妈正忙着洗碗，听见喊声就“唉”地回了一声。这时，阿香嫂嫂已经风风火火地来到我妈的面前，说：“阿冬嫂嫂，你洗好碗马上过来，今天经布你要唱主角。”我妈把洗好的碗放到碗盏橱里，一双湿漉漉的手往系在腰间的依身头（围裙）上擦了两下就跟着阿香嫂嫂出去了。我妈回过头来叫我跟她一起去，帮助算纱头。我从读小学三年级就开始帮母亲做这个工作，到现在也有好几年了，从没算错过。当时妇女识字的不多，会算的就更少，因此我这个小学生还派上了大用场。

我们村里几个经布的场所都是大嫂大妈们经过多年实践认为比较适合的经布场所。像我们村的东桥头、老宅郎、西弄堂口，都是经布的好地方。阿香嫂嫂和我家的房子在村东头，因此经布选择了在东桥头。我刚走出墙门间，就看见另外几个邻居已带着经串、长凳等工具在那里张罗了。在经布的路上放上四只长凳，以两只为一组叠起来，上面放有交线竹，起到托起纱和不使所经之纱混乱的作用。我母亲负责技术活。难道经布还需要什么技术？这倒也说不上，但还是需要动点脑子的。

阿香嫂嫂把这次要经布的样品布交给了我母亲，是大方格布，织起来要比“一丝青”“深到经”麻烦一点，但比织“芦席花”、经“芦席花”要简单得多。

我母亲问阿香嫂嫂：“你家的筘是阔门面还是狭门面的？”

“狭门面。”阿香嫂回答道。

我母亲一边“哦”了一声，一边看着布角样品，分析各种颜色的排列情况。

阿香嫂嫂把各种颜色的筒子放在一只船头篮里，并把它拎到了现场。我母亲蹲在经串前，根据样品的格子花纹，选择不同颜色的筒子依次穿到经串细竹棍上，并将纱头引到经串后面，一隔一依次穿到竹片的眼中，剩余部分依次穿到竹片与竹片之间的缝隙中。一部经串可以穿二十四只筒子，如果用两部经串同时经布，最多可以穿四十八只筒子。根据本次方格花纹的需要，我母亲决定同时使用两部经串，暂时串四十四只筒子，如拿起经串走一个循环就是八十八个纱头。母亲把这些数字报给我。我捡了块瓦片在地上算了起来。因为这次织的是布幅为三十五厘米的狭门面，总纱头不能超过七百八十个，如果循环九次，总纱头就超过极限了，所以这个方案行不通。最后确定循环九次不变，经串上的筒子由四十四只改为四十三只，经过计算符合要求。

方案确定后，邻居们七手八脚地忙碌起来。

阿香嫂嫂和另一位邻居提着经串来回地跑。两部经串在缓缓地向前移动，筒子在纱的拉动下以小竹棍为轴心不停地转动，并发出“沙喇喇、沙喇喇”的声音，像是夏天的夜晚织布娘在草丛中发出的悦耳的鸣叫声。当经串走到交线竹时，将经串一折，把纱分为上层和下层，套到交线竹上。她们走了九个来回，任务也就完成了。阿香嫂嫂马上将事先准备好的那根一米长的小扁担固定在自己的后腰。在小扁担的两头还系有两个绳圈。这时，我母亲把放在边上用来卷布的花底拿过来，递给了阿香嫂嫂。在大家的帮助下，她把花底的两头套在小扁担两头的绳圈里，再把九个循环的纱串到一根小竹竿上，然后将小竹竿靠在与花底固定的三个乳钉上。

接下来的工作就是卷布。卷布是经布工作的重要一环。开始卷布说明经布作业已完成了一半。

只见阿香嫂嫂面对不远处的楝树双脚叉开向后蹬，人的重心向后靠，通过系在后腰的小扁担，把花底向后拉，两手各拉着花底左右的绞关，将所经的纱慢慢地卷在花底上。所经布的另一头系在路边的比碗口还粗的楝树上，就像卷布的人和楝树在拔河。这个地方好就好在路边的这棵楝树，如要经二十米的布（以十米为一档），只要在楝树上转个弯，有十米的空地就足够了。卷布不能性急，要始终让纱和花底保持垂直，这样才能在织布的时候使每根纱松紧都一样。

这时已有社员陆续地掮着凳子朝着大队部走去，队长也走过来了，他向阿香嫂嫂喊：“快点卷，开会不能迟到。”阿香嫂嫂笑着回答：“保证不迟到。”

织布

文/周建芬

用织布机将棉纱或丝缕织成的布帛，泛指已经成的布匹。整道工艺极为复杂，从采棉纺线到上机织布经轧花、弹花、纺线、打线、浆染、沌线、落线、经线、刷线、作综、闯杼、掏综、吊机子、栓布、织布、了机等大小七十二道工序，主要用到纺车、线轮、织布机、梭子、锤布石等。

织布工序主要包括四步：一是纺线，先用棉花搓捻子，再在纺车上拧抽出细如丝的线；二是整线，把纺锭上的线穗子通过线轮后，再上拐，成束、浆洗、晾干、缠成线筒子；三是进行经线工艺组合，设计配色型，俗称“经布”，然后再梳理经线，俗称“刷布”；四是经线滚子架上织机，双手再梳理经线，双脚交换踏板织布。花型越复杂，梭子就由两个增加到四个以上，双踏板也变成四踏板。织完后了机、捶布。

土织布历史悠久，其技艺一直靠祖辈言传身教，织布全凭手工操作，靠经验掌握，工艺复杂，工序较多。土织布的特点有布质棉韧、手感润柔、图案别致、细密平整、纹理清晰等。

误把赤链蛇当黄鳝

文/周建芬

又到入伏时节了，从小看惯母亲每年一到大伏天，都要把衣柜里冬天穿的棉袄、毛衣、粗布等拿出来晒一晒，潜移默化间，我也养成了这样的习惯，每年入伏都要晒一些厚实的冬季衣物，还有母亲当年亲手织的给我做嫁妆用的几段老粗布。

母亲只上过一年不到的学，基本算个文盲，但她心灵手巧，手工活样样精通，她织的各种粗布花色繁复，美观斐然。穿在身上走出去，看到的人十有八九会称赞母亲织的衣服鲜艳、美丽、图案大方。所以那时候村上经常有亲戚、邻居让母亲去帮忙开机织布。

堂伯家有三个儿子，一家五口人要穿衣，冬天穿棉衣，夏天穿单衣，所以织布是农闲期间必须要做的一件事。堂姑想给几个儿子织一批粗细间隔花条纹的衬衫，让母亲去帮忙织布。

一个初夏的傍晚，母亲吃过晚饭就带着年幼的我们一起去了堂伯家。他家后面有一个茭白塘，夏天，堂伯经常会在潭里用鳝笼捉黄鳝，他是村上有名的捉黄鳝和捕蛇的能手。

母亲一边在堂伯家的客堂里织布，一边和姑姑聊天。母亲坐在织布机上，先把穗子线头放在梭子中间的眼里，弯下腰用嘴轻轻把一截长长的线吸咬出来，右手抛梭左手接，轻松扳住机舌，左脚一踩右脚一放，腰背随着踩放前俯后仰，整个人非常轻松自如。织布机发出“唧嘎唧嘎”的歌声，机弓一上一下像在跳舞。

我正看得入神，忽然听到二堂哥从屋后传来急促的喊叫声。

“大黄鳝……后面茭白潭里有一条非常粗大的大黄鳝。鱼叉，妈，家里的鱼叉放哪了……”

没等姑姑回复，堂哥在走廊的角落里发现鱼叉，他以最快的速度操起鱼叉，往门外飞奔而去。

我和哥哥没弄明白什么事情，就紧跟在后面往外跑，我一边跑一边嘟囔：“大黄鳝在哪啊？”我这么一开口可急煞堂哥了：“轻点，妹妹你小点声，不要把大黄鳝给吓跑了。”“哦。”我捂住嘴巴不敢出声了。

走近茭白塘，堂哥蹑手蹑脚地放慢了脚步，探头一看，脸上微微一笑，我便知道大黄鳝还在。

堂哥侧斜着身子，两手紧握鱼叉柄，右眼闭紧，左眼朝着大黄鳝瞄了又瞄，沿着大黄鳝的方向来回比试了几下，随后转身对着我们“嘘”了一下。

“嗖”，鱼叉像箭一般飞出去，顺着鱼叉的方向看去，那堆草丛里发出摩擦的声音，鱼叉也晃动了几下。堂哥快步向前取鱼叉：“叉中了，叉中了，大黄鳝被我叉中了！”

大黄鳝还真够大、真够沉的，堂哥挺腰翘起鱼叉：大黄鳝随着鱼叉柄一颠一颠地被抬起，我们俩满载而归，往家里走，堂哥挺起肚子像大将军似的边走边喊：“阿爸，你来看，大黄鳝，我捉了条大黄鳝。”走到客堂，“啪”一下甩下大黄鳝。

堂伯提着煤油灯走近一看：“你个小兔崽子，这哪是黄鳝，这分明是赤链蛇，还不走开。”

此时我们被吓得魂飞魄散，堂伯放下煤油灯，快步走到厨房取火钳。赤链蛇在砖地上没有在草丛里那么灵活，整个身子呈“S”形，黑红相间，足有一米多长，显得十分柔软，带“八”字形红色斑的三角形的头上依稀看到红信子一伸一卷，两颗绿豆大的眼睛发出凶光，好似要反抗到底。

堂伯取来火钳和木棍，用火钳死死夹住赤链蛇离头三寸的地方，那蛇整个身体一下子僵硬起来，直躺在砖地上动弹不得。然后堂伯用棍子在火钳夹住的地方狠狠敲了一棒，随后在蛇七寸的地方猛敲了几下，一会儿工夫，赤链蛇就被活活打死了。堂伯用鱼叉挑起两头下垂倒挂在柄上的赤链蛇到茭白潭里扔掉。

堂哥噘起嘴巴咕哝道：“我以为是一条大黄鳝，谁晓得是赤链蛇。”

“赤链蛇和黄鳝都分不清，还想吃黄鳝呢，不被蛇吃了你才怪。”堂伯笑说着。

“哈哈哈……”我们被他们父子俩的对话逗得笑弯了腰。

黄昏很快过去了，母亲的布已经织了不少，道别堂伯他们，母亲带我们回家休息。现在每次大伏天晒衣物看到这几段布我就会想起当年堂哥误把赤链蛇当黄鳝的往事。

扎扫帚

文/车心

扫帚是扫地除尘的工具，源于我国。

早在夏代，有个叫少康的人，一次偶然看见一只受伤的野鸡拖着身子向前爬，爬过之处的灰尘少了许多。他想，这一定是鸡毛的作用，于是抓来几只野鸡，拔下毛来做成了第一把扫帚。这亦是鸡毛掸子的由来。由于使用的鸡毛太软，又不耐磨，少康便换上竹枝、植物秸秆等原料，把掸子改制成了耐用的扫帚。

扫帚与笤帚有所不同。扫帚一般指用竹枝或落帚姆（扫帚草）做的大的那种，用来打扫院子或马路；而笤帚一般指用高粱秸秆或芦粟秸秆等扎的较小的那种，用来打扫室内。

江南地区一般把扫帚和笤帚都称为“扫帚”。

手艺活的互助合作

文/车心

二十世纪五十年代中叶，淞南地区的农村家家户户都加入了合作社，自古流传下来单门独户干农活的农民走上了集体化道路。田里的农活不再根据自己的打算，而是由合作社领导统一安排，一个村上的人一起出工，一起收工，干活时聊天说笑。如果做重生活（重体力劳动）的话，中间还可以“吃烟”（工间休息），这个时候就更热闹了。女人们叽叽喳喳，说东道西；男人们相互敬烟，谈天说地。

一个夏日炎炎的下午，东宿江村的几个男劳力在“走草头”，下午两三点钟正是最热的时候。组长提议“吃烟”，大家便到浜斗梢的车棚里坐坐。几个“老烟枪”点燃烟后，便大谈“山海经”，一会儿，便将话题扯到了手艺活上。

林福在这帮人中年纪最大，猛吸了两口烟，不紧不慢地说：“要说手艺活，穿泥簏做土坺，我是三只指头拣田螺——稳拿。”小阿金也不示弱：“我做的草鞋样子好看又跟脚，穿了还不会打泡。”有的说自己善于做畚箕、饭筲箕，有的说自己最拿手的是搭豇豆棚和丝瓜棚，坐在边上的阿苟度笑眯眯地看着别人自夸，一句话也不说。

这时，林福又点了支烟，并扔了一支给阿苟度：“阿苟度，来，吃支烟，说说看，你最拿手的是啥手艺活？”

阿苟度正在听大家说话，林福冷不丁扔支烟过来，他赶紧伸手接住：“不，林福爷叔，我不会吃烟。”边说边将烟还给了林福。

“你不吃，那就我来。”小阿金伸手截了烟，“你说说看，你会做点啥？”

阿苟度涨红了脸：“我呢，年纪轻，不会啥手艺，只会扎几把扫帚。”

林福大腿一拍，“嘿嘿”一笑：“阿苟度啊，扎扫帚么，我们这几个男人全部都会扎，但我扎的扫帚用不了三天，不是扫帚柄断脱就是扫帚架子散掉。”

“这是你用力不均造成的，扎扫帚柄时用力太大，就会把芦粟秸秆勒断；用力太小，扎扫帚的麻线又没有打好结，扫地时，扫帚容易散开。”阿苟度微笑着说。

林福挠挠头：“啧，我是个急性子人，凡事图快，不求质量。但我穿的泥篦、做的土球，都是十人九赞的。”

小阿金插嘴道：“我看呀，你们两个可以来个互助合作。”

坐在林福旁边的阿福生迫不及待地说：“对、对，阿苟度不会穿泥篦，做土球，林福嘛，扎不好扫帚，你们两个一合作，真的是弥陀贴膏药——服（佛）帖。”

阿苟度满脸欢笑：“林福爷叔，我倒真的缺一副泥篦，挑草泥时老是东借西借。”

“好好，我给你穿一副泥篦，你给我扎两把芦粟扫帚。”林福回答得十分爽快。

三天后，阿苟度拿着两把芦粟扫帚、一把落帚姆扫帚来到林福家。林福一见，眉开眼笑地说：“阿苟度啊，说好两把芦粟扫帚，怎么多了把落帚姆扫帚？”

阿苟度说：“芦粟扫帚扫室内，落帚姆扫帚扫场地呀，一起送给你。”

林福连声说“谢谢”，赶紧从里屋拿出一副泥篦，还有一只竹马，递给阿苟度：“你给我加了‘浇头’，我也给你加个‘浇头’，这只竹马送给你，耘稻时用得着的。”

这时，小阿金正好路过，见到这一幕，大声说道：“我们种田走上了合作化道路，想不到我们手艺活也能搞互助合作，真是不错，好啊！”

三个人互相看看，不由得开怀大笑起来，笑声惊飞了路边杨树上的鸟。

纳鞋底

文/周建芬

纳鞋底是以前农村妇女制作布鞋时必做的一道工序。准备一块稍大的白布放在木板上，然后用刷子蘸取米汤或面做的浆子，把各种颜色的碎布料一层浆子一层布地粘上，每粘一层都要抹平并用力压实，一般弄五六层的样子，打好夹子后放在太阳底下晒干。

晒干后根据要做鞋子的大小剪夹子片，用白布在边缘围上一圈粘上，每一片像一只鞋垫，共有十片，再把它们每五片摞放起来粘好。剪的时候，这十片中五片要根据右脚的形状剪，另外五片则根据左脚的形状剪。

纳鞋底是很有讲究的，针脚要密且整齐，这样鞋底才结实耐穿又好看，手艺好的鞋娘可以纳出“满天星”“千家万字圣”“波浪式”“八卦式”等样式的鞋底，布鞋柔软、透气、吸汗。

赶鸡赶来个巧媳妇

文/周建芬

在大家庭聚会上，阿云借着酒意当着自己几个外甥、侄子等小辈的面夸奖老婆小英的手工活。时隔几十年，他还总爱跟家里的小辈提起他媳妇当年给他做的第一双布鞋，穿在脚上何等舒服，他在同龄的小伙们面前是何等体面。

二十世纪六七十年代，大姑娘和小媳妇们都要掌握一些有技巧的手工活。那时候她们串门聊天，都会随身带一些针线活，一般是织毛衣、纳鞋底之类的。几个农村妇女扎堆到一块儿，家长里短，有说有笑，偶尔也要相互比较，看看谁的手工活做得好，聊聊最近听到的小道消息，说说村里谁家的男人能干。

村上有个小伙子叫阿云，在他幼年，父亲就因肺气肿撒手人寰，撇下了他们母子几个。随后，哥哥和两个姐姐相继成家，他便和母亲单独立户，相依为命，由于家境贫寒，迟迟未能找到合适的对象。

他们母子俩分得有两亩多自留地，其中四分自留地在鸡吃口，每到收获季，阿云都要到鸡吃口的自留地去赶鸡，看护那些即将成熟的庄稼。自留地边上有几户人家，几位大婶也都是些勤快善良的热心人。她们在自家场地上干农活或晒东西的时候，只要看到阿云来赶鸡了，就会搬个小凳子让他坐会儿或倒口水给他喝。阿云为人憨厚老实，她们经常会跟他聊一些家常琐事之类的话题。

邻村高大婶得知阿云早年丧父，母子俩过着清贫的生活，很是同情。于是在秋收时见到阿云母亲就跟她说："阿云弟他妈，你家阿云也老大不小了，该是娶媳妇的年纪了。"

"高嫂子，我家阿云是该找对象成家了，可我们家境不好，哪个姑娘家肯过来吃苦啊。"阿云妈一副愁容地说道。

"不要紧，不要紧。我们村子上有几个勤快、水灵的姑娘，也到了谈婚论嫁的年纪。要说聪明能干，李家的小英妹倒是个非常合适的人选，这家人可是老实本分的好人家呢。"高大婶想着要撮合这一对姻缘，笑着说，"这事就包在我身上了。"

没过几天，高大婶就奔到阿云家："阿云弟他妈，告诉你个好消息，小英的家人同意看看对象。这可是个好姑娘哦，谁家娶到就是谁家的福啊。"

"真的吗？真是谢天谢地，太感谢高嫂子你了，我赶紧把家里好好收拾一下。高嫂子，麻烦你再辛苦跑一趟，告诉小英的家人，我们今儿个就去，今儿个就去。"阿云母亲乐开了花。

第二年春节，憨厚老实的阿云把贤惠能干的李小英娶进了门，婚后生育了一双活泼可爱的儿女。

每个会过日子的农家，家里的针线匾里都会放着一些不舍丢弃的旧碎布。小英的针线匾里放着针线、剪刀、剪针箍、顶针、锥子、有序捆扎好的碎布以及一本书，书里夹着给全家人做的各种鞋样子。

二十世纪七十年代，在农村长大的孩子都是穿布鞋的。一家有两个皮孩子，鞋子穿起来自然要费些，做鞋子每天缝几针就成了小英经常要做的事情。而纳鞋底，是一项比较费力又不出成果的工序。

做布鞋前先要把鞋底纳好，纳一双新鞋底不但时间长，而且工序也比较多，比如找鞋样、比鞋样、粘白布、打夹子、剪夹子等。

小英先把不舍得丢弃的旧衣服、破床单等洗干净、晒干，然后用剪刀剪成一块块布块，在长凳上先铺上一块她亲手织的较大的粗布，然后刷上一层糨糊，再把小布块一片一片拼贴上去，粘完一层，再继续刷浆子，然后再粘一层布，就这样粘上大概四五层。每粘一层，小英都非常考究地把冒边的布料用剪刀修齐，每刷一层浆子都注意它的均匀程度，每粘一层布都把握得非常平坦，没一点褶皱。布块粘好之后，放在屋外的石板上晒上几天。晒干后的夹子片是硬邦邦的，花样颜色各异的布块拼贴在一起，像一幅美丽的抽象画。

夹子打好了，就开始选鞋样、剪鞋样，然后将夹子片按鞋样剪鞋底片，一双鞋左右各剪五片。接着在剪好的每片鞋底周围用白布沿边包好，最后把它们每五片摞起来用线定好。一切准备工作做好就可以开始纳鞋底了。

纳鞋底时需要用到的工具有锥子、大针、剪针箍、镊子等。纳法也很有讲究，先在边上沿轮廓纳上两圈，从脚尖部位开始，中间再一行行错落开针脚，最后到脚跟收尾，脚掌和脚后跟部位要纳得更细密一些。鞋底比较厚，光用针是扎不进去的，所以得用锥子先扎一下针眼，然后用针顺着针眼带线穿过去，如果在鞋底的另一面拔不出针，就用镊子帮忙拔一下，拔出后再用线在手掌中间缠一圈，这样更能使劲收紧鞋底。每双鞋底的针线都非常平齐、紧密、匀称，横着看像一排排整齐的“一”字；侧着看像一块块摆放整齐的菱形，又像满天星。

小英纳出的鞋底不用锤就非常平整。为了让家人穿得更舒适，小英会在鞋底上盖上一层松软暖和的棉布包起来，再用针线缝制起来，完整的鞋底纳完后，她照着模板剪鞋面样，藏青色条纹灯芯绒鞋面是儿子的，红色灯芯绒鞋面是女儿的。

现在，阿云家各方面条件都好，缺吃少穿的年代早就一去不返了，衣服鞋子破了就买新的都习以为常，但每当他走路走累的时候，都会想起妻子小英亲手做的布鞋，想起棉布裹住脚的舒适感，心里是那么踏实。想起当年赶鸡赶来个巧媳妇，阿云心里越想越开心。

打井

文/文馨若兰

水井对于人类文明的发展有着重大意义。水井出现之前，人类择水而居，只能生活于有地表水或有泉水的地方，水井的发明使人类活动范围扩大。中国是世界上开发利用地下水最早的国家。二十世纪七十年代，江南地区水系发达，河道众多，乡村人家的生活用水大多依靠河水。在一些古村古镇上，依然保留着几口供生活和饮用的水井。至八十年代初期，随着淞南地区乡镇企业兴起，部分河道受到了污染，同时，人民对生活饮用水的要求也有了进一步提高，于是，每家每户都开始打井，清凌凌的井水冬暖夏凉，不仅可以用来饮用，还是村妇们洗衣做饭的好水。

江南的水井多数是以竖向为主的圆形筒井，直径为1～2米，深度一般为10～30米，施工时挖井人直接下入井筒中挖掘泥土，再用农具运送上来，井壁铺上一层一层砖，以防泥土脱落。这种水井只适合开采浅层地下水。

井水情

文/文馨若兰

1988年夏天，水生家造了新房后，到原来和叔叔家共用的那口井取水的距离变远了。农忙结束，水生想趁空闲在自己家的场地上挖口新井。

挖井得先找好井眼，水生请来了两位年长的本姓堂叔。二叔说在离老井稍近点的地方打一口，三叔反对说本因老井出水不足才要重新打新井，不能打在靠老井近的地方，两人各有各的说法，僵持不下。二叔出了个主意说："听说邻村的林泉是打井的好手，年纪轻轻不光井打得好，还很会看井眼，要不请他来帮忙？"

林泉是西桥大队里小有名气的挖井师傅。说来他也是个苦命人，父亲早逝，留下母亲和五个均未成年的兄弟姊妹，母亲一个人没有能力抚养他们长大，只好把最小的两个送给外姓领养，林泉被送给了现在的张家做儿子。有了他之后，张家养父母又陆续生了两儿一女，作为家里的长子，林泉什么活都干过，什么苦都吃过。

水井挖多了，林泉的经验相对也丰富，在农村坐北朝南的房屋，井最好不要打在西南角上，林泉指着水生家的东南角说："把井打在这东南角，离你们家的自留地近，平时到菜地浇水方便。"

水生和林泉年纪相仿，一朝生二朝熟，两人聊着聊着发现有共同语言的地方还很多。

刚开始，水生帮林泉一起开挖井框，井的直径为1.5米，水生怕累着林泉，对他说："林泉，挖10米左右深就够了，我们这不像高原地区。"

"反正在挖，也不差多2米，挖深点水量更足，水也更清点。"林泉说。

挖到将近出水的井框时，林泉把预先钉好的环形井盘放到井框底，然后在井盘上一层一层垒砖，水生在边上给林泉做下手，拌水泥、拉泥土、输送砖头，两个人配合默契，在挖到5米深时，水生拉了拉绑在林泉身上的绳子说："要不要上来抽根烟休息一下？"

"不用，晚上给我多倒杯老酒就可以了。"两人哈哈大笑起来。

林泉40岁不到，人高马大的，浑身有使不完的劲，正值壮年。

水生问林泉："你家生了几个孩子？"

林泉从井下传来回音说："一个女儿。"

水生问："干吗不再生一个？"

林泉说："响应国家计划生育政策，我们不打算再生了。我两边父母都生了好几个兄弟姊妹，辛苦操劳了一辈子，兄弟姊妹里面没一个是靠学问翻身的。"

水生继续问："那你女儿现在多大了？"

林泉回答说："现在刚上初中，希望将来有出息，考个好点的大学，不要像她爸一样一辈子跟农田打交道就好。"

井越挖越深，他们聊天的内容也越来越深，两人的友谊也渐渐深了。

水生把一斗斗泥土拉上来，井盘随之缓缓下沉，井也一步步地在加深，越往下挖，铲泥浆的难度越大，挖到差不多12米左右，林泉在井底平铺放置了细沙、鹅卵石，以起到过滤作用。20天过后，这口井里积满了清莹澄澈的井水，水生吊起一桶水，双手捧起清冽甘甜的井水喝了一口，感叹道："这水真甜！"

之后，水生和林泉凡是家里有客人来，均会邀请对方一起过来聚聚。

平凡的日子如这平静、清澈的井水一样，安静地过着。一转眼，五个春秋过去了。有一天水生下工回到家里，坐在椅子上紧锁眉头对着烟头发呆，妻子问他怎么了。水生深吸了一口烟，然后吐出浓浓的烟雾，低沉地回答道："今天林泉和我说，他生了肾病，不知道以后的日子怎么过！"

"啊！他还这么年轻，真是可惜！我们得帮帮他！"妻子很惊诧，随即想到林泉的家庭情况。

水生扔掉烟头，来到井边，吊起一桶井水，双手捧起井水喝了一口，随后又回到屋里，打开抽屉，拿出存折，说："还清了造房子的钱，我们正好存了一千元，明天我去领了给林泉送去！"妻子点了点头。

第二天晚上，水生去了林泉家，临走时把一千元钱偷偷放在了他家的桌子上。林泉回到屋里看到，泪一下子就下来了，他搂着妻子，哽咽着说不出话来。

乘风凉

文/张洪芳

二十世纪七八十年代，电风扇还没有流行，那人们是如何安然度过夏天，尤其是漫长的夏夜的？人手一把蒲扇，这是夏夜必备的纳凉工具。蒲扇是用蒲葵树的叶子做的，刚买到手，勤劳的农妇就会把扇子边缘用好看的布缝制起来，以免它散架。竹椅、小木椅、条凳……乡邻们一手拿着蒲扇，一手拎着凳子坐在场地上或是弄堂口，一边吹着风，一边聊着家常。只要是有风的地方就有人在，有的人什么都不带，往桥栏杆上一坐就再也不想下来了，整个村几乎不见灯火，唯闻人语声、蝉鸣声。待到人们吹得身心舒服了，才三三两两地回屋里睡觉。

夏夜，等风来

文/张洪芳

夕阳西下，农人们荷锄而归，望着远远的村落，闻着鸡犬声声，感觉一身的疲劳已褪去了几许。

放下农具，取下草帽，坐在河滩石阶上洗洗，真是极为舒爽。男人们着一条短裤，坐在被水漫过的最上面一个台阶上，手里搓着裤子、衣服上的泥巴，没几个来回，就把它们放置在上面的台阶上，等着妇人们去处理，然后一级一级往深处的台阶坐去，直至水没到脖子处就突然不动了，水面上的脸蛋依旧有团化不开的红。休息够了，就往深水处游去。而妇人们回到家，连简单的清洁工作还没做齐全，就已经奔到厨房做起了晚餐。

许是夏日的缘故，远处余晖极其灿烂，天空仍然一片明媚，村落间炊烟袅袅，河面上人影幢幢，眼前的画面与白日里的繁忙判若两重天。

夏日，最惬意的时间要从晚饭算起，村子里没有哪户人家愿意过早地吃晚饭，因为大家都要——等风来。风来之前，人们忙着给场地降温，连着冲了四五桶井水之后，这场地的热气被硬生生地压了下去，然后再把之前放在井桶里的大西瓜放到井水里，接着就开始搬出条凳准备吃晚饭了。

乡下人家的条凳不是你想象中的小凳子，它长约1.8米，宽至少有70厘米，高有65厘米左右，两边各坐五六个人是不成问题的，一家几口人围坐在一起用餐还绰绰有余。

夏夜，晚风徐徐而来，吃着自家地里的蔬菜，感觉越吃越新鲜，白米饭有着纯天然的水糯感，也是越嚼越甜。晚饭刚吃罢，一转眼大西瓜被切开了，红瓤黑籽，汁水饱满，咬上一口，那是沁心的甜，冰冰凉凉的汁水咽下去，那颗浮躁的心都安定了不少。

吃过西瓜后，条凳被擦拭干净，它又转换角色，成为一家人乘风凉的坐凳了。左邻右舍会摇着蒲扇，聚在一起凑热闹，聊农事，聊生活，天南海北，什么话题都聊。条凳上坐不下了，有的邻居会自备小凳子坐在弄堂口，远远地和场地上的人有一搭没一搭闲聊，突然间有人很夸张地喊道："哦，舒服舒服，这风太舒服了。"引得场地上的人连忙搬起凳子朝弄堂口走去，一片夸赞。可毕竟弄堂口太小了，坐在旁边的几个只能吹到几缕风，没过一会儿，他们手中的蒲扇不停地拍打着脚。"蚊子太多了，还是回场地上吧。"话刚说完就拎着凳子往回走，边走边自嘲着："像在打游击战，嘿嘿。"

夏夜是真的迷人。深蓝色的夜幕上，星星东一个西一个，不停地眨着眼。半空中萤火虫忽明忽暗，调皮地飞舞着；连蝙蝠都忙碌起来，一圈，两圈，不怕炎热地飞着；蝉不再像白日那般声嘶力竭地叫着了，偶尔的几声在显示着它们的存在感。

晚风徐徐吹过，感觉身上每一个毛孔都张开了，尽情吸收着风中微微的凉意。正当你无比舒服时，可恶的蚊子会不经意间咬上几口，大人们骂骂咧咧，手中的蒲扇在腿上、身上一阵乱拍，几番折腾，胳膊上又开始黏糊糊的。

我和哥哥是最怕蚊子叮咬的，蚊子又总爱围着我们转，爷爷隔三岔五地就会在沿河一角将一堆稻草点燃，再将明火熄灭，火星子在里面无声地煨着，升起的一缕缕浓烟真的熏倒了大批蚊子。爷爷还会在水泥板（农村用来刷洗衣服的）上用四根竹子撑起蚊帐，再铺上一条小凉席，简易的床就搭好了。这实在是大人们的权宜之计，因为那时候的农村夜晚是经常停电的，屋子里又实在闷热，只能睡在外头。我和哥哥却特别欢腾，没有蚊子的侵扰，躺在凉席上感觉越发舒服起来。哥哥总是这样吓唬我：“只能睡席子中间，要是睡旁边不小心摔下去，脑袋会摔破的。”我总是小心翼翼地平躺在席子中间不敢动弹一下，可每次早晨醒来，我总是睡在奶奶的大床上，额头上挂满了汗珠。

在我们村东头有一座石桥，它将南北两岸的村子连接在了一起。它是什么时候建起来的我不知道，我只知道它有些年头了，桥面是用三块长条巨石拼成的。夏天的夜晚，就属这座桥最热闹，河两岸的青年人最爱往这里跑，兴许是桥上风大的缘故吧。待我稍长大些，也爱往桥头跑，每踏上一块石阶，晚风便呼呼往脸上扑，那感觉比奶奶拿蒲扇连扇几十下都舒服，可往往脚还没踩到石桥面上，就有叔叔们瞪着眼睛威吓道：“小孩子上什么桥，别被风刮到河里去！”就这样，我们小孩在夏夜是永远到不了桥中央的。

一阵阵风吹过河面，自然挟了几分陆泥浦里的水汽，因此吹到身上总有着丝丝的凉意，就像在吃用井水冰镇过的大西瓜那般。可我们这些小孩子多半是享受不到那份畅快的，只能呆呆地站立在岸边，巴巴地望着他们。叔叔、大哥哥们总爱光着膀子，坐在桥面石栏杆上谈天说地。你一句我一句，说相声似的。偶尔，有几个大哥哥仍耐不住那份炎热，就会从桥面落到石闸上，然后慢慢移向闸门一端，再一个猛子扎到水里去了，又在不远处的水面上露出脑袋，像鸬鹚那般灵活，惹来桥面上叔叔们一顿叫骂。

读小学那会儿，供电正常了些，但晚间时不时地还会停电，只是七八点左右时就会送上电，可大人们一向节约，舍不得用电，仍然要求我们在场地上吹得身上光滑透凉了，再上床睡觉。读初中时，家里建起了楼房，和左邻右舍一样铺上了水泥场地，长条木桌往场地中央一放，感觉特别气派，连同等风来的心情都不一样了。

现如今随着生活条件越来越好，夏夜扎堆纳凉的现象越来越少了，只有晚风兀自吹着，留下一地皎洁的月光。

夹黄鳝

文/周建芬

二十世纪六七十年代的淞南地区，乡村的夜色格外迷人，尤其在水稻秧田做好后，水乡夜晚的田野里出现了会“移动”的灯光。那是一些爱好捕黄鳝的农民穿着长筒雨靴，提着用铁皮小桶做成的防风灯出来夹黄鳝。

黄鳝夹是用竹子做成的。水乡地区的农村多竹，做个黄鳝夹根本不愁没原材料。选材一般要选老竹，然后用锯子锯下两段，用竹刀劈成两爿，削出两片竹片，再用锋利的弯刀将竹片的一端刻出犬齿一般的锯齿来，将烧红了的铁丝在两片竹片中间烫出一个洞，用铁丝将其扭紧在一起，一把夹黄鳝用的竹夹便制作成功了。

黄鳝一般生活在田野的稀泥和水沟的烂泥里，只要有黄鳝出没的地方，就会有黄鳝洞的存在。黄鳝洞往往有大拇指般大小，圆圆的。天气渐热，黄鳝便会躲在洞口吐泡歇凉，这时只要弯曲食指或中指伸进洞里使劲夹，往外用力一扯，肥美的黄鳝就能抓出来了，再用黄鳝夹将其轻松夹到铁皮桶里，第二天便可吃上美味可口的黄鳝汤了。

老张的捉黄鳝技巧

文/张迪

恢复高考的消息传来时，阿毛正在镇上读高中，家里的条件不好，阿毛打算读完高中就开始工作，为家里减轻负担。父亲老张却不同意，一定要阿毛考大学。读书费脑，母亲想做点带荤的东西给阿毛补补脑，父亲老张便决定去水田里抓黄鳝。黄鳝可是富含高蛋白的营养品，在那个困难的年月，确实是大自然对农家不可多得的馈赠。

要夹黄鳝，首先自然是制作黄鳝夹子。老张从自家后院挑了一根碗口粗的毛竹，截下一段竹筒，用利刃从中破开，剃出两块二尺来长的竹片，竹片的一端用刀刻出鳄鱼齿一样的锯齿来，再用烧红的铁丝将两块竹片中间穿出一个孔，将其绑紧，一个简易好用的捕鳝夹子便制作好了。

夜幕降临，晚风轻拂，吴淞江两岸一片静谧祥和。老张一手拿夹子，一手打着电筒，再背一个竹篓出了门。在乍暖还寒的秧田里，老张高挽裤腿，打着赤脚，弯着腰，深一脚浅一脚地寻觅着黄鳝的踪迹。四野不闻人声，只是偶尔会有哗哗声，这是捕鳝人与黄鳝斗智斗勇呢。

夹黄鳝的秘诀说起来也很简单，就是要仔细观察，要在清澈见底的水田中找准黄鳝洞。黄鳝洞有大有小，大的拇指般粗，小的差不多也有小拇指般大小，黄鳝就经常躲在洞口附近悠闲地歇凉。这时候就需要眼疾手快，看到黄鳝的踪影，千万不能迟疑，手持黄鳝夹，伸进黄鳝洞，使劲一夹，用力一扯，一条狡猾的黄鳝也就到手了。

老张有耐心，愿意花时间，可他眼神不太好，因此每次差不多鼻尖都要凑到水面了，才能看清黄鳝的藏身之地，等他用夹子去夹的时候，狡猾的黄鳝早就摆尾远去，他经常是扑了个空。一个晚上下来，人家能捉十几条，他呢也就四五条，还不如人家的零头。

要说干农活，老张有的是力气，可是这夹黄鳝，他一个半老头子，到底不如年轻人反应快。老张的老婆就提议要不把孩子们也叫上，一起去捉黄鳝。老张总是不愿意，说是怕耽误孩子们休息，影响第二天上学，再苦再累老张自己扛，孩子们读书好就是他最大的希望。

后来老张经人点拨，学会了一种以逸待劳的捕捉黄鳝的方法。他找人做了个中间小、两头大的竹器，这竹器中间有竹制的倒须，有了这么个机关，黄鳝只能进不能出，再往里扔些黄鳝喜欢的蚯蚓、红薯等食物，放置在黄鳝容易出没的地方，第二天去看，总能发现许多贪吃的黄鳝。

用夹黄鳝和黄鳝笼子的方法，老张收获了很多黄鳝，交给老婆处理干净，或是切成一截一截，来个爆炒鳝段，或是切成一丝儿一丝儿，煮个鳝丝面，全家大快朵颐。

老张总对阿毛说，捕捉鳝鱼很容易，比干其他农活轻松多了。阿毛也总是信以为真。一天晚上，他看见月下父亲躬身在水田里夹黄鳝、查看黄鳝笼子的身影，觉得夹黄鳝并不如父亲说得那般轻松，因为好几次父亲都差点跌倒在水田里。但他没有上前，他不想揭穿父亲的谎言。

后来阿毛读了大学，在城里工作。父亲一直在淞南乡下生活，隔三岔五还给阿毛送来新鲜的蔬果，某次还托人带来了几条黄鳝，说是自己捉的。阿毛一个电话打过去，埋怨道："夹黄鳝都要大半夜去，你眼神不好，年纪又大了，凑什么热闹？"

"没事没事，我还会安装笼子，容易的容易的。"

"容易什么啊，我又不是没见过你大半夜夹黄鳝，差点摔跤了。"

那一头的父亲没再说话，这一头阿毛挂上电话，抱起一旁的女儿说："囡囡，这个周末我们一起回乡下看爷爷吧。"

柴灶

文/计苏敏

柴灶亦称“土灶”，淞南农村俗称“灶头”，常年以烧稻柴、麦柴为主，约占灶间的四分之一空间。它一般设两个灶膛，并排搁置两只铁镬子，称“两眼灶”。也有三个灶膛的“三眼灶”，这在子女多或几代人共同居住的大家庭中才会有。大镬子外侧附有小镬子，称“小发镬”，里档中间则是汤罐，汤罐上方有个窥孔，供烧火人在灶后观察灶面动静。两只大镬子烧饭、炒菜，汤罐里的温水可用于洗刷，小发镬借火焰烧汤水或炖菜……可见，柴灶设计既合理又节能，热量不浪费，炊烟经烟囱向外排出。

柴灶是农家人的温暖

文/计苏敏

旧时，一个个烟囱从农家灶间屋面伸向空中，傍晚时候，家家户户做夜饭，一缕缕炊烟袅袅升起，村庄的竹林里烟雾弥漫，这就是乡村人生活的写照，现在常说的“烟火气”应该也是由此而来。其实，当年的柴灶不但是农家人生活的重要设施，烧灶也是农家孩子开始历练生活的必修课。我清楚地记得，每当寒冬腊月，大雪纷飞、河面冰冻的日子，我们兄妹身上衣服单薄，难抗严寒，父母就会燃起柴灶，一边烧水做饭，一边让我们在灶膛取暖，同时教我学会用火钳、打草把、添柴火、通灶肚、灭火焰等等。假如不小心弄湿了衣服、鞋袜，又没太阳晒，就得在灶膛烘烤。我母亲心细，她趁稻柴灰还有火焰时，又会拿出铜脚锣，下面放些砻糠，上面摆着火灰，再将脚锣盖上，一会儿就烫了，既能烘手取暖，又可以爆谷米花。

那时，我家很贫困，平时灶锅见不到肉类，但到了年三十，父亲哪怕赊账也要买回半个咸猪头。于是，灶膛里的火旺旺的，我们的脸蛋红红的，大家都围着柴灶，取暖说笑，闻着从铁锅里散发出来的肉香，嘴巴里已经流出了口水……晚上，母亲就会把平时节省下来的蚕豆、黄豆或南瓜子拿出来，放在镬子里炒熟，让我们分享新年的快乐。灶肚里如果烧的是豆萁，燃烧时便会“噼啪、噼啪”作响，镬子里的炒货也会“啪啦、啪啦”地响个不停，上下呼应，农家人讨的是来年“发发禄禄”的好口彩。

自从与柴灶打交道后，我也慢慢地学会了烧水、做饭、炒菜的基本功，学会替父母分担家务，懂得照顾弟妹等责任。少年时，柴灶是我最喜欢的去处。隆冬，我烧火最是勤快，借火取暖，很是舒服。我会把稻柴打结成一个个草把，再逐个垒起，叠成一座小宝塔的样子，这样可以为下次烧饭腾出时间。父亲说，灶膛里稻柴灰多了必须清除，烧火才旺。因此，我会适时帮着退灰，用畚箕轻轻移到猪圈里倒掉。我最得意的是，烧火时往灶膛里扔几个山芋，待到饭做好、熄火时，山芋也被煨熟了，吃起来格外香甜。

以前，乡村人离不开柴灶，每当有红白之事时，柴灶是关键的场所。尽管外面热闹非常，但灶房里一派忙碌。东家要招待四方来客、亲朋好友，百十号人的伙食全由柴灶加工。请来的厨师，无论本领高低，其蒸、煮、炒、炸、爆、煎，种种手艺都在柴灶间里得以展现。当然，那种场合用的燃料不是柴草，而是木头、树枝一类的硬柴，而烧火人也是很辛苦的，冬天脱去棉袄，夏天汗流浃背。开宴上菜时，厨师点着盆子、数着节奏，将做出的菜肴有序配好。因生活环境窘迫，我对这种场面十分向往，有时也会闻风而去，吃几瓣猪油渣解解馋也是不错的。这种传统的民间习俗濡染着我年少的记忆，农家人年年如此，家家如此。

农家柴灶烧出的米饭香而软糯，即便是吃白饭，不带菜，也食之有味。大锅饭底部的一层米饭被烤糍，变硬、发黄、结盖，俗称“饭糍”，焦黄松脆，热吃滋味独特。还有过年时蒸糕也要靠柴灶。乡村里总有几位“糕手”，他们会选一家灶头，集中“火力”为众多人家蒸糕，既省了柴火，也保证质量。蒸糕这一天，从清早到深夜，灶间里堆满硬柴，旺火紧烧不歇，“糕手”将蒸熟的米糕洒上红糖水、白糖水，灶台上弥漫着浓浓的年味，让一帮孩子有了口福，也赢得乡亲们交口称赞。

柴灶是由泥水匠砌成的，但必须是技术高超、经验丰富的老师傅砌出的灶头才既好烧又省柴。灶头火旺，主要靠烟囱拔风，但时间一长，烟囱里会积存烟尘，影响通风。清除烟囱灰叫“荡烟囱”。那时江南有一帮专门荡烟囱的外乡人，摇船巡村走千家，给烟囱除尘“清肠”。荡烟囱不收费，拿走荡落的烟囱灰便是报酬，他们运回去改良土壤。

自二十世纪九十年代起，本地农村的柴灶逐步退出，或者干脆被拆除了，“柴灶”这个温暖的词语慢慢淡化，多数农家人在灶间旁边的小屋里添置了煤气灶，小巧精致，也腾出了空间。如今，我乡下老宅早已拆迁了，农村少了柴灶与烟囱，应该是可喜的变化。但是，我对于柴灶的记忆依旧清晰如初。

补镬子

文/秋石

二十世纪五十年代江南地区的乡村，家家户户都已经用上铁锅煮饭了。那时的铁锅自然不可能有现在的质量，时常会有裂缝或是破洞，那时的农村生活，啥都要修修补补，补镬子就成了一门传统手艺，也使得少数人靠之维系家中大小开支。

补镬子有很多种说法和手艺分解，大致可分为小裂缝和破洞两种。如果出现小裂缝，通常都自己上手，使用较多的是瓦片，用小刀刮一些瓦屑到碗里，然后加上一点生油（机器上用的，菜油是不舍得的），然后顺一个方向使劲地搅拌，使之变得黏稠并成糊状，用手慢慢地将其粘贴在裂缝处，一点点敲匀敲平。平日使用时注意尽量不触碰裂缝处，就又可以使用很久了。

如果破损有小洞，就只能等挑担子的补镬子手艺人上门了。那时候淞南的农村经常有苏北兴化那一带的补镬子手艺人一个村一个村地上门修补。修补时先将破洞周围的镬绣刮清，然后将事先准备好的两个薄铁片加热烧红，烧到一定程度，上下贴合住破洞的地方，按紧贴合，待冷却后，铁锅又能再使用很长一段时间。

生铁补镬子

文/秋石

每次看到这些工具，他总是想吼两嗓子："补镬子！生铁，补镬子！"他就是阿根，江苏兴化人，靠着补镬子这门手艺扎根千灯，如今生活在小镇西南角的盛家埭村，儿孙满堂，不知不觉在千灯这个江南小镇上已生活了近五十年。

五十年前，他挑着担子，一头是一只小炉子和一个工具箱，另一头是一只小木板风箱和一只小板凳，从苏北一路走到了淞南，边走边喊："补镬子！生铁，补镬子！"当有人喊住他，他就会驻足，习惯性地抽两口旱烟，找块背风的土墙安置他的工具准备修补，第一家还没补完，村上就传遍了"生铁补镬子的来了"，有需要修补镬子的人家都会主动拿来让其修补。

他要先生火，放正熔铁炉子，小炉子下部有一个小圆孔，圆孔里插上一根用白铁敲就的通风管，风管的另一头插在小木板风箱下部的出风口，将硬得发亮的煤渣、煤块放在小炉里，用木柴引燃。他耐心地拉动着小风箱，小炉里的煤块在风力煽动下，冒着青烟、吐着火苗。第一次烧红煤块需要一段时间，后面定期加煤就可以了，如果只修一家就有点得不偿失了。生完火，用铁钳夹着生铁块放进小炉里，当炉膛里的煤块被烧得通红无烟时，阿根就会加快风箱速度，在坩锅里的生铁块即将被熔化成液体时，他就戴上手套，用铁钳夹出冒汁的铁块，轻轻地往一块光滑的铁块上敲打，打成扁平状，形状符合损坏的部位，然后从镬子外侧对准破洞揿入，重复这个动作，再从镬子内侧对准破洞揿入。里外夹击，用一根头部略呈弧形的铁棒，左右挤压下，铁汁很快凝固，将破洞补得严严实实。最后一道工序：用砂棒尽可能将补疤两面磨得平整些，并告知村民安放镬子时，尽可能不要碰到修补的位置，以延长使用寿命。

有时候补到了天黑，他就给一点费用到村民家里借宿一晚。第二天再跑去另一个村子。那时候没有地图，反正就是从北向南，一个村子一个村子地走，然后再绕回来，从家里出来一趟再回去可能就要年头了。直到他来到了千灯，在盛家埭补完镬子，晚上借宿在阿珍父母家，没想到一住就是五十年。

随着城乡一体化进程的推进，农村慢慢开始拆迁，煤气灶和天然气慢慢进入百姓生活，但在拆迁大潮中保留下来的村庄，每户仍旧保留着传统的灶头。灶头上仍然安放着镬子，逢年过节、婚丧大事，农家灶仍然发挥着重要作用，特别是烧东坡肉，只有放在铁镬子里用柴火炖才能做出江南的味道。

刮镬锈

文/秋石

江南地区的乡村，家家户户都用铁锅煮饭，烧的多是稻草、蚕豆秸秆等。镬锈是不可避免的，不经常刮镬锈，锅底就像包裹隔热层一样，影响火力。刮镬锈的工具一般是锅铲，也有用菜刀的。先用锅铲或菜刀，沿着铁锅与灶台的连接处轻轻地铲一圈；然后整体取下铁锅，倒扣在地上，自上往下有序地进行刮锈；最后清铲圆底处。完成后再扣回灶台。

刮下来的镬锈是舍不得扔的，那个时候农民造屋用石灰做内外墙粉刷，小青瓦盖顶，屋脊及檐口要涂黑，有时整个墙面都要涂黑，用的涂料就是镬锈，灶台上的灶花，也是用镬锈画的。用镬锈做的涂料，远比今天所用的化学涂料要好。还有人专门来收购镬锈，运往安徽、河南一带，将镬锈铺撒于田间，可以改变当地酸性的土壤性质，改造后的土地可以种植一些特定的作物。

清晨刮镬声

文/秋石

我的老家在西宿村，算是在小镇偏远的西部，离镇上的中心小学有四里路。父亲是镇上建筑工地的小队长，为了能送我上学，在我入学前，他买了村里第一辆摩托车。每天清晨，奶奶起来系好青布裙，提水烧粥。父亲的工地开工早，为了可以骑摩托车送我上学，早早就把我叫醒。起床后我擦把脸，吃好粥，就背着书包上车了。每天都是这样，周而复始。但也有不一样的时候，那就是隔三五天的清晨，总会有一阵刮镬子声把我惊醒，用不着叫唤我就起床了。

二十世纪八十年代的江南农村都烧灶台，通常分两个灶膛，也有部分是两大一小三个灶膛的。因为大都以稻草秸秆为柴火，灰多烟多。灶膛的火燎在镬肚底，同时也把炭墨灰熏在了镬底上，时间一长就结起了厚厚的一层，奶奶说那叫“镬锈”。镬锈厚了，烧着就慢，浪费柴火。所以每隔三五天，奶奶就得把铁镬子移下来，反扣在地上，用锅铲从镬底往镬边上下来回地刮，把一层层镬锈刮下来。刮时就形成了有节奏、有韵律的“咣吱咣吱”的金属摩擦声响。刚开始时有点沉闷，随着镬锈的逐渐减少，那声音越来越清脆悦耳。全部刮完了，奶奶再把镬子翻过来，足部顶在地上，四边悬空，然后用锅铲把手在镬边敲击几声，发出“当当”的声音，奶奶说是震掉附着在镬子上的余锈。那声音如同寺庙里的大钟一样，其声波直荡人心。

刮下来的镬锈，奶奶用扫帚扫成一堆，小心翼翼地把它装入容器中。我有一次好奇地问："这有什么用？"奶奶说："说来用处可大了。可以粉刷围墙，可以在门堂上画图案。"还指着灶台的顶部说，"你看，那个灶花就是用镬锈画的，现在这些我装起来，以后盖大房子会用到的。"

有一天上午，我突发奇想，对奶奶说："我也要刮镬子。"奶奶说："白天、中午以及晚上都不能刮镬子的，那样叫'下代不秀'。你要刮，明天跟我早起，我教你刮镬子。早上刮，叫'出锈'，将来子孙出秀！"哦，至此我才明白这刮镬子声为何白天从不闻见，总在清晨才有。

第二天我随奶奶起了个大早，把镬子从灶上取下来，反扣在地上。我拿着铲刀从上到下地刮起来。奶奶在旁说，不能太用力，当心刮穿镬底，还要当心补过的生铁搭头，不要把它刮掉了。

接着我就"咣吱咣吱"地刮起来，随着节奏的加快，手里也不自觉地加大着力度，"咣吱咣吱"，那声音在清晨的村子上空飘荡。"咣吱，咣"，忽然我手下的声音戛然而止。原来铲刀被一钉子似的东西卡住了，稍一用力，那个东西竟滚下来了。我仔细一看，是以前洞上补的生铁搭头。看看那洞，比黄豆还小一点，怎么办？今早的粥还怎么烧？正在这时，奶奶过来了，说："听声音，就知道刮坏了。放一边去，别让你妈妈知道了。粥用另一个锅烧！"

我知道闯祸了，知趣地回房去了。从此，我再也不敢去刮镬子了。

三五天后的清晨又响起了奶奶的刮镬声，那声音像一首美丽动听的乐曲，又似钟磬之音，催人振奋。"咣吱，咣吱"在那声音里，我读完了小学、中学；在那声音里，我从乳臭未干的孩童长大成人了。

每次回乡下小住几天，每到清晨起床，我总会下意识地侧着耳朵，听那"咣吱咣吱"的刮镬声。奶奶早离开我们了，乡下的灶头也早就改成了煤气灶，也不烧柴，也没了铁镬子，窗外的鸟鸣声和远处的汽车喇叭声，都远去了。

石磨

文/陈阿根

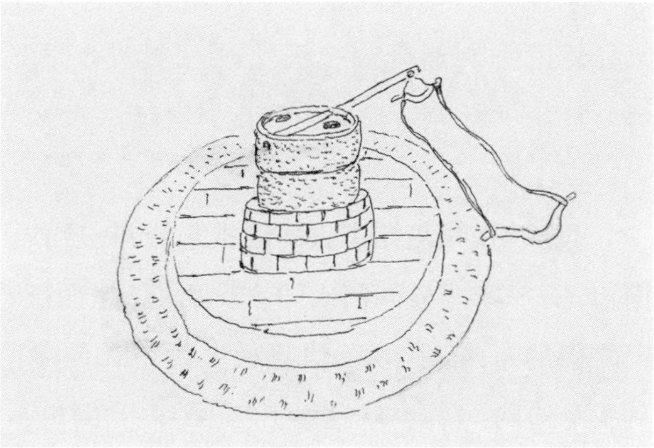

用于把麦子或稻谷研磨成粉末的工具我们称之为“磨子”，一般都是石制的。

磨子由两块尺寸相同的短圆柱形石块和磨盘构成，一般架在石头或土坯等搭成的台子上。接面粉用的石或木制的磨盘上摞着磨的下爿（不动盘）和上爿（转动盘）。两爿磨的接触面上都錾有排列整齐的磨齿，用以磨碎粮食。上爿有一个磨眼，供漏下粮。两爿磨之间有磨脐子（铁轴），以防止上爿在转动时从下爿上掉下来。

一般家用磨子，如锡剧《双推磨》里的磨子，其直径在80厘米左右，一个人就能牵得动。直径不足40厘米的称为“小磨”，一个人就可以操作，一只手摇，一只手拗。

除了家用磨，还有直径超过三尺六寸的大磨，这种磨通常要用三头牛一起拉。一斗粮食用十多分钟就能磨一遍。

卖石磨爿

文/陈阿根

2010年，我与同事去南港搜集资料，顺便去甪直游玩。走到和丰桥南边，有一家两开间门面的古玩店铺，里面摆着大小不一的石磨爿、石臼之类的东西。我朝一块直径大约为80厘米的石磨爿看去，店老板走到我身边问："你喜欢这磨爿？"我说："倒也不是，我家也有这么一个，不过要比你这块还要大。"他一听，瞬间来劲了，忙说："你把它运来我收了。"我本就没有要卖的想法，便敷衍道："我只有一块上爿，没有下爿，我们准备做石圆台，不卖。"我们正要离开，他问我要了我的家庭住址，说改天来看看。

一个星期日，他开了一部卡车到我家，一看石磨就非常喜欢，缠着要我卖给他。我说："那也行吧，你开个价。"他说："算一百块吧。"我见他如此爽快，感觉不加点价好像卖亏了，就说："两百块吧。"他不假思索地说："好的，就两百块。"见他又如此爽快地答应，我瞬间感觉自己真的卖亏了，不过算了，放在家里也没什么大用场。他临走时再三向我打听下爿的去处。我见他如此坚持，帮他回想了一下："原来在集体公场上，砌在石驳岸里，时间长了，石驳岸坍塌泻到河里去了，再后来可能在建水闸时，挑坝基把它压在泥底下了，没办法找到了。"他听了，才甘心而去。

没过几天，那老板还是派了他的助手到我家来，再次寻觅石磨的下爿。派来的人向我老伴借了我家的水泥船和一只竹篙，并主动付给我老伴一百块作为答谢。来人把船撑到闸门南挑过坝基的地方，用竹篙往泥里戳，他戳了好久还是没有碰到石磨。其实这石磨到底在河里什么位置我们也不知道，只晓得滚在了河里，所以他根本没有方向，怎么能找得到？那人在河里找了半晌，又饿又累，再加上水泥船头上有泥浆，脚下一滑，不慎跌入了河中。两岸农民只听“噗通”一声响，忙跑到河边探个究竟。我老伴见他满身泥和水，像只泥酱蟹，周围人都在抿嘴笑他，就赶紧催促他去河边清洗一下，然后回家换身干净的衣服，不要感冒了。我下班后，老伴将发生的事情告诉了我，我想：那个老板真的是上了心，看来这个磨爿还挺值钱。

时隔八年之后，村里拆去老闸建造新闸，在工程结束清理河底淤泥时，石磨的下爿又重见天日了。闸边的农户唐龙元将石磨拿到上面靠在自己家的墙上，作镇风水用。不久，我与同事又去了甪直旅游，还特地去了那间古玩店，结果发现店面已经改租，老板也不知去向了。我心想：这个老板与这个磨爿之间真的是无缘。

做团子

文/文馨若兰

我们淞南地区民间有腊月二十四夜做团子、吃团子的风俗，象征着团圆和美。比较流行的说法是，这与旧时风俗“送灶”有关，百姓希望灶王爷在玉皇大帝面前说几句好话，所以家家都要准备团子，用来祭祀。也有农家在糯米丰收后，打了糯米粉，包上十几二十个团子，让家里的老人、孩子高兴一番。有些地方遇到结婚、生孩子、造房子之类的喜事，要做几百个团子分给亲戚、朋友和邻居们，以示圆满喜庆。

清明时节，江南一带有吃青团子的风俗习惯。青团子是将一种名叫“浆麦草”的野生植物捣烂后挤压出青汁，然后同晾干后的水磨纯糯米粉拌匀揉和，包上馅，搓成圆形。团子的馅心有猪油拌枣泥、猪油拌豆沙等。生团子制好后，将它们入笼蒸熟，出笼时用毛刷将熟菜油均匀地刷在团子的表面，青团子油绿如玉，糯韧绵软，清香扑鼻，吃起来甜而不腻，肥而不腴。

真正的好汉

文/文馨若兰

李大牛和王小毛在同一个工地打工，工地上的工种有很多，如木工、钢筋工、泥水工等等。李大牛是钢筋工，主要负责配置、制作、绑扎钢筋，他人高马大，力大无比。王小毛是泥水工，个子一般，但很壮实，主要负责砖砌体和其他粉刷等工作。

他们都来自陕西地区，和其他工友一起凭着力气和技能工作，虽然早上馒头、咸菜，晚上睡彩钢房，但工友们之间关系融洽，有苦同吃，有乐同享。他们劳累了一天后很是疲乏，晚餐时自己找乐子，时常划拳喝点小酒，全身的精气神就又完全恢复了。

临近年底，大家原想早点归家的，怎奈工程必须在年前完工，十分紧迫，到了腊月二十还是不能放假。过几天就是腊月二十四了，想着归心似箭的工友们还在坚持，工头老李的心中充满歉意。他告诉大伙，到了二十四夜这天，大家三点就歇工，痛痛快快去洗个热水澡，然后一起吃小年夜饭，吃大团子。他让厨房准备了丰富的饭菜，有红烧狮子头、鱼香肉丝、酸辣土豆丝、红烧鱼、夫妻肺片等，还有本地小年夜饭桌上必备的全鸡、全鸭、大蹄髈，包了肉馅和豆沙馅的大团子。

腊月二十四下午，工友们早早就歇了工，又相约着去附近的浴室好好泡了个澡，回到工棚，看到做饭的师傅已经完成了一大桌的小年夜饭，能说会道的李大牛很会搞气氛，说："来来来，弟兄们开饭啦开饭啦，小毛哥，把酒给大伙满上。"他一边跟王小毛说话，一边做着划拳的手势。

王小毛和其他工友选座位坐下了，工头开口道：“兄弟们，辛苦了，今天是腊月二十四，大家都稍微喝点酒暖暖身子，然后划个拳，看看今晚谁的酒量最大。”

几口酒、几口菜下去，气氛很快就热烈起来了，划拳的划拳，喝酒的喝酒，聊天的聊天。“一点点啊……哥俩好啊，三星照啊，四喜财啊。”头局大牛赢了，输的几个各喝了一大口白酒。

“哥俩好啊，六六顺啊，八匹马啊……”这局是安徽的晨强赢了，其余输的各喝一大口。

“哥俩好啊，五魁首啊，快快喝啊……”又是大牛赢了，输的喝酒。

由于划拳是陕西地区的强项，其他地区的工友只要进行喝酒划拳，赢的概率很低。几圈下来，大家都喝得晕乎乎的。

“大牛，喝酒你厉害，你敢不敢和我们来吃团子比赛？”来自苏北的秦汉说。

“比就比，我大牛还没啥不敢的。”大牛笃定道。

李师傅盛了好多碗团子，每碗五个，个头均匀。

第一碗大家的速度都差不多，都是干体力活的人，吃这五个团子都不在话下。第二碗继续，有几个不太爱吃糯米食物的工友放弃了，只有那几个喜欢吃且好斗的人仍在继续，大牛、秦汉和小毛都吃了。第三碗接着吃，小毛吃第一个的时候有点打呕，但还是勉强吞了下去，但第二个实在吃不下了。

大牛和秦汉依然不肯放弃，仍在努力吞咽着。边上看的工友起哄喊：“大牛加油！秦汉加油！”第三碗吃到第四个的时候，大牛一边作呕，一边瞪大眼睛，挺直身子伸长脖子，好不容易吃了下去，随即又“哗啦”一下吐了起来。秦汉则神情泰然地把十五个团子统统吃了个精光。“冠军！冠军！冠军！”大伙拍手叫着。

大牛对秦汉竖起了大拇指，连声说：“佩服，佩服啊！”

秦汉笑着说：“我小时候就爱吃团子，在我们老家，到了秋收后糯米丰收，不管多穷，妈妈们总会做很多团子让家里几个孩子吃个饱。虽然那时候包的是萝卜丝、韭菜、香干等素馅，但是对于我们来说，那是最美味的食品，是一辈子记忆里的妈妈的味道！”大伙听他这么说，一个个感慨起来，说起了家乡的种种美好和亲人间的温情，平时开朗热情的大牛也眼泪汪汪的。

老李拍了拍大牛的肩膀，温和地说：“你们都是好样的！远离家乡来到这里，凭着勤劳和努力赚钱养家，在你身上有一股敢于担当、不怕困难的精神，我们都要向你们学习啊！正因为有你们，我们的城市才建设得如此美丽，你们都是真正的好汉！放心，还有两天工程就收尾了！大家可以回家了！”说罢，他从随身的黑包里掏出几大包现金，高声说：“来，兄弟们，领钱！”

顿时，欢呼声快把工棚顶掀翻了！

发红蛋

文/周建芬

在煮熟的鸡蛋上涂上红色，自古以来有吉祥、喜庆的寓意，也有辟邪的作用。蛋有多重象征，其中原始的象征是生命开始和生活圆满。由此，红蛋便成了吉祥物。在淞南地区，凡是喜逢婚庆、小儿满月、做寿等，都要用红蛋来庆祝，尤其是小儿满月，主人都会给客人和街坊邻居分食红蛋。红鸡蛋是孩子降生报喜的标志，要让大家一起分享红彩，于是就有了生娃娃发红蛋之说。

小孩出生的第三天要“过三朝”，男方家先要精心准备一桌酒菜和红蛋，在家里点香过三朝，通过该形式告知已故长辈，家里喜添人丁；女方家在摆满月酒的前一天，要把所有分发给亲友的红蛋煮熟并染好色。染色，一般都用食用红色素，也有用大红纸抹上去的。

喜迎新生命

文/周建芬

儿时特喜欢赶热闹，只要听到村里哪有鞭炮声，一群小孩就顺着喜炮声的方向奔去，当然，每次基本不会白跑，当家的总会给孩子们分发一两颗喜糖。如果哪次被抢头的同伴先拿到喜糖，其他孩子会跟他起哄讨要，男孩子则还会跑到鞭炮堆里挑拣没有放完的小鞭炮。

这一天，是我们宅上排行老大的再从堂哥大婚的日子。一大早，小工头提着大型半导体录音机，磁带里播放着欢快的音乐，然后接亲队伍两只喜炮一放，就开着挂机船出发接新娘子去了。水路走起来比较慢，快到中午12点了，才见挂机船从河滩的西面缓缓驶来，真是让人望眼欲穿。

“来了，新娘子来了！”我们几个小孩叫喊着。

“咦？错了错了，怎么往东开呢？”我疑惑地问奶奶。

“船开到东面桥头掉个头会回来的，这叫‘回出水’。”奶奶笑道。

不管什么回不回了，我要看新娘子。等船快上岸了，堂姑姑手提两个水桶，一边不停泼水，一边跑，她人本来就矮小，现在这样子更搞笑了。

新娘子被堂姑姑扶起出船舱的那一刻，我都快看傻了，一件绸缎亮丝的小棉袄，烫着又黑又亮的大波浪卷，丹唇秀眉，皓齿明眸，好妩媚动人啊！

“这新娘子真漂亮。”我偷偷低声说。

“什么‘这新娘子’，以后要叫新嫂嫂。”奶奶说。

“新嫂嫂？我叫不出，我以后就叫姐姐。”我反驳道。

院子里摆满了缝纫机、铺盖床、冰箱、洗衣机、电视机等嫁妆，奶奶拉我到“子孙桶”里摸红蛋。

“呀，5个！”我叫起来。

“铺盖里还有呢，你去摸摸看。”堂姐说。

“咦？还真有蛋。”我心里窃喜。奶奶把这些喜蛋分发给了我们几个同龄的孩子。我问奶奶：“为什么要在马桶和被子里藏红蛋呢？”奶奶说这是一种风俗，祝愿新人早日生子。

真是好事连连、喜上加喜，第二年初秋，这位我改口叫习惯的外姓姐姐生宝宝了。一天中午，只见堂姑姑急匆匆地跑过来叫奶奶，然后她们几个大人各自忙碌开来，烧水的烧水，端盆的端盆，厨房、里屋两边不停地来回走动。当时，农村的交通还不便，思想也比较保守，这位姐姐是叫河对岸的产婆接生的。

这是我儿时的记忆，虽有些模糊，但还是依稀记得，产婆在床边一边不停地给姐姐用热水擦身，一边告诉她生育经验；姐姐则是一边忍着疼痛一边照着产婆的话用力，随着一声穿透初秋高空的响亮的啼哭声，小生命诞生了。产婆将脐带剪断，笑着说：“是个男孩。”这是我们宅上第一个平安出生在初秋的大胖小子，于是，堂哥夫妻俩给他起名叫秋平。

小秋平三朝那天可把双方长辈乐坏了，他外婆家的所有亲友早早提着红喜蛋、枣子、红糖、糕点等各种滋补品以及孩子的衣物、被褥、小推车等喜物来“送家”祝福。村上每一家都分食到了这份喜悦的红蛋。

小秋平的诞生给堂哥家带来了喜悦，也带来了希望！

裹粽子

文/漪莲

端午节前裹粽子的风俗是中华民族的传统，千百年来盛行不衰，淞南地区也不例外。

粽子的主料是糯米，根据口味和喜好，可以加其他食材，如红豆、五花肉等。

具体要领是提前一天将粽叶泡软，第二天洗净备用，糯米淘好浸泡1小时，放适量的盐和生抽调味拌匀。开始裹了，取2~3片粽叶先对弯成漏斗形，抓一把糯米，然后放进五花肉或者红豆等，再抓一把糯米覆盖在上面，把上面的粽叶往下覆盖，捻紧折向一边，包成一个四角的粽子，然后用线绑紧。接着便下锅煮，一定要水滚以后才下粽子，水要浸过粽面，待重新滚起以后再用旺火煮3个小时左右即可。在煮粽过程中，不要添加生水。

需要注意的是，豆沙粽不宜扎得太紧，防止米粒挤进豆沙中，如果煮不透会出现夹生现象。咸肉粽如果用肥猪肉，也不宜扎紧，松紧适度即可；如果用瘦猪肉就要扎紧，因为瘦肉熟了以后会收缩，粽馅的肥汁会漏入水中，不能保持粽子的肥糯。

粽子清香淡雅，软糯滑腻，口味多样，颇受人们喜爱。然而，制作粽子的原料糯米油性及黏性较大，过量进食容易引起消化不良，并由此产生胃酸分泌增多、腹胀、腹痛、腹泻等症状，所以不可贪食。

端午粽香

文/漪莲

在我们这个江南水乡的小村里，每到端午节，家家户户都要裹粽子。阿婆是村里裹粽子的能手，因农活忙，没时间包的人家总会提前跟她说，请她帮忙，而她总会笑眯眯地答应。

端午那天，阿婆早早地起床，拿着自采的箬叶到河里清洗。说起这箬叶，其中还有我出的一份力呢。那是前几天上午，阿婆挎着竹篮出门，临走时看了我一眼，说："妹妹，走，陪我一起采箬叶去。"我随着奶奶走进村后的竹林，只见大小不一的箬叶满地躺着，有的箬叶半落不落地挂在半高的竹子上，一阵风吹来，竹叶随风摇摆，发出"沙沙"的声音。我一会儿摇这根竹子，一会儿换一根摇，摇得不亦乐乎时，奶奶的声音传来："妹妹，让你来是采箬叶的，不是来玩的，赶紧点，你把地上的大箬叶捡起来。"我朝阿婆吐了一下舌头，乖乖地挑拣箬叶。可箬叶好像跟我作对似的，大的叶子不多，好不容易挑中，中间居然有条裂缝，不能用，我生气地跺了跺脚，赌气地说："多是坏的，我不捡了。""这里没有，换个地方就是了，做生活要有耐心。""哦，晓得了。"听了阿婆的话，我转身往前走，细心地慢慢挑了起来，等捡满两只手就开心地朝阿婆走去。"嗯，不错，我家妹妹挑箬叶又快又好。"阿婆话落，我羞红脸赶紧捡，很快我们捡满了两篮子，我跟在阿婆身后蹦蹦跳跳地回家了。

阿婆洗好箬叶放在水泥台上晾晒，然后把各家拿来的糯米一一洗好晾着。她回房拿出一根五彩细线："妹妹，鸡鸭有没有喂好啊？""喂好了，喂好了。"我边说边赶着鸭走向河边，鸭子"嘎嘎"欢叫着，争先恐后地下河。"妹妹，来系上五彩细线，不要弄掉了，天上落雨了扔到河里去。"这些话，阿婆年年要讲一遍。那时候小，不知道为什么要系五彩细线，长大了才知道民间有这种说法："五月五日，以五彩丝系臂，名'长命缕'，一名'续命缕'，一名'辟兵缯'，一名'五色缕'，一名'朱索'，辟兵及鬼，命人不病瘟。"手上戴五色线的儿童可以避开蛇蝎毒虫的伤害；下雨了扔到河里，意味着让河水将瘟疫、疾病冲走，由此可以保儿童安康。

系好细线后，阿婆让我去灶房拿洗好了的红豆，她去隔壁婶婶家拿晾在她家的稻草，我点点了头，正准备去拿。"阿娟，快来！"我家的墙门间里，同村的小伙伴们在跳橡皮筋，招呼我去玩，我便飞快地跑过去，和她们玩在了一起，把拿红豆的事忘记得干干净净。直到阿婆走过来了，我才想起因为玩耍而被我忘记的红豆还静静地躺在灶间筐箩里，赶紧三步并成两步去拿。

阿婆见此只是微微摇了下头，站在一边笑眯眯地和小伙伴们说话。见我拿着筐箩出来，她接过来把里面的红豆倒入放糯米的面盆中，用有力的双手搅拌着，直到米和红豆混合均匀了才结束，然后去水泥台那里把箬叶理好放在面盆的一边。准备好这些后，阿婆拿了个小凳子坐下来，拿起箬叶熟练地卷起来，卷成一个圈，放进米。箬叶在阿婆手里翻转着，一会儿的工夫，一只漂亮的三角粽子便诞生了！

看着一只接一只的粽子在奶奶手中诞生，我按捺不住跃跃欲试的心，赶紧搬了个凳子坐在边上，在她又包好一个时拉住她的手央求她教我。阿婆点了下头然后拿起一张较小的箬叶递给我，说我的手小就拿小点的。我兴奋地把袖子卷起来，拿过箬叶照着阿婆刚才的手法准备大显身手，可就是不成功。我赶紧向阿婆讨教，阿婆告诉我先用左手拿住箬叶，右手放米，然后右手裹紧箬叶，再用左手按住包好的粽子，接着用嘴咬住棉线，最后用右手把棉线缠绕扣紧粽子就可以了。阿婆边说边示范给我看，我照着方法试了几次，总算有一个成点型了，我高兴得跳起来，阿婆也夸我聪明学得快。粽子很快包好了，阿婆拿回灶屋下锅煮，不一会儿，空气中飘散出箬叶的香气，这香气随着粽子煮的时间越长越浓郁。

当阿婆把煮好的粽子拿出来时，箬叶的香气混合着糯米的清香、红豆的甜香，让人陶醉。阿婆挑了个我包的粽子，剥去了箬叶又沾了点糖递给我，我接过粽子大口地咬下去，品尝着自己的劳动成果，心里甜滋滋的。

炒杂脚

文/陆春芳

以前，人们生活并不富裕，物质匮乏，每年除夕夜，家家户户的女主人会找出角角落落、瓶瓶罐罐里的蚕豆、黄豆、南瓜子、葵花子、晒干的扁豆、玉米粒等，晚饭后在大铁锅里炒这些杂豆，来慰劳一下平时从来没有零食吃的家人们，尤其是馋嘴的娃们。大家或围坐在一起，或走家串邻，一起吃豆、嗑瓜子守岁，庆祝新年的来临，这是祖祖辈辈流传下来的习俗，也就是老一辈人们口中的“炒杂脚”。

分南瓜子

文/陆春芳

“奶奶，今天要炒杂脚啊！”一年的除夕又到了，我们姐妹俩大清早就对奶奶说。傍晚时分，奶奶早早地收拾好了碗筷，洗干净了土灶上的一口大黑铁锅，我和妹妹早端来了瓶瓶罐罐和几个装了南瓜子、葵花子、干扁豆、玉米粒等的布袋子。南瓜子最容易炒熟，奶奶就决定先炒南瓜子，给我们两个小馋猫解解馋。

今天掌勺的是奶奶，掌火的是我。我小心翼翼地从一盒火柴里抽出一根火柴点着了火，往灶里放柴，妹妹则兴奋地在大黑锅前转悠来转悠去。“噼里啪啦——”南瓜子在炒锅里炒个不停。奶奶亲切地嘱咐我：“火不要烧太旺了，否则南瓜子该炒煳了！”哦，第一个要点就是掌握火候啊！糟了，得放柴了！我一屁股坐在凳子上，马上放了些柴进去。“好了，不用放柴了。”我一骨碌站起来，目不转睛地盯着锅子看，只见锅铲上下来回地穿梭在南瓜子中，南瓜子好似在大铁锅中表演了一场精彩的杂技。几颗南瓜子似高手一般一跃而起，翻了个后空翻，“啪”地响了一声，才安全落地。还有几个厉害的在表演翻滚舞，只听又“噼啪噼啪”地响了起来，南瓜子肚皮开花了，露出了焦黄色带着油滋滋光泽的果仁，妹妹早已口水直流，趁奶奶不注意，小手猛地伸向铁锅，抓了一把就往门外跑。“你这小馋猫，手——手——”奶奶急得丢下铲子去追妹妹，担心她手心会烫个水泡。这时候，铁锅中的南瓜子如放了炸炮一样，集体跳起了“奔放的广场舞”。“快把火灭了，灭了。”奶奶大声指挥着我，南瓜子起锅了。

接着，该是蚕豆登场了。“哗啦啦”，奶奶继续负责掌勺炒豆子。这时候，妹妹又蹦跳着折回厨房，因为刚抓的南瓜子已经被她消灭了，她又折回来准备抓南瓜子，我见状，也着急得没心思继续烧火陪奶奶完成第二锅了。“奶奶，不行，这南瓜子就这么多，要被妹妹吃完了，我们全家一共七口人，要分成七份。”我提议。“好好好，分六份，奶奶不吃了。”仁厚的奶奶一边烧火，一边掌勺炒蚕豆。于是，我和妹妹把盛在竹篮里余热还没散尽的南瓜子倒在了厨房靠墙的破桌子上，分起了南瓜子。“大人是不是该少点呢？”妹妹提议。“对对对！”我连声说。哈哈，爷爷、爸爸、妈妈、阿姨是大人，我们决定给他们少分几颗，我们姐妹俩因为是小孩，所以我们俩的瓜子自然就多了几颗，心里乐滋滋的，感觉自己赚了不少。分完后，我们又找来了信封，把南瓜子小心翼翼地装进去，这下我才放心地去和奶奶继续合作炒杂脚。

钉碗

文/陈祥英

钉碗也称“补碗”。二十世纪八十年代之前，江南农村由于物资缺乏，碗即使打破了都舍不得丢掉，等村里来了补碗匠修补后继续使用。

钉碗时，补碗匠坐在小凳上，拿出装有金刚石钻头的小牵钻来，在破碗裂缝的两边打对应的两排小洞。开钻前在钻头上蘸点清油，以防因发热而使钻头的坚韧度减弱，钻孔要求准、稳、快。然后用钉书钉模样的铜质或银质的小钉，将小钉两头插入小洞中，用木榔头敲紧，一条裂缝大约需要钉三四只小钉。再在裂缝中抹一些胶水和瓷粉，将缝隙嵌没，一只破碗就补好了。补碗匠的工具主要有金刚钻、小钢（铜）锤、镊子、钳子、锉子、砧子、拉钻弓、焊药、焊锡、铜片、小酒盅等。

谚语“江西人钉碗——自顾自”的来历

文/陈祥英

童童突发兴致，约上几个朋友一同到江西游玩。江西景德镇是有名的瓷都，童童他们白天在景区看风景，晚上去逛街。在琳琅满目的瓷器店铺中，他们一边欣赏一边选购。忽然，童童想起自己小时候经常听爷爷说的“江西人钉碗——自顾自”这句谚语。因为在他小时候，一有食物总是自己先吃，不考虑兄妹能否吃到，为此，爷爷就会说“江西人钉碗——自顾自”这句话，来批评他只顾自己、不顾他人的行为，但他一直不知道这句话的出处。这次正好身在瓷都，一定要把这句谚语的来龙去脉弄个清楚。随行的伙伴中正好有两位是景德镇人，于是，童童问：“你们有没有听说过‘江西人钉碗——自顾自’这句谚语？”冷不丁被问了这么个问题，那两位朋友略加思索，摇了摇头说不知道。童童有点失望，后来也问了其他人，结果还是一样，没有得到满意的答案。他心想：“当初爷爷教训自己的时候，怎么不知道问个明白呢？如今爷爷不在了，该问谁呢？”

出游四天后，童童回了家。童童试探着问爸爸：“爸，你知道爷爷常说的‘江西人钉碗——自顾自’是怎么回事吗？”爸爸看了看儿子，一时觉得这问题问得有点奇怪。他顿了顿，说：“过去的农民和一般市民经济不宽裕，对日用器具、衣服往往非常爱惜，‘新三年，旧三年，修修补补再三年’是普遍现象。就拿盛饭菜用的瓷碗来说，很容易打破，但打破以后又舍不得丢掉，往往要请人修补好后继续用上几年。能补的碗或碟子一般不是破得太厉害，摔成几大块的都是可以补的。因为有了修碗的需要，所以也就出现了钉碗这个职业。大概是因为江西景德镇是出瓷器的地方，从事钉碗职业的人也大多是江西人，钉碗的行业起始于江西，传承了数百年，后来操此行业的人虽遍布江南各地，然而民间仍然喜欢用江西人这种说法，所以有了‘江西人钉碗’的说法。”接着，童童爸爸绘声绘色地给他讲起了自己年轻时的修碗故事。

二十世纪七十年代之前，“绷纱筛——钉碗哦”“补缸——补甏哦”“箍桶啊——打圈啊”“磨剪刀——抢薄刀”……各种拉着长腔的吆喝声，无论在城镇还是在乡村，无论是什么季节，随时都会在巷尾村头响起。虽然各个行业的吆喝声不一样，但是听起来都感觉像唱出的山歌一样好听。有时还伴有“叮叮、叮叮”的金属敲击声。这些串村走户的手艺人中，让人印象最深的就是补碗匠。补碗匠挑着简易的担子，随时会有某个女主人招呼他，生意就这么找上门来了。补碗匠将担子挑到户主的屋檐下，准备好家伙什，像摆地摊一样地展开来。此时，听闻“叮叮、叮叮”声而来的孩子们会将他围个水泄不通，看热闹也是一种乐趣。

屋檐下，补碗匠坐在小凳上，在破碗边沿抹上少许瓷泥，把裂片照原样拼好，用一根长线把线头上的钩子勾住碗边，反复扎紧，把破碗合拢成原状固定好。然后，把待修的碗放在大腿与小腹之间用劲夹稳，就开始沿裂缝的两边钻孔。没有金刚钻，不揽瓷器活。碗的质地光滑、坚硬，没有金刚钻是钻不了孔的。这钻是补碗匠的吃饭家生，锃亮的铜钻杆，扁扁的铜尺，金刚钻绕在一张小弓的弦线上，牵动小弓钻头快速转动，发出“嗞咕嗞咕”的声音。这“嗞咕嗞咕”的悦耳声音与“自顾自”听起来有几分相像，也许“江西人钉碗——自顾自”这一句歇后语就是这么来的。看似破裂的碗，在补碗匠手里一会儿工夫便有了两排小孔，然后补碗匠用一把小巧的铜榔头将铜钉依次钉入孔里，铜钉是扁长的，两头有针脚，它横跨裂缝，经补碗匠“叮叮当当”一阵敲打，补碗的重要工序宣告完成。然后在钉入孔的针脚处再抹一下瓷泥，碗就算补好了。最后，用补好的碗当场盛水试验，滴水不漏才算大功告成。

那时候，随便走进哪户人家，只要讨一碗水喝，立马知道主人姓甚名谁。主人递过来的碗，不仅碗底有主人的名字，可能还是打了补丁的。补碗匠大多不识字，他们给新碗凿字也算是一桩奇事。那时候，婚丧大事都在家里操办，一户人家没有那么多碗，问乡邻借碗借盆是常事，盆碗有了字，用完后归还也就方便多了。字凿在碗底，主人将要凿的字写出来交给补碗匠，补碗匠先照样写（描）在碗底，然后依笔迹凿上浅浅点点的坑，再用破布醮墨一擦，几个漂亮的字就在碗底了。后来补碗匠不来了，凿字就由供销社的营业员承担，在供销社买了新碗，顺便让他们帮忙凿上名字。

二十世纪七十年代后，补碗这行当就淡出了人们的生活。

童童听完爸爸的故事后如醍醐灌顶，原来“江西人钉碗——自顾自”来源于“嗞咕嗞咕”的模拟声音。

养鸭

文/张洪芳

都说靠山吃山，靠水吃水，而农民们则以土地为生。但是五谷丰登的日子不是年年都有的，勤劳的农民就开始饲养鸡、鸭、羊、猪等家禽家畜。养鸡、鸭、鹅是为了让它们下蛋，养羊可以剪羊毛换钱，养猪是因为一头肉猪能卖好多钱。

其中鸭子最难管理。下水之前的日子，鸭子完全是圈养的，每天都要吃新鲜的菜叶，还要不间断加餐，比如螺蛳肉、小青蛙等。难管理的最主要原因是它们好水中嬉戏，一旦玩过了头，或是游到陌生水域，它们就忘记回家的路了，这时村民们就会想尽办法让鸭子上岸。一开始敲食盆，边敲边呼喊；后来跑到河对岸，用掷石子、小砖块及小土块的方法来赶它们上岸；如果还不行，那只能摇着小船，几路夹击赶鸭子，直至赶上岸为止。

养鸭那些事

文/张洪芳

我们村有个好听的名字叫“南庄”，村子是东西走向的，被一条名叫“南尼娄”的小河分成了南岸和北岸。我们家在河的北岸，这里总共八户人家，一字排开；南岸多一些，将近二十户人家，因为临河，所以有不少家庭都养起了鸭子，我们家当然也不例外。

农村里经常有卖小鸡、小鸭的商贩出出进进，他们肩挑筐子，筐子上用发黄的纱布覆盖着，只听得嫩生生的“唧唧”声，扰得人心痒痒的。每到这个时候，奶奶总会忍不住买上几只饲养。有时是鸡，有时是鸭，有时鸡鸭都买，父亲看了就头疼。

这小鸡饲养起来比较方便，撒一些泡过水的米饭，它们就吃得欢快。小鸭子除了吃米饭，还好啄食小白菜之类的嫩叶子，奶奶每天都会给它们准备好，我的任务就是把这些叶子剁成碎片，方便小鸭子们食用。等它们稍长大些就不用再切细了，直接把小白菜或是嫩草扔在他们面前，小鸭子们伸长了脖子一啄一个准，然后扁嘴巴迅速张合着，脖子一伸一缩，那菜叶就被消灭了。

当小鸭子身上褪去黄色的毛，换上灰白色羽毛时，它们就开始对食物挑剔起来。我每天都会去石驳岸摸螺蛳。河水清澈，大大小小的螺蛳蛰伏在石头上一动不动，我只需伸手两个三个地摸着，放到食盆里。有的螺蛳在石驳岸的中段，我就会手持网兜，贴着石头壁自下而上地挪动，螺蛳就乖乖落入网中。然后用砖块把螺蛳壳敲碎放入碗中，鸭子们就会疯了似的抢着吃。

在小鸭子还未长出光滑的羽毛前，奶奶是不会轻易放它们下水的。经过一段时间的饲养，鸭子的羽毛变成了灰色、褐色、白色相间，奶奶看了很兴奋，说："果然是绍鸭（绍兴麻鸭），这种鸭子下蛋最勤快。"

鸭子天性是喜欢水的，可是第一次入水确实挺费劲的。它们徘徊在岸边，愣是不往水中跳，哥哥和我一边伸长了手臂摆动着，一边念叨着："去！去！去！"可这些鸭子哪里理会我们，以为我们要抓它们，便四处逃窜，有几只振动双翅，居然从我们身边一跃而过。不得以，我忙喊着："奶奶，奶奶，快点出来！"奶奶一见这阵势，立刻明白了过来："你们两个傻孩子，刚才那地方那么高，它们当然不愿意跳了，东面有个鸭爬滩，要从那儿赶。"我们连忙把它们往东边赶去。果然，这些鸭子从浅滩上顺势而下。进入水里的那一刻，它们欢腾极了，张开着大翅膀在水面上拍打着。有的鸭屁股朝着天，脑袋不知道在底下倒腾些什么，还有的竟在水面上滑翔了起来，"嘎嘎嘎"，南尼娄河瞬间热闹了。看到它们这么欢快，我也高兴得手舞足蹈。

傍晚时分，一群群鸭子在水面上分道扬镳，朝着各家的河滩上岸。我望着自家那群鸭，呼唤到："耶咧咧，耶咧咧……"它们反而愣在那里不游了。我连唤几声，它们还是那副呆模样，我连忙拿起了食盆，跑到鸭爬滩处，边敲打边呼唤，绍鸭们听到"当当当"熟悉的敲打声，连忙朝着我这边游来，幸好它们还有这记忆。一连几天的赶鸭上棚都特别顺利。

舒心的日子持续了没多久，这群鸭子就不乖了。一次，它们竟然跟着其他鸭子上了南面的鸭爬滩，我和哥哥急了，连忙从村东头石桥上飞奔到南岸，可是鸭子乱哄哄的一大堆，怎么分辨出自家的鸭子呢？眼尖的我突然看到一部分鸭子的翅膀都做着标记，我忙伸长了竹竿把它们分开，哥哥又把没做标记的鸭子都赶下了水，奶奶在北岸及时地唤了起来。许是鸭子被吓到了，它们毫无目的地乱游一通，像打了败仗的士兵。幸好，西隔壁的小阿婆、东隔壁的婶娘也出来唤鸭了。一时间"耶咧咧，耶咧咧……"的呼唤声不绝于耳。我们见鸭群有分开之势，便连忙捡起岸滩上的小石子开始扔。

“扑通扑通”，一声又一声，紧逼着鸭群往浅滩上爬，等到最后一只鸭子上了岸，我们才长长地舒了一口气。回去后，奶奶二话没说，就在鸭子的翅膀上系了红带子。第二天，为了惩罚一下，奶奶决定关它们一天，不让它们下水。

后来这些鸭子就乖了许多，不需要我们大费周章地去赶了，而且让我们倍感欣慰的是，它们开始下蛋了，奶奶更是开心得合不拢嘴。

过了两三年，奶奶不满足于对绍鸭的饲养，决定养几只绵鸭来进一步满足全家人的口福。结果饲养下来，有了比较才知道，绍鸭有多么聪明乖巧。那绵鸭简直就是傻大个，光赶鸭这事就快让我们全家人急火攻心了，南岸墙角边的石子、砖块被我们扔得所剩无几。

记得那是深秋的一天，夕阳的余晖已收敛了不少，可我家那几只傻大个还在河面上晃荡着，奶奶已唤得精疲力乏回屋做晚饭去了，我们兄妹二人在瑟瑟的秋风中嘴唇发白。我们一边掷着砖块，一边忍不住骂道：“死鸭子，瘟鸭子，快点给我上岸去！”就在这时，一只机帆船“突突突”地自西往东行驶着。我们心里一惊，不妙，要坏事了。果然由于船的闯入，绵鸭受到了惊吓，其中三只倒是歪打正着，扑腾着翅膀跳上台阶上岸去了，还有两只在船的影响下，竟“嘎嘎嘎”地在河面上飞奔着冲出东边的石桥，扑扇着翅膀去陆尼浦了。

父亲见此情景，急得忙解开绳索，架上橹，摇动起那只小水泥船去追鸭子了。在河滩头洗洗弄弄的邻居们打趣道：“阿庆，这几只鸭么趁早宰了，省得你们每天都全家出动来赶呀。”父亲边摇船边闷声应道：“嗯，明天就宰！”我和哥哥已跑到了村东头，看到那两团白色的身影，忙唤了起来。陆尼浦河面宽广，这两只呆头鸭或许是没见过大世面，竟停留在原地不动了，只知道一个劲地叫着。这时父亲已驶出了桥门洞，他绰起了网兜，伸长了手臂，瞅准机会悄无声息地往下一罩，再迅速翻转过来，它们俩便成了网中鸭。

第二天，其中一只傻大个果真成了盘中餐，我和哥哥吃得可欢了。

如今再次回想起那些养鸭的日子，竟是那般美好！

孵小鸡

文/陈祥英

孵小鸡分自然孵化和人工孵化两种。民间流传下来的孵小鸡方法称为“自然孵化”。孵小鸡首先要挑选已经受精的种蛋。孵化期约21天，18天落盘，7天照蛋，受室温影响，可能提早或推迟孵化。自然孵化是一种非常传统的方法，就是让母鸡来孵小鸡。准备一个干净的窝，里面要铺满柔软的草。让母鸡在比较安静的环境下孵蛋，一次最多孵20枚鸡蛋。每天给母鸡放一次食，母鸡孵出来的小鸡不仅体质好，成活率比较高，而且在以后的饲养中也特别省力。人工孵化则用一个纸箱（或木箱），一次能孵30~60枚蛋，简单易行，家家能孵。根据孵蛋数量选择一个纸箱（或木箱），把箱底及四壁用纸糊严，箱底和四周铺上半寸厚的棉花或者干草。将选好的鸡蛋放入箱内，一般不能超过三层。蛋上面放一支温度计，箱上面用棉被盖严，使箱内温度保持在38~39摄氏度，最好每隔6~8小时把鸡蛋翻动一次。到第19天时，把蛋的头向上放着，周围用棉絮围好，每隔3小时左右凉蛋一次，每次1~2分钟，过1~2天就能出小鸡了。

“猴皮王”孵小鸡轶事

文/陈祥英

二十世纪七十年代后期，在江南水乡的一个古村落山陶村上，有个男孩子叫阿木林。别看他的名字那么土、那么木，人可一点也不随其名，还特别会耍花样、出歪点子呢。村里的孩子见到他，比见了自己的父母还要乖巧，他是出了名的“猴皮王”。

“猴皮王”阿木林就像个农业生产队队长，只要队长前脚走，社员就会后脚跟着出工，村上的一群小伙伴也是如此。只要阿木林人一到公场上，便会从口袋里掏出哨子一吹，村里的小伙伴们听到哨子声就像听到军号声一般，会迅速聚集到公场上，然后一个个等阿木林的号令。突然有一天，小伙伴们既听不到哨子声，也看不到阿木林灵动的身影。大家都感觉非常奇怪，纷纷猜测，其中猜阿木林生病的人最多。他们商量着去阿木林家里探个究竟。还没走到他家门口，大家都止步不前，走在最前面的一个男孩回过头来，做了个停止的手势示意大家。看到眼前的一幕，大家都目瞪口呆。只见阿木林一个人呆呆地坐在鸡窝前。看到此情景，大家便异口同声地询问：“阿木林，你在做什么呢？”阿木林伸出食指做了一个小点声的手势，嘴里发出“嘘”的声音：“我在等母鸡下蛋呢。”“母鸡下蛋有什么好看的？”中间有个男孩问。阿木林把缘由娓娓道来。

故事还得从前天说起，阿木林在回家的路上看见一只母鸡后面尾随着十几只小鸡崽，老母鸡不停地将自己觅得的食物送到小鸡崽嘴边，自己一点都不舍得吃。他要弄明白这老母鸡怎么会这么傻。晚上，阿木林便向母亲说了自己的想法。母亲告诉他：“你想知道原因，先从孵小鸡开始。要孵小鸡，就得先积攒鸡蛋。”母亲的一席话让阿木林有点为难，哥哥每天至少要吃掉一枚鸡蛋，咋办呢？于是，便有了刚才的一幕，阿木林想了个等母鸡下蛋后，把蛋捡好藏起来的笨办法。

阿木林耐着性子，积满了二十枚鸡蛋，便高兴地跑到母亲面前，将这个消息告诉母亲。母亲却不紧不慢地说：“光有鸡蛋还不行，得等母鸡讨孵。”阿木林歪着脑蛋不解地问母亲：“讨孵，是啥意思？”“讨孵，就是母鸡下好蛋后，孵着蛋不肯出窝，而且是你赶它，它都不出窝，这时就可以孵小鸡了。”阿木林听了母亲的话后，开始盼着母鸡讨孵，天天看着母鸡进窝，然后出窝，盼星星盼月亮似的盼着母鸡讨孵的那天早日到来。

几天后，母鸡终于讨孵了。这天，阿木林在焦急的等待中度过，盼着母亲能早点歇工回家。可是，母亲回家后告诉他，光有鸡蛋还不能马上开孵，还要挑选鸡蛋，要挑蛋壳比较薄而且厚度均匀的鸡蛋，再仔细观察一下鸡蛋的外壳是否有破损或者黑点。还要将鸡蛋一枚枚地在灯光下检查（称“照光”）。如果灯光下的鸡蛋里有小黑点（鸡蛋已经受精）就可以挑选，要是没有小黑点（鸡蛋没有受精）就孵不出小鸡来。这些话说得阿木林云里雾里的，他嘴里嘟囔着：“孵小鸡怎么这么复杂呀？”母亲顺着他的话头说：“等你长大了就会明白，做什么事情都不是容易的。”母亲吩咐阿木林：“你还得去求父亲做一件事，恳请他用稻柴扎个鸡窠。我呢，晚上照好光后，将没有黑点的鸡蛋到别人家去调换。”

一切准备工作就绪，阿木林和母亲开始孵鸡蛋。阿木林表现得非常积极，母亲问阿木林：“你没有孵过小鸡，怎么知道要准备稻草呢？”“我听老师讲过爱迪生孵小鸡的故事，知道鸡蛋要放在稻草上的。”阿木林和母亲一起将稻草铺在扎好的鸡窠内，放好鸡蛋，母亲说："鸡蛋不能放得太多，鸡身能盖住鸡蛋就好。"然后将棉絮盖在鸡窠上面，把鸡窠安置在房内比较黑暗的角落，并特地关照阿木林不要随便去揭盖头惊扰它，明天这个时候再给老母鸡放食。阿木林好奇地问："老母鸡这么长时间不吃食，不喝水，难道不干不饿吗？"母亲笑着说："怎么可能，但鸡也懂得母爱呀！为了孵出小鸡来，它什么苦都能吃。"

阿木林整个晚上没有睡好觉，期盼着时间过得快点。

过了一个星期，阿木林正在为老母鸡放食，母亲又出新招。她叫阿木林把鸡蛋偷偷地从鸡窠内拿出来，不要被老母鸡发现，否则，惊吓着老母鸡，它会敌视你，拼着命来穷追不舍，对着人乱扑乱啄。在灯光下，母亲开始第二次照光。阿木林发现这第二次照光，鸡蛋内的黑点比第一次大了许多。

阿木林每天都在小本子上记好孵蛋的时间，等到第18天，有一只小鸡开始打壳了，也就是落盘。等到第21天，小鸡破壳而出，阿木林高兴地拍着小手狂呼起来。以后的两三天时间里，阿木林天天能看到几只小鸡出壳。将近1个月的时间，还有几枚鸡蛋没有破壳，母亲说："那些小鸡已经死在蛋壳里了。"阿木林小心翼翼地将小手伸进鸡窠，欢喜地摸着毛茸茸的小鸡崽，不料，被老母鸡啄得手指头上渗出了血，阿木林竟然还面带微笑地说："不疼，一点也不疼。"

在一旁的母亲见了倒有些心疼，伸出大拇指，连连夸赞阿木林："咱家的'猴皮王'变得有爱心了。"

养兔子

文/陆春芳

二十世纪八十年代初期，在那个物资很匮乏、纺织业刚刚兴起的年代，农村各家各户除了养猪、养鸡、养鸭之外，还会在偏屋子里用水泥板、砖头或者木柴、木棍、铁丝网等建个兔舍，至少抓上10来只兔子，割些草喂养它们，来贴补家用。兔子分两种：一种是个头较大的肉兔，可以杀了吃兔肉；一种是长毛兔，可以把毛剪下来用一个大大的塑料袋装起来，等待走街串巷的小商贩进村收购。根据市场行情以及兔毛的质量，兔毛的收购价格也会有所波动，有时候是二三十元一斤，行情最好的时候是四五十元一斤。一只成年兔子一次可以剪下100克左右的毛。家里的兔子剪一次也有三四斤的毛，可以卖到七八十元，甚至100多元。一年还可以剪毛三次，在当时那个年代，对于农村家庭来说，也算是一笔不菲的收入。或许当时不少孩子过年时买新衣服的钱、来年开学的学费，就是靠这些长毛兔得来的。

学剪兔毛

文/陆春芳

家里养的长毛兔子已经有半年多了，三个月前，妈妈刚刚剪完第一茬兔毛，这不，又三个多月过去了。妈妈说最近兔毛价格不错，赶紧剪了出手。假期的一天早上，我看到妈妈从兔舍里拎了一只肥硕的大白兔，她将兔子的身子轻轻一按，抚摸几下，还用宽宽的梳子梳理了一下又浓又密还特别柔软的兔毛。兔子乖乖地趴在妈妈的双腿上，妈妈拿起剪刀，刀起毛落，俨然一位技术高超的理发师，一会儿工夫，就把长毛兔的毛给剪下来了。站在一旁上小学五年级的我看得心痒痒的，央求妈妈让我也剪一只，妈妈总算答应了。

我赶忙从笼子里捉来一只兔子，因为嫌弃它屁股脏，我就把它压在桌子上，操起雪亮又锋利的剪刀，嘴里念念有词："今天，我给你来个改头换面！"妈妈笑道："人不大，气势倒挺足！"我可不管这些，剪刀下去，刚碰到兔毛，"咚"的一下，兔子竟挣脱了我的"五指山"，跳下桌子，四处乱窜起来。糟糕！出师不利，我急忙放下剪刀去追。我从前屋追到堂屋，兔子又从堂屋跑到爷爷、奶奶的卧室，"哧溜"一下，小兔子不见了。我弯下腰低头一看，那小东西正躲在床底下，小兔子一双红红的眼睛亮晶晶的，我索性也爬到床底，好不容易逮住了兔子。回到前屋，无意中发现镜子中的我头发上已布满了蜘蛛网，满脸都是灰尘，好一副狼狈相！我拿起毛巾，在头上胡乱地抹了几下，继续剪起兔毛来。我仍旧把兔子按在桌子上，并拍了下兔子的脑袋，吓唬它："老实点！不然宰了你这兔崽子！”可兔子丝毫不买我的账，还是挣扎着想逃跑。

这时，妈妈走过来笑着说：“不要急，按我说的做，将兔子的毛和耳朵一齐按下去，手要放松点。”说完还来示范了一下。我照着做，嘿，这法子还真灵！我不禁得意起来，可一不留神，剪刀用力过猛，兔子白嫩嫩的背上留下了一道口子，还有一点红色的血液渗透出来。兔子立刻抖了两下身子，差点跳到地上。看着兔子那红红的充满委屈的小眼睛，我一惊，也很心疼这个无辜的小生命，抚摸了一下它的长耳朵和小脑袋，赶忙对兔子说：“兔宝宝，对不起，是我不好。”恰好妈妈瞧见了，她告诉我：“拿剪刀的手要放平些，放松些。兔子的皮肤比较松弛，剪毛时，不能把毛提起来，不然就会伤到兔子了。要先用手把毛梳平，然后用嘴轻轻一吹，毛就自然向两边分开了。这时再顺着分线剪去，毛也就自然地下来了。”我又照着妈妈的话剪起来。剪完后我“呼”地一吹，剪下来的毛纷纷扬扬，如蒲公英一样，四处飘落了。这时妈妈又告诉我：“傻芳芳，要轻点儿吹，不然会吹跑兔毛的。”妈妈不放心了，干脆端了个凳子坐在我身边，还帮我按住这个受了惊吓的小可爱。这下操作起来方便顺手多了。半小时后，我费了九牛二虎之力，终于把兔子毛潦潦草草地剪完了，由于用力不均，眼力不准，兔子背上的毛被我剪得坑坑洼洼的，因为剪下的毛长短不一，把兔子整得像“鬼剃头”似的。兔子腹部的毛没有背部浓密，因为时常会和草料接触，所以有点脏，妈妈让我剪下来装在另外的塑料袋子里，这个出手的价格会低不少。

随后，妈妈又一连剪了几只兔子的毛，不过，我再也不想剪了，怕自己把握不好，误伤了小兔子，对不起它们。

车铁箍

文/孙秋伟

在没有平板电脑的年代，江南地区的农村，车铁箍是孩子们最爱玩的。那时，每每到了放学或者完成自己的农活后，孩子们会一起到晒粮的公场车铁箍。

这个玩具构造很简单：一个铁圈、一个把手。铁圈一般是从废弃的马桶或者脚盆上拆下来的，车箍就比较考究了，一般的铁丝是达不到固定和助力所需的硬度的，最佳的材料是旧时电线杆连接地面所用的绊线，只有它才具备这样的粗壮程度及硬度。没有这个材料，就只能用普通工地上的废弃铁丝，多次缠绕后插进一根石竹中。由于这种铁箍没有足够的硬度，无法承受铁箍高速的旋转，就会在速度和变化上吃一点亏。

玩耍的项目大致分为三类：竞速赛、花式赛、障碍赛。

花式铁箍 蛇形舞步

文/孙秋伟

阿伟的家在千灯浦西一个名叫“何王谷”的古村落。他生于二十世纪七十年代，他的孩童时期已经开始有一些其他的玩具了，但村里村外最流行的玩耍项目还是车铁箍。在村头公场上，随处可见的都是十岁上下的孩子溜着铁箍满场飞奔的场景。阿伟却一直没有自己的车箍，公场也就很少去了，每次都是远远地看着大伙玩。

这天傍晚，他的父亲下工回来，又给他带了一本小人书。他的小人书数量已经远远超过了他的小伙伴们，但是他一点都没有优越感。他又和父亲提起了自己想要车铁箍，父亲却说：“那没什么好玩的，有空多读几本书、多认几个字。”说完就去内屋做木匠手艺活了。

阿伟追了上去，口里说道：“那我自己做一个，可以吗？”

“那你就自己做一个吧。”父亲说完就继续刨木屑了。

阿伟其实没有玩过铁箍，但是知道大概是怎么回事，以及材料在哪里才能找到。他很有自信，因为他有自己的法宝，早在半个月前，正巧遇到隔壁村的工人在移动电线杆。阿伟自小就是个脸皮特别厚的人，看见了机会就绝不会放过，一路求着、缠着师傅，就差跟着师傅回家了。除非对付自己的父母，这招他基本上没有失败过，果然如愿以偿地得到了一根一米左右的绊线，用来做铁箍的把手绰绰有余。更是早在三天前，他用同样的办法找到了村里的铁匠叔叔，求他给自己打好了U形脱钩。

现在就差铁箍了，阿伟早就观察到家里的马桶和脚盆用了很久了，但还完全没到不能使用的境地，即使他有时会刻意地敲打一番，七八岁的孩子那点力气，终究是起不到啥破坏力的。自家的大院看来是没有机会了，出去寻找吧。那天可能真是神了，阿伟刚出去寻，还没走几分钟，就在河边发现了一个马桶，更巧的是一个马桶一般有三个铁圈才能固定住，这个马桶最下面的铁圈尚在，由于另外两个铁圈已经被拆除，轻轻一敲最下面的铁圈，它便自己掉落了，这可把他高兴坏了。

捡起来后，他一个蹲踞式起跑，冲到了村头的公场，小伙伴们看到他崭新的车箍把手，特别是那个铁匠打出来的完美的U形脱钩，嘴上不说，多少还是有点羡慕的。

他心想接下来就是他的表演时刻了，万万没想到，出洋相就在这几分钟之后。

他将铁钩套住铁圈，一个箭步，心想着飞起来吧。没想到铁圈那叫一个不听话啊，根本就不走直线，刚出发就向侧前方径直跑进沟里去了，捡起来再次“起飞”，又跑偏了。试了一次又一次，熟练之后可以保证不脱钩了，但是怎么都走不了直线，不是往左偏就是往右偏，跑的都是蛇形舞步，乍看上去还以为是个耍猴的。小伙伴们自然是笑个不停。

阿伟百思不得其解，抱回家仔细研究，这才恍然大悟，因为他的铁圈和别人的不一样。别人的都是马桶中间的一段铁圈，那是一个完整的圆形；他的铁圈是马桶最下面的一环，为了保证马桶底上不会漏出来，完美地贴合了马桶收边时候的形状——上宽下窄。这当然是不可能走直线的。

阿伟不想轻言放弃，他就一个人在家研究，一次又一次地尝试，玩耍的东西总是熟能生巧的。阿伟一个人在家研究了数日，开发出了一套新的玩法——蛇形车铁箍！他的不规则圆箍可以让他车起来，划出夸张和奇怪的痕迹，花式玩法不是阿伟自创的，平日里大家也这么玩，但是阿伟的不规则形状牵带出的蛇形舞步，比之前的规则圆形更具有可玩耍性，一度成为公场的流行，大家都开始玩花式铁箍，结合着更复杂多变的地形进行花式障碍赛。

从此，公场上车铁箍的队伍壮大了，形式也更丰富多彩。

得知了

文/漪莲

得（粘）知了的起源非常早。《庄子·达生》里有一则关于得知了的故事，说的是孔子去楚国的路上穿越一片树林，看到一个驼背老人用长竿粘蝉，如同捡东西一样轻松容易。古代还有一种用火捉知了的方法，《吕氏春秋·期贤》中记载：

“今夫爚蝉者，务在明其火，振其树而已。火不明，虽振其树，何益？”这种方法要求夜晚在树下燃起一堆火，然后晃动树，知了受惊后会像飞蛾扑火一般冲向火堆。

每到夏天，村上的孩子会三五成群地聚在一起，将铁丝或细竹做成圆圈绑在竹竿上，再将蛛蛛网卷在圆圈上，卷得多了就变得有黏性。孩童们拿着竹竿去树上得知了，有时还会比赛看谁粘得多。这是夏秋季节孩子们喜欢的娱乐活动。

粘知了轶事

文/漪莲

二十世纪八十年代前出生的我们，夏天最常做的事大概就是粘知了了，因为老人常说，知了吃蚊子，而那时驱蚊的方法很少，夜间常被蚊子吵得睡不着觉，于是孩子们就会三五成群地粘了知了放在蚊帐里。

夏日的午后烈日炎炎，知了在树上"热死了，热死了"地叫个不停。这时只听村里的孩子王阿青一声喊："捉知了啦，啥人来一道捉？""我来，我来。"好家伙，小孩子们一窝蜂地从各自家里冲出来："阿青哥，你看看我今天带的竹竿长不长？"跑在最前面的小新得意扬扬地说，然后看着几个明显比他的竹竿短的同伴做了个鬼脸。"哼，你光有竹头有啥用，做圈圈的铁丝呢？阿青哥，我拿了细铁丝过来。"小云举起手里的东西说。"好格，大家把你们的东西都拿过来，我们先把工具做好。"阿青说。小伙伴们七手八脚地一起做，很快几根竹竿上头绑上了铁丝做成的圆圈。"阿青哥，我早上经过队里仓库，看见那里的蜘蛛网是新的，应该蛮黏的。"小红红着脸说。只见她的话还没说完，拿着竹竿的男孩们已经跑过去了。女孩们跑得慢，等她们到时，男孩们已经把蜘蛛网卷在了铁丝圈上，怕不够黏，有的卷了好几层，还用手摸了摸试试黏性。

阿青看工具做好了，开始分配任务："小新，你们几个到村南横头去。小云，你们几个到村北面去。其他的跟着我在村中间。看看哪一组粘得多，到辰光也分得多。""肯定是我们组，大家看我的。"被点到名的队长领着各自的队员到属于自己的地盘上去了。我被分到阿青一组，和另外几个女孩一起找知了。河边、房前屋后的各种树成了我们搜寻的目标。“热死了，热死了。”一只伏在槐树上的知了使劲地叫着，完全不知道它已经成了我们的目标。阿青调整好呼吸，举着竹竿缓缓地靠近，到了快接近知了时，快速地将竹竿向前一罩，知了不甘心地挣扎着叫着，被阿青放到了阿二头的袋子里。“知了要飞了，快来我这棵。”也许是被抓的知了刚才的叫声起了警示作用，附近几棵树上的知了都四散逃走了。我们又开始了新一轮的搜寻，也许是我们这组的运气特别好，女孩们找到的知了，男孩们一杆一个准，杆杆不落空，到最后得了第一。晚上躺在床上，看着蚊帐里的知了，我心想总算可以睡个安稳觉了。

夏天捉知了的日子慢慢地流逝着，其中有快乐也有烦恼，有时也会有意想不到的事等着你。

那天，我们和往常一样在村里捉知了。突然，负责搜寻的阿芬惊喜地指着一棵树说：“快看，这树上有一个鸟窝。”“不晓得里边阿有鸟蛋。”“阿伟，你爬树最在行了，上去看看。”“这棵树特高，上去阿有事情？”大家七嘴八舌地说着。“不会的，我的技术你们不是不晓得，看我的。”阿伟边说边脱下了鞋来到树下，往手心吐了一口口水，双手搓了一搓，做好了爬树前的准备，然后两只手抱住树干，两只脚用力一蹬，人就像猴子一样往上爬着，中间歇了一歇，满头大汗地爬到了树顶，可鸟窝不在主干上而在树杈上，阿伟看了一下树枝的大小，挑中一条粗的踩了上去，两只手抓住上面的树枝，慢慢地移动着脚向鸟窝的方向前进。眼看着离鸟窝越来越近了，突然他脚一滑，在树枝上摇摆起来。我们在下面看得心惊胆战，为他捏了一把汗，他却不慌不忙地紧紧抓住手中的树枝，往后移动了一点。等树枝稳定下来以后，他又开始向鸟窝移动。终于接近了，他松开一只手去碰鸟窝，却没够到。他踮起脚尖，努力地把手向上伸去，可惜还是没有成功。“阿伟，你试试抓住筑着鸟窝的树枝，把它拉下来。”在阿青的指导下，阿伟拽住树枝往下拉。“我够着了。”“有蛋吗？”“有的，还有几只刚孵出的小鸟。”“赶紧掏下来。”“等着。”阿伟轻轻地靠近鸟窝，慢慢地把手伸过去，然后把鸟窝拿在手中。正高兴呢，忽然，鸟妈妈飞回来了，对着他“喳喳”乱叫，阿伟赶快向树下溜，可鸟妈妈不干了，俯冲下来，张嘴就向阿伟的手啄了一口，吓得他赶快爬下树。树下的我们拿弹弓发射小石子赶走了鸟妈妈，争先恐后地往鸟窝里看，里面几只软软的肉乎乎的小鸟儿还没有睁开眼，以为是妈妈来了给它喂食，全都伸出头来，张着大嘴喳喳地叫起来讨食吃呢！

“你们这帮小家伙在做啥？不在家做作业，不好好带弟弟、妹妹，又出来调皮捣蛋了，我告诉你们爷娘去。”生产队队长的声音突然响起，吓得大家连鸟窝也没拿，就四处逃开了。

童年时代粘知了、上树掏鸟蛋、下河摸鱼的生活里酸甜苦辣都有，是城市里的孩子无法体会的，是我心底的美好记忆。

刮痧

文/陈卉

刮痧是我国的一种民间疗法，也是一种中医保健疗法。用专业的刮痧板、铜钱、梳子背、搪瓷的勺子、搪瓷碗边、木质的饭勺等物，蘸水、油、润肤露等润滑剂，刮患者的胸、背等处，使局部皮肤充血，以减轻胃、肠等内部病症。刮痧时，顺着经脉走的方向刮效果更好，四肢、背部、腹部的刮痧方向一般都是从上到下或者是由内向外。刮痧时要注意防风，以免受风感冒等。

阿妹刮痧记

文/陈卉

二十世纪五十年代初，吴淞江南畔有个小村庄。这个小村庄里有一户人家家底特别薄，全家人住在一间茅草屋里。夏末的一天，这间茅草屋里喜添了一个可爱的女孩，爸爸妈妈给她起了一个简单易记的名字——阿妹。

阿妹自出生后，一直健健康康，也没遇到过小灾小难。一直到六岁那年夏天，有一天，阿妹突然感觉浑身无力，脸发烫。妈妈收工回家后，发现阿妹的脸色发红，她用一只长满老茧的手轻轻地往阿妹额头上一搭，喔唷，好烫啊！可能中暑了。妈妈便急忙找来铜钱、酒盅、卫生纸，往酒盅里倒了些菜油。阿妹看到妈妈把这些东西拿到自己面前很是不解。妈妈告诉她，这些东西是用来刮痧的。阿妹连刮痧的名称都没听到过，更不要说知道刮痧是啥滋味了，便稀里糊涂地任由妈妈摆布。

妈妈叫阿妹趴在一条桌上，衣服往上拉起，露出后背。妈妈一只手按在阿妹的肩膀上，用另一只手的三个指头（大拇指、食指、中指）夹住并捏紧铜钱，往酒盅里蘸了点油，然后在阿妹的后背抹上油，在后背中心处从上至下顺着刮拭。妈妈刚刮了两下，阿妹便“啊哇”“疼死了”得大叫起来。在屋外的父亲和哥哥听到叫喊声后，马上跑过去，看见阿妹挣扎着坐了起来。妈妈一边柔声细语地哄着阿妹重新躺好：“妈妈轻点落手就不痛了。”一边向他们父子俩递了个眼色。父亲按住阿妹的两个肩膀，哥哥按住两条腿，阿妹被这种粗暴的行为吓坏了，妈妈的手还没有落在她的身子上，她就开始大声哭叫，竭力抗拒，但这些都无济于事，软化不了妈妈的心。她越挣扎，两个男人越是把她按得紧紧的，直到阿妹被折腾得精疲力尽喊不出声来。这时，刮痧也结束了，妈妈用卫生纸轻轻地把阿妹背上的油渍擦干净。阿妹感觉浑身火辣辣得发痛。

时间过得很快，阿妹已经出落成一个大姑娘了。结婚生子是自然的事。产后的阿妹身子虚弱，没有把月子坐好，一年中大小感冒要好几次。丈夫阿荣看着心疼，便提议阿妹试试刮痧疗法。一听到“刮痧”两字，阿妹浑身起鸡皮疙瘩，不由自主地发抖。阿荣见状，慢慢开导阿妹，跟她解释：“你小时候的那次刮痧，可能是因为皮肤太嫩，妈妈下手太重，刮破了皮肤，所以才会感觉疼。”阿荣还准备了专业书，跟阿妹说，刮痧是有技巧的，不是人人都会刮痧。刮得好的话，感觉是非常舒服的。刮痧的方法比较多，有平刮法和面刮法。平刮法是用专业刮痧板将整个刮板面接触皮肤，角度小于或等于十五度，向前推动力要小于按压力，这种方法可以减轻疼痛，向下渗透力大，适用于身体敏感部位。面刮法是将刮痧板的长边接触皮肤，向刮拭方向倾斜四十五度，均匀地向同一个方向刮拭，适用于身体平坦部位。阿荣一边说着，一边翻开书本里边的插图，指给阿妹看。阿妹看得似懂非懂，但内心的抗拒不再那么强烈，慢慢开始动摇了。

阿荣乘势拿出早已准备好的刮痧板，对阿妹说：“你看，这个板阿好，我出差时特地购买的，现在给你试刮一下？疼的话，我马上停止。”阿妹听后没有作声。阿荣手握刮拭板，动作轻而慢，在阿妹的后背中心刮了一下，然后问：“疼吗？”“不疼。”阿荣继续问：“舒服吗？”“有点。”阿荣开始逐渐加重、加快手法，不停地询问阿妹的感受。阿荣在阿妹的后背、脖子上刮满了痧。阿妹非但没有感到疼痛难受，反而感觉身子好像轻了许多，舒服了不少。阿妹对着阿荣说：“我身上全是油渍，想去洗个澡。”阿荣说：“现在还不行，起码等半个小时过后。刮痧后汗毛孔扩张，是不能马上洗澡的，特别是冷水澡，你先去喝一杯温开水，补充一下体内消耗的水分。”

这次阿荣的刮痧，彻底改变了阿妹原先对刮痧的认识与感受。两天后，阿妹竟然主动叫阿荣刮痧，阿荣笑着说道：“你调方向的速度倒是挺快的，当初，你对刮痧恐惧得要命，为了让你接受刮痧，我花了九牛二虎之力来说服你，现在好了，一会儿工夫又变得对刮痧如此痴迷。但起码还得过五天，两次刮痧之间一般要间隔一个星期，等痧退后才能再次刮痧。”

从此，阿妹一有点不舒服，就缠着阿荣刮痧。

生锈的铁农具

文/文馨若兰

二十世纪六十年代初，对于烂铁铲、破铁搭等铁器，成年人是不舍得随意乱丢的，因为可以把它们拿到旧货店去换钱。而在小孩子的眼里，这些破烂货可能被称得上是金银财宝了。这主要与换糖担人有关。

换糖担人也称“换糖人”，指的是以前那些走村串户，肩挑一担箩筐，箩筐上面的木板上罩着一堆麦芽糖，手里摇着拨浪鼓或拿着铜锣，以孩子为主要销售对象的小贩。以物换物，凡家里的鸡毛、空酒瓶、老棉絮、旧衣服、烂布鞋及旧镰刀、牙膏壳等废旧物品，甚至女人梳头时落下的长发和平时吃剩的肉骨头他们都会回收，是一个流动的废品收购者。

换糖担人大多来自兴化，他们吃住都在像绍兴乌篷船那样的船上，常常是人未到，声先到，然后用换来的废品再卖出去赚取差价。他们取糖的方式有两种：一种是用糖刀一片片劈下来，叫“斩白糖”；另一种是用一根小指粗的铁榔头敲击糖刀片，一小块一小块敲下来，叫“敲白糖”。

小囡眼里的烂铲破铁搭

文/文馨若兰

记忆深处最怕听到的就是“当当当”的铜锣的敲击声或“123，321，13231……”的竹笛声。小时候，但凡听到这种声音我的心就会突突地跳，第一时间把自己藏在门背后不敢出声，要等铜锣声离得很远很远才敢走出来。那时，只要这声音一出现，母亲就会让我赶紧躲起来，逗我说是抓小孩的坏人来了。长大懂事后才明白这不是坏人来了，而是能用旧东西换糖果零食吃的换糖担人来了。

铜鼓声和竹笛声是换糖担人提醒孩子们最好的信号，他们总是人未到，声音先到。在隐隐约约听到清脆的笛声时，村里孩子们的心像被猫抓了一样骚动起来，根本不顾丢下的皮筋和弹珠会不会被人拿走，四散飞奔往家里跑，把家里的每个犄角旮旯都乱翻一通。没一会儿，纷纷从家里或拿着破铜烂铁，或拿着空酒瓶，也有拿着废油纸、破棉絮的，聚集到一起顺着铜锣声、竹笛声的方向迫切地张望着。

换糖担人刚放下担子，小伙伴们就争先恐后地抢着用废品换糖，更小一点的看到箩筐上面的木板上罩着的一堆麦芽糖连口水都快流出来了。这时，换糖担人不紧不慢地整整他头上的凉帽说：“一个一个来，先一个一个把你们的废品给我看一下。”小伙伴们就急迫地递给他，他是个精明的生意人，接过东西要左看右掂，估算着价格放进箩筐后才给你敲糖。他一手拿起糖刀，一手举起小榔头，对着表面撒满面粉的大糖饼轻轻一敲，一块黄黄的麦芽糖就切下来了。他根据每个孩子废品的好坏和数量来确定一锤下去糖块的大小。年龄大点有经验的孩子会要求换糖担人再多给一点，我们小一点的看到手心里黄黄的又甜又香的麦芽糖赶紧吃都来不及，哪还会想到问他再讨要一点糖屑呢，等嚼在嘴里慢慢享受糖化的过程时才会抬头看看这换糖担人的长相。

换糖担人把箩筐里的废品压实，继续挑起往前村赶了。我们这群小孩还会跟在他屁股后面走上一段，连家里养的小狗也会在后面跟一段路。为了下次能换取更多好吃的，同伴们就开始商议如何收集更多不用的废品。说起收集废品，我们兄妹俩还曾干过一件“坏事”。

我和哥哥经过一段时间的收集，也没积攒到多少废品，那时候农村的经济条件普遍都不怎么好，连找块破布头都比较困难，更别说不穿的旧衣服了。所以我们只能找些废油纸和用完的牙膏壳、空瓶子等，找着找着，看到了盖在鸡棚顶上的油毡布。

“老二，你去搬张凳子来，我爬上去把这油布拿下来换糖吃。”哥哥说。

我一溜烟地从家里搬了张四方凳出来递给哥哥。哥哥踩着凳子，把压在油毡布上的红砖拿掉，利索地取下了油布。

正值夏天多雨季，第二天早上，我和哥哥睡眼惺忪地走出房间，便听到母亲在咕哝：“鸡棚顶上的油毡布一直好好压盖着的，怎么就不见了呢？昨晚的一场大雨，鸡窝里都淌水了，你们有没有看到油布哪去了？”

“没看到，不知道。”我们异口同声地回答道。

我俩走近鸡棚一看，那些鸡和鸭浑身羽毛贴紧，从头到脚都湿漉漉地站在淌满水的鸡窝里。完了完了，这下闯祸了，我们私下商议等母亲出去干活的时候，再悄悄把油毡布重新摊上去，要是鸡鸭生病了，我们就吃不到蛋了。

我们正在偷偷恢复原样的时候，被奶奶发现了，她笑眯眯地走过来说：“我就知道是你们俩拿掉的，来，奶奶弄，以后可不能再这样了，等会儿你们妈妈回来，我就跟她说是昨晚的大风把油布吹走的。”

真是隔代亲啊，平时如果我们犯了错，找奶奶庇佑准能少一顿父母的打骂。

奶奶说：“再过两天就是七月七了，奶奶给你们杀只大公鸡吃，鸡毛也可以换糖吃的。”

“好啊好啊，谢谢奶奶。”听到既有美味的鸡肉又能用鸡毛换糖，我们恨不得把日历撕到明天就是七月七。

七月七过后没几天，熟悉的笛声又来了，这时奶奶已经把鸡毛晒干装袋，换糖担人一到，我们就急吼吼地叫奶奶赶紧把鸡毛等废品拿出来帮我们换糖吃。

换糖担人都是经验丰富的生意人，见到有奶奶在，他敲下糖块后，再用筷子给我们每人夹了一点萝卜丝和一个滋酸饼。

在物资匮乏的年代里，我们的童年是没有太多零食吃的，偶尔这几次甜美的记忆，都会被封存到老，它们是如此弥足珍贵。

拾粪

文/陆春芳

农谚说："种地不使粪，等于瞎胡混。"又有："庄稼一枝花，全靠肥当家。"二十世纪七十年代前后，农村经济相对落后，除了少量菜籽饼和磷肥外，化肥很难见，况且价格昂贵，农民很少用，也用不起，农民们大量使用的是自己制造的农家肥（即现在所说的有机肥）。

农家肥主要来自动物的粪便。那时候在农村，几乎家家养猪、养鸡、养羊、养鸭。在猪圈、鸡棚、羊圈等里面垫上杂草、稻草、泥土，让猪、鸡等动物的粪便和这些杂物掺和在一起，集中排放到户外的粪坑里，有时候也把杂草、树叶倒入，再向粪坑里注水闷泡，让其发酵腐烂分解，经过一定时间的沤制，便成圈肥。但这样攒的有机肥还不够多，所以还要去外面拾鸡屎、打猪草、塘草粪、罱河泥……为了粮食丰收，让有限的土地上长出更多的粮食，大人们想方设法多养殖，勤积肥，那时可谓全家总动员、全村总动员，想尽办法多积肥，孩子们也贡献了自己的力量，利用放学后以及周末、假日的时间外出拾粪。

捡鸡屎

文/陆春芳

拾粪这活儿，尤其是拾鸡屎要赶早儿。六月的一个周末，天正下着雨，家住河北村的林梅穿好短袖花衬衫，和姐姐早早起床了，因为母亲许诺她们，如果捡粪多，等交完这批肥料，可以带她们去街上吃香喷喷的油条大饼。这可是不小的动力啊！所以，林梅一大早就提着爷爷前天刚为她制作的捡鸡屎专用工具——在一对河蚌壳两头各钻了一个洞，绑在劈成了两半的竹竿上，这就是当时最经典的捡鸡屎神器！还有一个就是粪箕，她们带上这些专用“武器”赶紧绕村子一圈，没有想到，邻居家雪花姐弟起来得更早，他们已经捷足先登“扫荡”了一遍，粪箕里已经丰收了。林梅姐妹俩看着自己粪箕里零星的一坨鸡屎，不友好地冲雪花姐弟白了白眼睛。

“对了，姐姐，我发现了那座小桥边的小树林是鸡鸭鹅聚集休息且拉粪便最多的地方，特别是现在天气热，鸡都爱躲在那，而且有时还能白白地捡几只鸡蛋……”妹妹林梅不甘心，对着垂头丧气地准备回家的姐姐轻声说，怕还没走远的雪花姐弟听到。“你这小鬼，不早说，赶紧去。”于是，姐妹俩就兴冲冲地奔向小树林。路上赶巧遇到了村里的阿根大爷牵着队里的一头牛赶往田野，这牛正好在拉粪便，而牵着牛的阿根大爷却没有带粪箕，这下姐妹俩可就“发”了——那些牲口吃的草料多，拉出来的粪便很大一摊，也许她们的粪箕还装不下。“小妹妹啊，今天你们可‘发大财’了啊。”阿根爷爷和姐妹俩开着玩笑。姐妹俩这才眉开眼笑，起得早，不如赶得巧啊。姐妹俩赶紧回家把粪箕里的战利品倒在一个专门存放肥料的大塑料袋里，又折回刚才牛拉屎的地方，把刚才装不下的零零碎碎的牛粪再次装进粪箕，跑回家把肥料入库。

“姐姐，还去小树林捡鸡屎吗？”“去啊，为啥不去呢？”于是，姐妹俩一前一后地向小树林出发了。“不要脸，死不要脸，这是我家的光屁股大公鸡拉的屎！”“哼，这分明是我家的黑母鸡刚拉的屎，你才不要脸！”大老远，就从树林那边传来了吵架声，原来是同村的秋兰和阿青围着一大坨新鲜的鸡屎争得面红耳赤。这块“宝地”居然别人也知道啊！林梅好失落。“噗——”走在林梅旁边的一只芦花鸡非常争气地下了一个“金蛋”——一坨“糖鸡屎”。林梅说时迟那时快，连忙伸出工具，用河蚌壳铲起来，像捡元宝一样小心翼翼将那坨鸡屎连泥土一起放到粪箕里，“糖鸡屎”居然粘在夹子上，甩都甩不掉，又黏又臭。这时姐姐拿过林梅的鸡屎夹，找了一块松软的土地，将夹子在土里使劲插几下，直到鸡屎夹被磨得光滑如新，再交还给她。“哈哈哈——哈哈哈——”她这举动惹得旁边的小伙伴哈哈大笑，秋兰和阿青的吵架也不知道何时结束了。

风车敲鼓

文/大陈

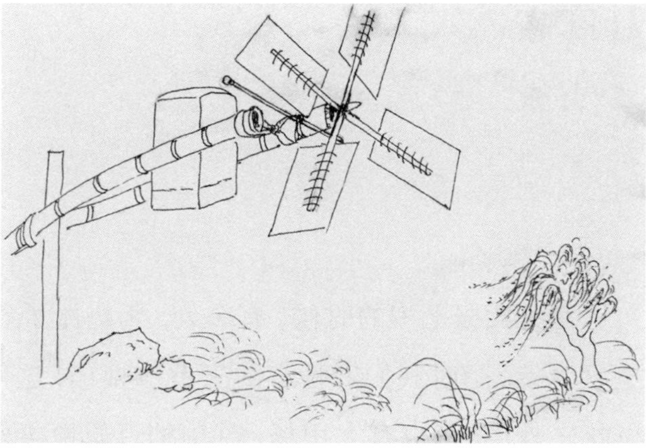

风车敲鼓是以前给小孩玩耍的。现在小孩的玩具应有尽有，堆得家里连人都不好走，过去哪有这样的条件，大人为了哄小孩开心，只能自己制作一些简单的玩具。

做一部能敲鼓的风车不需要多少材料，只要一根直径3厘米左右的小竹，连梢长3.5米左右。用长60厘米左右、阔2.5厘米的两根新毛竹片做成一个十字形，中心打上眼子。削一根长30厘米左右的圆柱体毛竹梢（比筷子粗一些），插在中心眼子里固定好。再在十字形毛竹片顶端，用竹刀向中心方向劈斜形的四条开口的缝，然后用长25厘米、阔20厘米的四块麻粉纸板作风篷，插在斜形的开口缝中，用细铅丝扎紧在十字形毛竹片上，将毛竹梢插在小竹头部即成一部风车。如果要做成会敲鼓的风车，只要在小竹竿一侧绑上长70厘米左右的韧性好的毛竹片，中间夹牢一只直径10厘米左右的铅皮筒（茶叶筒），毛竹片扎成钳形，一端辖开10多厘米，头上用麻绳绑在小竹头部，用筷子长短那样的一根毛竹条，头上套一个铜钱固定好，将竹条插在绷绳中间绞上一个圈，竹条套铜钱一端搁在铅皮筒上，另一端竹条头部比小竹头戳出3~4厘米。就这样风车在转的时候，十字竹片拨动小竹条就会敲鼓发出“咚咚”的响声。

赶麻雀

文/大陈

在我大概七岁的时候，有一天，奶奶派了个任务给我，让我去稻田里赶麻雀。当时我们家种有两三亩芦籼稻，这种稻用处多，除了谷子可以吃之外，稻草也有大用场，芦籼稻草质地柔软，是牛吃的好饲料，用来垫床铺也十分合适，既软乎又保暖。听奶奶讲，这种稻草还有好多其他用处，一时也记不清全部，但我心里明白它是十分有用的。

由于是第一次去田里赶麻雀，心里很兴奋，又听到奶奶把芦籼稻说得那么有用，感觉这次任务很光荣。我依着二叔教的办法，从客堂角落里挑了一根细长的竹竿，又从灶屋拿了一把平时用来烧火扇风用的破蒲扇，把蒲扇系在竹竿梢上，赶麻雀的工具就算制作完成了。我跑去找二叔："二叔，我把赶麻雀的工具准备好了，什么时候出发？"二叔说："先别急，我们还要做一部风车敲鼓。"

我好奇心起，在旁边看着二叔劈竹片、做竹筒、削竹销、裁风扇叶片，一会儿工夫就做成了一个小风车。二叔得意地晃动了几下手里的风车，他又找来一个茶叶筒，把小风车、茶叶筒跟竹竿绑到一起，风车敲鼓就算大功告成了。我迫不及待地双手举着竹竿，迎着风跑了几步，果然"咚咚"声响了起来。有了"新式武器"，我兴致高涨，怎么也要在小伙伴面前显摆一下。我一路奔走，向村里的小伙伴们展示着我的风车敲鼓。回到家里我向奶奶主动请缨，下午去稻田里赶麻雀。

中午，我还在吃饭的时候，我那几个玩伴不约而同地来到我家，说是想跟我一起去赶麻雀。他们的这一举动更是让我的虚荣心得到了满足，我欣然地答应了他们。吃过午饭后，我们一行四人跟着二叔向稻田出发，一路上他们几个争着要帮我扛竹竿。到了田边，二叔替我们找了一个合适的地方把竹竿插好，“咚咚”声骤起，麻雀们之前没有见过风车敲鼓，飞开去不敢靠近。我双手也解放了，就和小伙伴们坐在田埂上玩斗草、抓蚂蚱，偶尔会有“不识相”的麻雀前来“挑衅”，我们几个就用吼声把它们吓退。这一天我没有“擅离职守”，回到家受到了奶奶的表扬。

排河滩

文/管宿

小农经济时代，江南农村的每家农户都有河滩。因为那时农民饮水、用水全靠河水。一般河滩有1米左右宽，以河岸高低为限，有的上下排5级，也有的排6级。石头大都用长条石，最底下的那一块石头下面则打上密密麻麻的木桩，木桩排在前后面和左右两边，然后将长条石压在上面；有的则在木桩里面全放上碎砖、乱石，再将长条石压在上面，然后一级一级排上去，压平、压实。一般河滩一边，还放上一块比较宽阔的长条石，供妇女洗衣服用。也有的由于河岸空间有限，几户人家合用一个大河滩，这种河滩则有两三米宽。在传统农耕年代，河滩有一户一个的，也有几户合用一个的。

大家庭的象征

文/管宿

改革开放之前，江南一带的农村，河水是相当清澈的，农事灌溉、生活起居，家家户户吃水、用水基本全靠河水，屋前院后挖井的农户并不太多。所以，日常居家用水都是取的河水，河滩也就成了每家每户必不可少的去处。排河滩，说白了就是把河岸临水一侧改造成方便取水的河滩，这可是当年农家生活的一大工程，也是水乡农村几千年延续下来的老传统。

昆山刚解放时，我家跟叔叔家都是大农户，两家的房子一排六间连在一起，两边又打着长长的转头房，转头房两端又跟小屋紧连在一起，四周房子中间是一块长方形的砖场，场地大，很有气派。

但由于我们的房子离河岸较远，选河滩地可真难。当时，我目睹了我家排河滩的全过程。

因为我们是大户人家，大家族人口多，河滩要排得特别宽，父亲说人多要排个大河滩，至少4米宽，这样工程也就比较大，为此父亲特地请了2个泥水匠，再加上我的2个哥哥和叔叔的2个儿子，共6个人齐上阵。于是打桩的打桩，扛石条的扛石条，铺石条的铺石条，忙得不亦乐乎。而且父亲又说河滩两边都要排长条石，作为搓洗衣服之用。

排河滩那天，我一早就起床，想亲眼看看大人们如何排河滩，早早地就来到河岸边等着。大约早晨6点钟光景，家里的长辈和哥哥们陆陆续续赶到，大伙儿合计了一下就开始动手，从最接近岸边的地方开始打桩，每两个人分一组，一人扶着木桩，一人操起巨大的木槌高高地抡起使劲向桩上砸，伴着一次次抡槌，配合着一声声“嘿、嘿”，如果累了就轮换。打完一排再接着向河面延伸，又打一排，后一排比前一排低20厘米左右，一共四五排的样子，最靠前的一排木桩已经没入水面。2个泥水匠也没闲着，一直在处理花岗岩石料，把一块块石板按照河滩的长度处理成一块块条石。处理的手法也很原始，不像现在有电锯等工具，都是靠榔头加锤子，一下一下打出来的。接下来就是把打好的石条一块块安放上去，我的哥哥们在石条上跳跳，来检验安置得是否稳当，有不稳之处还要填补空隙。等5级石条被安放妥当后，排河滩的工作也就大功告成了，这时已经是傍晚5点了，足足用了一整天时间。河滩排好后，两家人都欢天喜地，特地在一起吃了一顿庆功饭。

由于我家的河滩排得很结实、平整，也很漂亮，所以我时不时要到河滩上玩耍。河滩边上就是船舫，有时我又跟几个小朋友到河滩底下摸鱼虾，也经常将衣服放在河滩上，跟大家一起到河里游泳，尽享欢乐。

我成人后，由生产队批准要另选地宅翻造楼房，大哥就帮我排河滩，虽然他年纪大了，搬石头比较吃力，但是兄弟齐心，其力断金，排好的新河滩虽然没有我们家以前那个河滩大气，但也很实用。在那之后的日子里，这个不怎么大气的普通河滩派上了大用场，我总是用提桶到河滩上去提水，及时补充灶间水缸里的水，每天洗衣洗菜都是在这个河滩上清洗的。夏天傍晚时分，河滩更是游泳、洗澡、消暑的绝佳地方。

弹棉花

文/管耀明

弹棉花，又称“弹棉絮”，是中国传统手工艺之一，目的是让棉花更加松软，适合使用。

旧时，农村老百姓一般都在自家地上种棉花，秋后采摘棉花，将籽去掉，有的用来纺纱织布，有的请弹棉花老板弹棉花，做棉被。

弹棉花的工具有大木弓，长约2.1米，以牛筋为弦；还有木槌、铲头、磨盘等。弹时，将棉花放在一个长方形的桌子或叠起的门板上，用木槌频频击弦，使板上的棉花渐趋疏松，之后由两人将棉絮的两面用纱布成网状，以固定棉絮。纱布好后，用木制圆盘压磨，使之平贴、坚实、牢固。

如果所弹棉花用来做棉袄、棉裤等，就不必用纱来固定。

全家抢做“三棉”

文/管耀明

二十世纪七十年代后期，我有幸参加了援藏教师工作队，并领到了300元现金，作为做“三棉”（棉被、棉袄、棉裤）等衣物的款子。我觉得这是一个难得的机会，但一想到妻子患有哮喘，女儿还年幼，父亲年迈，我这一去要两三年，心中不免有点担心。

回到家，我就把这个消息告诉了家里人。父亲和妻子都十分同意我去援藏。妻子说：“倷去啊！大好事，我的病不碍事的。”小女儿听了摸不着头脑，便问：“爸爸，西藏在哪里啊？”我说很远，但她只是一脸迷茫。父亲也鼓励我说：“你去好了，家里有我，勿用操心。”

我虽有点担心，但对于援藏，我还是有点欢喜的。看到家人们的大力支持，我更是决定义无反顾地去援藏。我同他们说：“今天，上级发了300元，让我去做棉被、棉袄、棉裤。”“啊，这么多钱！倷工资才40元出头。”妻子十分惊讶地说。“不过只有5天时间了，第6天就要出发。”我又添了一句。

爸爸说：“不要急，顶重要的是剥棉籽、晒棉花、弹棉花，我们全家人一齐动手，定能提前做好。”于是，一家人说干就干，我跟妻子马上就将自家地里采摘下来的棉花全铺放到场地上的被单上，全家人一起拣剥棉籽。女儿一边剥一边说要跟我比赛。只见她眼疾手快，一会儿就剥了一大堆，而我总是笨手笨脚的，落在了她后头。妻子虽有气喘病，但干起活来快手快脚。父亲虽然眼睛有点花，剥得也比我快。一天下来，女儿总抢在前头，我排倒数第一。

接下来就是弹棉花。第二天一早，雄鸡报晓，妻子就催我快起床烧早饭，吃好了早点到镇上去弹棉花，说是去晚了，弹棉花的人一多，就麻烦了。正当我俩急着要出发时，父亲跑过来说，镇上弹棉花的师傅他熟悉，要跟我们一道去。女儿也早已拿着一只山芋，背着一小袋棉花站在外面等着我们。于是，我们四个人大包小包地背着棉花急匆匆地朝镇上走去。

一会儿，东方泛白，我们到了镇上的弹棉花店。只见店门大开，李师傅夫妻俩已经在忙着弹棉花了。李师傅一见我们四人都背着棉花袋子，马上停下手中的活儿，跑出来热情地打招呼："老爷叔早，是不是要弹棉花啊？"爸爸跟他客气了一下，就说："我儿子要到西藏去工作，想请你弹棉花做棉被、棉袄、棉裤，不晓得你阿忙得过来？""哦，这是大喜事，倷老爷叔来，理应马上弹，但有一户人家已讲好今天必须弹好，那今天晚上我给你们加个班，明天早晨来拿吧。"爸爸连忙说："谢谢！谢谢！"于是客气了几句，就告别了李师傅。

出了弹棉花店，我们便到街上去买棉被套和衣料，回家开始做棉衣和棉裤了。妻子从小就学缝纫，是个行家里手，棉袄、棉裤壳子就由她一个人做。我担心她身体吃不消，所以硬要当她的学徒，帮着一起做。我好长时间不做缝纫了，刚上手总有点生疏，操作起来，手有点僵，脚也不怎么协调。但不一会儿就慢慢地熟练了起来，我双脚踏着缝纫机踏板，左手拿着布料，右手将布推向机针，速度也慢慢地快了点。但一快就不行，一不小心，针尖一下扎在了右手指头上，顿时鲜血直流。妻子马上拿消毒水，但不顶事，于是又马上到赤脚医生那儿去，经包扎才止了血。

接下来，也只能由妻子一个人做棉袄和棉裤壳子了。妻子手脚真快，到下午两三点钟，就将棉袄的壳子做好了。但看她很累，气又有点喘，我心中顿时有一丝的不舍与感伤。我看时间来得及，叮嘱她明天休息一天再做。但第二天天刚亮，她就急着爬起来，认真地做起来。我见状，急忙把饭煮了，生怕她又做衣服又做家务，把身体给累坏了。没多少工夫，妻子就将棉袄和棉裤套子全部做完了。

天亮后，父亲掰着手指头说："今天已是第4天了，快到李师傅那儿去拿棉花。"于是，我便跟父亲和女儿，一路小跑到李师傅弹棉花店里去取棉花。回到家，我们三人负责将棉花依次塞进棉被套子、棉袄和棉裤壳子里，妻子负责缝合。别看这最后一道工序技术性不高，但一直弄到夕阳西下才将"三棉"全部缝合好。最后，妻子将"三棉"放进了我的旅行箱子。

就这样，在我们全家人的共同努力下，用了4天时间就迅速做好了"三棉"。第5天，我便向亲朋好友告别。第6天，我依依不舍地告别父亲、妻子和女儿，踏上了我的援藏之路。

堆肥

文/酥言

堆肥是我国农业生产上常见的农事，传统的做法是以秸秆、青草、绿肥、泥炭、草皮或其他废弃物为主要原料，加入人畜粪尿进行堆积腐熟，使之成为一种有机肥。堆肥通常分为普通堆肥和高温堆肥两类。普通堆肥方法简单，适用于常年积肥，一般混土较多，堆温不超过50摄氏度，但时间较长。二十世纪六七十年代，本地农村在春耕时，生产队就会将社员家里或集体饲养场的猪、羊的厩肥出清，运堆到田头角落，外面用河泥密封，让其腐殖发酵，待两三个月后施入大田作基肥。还有在盛夏天气，生产队组织劳力，捞水草、割青草、锄草皮等，与柴秸秆一起混合在罱起的河泥中壅埋堆积封闭，待腐烂后用作庄稼施肥。高温堆肥也称“沤肥”，是指将麦秸、腐烂的物料和畜生粪便混合，一旦完全腐烂变质，就会变成柔软、深色之物，这种东西适用于本地农民栽培菌类植物。二十世纪八十年代，昆南农村大量种植蘑菇、香菇、草菇，其人工土壤就是这种腐杂质材料，它含有丰富的有机质养分，可以满足植物菌类的生长需要。

堆肥里的故事

文/范茂龙

二十世纪八十年代，炎武村有一对兄弟。老大丁万先顶替老爸丁富贵，进了县化工厂，当上了正式工，按说他拿工资，能过上好日子，但他不学好，吃喝嫖赌，日子过的是越来越差。他最近谈上了对象，却没钱结婚，急得像热锅上的蚂蚁。而老二丁万后在家务农，虽说是面朝黄土背朝天，但因分田到户政策好，日子是越过越富有，不但娶到了媳妇，还盖起了三层楼的大瓦房。

前不久，弟兄俩就分家问题吵了一架。老大丁万先硬说是父亲留了家产给老二，老二才过得这么好的，其他都不谈了，只要老二将父亲留的传家宝青田玉佛交出来，变卖了平均分钱，那就万事皆休。老二不承认，老大说："那，有种的，你敢让我到你家去查吗？"

老二也是话辇话，一气之下说："查就查，如果查不到你说怎么办吧？""查不到我就切一根小指头给你赔罪，查到就是我的。敢不敢赌？"老大拍着胸口说道。说这话老大是有底气的，老二家传说有青田玉佛的事，得从早年间丁富贵在世时说起。那时丁富贵偷偷地拿在手里把玩，那是一块温碧透明的玉石，有一次被老大的拜把子兄弟林文祝撞见，老爷子急忙藏起……如果青田玉佛被丁老大要回，将由林文祝找古玩商出手，卖到国外，价都问好了，值三十多万呢。即使大家平分这笔钱，找对象结婚的钱也还绰绰有余。你说，丁老大和林文祝能不起劲吗？

这天，丁老二家新房上梁，丁老大立即带着林文祝回到炎武村祖宅，把丁老二拉到一边，屋里屋外掘地三尺地搜查，结果是一无所获。丁万先气得浑身发抖，站在屋檐下一根接一根地抽烟。

接着，林文祝指着几堆堆得高高的堆积肥说："大哥，就差这里没有翻找了，很可能就藏在这里面。"

丁万先也对这几堆堆积肥感兴趣。他走上前仔细一看，这堆堆积肥有丈八高，底盘子圈得很大，表面有许多新鲜牛粪和淤泥，有一股腥臭味，下面一层是仍没有变色的杂草……

丁万先用木棍使劲地戳了几下，见没有刺到硬物，又用木棍挑了几下，那股恶臭和热气就冒了出来。

丁万先明白：这冒着新鲜热气的堆积肥，是这几天刚堆的，正在发酵并释放热量，如果是以前堆的话，应该早已发酵好了。他眼珠子一转，手一挥说："挖，哪怕挖地三尺，也不能放过。"

随着割口越挖越大，臭味越来越重，林文祝禁不住，蹲在地上哇哇狂吐。丁万先用棍子砸了一下林文祝的屁股，骂这个拜把子小弟是没用的草包，转身自己继续去刨。

林文祝赶紧上前阻拦，说："大哥，我们在这堆堆积肥里挖下去，也是瞎子点灯——白费蜡，我们得另想办法。"

丁万先甩手给他一耳光："这里老子说了算，你算个屁。"

丁老二见堆积肥被挖得千疮百孔，上前张开双臂拦住。

丁万先见丁老二竭力阻拦，心里疑虑更重，手一挥把老二推开，回头继续刨。不过，堆积肥扒了大半边，也没扒到丁万先想见的青田玉佛。他回头一看，林文祝不知啥时不见了，便回头去找。原来林文祝去上厕所，找了半天才找到一茅坑，因茅坑的塌板被丁万先拿走垫脚刨堆积肥了，只在茅坑边铺了一层稻草，他一脚踩空，倒栽进茅坑里，又因茅坑里的草脚肥被掏去做堆积肥了，所以里面仅留下很深的粪水。当把他拉上来时，林文祝已只有出气没有进气。丁万先心生恐慌，他只想发财，不敢出人命，于是赶紧用老二家的板车拉着林文祝回城。

丁老二故意激丁万先说："大哥，男子汉大丈夫，说话算话，留下手指啊！"

丁万先头也不回地说："这事还没完呢，我先送林文祝去医院抢救，回头找你算总账。哼，我们骑驴看账本——走着瞧！"

看丁万先拉着装有半死不活的林文祝的板车走远了，丁老二转身从干肥堆里刨出青田玉佛，连夜送到县文物馆，生怕价值连城的传家宝被老大抢去倒卖到国外。

原来，丁老二是一位孝顺的儿子，老父亲把顶替名额给了老大，他也没争吵。老二根本没有得到父亲的任何家产，日子能过得好是因为自己用心种地。他看别人爱用化肥提高产量，但种出的粮食口感欠佳，断了销路，就接受教训，他种田的肥大多是堆积肥，种出的农产品口感好，销路大。同时，他还利用堆积肥种蘑菇、香菇、草菇，这些菇烧汤、做菜都鲜美无比，昆山人都爱吃，销量也是年年看好，所以老二发的是自己的财。

而那块传家宝青田玉佛，是父亲的宝物，父亲见老大不学好，暗地里将青田玉佛送来让老二保存。丁老二利用丁万先那生性多疑的性格，反其道而行之，将传家宝青田玉佛藏在干的堆积肥里，并盖上老灰尘；而现堆的积肥堆里，故意啥也不藏，让其发臭、冒热气，真就迷惑住了丁万先。

后 记

随着《江南忆事——记录20世纪江南传统农耕生活》全书统稿工作的收尾，闭目稍息，脑海中便闪现出东晋诗人陶渊明《归园田居》中的诗句："种豆南山下，草盛豆苗稀。晨兴理荒秽，带月荷锄归……"诗中描述的悠然闲暇的农家生活，让人感受到江南水乡美丽的田园风光，也展现了水乡农民日出而作、日落而息的古朴生活。

早在2019年上半年，我们就打算结集出版一本小册子，并发动全体文学社成员，将千年古镇的民间传说、民间故事收集整理出来，初定书名为《千灯故事》。经过一年多的工作，我们发现，收集整理出来的民间传说、民间故事几乎都与读者见过面，很多内容已经结集出版了。在整理的过程中，我们还发现，有关农耕文化的内容非常鲜见。于是，我们调整工作方向，决定以农耕文化为基调，以农耕生活为素材，进行故事写作。

之所以做这样的调整，是基于我们的作者大多为土生土长的本乡人，有些年长的作者亲身经历过，对农具、农事知根知底，对农耕生活具有独特的情愫。大家都觉得，我们的祖祖辈辈都是依靠耕田种地来生存的，原始的作物种植经过几千年的发展，形成了深厚的农耕文化。阳春三月农耕忙，徐徐清风送花香。千百年来，江南水乡的任何一个角落，都可以看到牵牛扶犁的情景：头顶竹笠、身着蓑衣的老农，一手扶犁把，一手压犁镶，腰弯如弓，足探泥底，胳膊上青筋暴起，脸颊上汗珠滴落，汗水在日光的照射下闪着晶莹的光泽，身后翻起波浪形的泥垄像一幅水墨画，勾勒出由老农、木犁、牛犋组成的剪影。如今，古老的农耕文化随着时代的发展已远离我们的视线，退出时代的舞台，只留存在我们的记忆里。源远流长的农耕文化，成了我们心中渐行渐远的乡村记忆，成了人们深深怀念的远古情思。

因此，把这些乡村记忆用文字记录下来是十分有意义的，我们没有理由推脱责任，而是责无旁贷。对此，大家热情高涨，在4个月不到的时间内，就写出了近40篇文稿。但由于我们经验不足，题材没有认真规划，体裁没作要求，出现了题材重复、体裁多样、格调不一等较为杂乱的状况。

于是，我们重新进行了分析研究，理清了工作思路。首先，我们组织几位年长的作者走访了10多位老农，根据老农提供的素材确定写作题材，初步确定了155个选题。然后，邀请了昆山市民间艺术家协会的老师共同探讨体裁的确立，根据农事、农活及农村生活等特点，确定了三段式架构，即图画+说明文+故事。这样既直观又能让读者了解农事、农活的细节。这么安排，追求的是文学性和文献性功能的统一。最后，将确定的选题和体裁架构跟文学社全体成员做了说明，并请他们自行选择写作选题。

我们的社员在选取了选题后，都以十二分的热情投入写作。几乎每位作者在动笔前都进行了采访，父母、邻居以及年长的亲戚等都是采访对象，写作态度十分严谨，写作热情十分高涨。作者间也相互请教、相互探讨，三易其稿，甚是感人。

这次的集体创作对于全体社员来说是一次历练，我们从中获得了许多宝贵的经验，也吸取了不少教训。最为重要的是，这次活动让我们再次感受到了千年古镇深厚的文化底蕴，其中有许许多多的故事可以大书特书。作为文学爱好者，我们有责任也有义务为繁荣千年古镇的文化园地做出努力。

在此，我们对昆山市民间艺术家协会的老师们的热情指导和真诚帮助表示诚挚地感谢！感谢昆山市文联党组副书记、副主席，昆山市作协主席黄劲松先生作序。感谢千灯镇书画协会会员陆思前先生为本书创作插图，借以增辉。在此，一并谨致谢忱。

由于编者水平有限，书中错误在所难免，敬请广大读者批评指正。

史惠林

2022.1.22